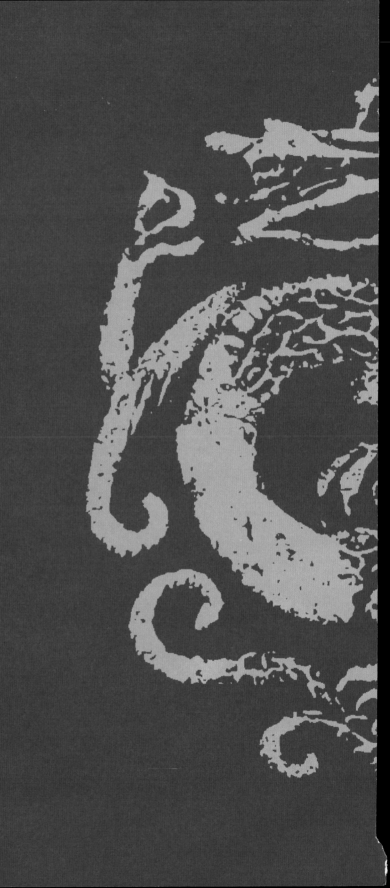

上卷　劳榦　著

劳榦先生著作集

海峡出版发行集团

福建教育出版社

图书在版编目（CIP）数据

劳榦先生著作集：共 2 卷/劳榦著. 一福州：福
建教育出版社，2022.8
ISBN 978-7-5334-8603-7

Ⅰ．①劳… Ⅱ．①劳… Ⅲ．①史学—中国—文集
Ⅳ．①K207-53

中国版本图书馆 CIP 数据核字（2019）第 250829 号

Lao Gan Xiansheng Zhuzuo Ji

劳榦先生著作集（上下卷）

劳榦　著

出版发行	**福建教育出版社**
	（福州市梦山路 27 号　邮编：350025　网址：www.fep.com.cn
	编辑部电话：0591-83716736　83716932
	发行部电话：0591-83721876　87115073　010-62024258）
出 版 人	江金辉
印　　刷	福建东南彩色印刷有限公司
	（福州市金山工业区　邮编：350002）
开　　本	710 毫米×1000 毫米　1/16
印　　张	60.25
字　　数	895 千字
插　　页	5
版　　次	2022 年 8 月第 1 版　　2022 年 8 月第 1 次印刷
书　　号	ISBN 978-7-5334-8603-7
定　　价	178.00 元（上下卷）

如发现本书印装质量问题，请向本社出版科（电话：0591-83726019）调换。

编辑体例

一、本集分上下两卷，收入劳榦先生的作品 146 篇，全部文章在大陆第一次结集出版，主要分为九个部分，包括史学理论与中国史问题、上古史及相关问题、秦汉史及相关问题、边疆史与中外关系史、思想与宗教、文字与文学、艺术与博物、自述与怀人、书信及其他，每部分文章基本按逻辑和时间先后顺序编排。

二、本集收入的作品绝大部分出自初刊的期刊、报纸、图书，少数作品引自后来结集出版的图书或再次刊载的期刊。每篇文章之后均标明本集篇目的来源出处。

三、原作底本中的注释，包括文中注和文后注，为方便阅读，本集统一改为页下注，注释格式不做统一。此次编辑过程中所作的注，统一加上"编者注"，以示区别。

四、本集由繁体底本统一改为简体中文，文字悉据原作。字词的使用如为当时通用则不做修改，如不区分"的、地、得"，"哪"作"那"、"绝"作"决"等，"需"与"须"、"做"与"作"、"连"与"联"、"分"与"份"等混用，具体不改动字词包括"甚么""藉此""澈底""涉想""计画""真象""原故""辞汇""耽心""志谢""发见""精采""参杂""支叶""传受""答覆""想像""纷歧""智识""人材""惟一""检到""帐簿""取销""决择"等；异体字如涉及专有名词（古代人名、地名等），则不做修改；如为普通字词，则统一修改。

五、原作底本中的字词如系排印舛误或常识性错误等，则予以直接修改，不做特别说明；如疑似作者自身笔误，编辑不能完全确定者，错字以

1

〈 〉、漏字以〔 〕标出，原作底本错字已用（ ）标注的，予以保留。底本中因刊印质量无法查明辨认的残缺字或模糊字，以□代替，依数标出；底本中有作者用□代替无法辨认的汉简古字等，亦保留原样，不做区别。

六、原作底本中的人名、译名、地名、行政区划、专门术语、计量单位等与今不同者，为保留历史原貌，仍袭其旧。

七、原作底本中的文献引用，只要文意通顺，有个别语句增改或漏删者，不做修改，也不做统一处理；如有明显文意不畅的断句或字词错误，则直接修改，不做特别说明。文中同一本书名或文章名省称不一，在不影响理解的情况下，不做统一规范。个别专名，一文之中出现两种通行写法，不做统一规范，如"蕀貊"与"濊貊"、"交趾"与"交阯"、"丹沙"与"丹砂"、"旋玑"与"璇玑"等。

八、本集标点符号的使用，基本遵照原著习惯，只对部分标点明显不符合现行标准或明显错误之处予以补充修正，例如给文章中的书目加上书名号等。

九、本集中出现的英文、法文等外文人名与书名、文章名等，如有拼写错误，则予以直接修改，不做特别说明。为方便阅读，人名统一大小写格式，书名统一用斜体格式，文章名统一用引号格式。

目 录

上 卷

史学理论与中国史问题

上古史及相关问题

秦汉史及相关问题

边疆史与中外关系史

思想与宗教

下　卷

文字与文学

艺术与博物

自述与怀人

书信及其他

史学理论与中国史问题

历史的考订与历史的解释

历史的考订和历史的解释，虽然同属于历史的范围，但在不远的将来，总会分而为二，其间的差异，也许类似天文学（Astronomy）与占星学（Astrology）终于同源而异流的情况。

在十九世纪时，两个大历史学家，黑格尔（Hegel）和兰克（Leopold Ranke）已经指示了两种不同的方向，黑格尔所指示的是历史解释或历史哲学的方向，兰克所指示的，是历史考订或历史描述的方向。自此以后的历史学家，都是循着这两不同的方向去走，或者在两者的中间找一条调和的路。

历史考订的路，是一条干燥而幽深的路，假如有了相当的成就，也只是在内行的圈子之中，获到崇高的地位，决不容易名闻天下，妇孺皆知；更不容易影响到全部学术及国际政治。至于历史解释的路，就不同了，他们对于历史有了新的综合，新的解释，就会引起了普遍的注意。例如过去的马克斯（Karl Marx）、斯宾格勒（Osward Spengler）和现在的汤比（Arnold Toynbee）。这一种路线不论一般人的反应是否都是赞同，以及历史学家的毁誉是否一致，但对于学术界上的波澜，却是不可忽略。

但是一个从事历史学问的人总得意识到，这两条路线不是重叠的，也不是平行的。这两条不同的路线，离之则双美，合之则两伤。前哈佛大学教授萨尔维米尼（G. Salvemini）在他的《史学家与科学家》（*Historian and Scientist*）中以为，历史学家和社会科学家的分别，不是研究对象过去与现在的不同，而是社会科学家所研究的，是要形成为种种的定律。历史学家只是以再造过去为目的的研究工作，并无决定种种定律的企

3

图。——这一分析非常有意思。从这一个分析，可以看出解释性的历史，是要离开纯粹研究性的历史而独立。

自从自然科学发展以来，确有不少的历史学家，企图使历史学更接近于自然科学，不过历史学的自然科学化，并非扩张历史学的领域，而是把历史学的范围更加以限制。因此也就有许多历史学家认为历史学不应当关于科学的范围。其内在动机，也就是不愿将其研究方法及研究范围，加以更多的限制。这种缩小了范围的历史，是无法使有艺术倾向的学者满足的，也无法使有政论性倾向的学者满足的。

严格限制下的历史，对于史料是要"上天下地"去搜集。搜集到以后，却要"宁缺毋滥"去审核；审核以后，更要"知之为知，不知为不知"去叙述。经过这样程序以后，才是比较合理的历史。这种整理过的历史，也许对于一些人觉得干燥无味，也许对于一些人觉得残缺不全，但总是一种相信得过的成品。

至于做历史工作的态度，也和所认定的历史的范围有密切关系。在一个严格规定过历史范围之内，自不便认为历史无所不包。同样，在一个严格工作者工作之下，他们的工作便成了他的最后目的，决不容许有任何应用方式的企图。甚至于也没有想到任何应用关系的余暇。凡是一种学问，依照逻辑形式的推演，归根结底当然要达到一种纯正科学的归宿。纯正科学应当有纯正科学的尊严，决不容许任何应用的问题来纠缠，以降低纯正科学的风格。纯正科学的开展，是可以供一般应用技术来采用，但纯正科学并非依据应用技术的需要而成立，这是至理，也是常识。

因此，虽然历史学是否属于科学，还有许多争论，而做历史学的工作，却和做古生物学、天文学、气象学的方法，并无二致。在此，也或将接触到实际上的问题，即历史上所发生的事实，是否绝对真实，假如不属于绝对的真实，那就对于所谓"科学方法"，也就有了问题。在此可以解答的，即宇宙中的一切事物，很难得找到一个绝对的正确性，甚至可以说人类尚未发见宇宙中的绝对正确性，但我们平时见到的，自有其正确的限度（Limit），只要是走近（Approach to）这个限度，我们就可以认为它是正确。其次，历史上许多事实和人物，我们也不能否认其真实性的。我们不会怀疑唐太宗或汉武帝有无其人。我们也不会怀疑凯撒或沙里曼有无其人。我们不会怀疑玄奘到过印度，我们不会怀疑拿破仑到过埃及，我们不会怀疑五月花号到过了普列茅斯（Plymouth），我们也不会怀疑容闳率领留学生到过了哈德福特（Hartford），这些摆在面前的事实，当然构成了历史学上巩固的基础。再加上文籍的校刊与审核，遗物的鉴定，年代的推算，都成为历史上的定点。尤其重要的，是历史学的将来，几乎最大部分要建造在两种重要的基础上，一种是考古学，另一种是文化人类学，凡利用科学考古所发掘出来的成绩，是要承认他们的正确，同样用客观方法作出来的文化人类学调查以及用客观方法所作的社会调查，也将承认其为正确。但是更进一步的推究，更会发现地质学、化学、体质人类学、统计学等是考古学及文化人类学的基础，而最后推溯到数学才是真实的学问中的学问。历史学将是层层学问推演而成。也是一点一滴的重重积蓄而成。所以历史的叙述将要层层的取得证明，不仅需要"无一字无来历"而已。

显然的，考古学已被逼的走上了自然科学的路，而历史学也将被逼的步上考古学的后尘。成为自然科学既非一种荣誉，也不是一种降格，而是环境的影响，学术的趋向，迟早得向这一方面去进展。多数的历史学家可能尚想打着"鉴往知来"的大纛，无奈所作的工作，在严格的范围中，至多只能说是知识的一部分，至于是否能够"鉴往"，更是否能够"知来"，那简直如无边的大海，茫然不知道。假如单纯的想用历史的线索来"鉴往知来"那就将更成为不可能。换言之，历史学家的任务，只是正确的供给人类经验上的材料，至于将来的世界向那里走去，那就牵涉太广泛了，严格的历史学家应当只有敬谢不敏，无能为役。

当然，学术是分工的。严格的历史学或者狭义的历史学是应当画定范围，不许越雷池一步。但是对于历史的解释工作自然也可以让有兴趣的学者去做。鉴往知来虽然不是科学，却在政论的园地中，有其立足之点。并且从解释走到预测，也是一个很顺当的趋向，一般预测虽然不能亿则屡中，但有时对于社会及政治的进展中，也不是全无用处。他们可以给人一个希望，一些启示，或者给社会工作的人一些远景。使得人类社会的理想，更加丰富。对于这般的工作者虽然不必承认他们为"历史学家"，但工作的重要性自然也不应忽略。只是历史家对于他们应当有严格批评的精神。

黑格尔的逻辑本来就不是逻辑。他所称的历史也不就是历史。他所称的辩证法，倘若不能将其中的"正、反、合"，在每一事物中，把内包和外延，加以严格的规定，那就等于毫无意义；倘若要想将所谓"辩论过程"中的各个因素，完全严格规定其内包和外延，那就显然不成其为"辩证法"。因此总使人觉得这是思想上的魔术而不是科学。从黑格尔以至于马克斯，都经不起严格的（他们称为机械论的）考验。在马克斯思想中，都有执偏以概全，并且还有"截搭题"之感。但影响于世界历史及思想，却非常巨大，这当然由人类的思想未曾澄清的缘故。

另一方面来说，也有人试用地缘来解释历史，如用马汉（Alfred Mahan）认为谁控制海洋谁就能控制世界，而马铿德（Halford Mackinder）却主张谁能控制大陆谁就能控制世界。这种地缘学派思想的本身，确有故意忽略许多反面的事实之处，并且对于古今异宜一点，也有故意忽略之处。但他们确实可以影响到许多国家军事及外交的政策。此外如亨丁敦（Ellsworth Huntington）主张用地理及气候来解释历史，虽然可以解释许多现象，但地理因素，也不能是历史上唯一变化的因素。他是故意加强他的重点。

在斯宾格勒《西方的没落》一书中，当出版时期（一九一八年），曾经引起过阔大的波澜，而使我国的东方文明信徒，更沾沾自喜。斯宾格勒也曾经试做文化分区的工作，并且用人类的一生来比拟文化的兴废。这种比拟办法，在某一点可以相似，却决非完全相等，所以在应用上很容易发生流弊（这一点方法上的问题，陈大齐先生曾讨论过）。斯宾格勒的基本法则，颇有未能使人相信之处。不过他的文化演变及分区观念，和汤比之学颇有影响。

近年汤比之学，受人推重，不论任何地方，皆是如此。一九四五年春，汤比曾到哈佛大学所在的剑桥做了一次讲演，在一点钟以前，排队等着进门听讲的人，就整排了两条街，到了讲演开始，还有二三千人未能进去。一个历史学家能够如此哄动一时，真属不可多得。他的研究范围，非常广博，他的意见，有很多益人神智之处。不过他说的话，假如以政论家来看待，确实非常精采，假如当他作历史学家，就嫌话说的太多了一些。他的预料，更不能使人相信。同样的情形，也可以批评坎南（George Kennan），他是美国外交史的专家，并且对于美国外交政策的决定上，还是一个有力的人。然而历史学可以不可以用这个方法，还有可以商酌之余地。

汤比的路线是可以做的更细些，不过鸟瞰与分析式，考订式与解释式，都是两个根本不同的路线。当然人类学家如克鲁伯（Arthur L. Kroeber）也对于文化的进展形式在一九四四年做过他的工作，深深的牵到历史问题。这还是属于历史解释的范围。一个人尽管可以做两种不同的工作，但是工作的本身却应当加以分别的。

[刊载于《学人》,《"中央"日报·文史丛刊（一）》, 1957 年]

历史学的研究和应用

对于历史学的研究，我向来认为不可以在开始计划研究的时候，就想到应用问题。也就是说把宇宙中任何问题输入到人类知识范围的时候，所要求了解的，只是真相，也就是真理，其中并不含有任何应用的选择在内。历史研究的成果并不排除"资治"一类的应用，但是一开始做研究工作时，就把"资治"一类应用目的，横亘在原始设计之中，那就破坏了全部研究的纯真，而"资治"的功用也就受到限制。这应当不仅属于范围问题，而且属于层次问题。一般人对于任何学问最先接触到的是应用事项，无法更进一步触及纯理的层次。为了历史的接触面比较广泛，历史中所包含的因素比较复杂而且真相又往往被遗失或被弯曲，因而处理起来比较困难，这就影响到历史学方法的争执，形成了历史学方法的混乱。

为了外在的种种因素，构成了历史学方法的混乱，就使得历史的解释和历史学的意义走入歧途。除去以上所说的历史学是否要趋向到应用以外，还有历史的研究，究竟是科学的研究，还是艺术的研究。这一个问题也会偏移了研究的方法，甚至动摇了历史学的基本。

历史的表现，往往借用优美的文字来做传达的工具，影响所及，可能使历史学从求真转变成求美，弄得轻重倒置。

中国的传统，修史的往往是大文学家，班固、范晔、江淹、沈约、魏收，以及韩愈、欧阳修、陆游、元好问、宋濂、吴伟业等，实际上都是先以文辞著名，而修史乃在成为大文学家以后。所以在中国传统学术系统之中，史学并非一种专业，而是附属于文学系统中的一个支流。文史不分的情形，不仅中国是这样的，就西方来说，提奥多·蒙森（T. Mommson）的《罗马史》，是历史学中一部权威著作，但他也得到一九〇二的诺贝尔文学奖金。固然诺贝尔奖金中是没有历史学这一部门的，但他以历史学成功的著作，可以获得文学部门的奖金，就表示着历史和文学当有最常的关系。

为了历史和文学的关系太深，不论中外都是一样，这就使得历史的主要目的与性质构成了摆动的情势。不错，历史的表现，往往借用优美的文字来做传达的工具，但历史的本身并不就是优美的文字。这一个误会是一直在学术的研究上存在下去，弄的轻重倒置，许多学人也就会认为历史也是属于艺术范围之内，影响所及，可能把求真的历史学转变为求美的历史学。

用逻辑的方法对历史做客观的研究是受到自然科学的影响。一切的历史应用要根据已有的历史叙述和历史研究。

这种错误的原因，我们可以追溯到历史发展的传统。把宇宙中人类社会活动的经过，认为是自然现象的一部分，用逻辑方法来做客观的研究，这是后来的发展，并不是历史一出现就是这样所认识到的。拿现代的看法加到古人的认识上面，完全是把站在不同的基础上用不同的角度观察所得的事物所得的论点来互相解释，其不能有效的得到正确的结论是不必怀疑的。

首先我们必须辨别清楚，历史的叙述是一回事，历史的研究是另外一回事，历史的应用更完全又是另外一回事。当然，这三件事也不是完全孤立的，而是彼此可以有相互关系的，但这三件事的进行和进展却是各有一定的方向，不允许混淆。这三回事的相互关系也是很清楚的，历史研究要根据旧的历史叙述，但新的、重订的历史叙述却需要根据新的历史研究。至于历史叙述，却不能预料以后的历史应用，而历史研究也不可以专来准备历史应用，可是一切的历史应用却要根据已有的历史叙述和历史研究，所以这三回事虽然关系很深，却还得各走各的路。

采用逻辑方法，用严格客观的观照来做历史研究，是现代的，是受到了自然科学的影响，才对于历史学能够采取纯正的、非功利的态度，来对待历史上的一切活动。从研究自然科学所得的经验来创制的模式，是可以应用于宇宙中一切的现象，包括人类社会的行动在内，是可以用同样的方法来处理的。依照这个标准处理下去，当然所涵盖的领域，可能比较狭小，而删掉了若干不能完全采信的材料。但只要在结论方面是具有可信的解答，或者证明这是一个没有结论的问题，这个工作都是具有意义的。从另外一方面看，从历史学的工作出发，也可发现新的事物或者新的解释，在过去一般人所忽视的，开一条新路。至于这些工作的成绩，对于社会上的效用，是不能预期的，而且不必预期的。凡是学术的研究，只在揭明宇宙中现存一切现象的真实内容，历史学和其他自然科学是一样的。譬如做有机化学工作的人们，曾经做过很多种的合成品，这些合成品当做成时并不曾期望有什么应用，也就一直冻结着，但其中一极小部分，却可能在医药或工程上显出重要的用途，其中绝大多数没有被发现用处的，还是被冻结下去。如果化学家们不这样做，那少数的有用合成品，仍然不会被发现。

如果把宇宙中一切事物当做研究对象，严格的用科学方法处理，就是科学的话，我们可以说：历史就是科学。

不仅有机化学一门的实验进展是这样的，任何一门自然科学，包括数理和生物，也都是这样的。自然科学所用的是归纳法，每一次归纳的大前提本身并不周延，是不能涵盖许多事物的。用许多次归纳所得的结论，也只能认为近于定论，却无法就认为这是不变的真理。当然，人文科学因为材料具有更大的复杂性和游移性，因而结论的正确标准，更难掌握。不过无论如何，宇宙中一切事物，都是同样的可以采用处理一切科学的方法来处理。人文科学不应当孤立于科学之外，历史学也是人文科学的一种，自无法孤立于科学方法之外。至于要想把历史当作艺术，那是另外一件事。譬如约翰·奥度本是美国一个动物学家，但他所绘的鸟类画图，也有人欣赏。正宗的处理，是用科学眼光来处理他的成绩，但如其欣赏他的画，那是另外一个角度，做科学的人是不必追随的。

柯灵乌认为历史学就是科学，一点不多，一点也不少。这里用纯历史学的标准来衡量，这是正确的。凡是宇宙中一切事物，如其当作科学研究的对象，严格的用科学方法去处理，就是科学。至于有人怀疑的如（一）人类行为不能如同自然现象那样的单纯，其中可能有非常复杂的因素，不能像研究自然科学的那样单纯的处理。（二）历史不能再现，不能像处理自然现象那样，可以重复的做实验工作。（三）历史的记载，往往不能完全正确，在记载之中会时常被歪曲、忽视、误解掉，不能像自然现象那样可以根据较为正确的纪录。（四）自然科学不需要用文辞来装饰，历史却时常需要用优美的文辞来装饰。

以上各点虽然都是问题，却也不至于构成太大的妨碍。因为（一）人的活动虽然情况十分复杂，但历史上关键性的起落，仍然有迹可寻。一切的记载，一个时代的荣枯起伏，还是相当清楚的。所以历史的分析，还是有效的可以控判，不至有太大的出入。（二）历史虽然不会再现，但自然科学中许多研究对象，也是不能再现的，但仍然可以有客观的结论，所以能否重复再现，不是一个问题。（三）历史研究主要的对象是人类社会的活动而不是几个重要的个人，其中个人的生活状况，虽略有关系，也逃不出社会里巨大波涛的冲击。历史中被弯曲的部分，多在个人行动方面，社会进展的大方向，并不能加以弯曲的，即就个人活动被弯曲部分，仍然总是有漏洞的，还是可以侦察出来，不至于把正确历史的方向遮盖掉。（四）历史以文辞装饰，只在历史的叙述方面，而不在历史研究方面。至于历史叙述，凡做这种工作的人，一定都有一些基本条件，可以供应可读的文辞，不至于把历史主要的目的忽略掉。

对任何一种学问而言，纯理和应用的分工都是必须的，对历史而言亦然。所以纯正的历史研究不必提到应用问题。

任何一种学问，纯理和应用的分工，都是需要的。其中最显著是数学和物理学，纯理和应用的分工，已成了"家喻户晓"的事。纯理科学和应用科学的关系也在社会上被人们看的很清楚。从来也就不会有人责备纯理科学的目的和研究方针，只管纯理的探讨，不管用途的态度，因为大家早已明白纯理和应用两方面，是要各人走各人的路，才可以彼此充分发展。至于人文科学，为了在方法上和自然科学并无多大的区别，所以是可以互相比照的。世界上各项的分工，是越来越细的，自然科学中纯理和应用的分别，是发展到了相当程度以后，在形势就不得不是这样。人文科学的精密研究是走到自然科学的后面的。人文科学的区分层次，当然有其必要。所以谈到纯正的历史研究方面不必想到以及提到应用问题，在提示出来时，有一点好像故意做惊人之论，其实是诚实的、坦白的、浅显的，绝没有一点矫情的涉想在内。

历史所反映的是人类生活，历史所要求的是充分真实。毫无疑问，绝对的正确是不可能的（即使用现代的统计方法，其正确性也只是程度问题），但在努力之下，可以达到较高的近似值。这些非常接近正确的消息，也就供给了社会、经济、政治、教育等等研究的基本资料，这些研究的成果，又再应用在各方面的实际政策上面。其中是要经过许多层次的。在每一个层次之中，做研究的人们只能向这一个层次的本身负责，而不必牵涉到别的层次的一切展望，因为一顾虑到应用的展望，研究的范围就要受到限制，而应用范围的大小，目前仍是不能预先决定的。

（刊载于《历史月刊》，第 31 期，1990 年 8 月）

中国历史中的政治问题

中国，这一个古老的国家，现在已经面临了严重的时代。过去的一切，要一件一件的重新估量；将来的一切，要一件一件的重新布置。在这些混乱庞杂的一切诱惑当中，我们已经非常难于发现我们的远景是什么。同样，在我们沉重的传统负担当中，我们更不容易有一个良好的决择。

我们的艰难境遇，无疑的，是历史留给我们的，历史留给我们文化，历史也留给我们朽腐，历史留给我们伟大的国家，历史也留给我们棘手的问题。那我们也要在历史的分析中，去找一部分的答案。

最要紧的是政治问题，政治的方针，是人生经验的总汇。对于中国政治发生过影响的，确有不少的哲人。无奈还是理想有余，经验不够。儒家先哲虽然早已发现主权在民的原则，却始终没有决定主权在民的办法。以致三千年来永远在君主专制政体之下兜圈子，中国政治始终没有出现好的制度。三千年来的中国，始终人民是被治者，始终没有议会，甚至没有表决的程序，没有开会的法则。朝廷的朝会，只是一个形式，群臣的议论，不过备君主的顾问及咨询，人臣决不能有最后决定之权；甚至于乡村的"社"，也只是由社首来包办，始终没有真正出现过自治。因此中国三千年的政治，理论上是要出现儒家政治，而实际上却是法家政治。这种理论和事实相违的政治，也就是"杂霸政治"。

在法家理论之下，法是专为人臣守的，君主不须守法。君主只要持术。君道持术，臣道守法。层层统治，有层层的君臣。对于人君的限制，不是在法律上，只是在道义上，所望者只是多出圣主贤君，君主能够自己好。倘若人君不好，也只能说革命一件事是合于道德的，却不能说革命一件事是合于法律的。并且革命之后，也只是从一个君主换到另外一个君主，而不是说人民有任何控制之法。迢迢三千载，政治虽有隆污之分，而其传说精神所在，仍然是这一点。

这种杂霸政治虽然不合于理想，但为治世惟一可以实行之术。诸葛孔明是一个公忠体国的人，却劝刘后主读韩非子。扶苏讲诵法孔子，秦始皇马上送他到北边去改造。汉元帝为太子时，柔仁好儒，谏宣帝持法太深，汉宣帝怒说"汉家自有制度，本以霸王杂之，……俗儒不达时宜，好是古非今，使人眩于名实"，由是疏元帝而爱淮阳王，只以怀念许后旧情，才得不废。我们试看一看，历来做皇帝成绩最好的，差不多都是尚法术的君主。专尚儒术的君主，反而不行。此外也只有崇尚道家，无为而治的君主，还得到一部分的成绩，但也不能解决问题。

所以中国历来著名的君主，都是以法为体，以儒为用的人，也就是在权术之中，再用儒术来装饰。这样，就大家顾面子，而政治中多少可以收中和的效用。这就是汉武帝和清高宗还是中国型皇帝，而不同于伊凡、不同于彼得的大原因。

正因为儒学只是一个装饰，而法术的本质是不变的，因此中国的政治，便常期的是官僚政治，官僚政治的特点，便是每一个官僚都具有两重人格，对上司而言是臣，对下属而言是君，对上司要守法，对下属要持术，从上而下，不论机关大小，只许一个人不守法，不得这一个人允许第二个人便不能不守法。到了法和术相冲突而不能两全时，便只有瞒上不瞒下，轻轻的放过，这里并非说主官人员都是坏人，好人也可以不守法。也并非都说是贪污，清廉的人也一样不守法。要知道笃于朋友，忠于君上，而取与不苟的人，和严守法纪与对下公平，并不完全是一回事。这还是就光明一面来看，倘若就黑暗一面来看，就更无从说起了。

从这一点来看中国的传统政治，三千年来尽管有不少的变化，但从这一个基本问题来看，却还是百变不离其宗。中国社会的变化，受政治的影响相当大；而政治的变化与政治机构的变化又有关切，政治机构的变化，大率不出两条路，（一）天子近臣代替了宰相，（二）监察官代替了行政官，从前一点而说，就是谁是天子喜欢而接近的人，谁就有权，不管是宦官也罢，宫妾也罢。从后一点来说，是天子并不放心人，谁能替天子作访查，报消息，谁就有权。自然，天子中也不是没有明白人，也做过一些办法，使政治互相牵制，不流于极端，例如唐代的政府，有三省，还有台谏，但是法自天子立亦可自天子毁，到了真是宦官当政之时，三省算甚么，台谏又算甚么？

对于中国传统政治最有贡献的人，不是周公，也不是孔子，而是韩非。并非韩非的理论最好，而是韩非的理论对于君主专制的政治最切实际。韩非子思想的精神，简单说来，便是一国之中，只许有一个领袖，一种思想，一个统治阶级，凡在此之外的，一切清除。自从秦代行之过激，以致失败，于是历来英明之君，避免着迹。走上汉武帝公孙弘的路线，对儒学来一个偷天换日专来排斥可以发生力量的商人。于是全国之中，富不足珍，只有贵才可羡。这样，资本家就抬不起头来，资本家更谈不上来干政。虽然偶有不满意的儒生，但他们没有多大力量，可以不必怕了。

这样下去，只有被政府所雇用，才能得到较好的生活和取得较高的荣誉，对于安定国家的政治，是有益的。不过从别一方面来说，却又发生了显著的社会问题。政府官吏的名额是有限的。经过了教育的结果的人民，一定远远的超过了这个数目，政府虽然宣称耕读传家，但无论如何，当时人们对于知识上的投资，是和农业上的利益相反。换言之，读书就是为换取仕宦，读书而不能换取仕宦，便是读书者的失败。凡失败者，内无对家庭，外无对乡里。六朝时代，是世族政治，世族与世族间，竞争剧烈，保持门户，成为人生第一大事。隋唐以后，科举盛行，竞争之事，更下及寒门。仕宦之事，争取的人更为多起来，于是政府一方面只好增加员额，另一方面，每一次科举，必有成千成万的失败者。惟其官难，所以官更可贵。因为官可贵，然后做官的人，除非特殊人物，谁不患得患失，患得患失的结果，自然养成社会上的对下骄对上谄的作风。

这样的官僚政治，自然会积弊丛生，虽然不少有心人想挽回这个局面，但基本原因存在，谁能做一个有效的改革？社会上的积习已深，时代变了，到清末的时候，凡是官营事业，多归失败，甚至民营事业，也受到社会风气的影响。一个工厂，也等于一个衙门。这就表现着，虽然在儒家主张上，个人人格的重要，未曾否定过，但政治的观点上，早已经轻视个人。个人的人格既然不被人尊重，自然上骄下谄，贪污枉法，一切背弃人格的事，都无一不可以做出来。并且任何的集权思想，在中国人看来，也都不很可怕。

所以中国历史的发展成为不幸的局面，无疑的，文化阶级虽然已经相当的高，但中产阶级（布尔乔亚）的势力却被压制着不能形成。因之扼杀了个人的自由，阻碍了政治的进步，迟延了中国的工业革命以致成为贫弱而多乱的国家。今后政治的出路，自然第一步先求有一个安定的政府，并且是一个尊重个人自由的政府。除去土地政策（包括城市及乡村的土地）以外，不要多谈统制问题。使得中产阶级可以形成，智识分子除去政府雇员以外尚有别的出路。然后中国政府才可从分赃制度（spoil system）之下解脱出来。

孟德斯鸠（Charles Montesquieu）、洛克（John Locke）和哲斐孙（T. Jefferson）的时代并未过去。合众国独立宣言，还是人类一个光明的目标。爱自由的人们，还要注意应当走的路。

这篇是一九五二年六月五日在《台大文摘》上发表的，当时未对外发行，流传甚少，并且以后做别的工作，也未将此意发挥，渐渐的淡忘下去了。最近在台湾《清华学报》新四卷第二期哲学论文集，看到了萧公权先生的《法家思想与专制政体》，讨论这个问题极为透澈，对于鄙见有不少可以补充之处。因此我更想到这一个问题真是重要，非常值得深切的讨论的。

（引自《中国的社会与文学》，文星书店，1964 年）

中国历史上治乱的周期①

人类历史的一切现象，可说都有周期性；所谓周期，并不一定是循环的。前一周期与后一周期，中间都有起有落，但前一周期的内容与后一周期的内容并不完全相等。历史以外的社会现象、自然现象也是如此。

形成周期的原因不是简单的，有许多复杂的因素凑成；先有不同性质的小周期，从小周期的交会，互相影响，到了一个阶段，又凑成大周期。

"治乱"这一名词的解释，看起来是很简单，实际上要替它下个定义却很困难，一般的了解：所谓"治"，是指国家一切上轨道，政治清明，人民安居乐业，生活不受扰乱。"乱"是从政治的混乱，变成了内忧外患，甚且继之以天灾人祸，致民不聊生，相率逃亡。表现治乱现象最苦的就是战争，战争多，是乱，战争少，是治。

中国治乱的周期，以政治史观来看，以人类实用工具来说，可分为：旧石器时代、新石器时代、青铜器时代、铁器时代、动力时代几个不同的大周期。就青铜器时代来说，从商至周朝至春秋，是封建社会周期。就铁器时代来说，从战国至前清道光，是农业帝国的大周期。这个周期，由封建小国，建立大帝国，以至于全国统一，成为帝国周期，或官僚政治周期。道光以后因为受了蒸气机、内燃机以至于原子能的影响，世界改变了。近百年来以至将来的中国又是一个周期。

文化周期与政治周期又有所不同，文化周期是自成段落的。从秦至东汉是一周期，为儒家观念与法家观念的互相消长。从东汉到三国，从三国

---

① 此篇为劳榦先生在联合国中国同志会第一九○次座谈会的约定讲话。——编者注

至唐中叶的开元、天宝，又是一个周期。而开元时代，又是中国历史上文化艺术的最高峰。而佛教的重要性亦甚显著。三国以后，手工艺、文学、家族组织都与三国以前不同。唐中叶以后至满清道光是第三周期，其中在宋代由禅宗的佛教思想推展至新儒学，文学方面由诗发展到小说、词曲、戏剧。政治组织，中央由三省制变为同时并相制再变为大学士制。地方由州建省。但从这周期，使中华民族渐次的走入不景气，被外族战败，又倡行妇女缠足、科举八股，束缚了民心，造成中国的衰弱，所以以后等到接触了西洋的生活方式之时，中国文化便不能适应，而使国家陷于混乱。

秦是创造的，是一个大周期创造的时代，从事法家的实验，为实验而牺牲，成为一个悲剧性短命的朝代，是中国政治最有魄力的时期也是最错误的时期，至汉始改正了秦的错误，成功了比较长期的太平。虽然中间有王莽的错误，只是时代的插曲。三国至南北朝是混乱的局面，至隋文帝予以结束，又作了一番有计划的实验，有成功，也有失败。隋文帝的失败，作了唐的殷鉴，使唐有长时期的郅治。自晚唐之乱至宋治，又是一周期。在这两周期，秦隋相同，东汉与宋类似。宋以后，元朝又作一次实验，惟政治理想不太浓厚，只削弱中国人的参政权，无论中央地方官吏，汉人限充副手，这是中国民族的侮辱。不过元朝尚能维持中国政治的传统，以维护治安，不干涉人民的生活为主，这是其成功处。元明以后，满人入关，中国又一次受外族统治，清政府比较清明保守，类似东汉宋朝。近百年来又是一个大周期的开始，也是新动力的开始，今后的中国，也许应有一个不顾一切而做大规模实验的政府成为一个短命的朝代，然后有一长时期的新的安定。不过这也只是一种推论。

一般人对发生治乱周期的原因有几种解释，一说是由于水利，兴办水利有效率的便治，水利工作废弛或破坏水利的便乱。一说是由于人口的原因，此说是根据马尔萨斯的人口论，认为人口成几何级数增加，生产则仅是数学级数增加，供不应求，形成恐慌，因而发生动乱。另一说是由于土地分配问题，土地改革成功，分配恰当者治，反之乱。还有一说是由于天旱与水灾的周期。这些说法，我们都不能满意。以人口说，马尔萨斯学说诚然有一部分理由，却并不能解释全部事实，中国各朝代最盛时期也是人口最密时期，从事开发边疆土地移民。日本在德川幕府时代至明治维新前，人口增加很快，虽然已经成为问题，却没有动乱或战事发生。又如水旱灾，在开国初期也有发生，可以人为的力量予以消除，或预先储存粮食以备救济。说到水利破坏造成动乱，实是倒因为果，水利破坏是动乱的结果。至于土地分配问题，中国并非历朝都致力于土地公平分配，只是少数时期做得稍见成功而已，故土地分配问题，也不是动乱的惟一原因，当然，这一工作是十分重要的，今后应该特别重视。

归根结蒂，动乱是政治问题。

中国历朝的年代，计西周约三百年，春秋二百九十五年，战国二百五十三年，西汉二百一十四年，东汉一百八十九年，东晋南北朝二百七十一年，唐二百八十八年，北宋一百六十六年，南宋一百四十八年，元一百六十三年（包括成吉斯汗在位时），明二百七十六年，清二百六十八年。平均为二百五十年。各朝都可分为两阶段，前段是盛世，后段是衰世。西汉自汉高祖至汉元帝一百三十八年，唐自唐太宗至天宝一百三十八年，北宋自宋太宗至德〈哲〉宗一百四十一年，明自明太祖至孝宗一百三十一年，清自顺治至嘉庆一百七十四年，平均约为一百五十年，即在二百五十年中有一百五十年为盛世，为治的时期。维持盛世长的，是由于有好皇帝，且在位时间较长，如汉武帝在位五十三年，唐太宗在位二十三年，高宗在位三十四年，清康熙乾隆在位均在六十年以上。开国之君起自民间，明悉民间疾苦，通达人情世故，历经艰难，深知真理，身体受过锻炼，故健康强壮，精力充沛，兵制财政作有计划的实施，治理国事，顺应民情，于是天下太平。从"中央博物院"宋至明及"故宫"清代皇帝画像中，可以看出，开国之君，体格多是魁伟，以后则一代不如一代，世代愈后的皇帝，体格愈是瘦弱，因为他们"生于深宫之中，长于妇人之手"。只有从板着道学面孔的师傅受点教训，与社会隔绝，过着红楼梦式的畸形生活，以这样的人，身负国家重责，政治焉有不糟之理？加之，兼有宦官、外戚、嬖宠、佞臣、军阀弄权，盗贼为害，制度被破坏，社会受骚扰，从而召致外患，因此造成了大乱。再加上军队因施行募兵制，兵额年有增加，久享太平，疏于训练，不仅不能发生安内攘外的作用，反成了政府的累赘。

所以国家的治乱，以政治的因素最为重要，因政治影响及于经济、军事，而政治的因素中，又以人为因素为主，关键几系于君主一人，君主的贤明庸碌，直接造成国家的治或乱。

我们的国家已由人的动力进入蒸气动力、电力动力，今后将更进入原子动力，以后的历史，可能不会再如过去那样。

一个民族的文化，诚然不像斯宾格勒那样悲观的看法，一经衰退，就归于死亡。在这一点上，最近的中外学者，例如汤比、克路伯（A. L. Kroeber）以及前年杨联陞先生在《哈佛亚细亚学报》的论文，都多多少少接触到这一个问题。使我们对于这一个理论范围，更有一些启发。不过无论如何，在历史上，政治力量、生产方式以及社会组织，都可能在某一个时期成为历史动力中的显性因素（dominant element），而中国战国至道光的历史因素，就是以农业生产为背景而使政治问题成为支配的力量。今后的中国和世界，虽然一定不会完全和以前相同，但以前的轨辙，却应当成为今后的重要参考资料。

（刊载于《大陆杂志》，第 17 卷第 1 期，1958 年 7 月）

附：自由讲话[①]

一　黄静嘉先生

何以中国的君主专制出现得特早而能维持长久？
东晋南北朝的政治情形如何？

二　赵方行先生

以汉唐帝王的贤愚比较，诚然像唐太宗那样精干的在西汉的所有帝王均难比拟，但就整个来说，唐朝贤明的帝王是比不上西汉多。

---

① 此篇为联合国中国同志会第一九〇次座谈会的自由讲话，劳榦先生作综合解答。——编者注

三 夏沛然先生

中国历朝的政治，实际操之宰相。劳先生既说中国历史上的治乱，以政治为重要因素，何以又把责任推到帝王身上？

四 隋宝森先生

隋文帝的改治既是有计划的实验，其出发点是利己的还是利他的？对后代的影响如何？

汉武帝的好大喜功，似不再是无为而治，但不知其政治思想是法治？儒治？抑人治？

五 蒋共和先生

中国治乱周期在黄河流域与长江流域有无关连？劳先生说，可以影响中国帝王施政得失的有宦官、嬖宠、外戚、佞臣、军阀、盗贼和外患，似乎还应加皇后或母后。

六 王德毅先生

孟子说，五百年必有王者兴。是否指西汉以后的历史而言？

黄老之学的无为而治，在唐朝也是推行的，魏徵就曾建议唐太宗无为而治。故无为而治似并非西汉政治的特色。

七 林斧荆先生

中国常有"治必乱，乱必治"及"合久必分，分久必合"的说法，是否就是治乱周期的原理？

孟子说：徒善不足以为政，徒法不足以执行。似指法治人治应混合运用，辅助彼此的缺点，政治必然会良好。近代政治究应该法治抑人治，或两者并用。

八 劳榦教授（综合解答）

中国君主专制的形成及成熟，内容是很复杂的。战国时，秦以军力吞并六国，统一中国，采用法家思想，以极权统治国家，效能极高，可惜对人民生活管理过份严格，变成了否定了自己。我们要知道，人类的文化和制度，都是自然长成的，不是经某一些人的全盘设计。凡是任何一种人工的设计，内容越严密对于将来的适应性越缺乏，秦的理想和制度，在思想史及政治制度史上都要占很重要的地位，可惜因为太严格而僵化了。汉兴以后，对君主极权制则仍保存，但执行方面却松懈多了，并且儒家思想为最高指导原则，也在早期已有痕迹。儒家、道家与法家思想调和运用，在汉朝颇为成功。当然，秦的失败，也有它客观的理由存在着。在一个大周期的开始，过去一切已经不能应付新的环境，自然会有新的理想而做新的实验。而这种理想又往往是十分硬性的，因而做实验的人，就会注定了失败。这种庄严伟大的规模，加上冷酷无情的命运，真是一个完整的悲剧。

东晋南北朝的政治很特殊，地方势力的影响很大，南朝是世族的庄园和几个城市为中心。后来南朝被北朝所吞并，因为政治上的力量，是北朝的来源，因而对于后来的政治影响也就不大。

西汉的帝王固有很多是贤明的，但唐朝帝王有好几个也不坏，唐太宗固不论，他如唐高宗、武后、唐玄宗也都是颇能培育太平局面的。唐朝若干帝王所以不及汉朝，一为受社会奢侈风气的影响，一为政治制度不及汉朝合理，政府机构与行政也不及汉朝的简单而有效率。汉朝的政治哲学是黄老的无为而治，无为的理论是"无为而无不为"，抓住大者要者，放松琐细事务，实现一种分层负责的局面。从汉高祖、文惠景帝甚至吕后皆如此。

在君主国体之下，可以分为专制政体及立宪政体。专制政体由君主个人行使主权，立宪政体由议会行使主权。专制政体下的宰相向君主负责，立宪政体下的内阁向国会负责。中国历代的宰相都是只向君主负责的，所以不可能成为责任内阁制。因而君主才是真正的权力中心。

隋文帝结束南北朝局面，积极建设，虽其冷酷类似秦始皇，但并不完全作法家的政治实验，多少还接受中国儒家的政治传统，因而其实验的冒险性不如秦朝的大。

汉武帝"内多欲而外好仁义"，其政治观念是法家的，略采儒家原则，而着重人治。西汉无为而治的精神，至汉武帝已不复存在。

统一的中国，疆域包括黄河流域、长江流域以及珠江流域，主要地区当然仍在黄河流域。至政治周期，因人口、土地面积及文化之差异，而不尽相同。

皇后母后弄权，影响帝王施政得失，可包括于外戚一类，因与外戚有关。

孟子说的五百年必有王者兴，大约系因夏商周的中兴经过五百年，而作此经验之谈，并不是预测以后各朝代的历史，周以前是封建，周以后却是帝国，情况根本不同。

黄老之学在汉朝是行之有效，因为机构简单，一切上轨道。但不是说，汉以后黄老之学便不受重视，历朝帝王多劝人民毋兴讼，最好永不见官，除了完粮纳税以外，这就是要无为而治。就是近代资本主义社会，也有主张政府对于人民的事愈少管愈好。

"治必乱，乱必治"，治与乱确互有关系，"分久必合，合久必分"，则不是治与乱的原因，而是治与乱的结果，治当然合，乱后便分了。治是正常的，乱是非常的，治乱实际上是一件事，乱犹如患病，患病的结果不是康复便是死亡。宋明之亡，等于是中华民族一度死亡。

属于君主专制政体，中央政府才格外重视人治问题；民主政治的政府，则政务人才的推选，是由社会负责。而政府中的公务员，都属于事务性质的。这些事务官只要奉公守法，办事有效率就够了，原不必要"豪杰之士"。所以在民主政治之下，是没有人治的问题，而人治的问题是社会的责任，不全是政府的责任。

本国史教科书中的若干问题

从国民学校起，到大学一年级复习几次历史是需要的，除去"五年一贯制中学"仍然还是一个值得讨论的问题以外，也就是在中学应当学一次或者应当学两次以外，在国民学校时学，到中学时学，到大学时再学，不论学三次或四次，大致说来，复习总是好的，并不见得对于学习时间有多大的浪费。

但是从来的教科书，却从来很少有一个比较适用的。在三十年前，因为中国史学在当时的进展并不太迅速，而且根据那珂通世《东洋史要》作为蓝本也大致还可以应付，所以这时的教科书如《共和国》《新制》之类，就当时的标准来说，还不算过于荒唐。但自从新学制改定之后，虽然种类尚多，若就其应用上的价值来说，那就问题不那样简单了。

现在教科书的编著成绩，所以不能尽如理想的原因，主要的是人才难觅，因为旧学好的人往往缺乏对于中等以下学校的教学及编著的经验，而长于中等以下学校的教学经验及编著经验的，又往往对学术上并无根柢。即令二者同能兼具，但对于史料处置的方法，以及现代史学知识与史学有关各种科学知识亦未能具备。因此无论如何不能达到适当的标准。若干年来只有张荫麟的《中国史纲》可以说合于这个要求。这部书虽然尽管有可以批评和补充的地方，但假若作为中学以下教科书的蓝本还是很好。只可惜张君未及成书即逝世了。因此一般高中以下的教科书大都尚待修改。

编著教科书最低的要求是第一要在这个学龄中的学生能够接受，第二要不能有错误之处，将学生引入错路。就中吕思勉的高中本国史错误甚少，但其叙述方法和思想方式还要和学生们隔着一个距离。罗香林的本国史编制太繁，不要说讲，念也念不完。罗元鲲的本国史几乎全是些机械的表解，教员们是没有什么方法使学生能够了解和记忆的。金兆梓的本国史图表多，详略适当。可惜他对于若干年来的学术研究成绩，接触还嫌不够多，因此便不尽如理想的对。只有余逊的比较最好，但图表又太少，需要教员补充。还有别的，可不必说了。现在最好能就余、吕、金三种中任何一种加以修改，似乎不必重作。至于现在通行的国立编译馆本初中及小学历史，上古部分都嫌太多些。其余各部分从前错误太多，经过众手修订以后，大致还可以用。以后似乎仍应找内行多修改，不必换本子，因为再换一次，仍然会有更多的错误，还不如不换。

凡是属于通论一类的功课，在大学中决不应该让资历浅的教授来教，凡是通论一类的教科书，决不应当仅让造诣不够深的人来编。因为万一有错，那就"谬种流传"，将至不可收拾。在民国初年时，商务印书馆编辑自然科学方面的"民国教科书"皆系一时人选，至于"共和国教科书"亦在编辑之后，均请人精心校阅。所以在当时都还不错。到了新学制实行以来，教科书的编辑，频繁而草率。印教科书的书贾又增加了几家，竞争剧烈。书贾们只在种数之多来出花样，许多老板甚至尽量用交际手腕来联络学校当局，期望采用所出的教科书，决不在教科书的质上希图进步。自国定本出版之后，此风稍减，但国定本急于成书，本身也不免草率。因此鉴于近年来学生成绩低降，决不能对于教科书再不加注意。倘若只有些职业编抄者，而无人为之是正，那就误尽天下苍生了。所以总希望社会上能够注意这个问题的严重以图改进。在本文中所要指出的是一般常犯的错误，大体以高中为准，并不一定限于某一种教科书。只是这篇是一个短文，也只能说一个大概。

最先说到的，凡一本历史教科书，总要来个绪论，大讲其历史哲学，其实对于中学生是不需要的。历史哲学，谈何容易，编者本系勉强杂凑，教者亦多一知半解，与其有，不如无。此处虽为部令规定，不得不讲，但讲时应当力求平实，知之为知之，不知为不知。就中吕思勉所说还不太离本题。虽然无甚精采，但吕氏读书较多，挂漏较少，在此可以看出来了。

历史是一个平实的学问，最忌附会。司马迁《报任安书》言"欲以究天人之际，通古今之变"，"天人之际"即董仲舒所言的"天人之际"，其中充满了神秘的成分，但被一些教科书的作者解释作"天"便是自然，"人"便是人类。"际"便是人和自然的关系了。这种不严格的思想，给学生一种最不妥的印象，甚至于可以让学生也牵强附会起来，流弊所及，可以不堪想象。

在高中教科书上，部定纲要本有"中华民族之形成"一节，这本来是承受旧日历史教科书的章节而来，但要想做好却太不容易了。就中还算吕思勉聪明些，略讲古代民族之分合，不将近代民族强为比附，还不算过分荒唐，然而其中所说的已经有问题了。一般的教科书就将汉、满、蒙、突厥、藏、苗六族并行分别，那就问题更复杂了。就中最显著的，是将东胡族和满族混而为一，东胡族原指乌桓和鲜卑，满族的来源为肃慎、挹娄、渤海、女真，两者并非一回事，没有可以相混的理由。现在所指为维吾尔族虽然可以勉强算作突厥族中之一种，但就历史说来，却不如此简单，古西域城郭诸国之中，一部是氐羌，另外一部分却是印欧人种。至于所谓苗族，假若认为"印度支那族"，那就即是 Sinitic group 的同意字，包有汉族在内。假若认为即系狭义的苗，那就顶多只能牵涉及傜人，对于泰族及藏族、缅族是无法包括进去的。尤其高山同胞更不应算入苗族之内。

再就是中国民族起源说的问题了，关于这个问题最先便要问一问其中所指的"中国民族"是什么？假若说凡隶属于中国国籍都是中国民族，那就中国族本是一个复合的民族，问他的起源是一个无意义的话。倘若以为中国民族就是汉族，汉族以外就不算，那就更不应该。即令退一步来说要讨论一下汉族的起源。但汉族既称为汉，顾名思义，当然不全等于汉以前，当然还要包括若干胡、越、戎、夷。这就南来北往的都有，自然不能确定为一个来源。假若只认为要研究的只是古代的"华夏"，那就仍然有问题：第一，华夏民族推到夏代，还是一个复合民族，不尽出于本土，也不尽是外来的。第二，在现代汉人之中，在心房中跳动的血流，属于夏代中原民族的遗留，恐怕百分比也不一定是最多数了。所以"华夏"的这个观念，在文化上的问题还比种族上的问题重要得更多。世界上决无一个一成不变的种族，我们不应当以静态的眼光来观察它。若要讨论这一个问题，只能讨论在我们现在知识范围以内的若干古代人类们的动态，而不应当用"中国民族"四个字限制上去，以致说了半天，意义不定。

在"太古之文化与社会"一节中，几种本国史竟将《史记》不载的许多传说大加附会，还有一种对于人类社会调查的文献，只知道莫尔干《古代社会》一种，便将此书大加比附。假若自行发表文字，那也没有什么不可以，但这是教科书就不应该了。其他如八卦产生的时代本来已成问题，并且八卦不是文字那就已有定论，但是还有些教科书以为是"文字的胚胎"！

做教科书最忌无征不信，以免误己误人，譬如说巡狩朝觐由舜开始，而"天子与诸侯的关系益加密切"，舜去四凶为去"当时四大势力"而"天子的威权也便加高"，"到商代后期的殷，也还很看重田猎，于农耕并不看得怎样重要"，这些都是根据很不充分的臆断之词，倘若多少谨慎些，就不敢这样的说了。

关于周伐商的年代问题，一般教科书都从旧说为公元前一一二二，但这是不对的，应当从董彦堂先生的新考证为公元前一一一一，在一一二二那一年，只是武王即位的那一年。关于封建诸侯一事，也不始于周，比较谨慎一点的教科书，说周封建，不说商代是如何的，还不失阙疑之意。但是有些人却硬派商代还是"民族林立，各自为政"的局面！然后周公出，然后"一变而为由天子分封诸侯的封建制度了"，在西周厉宣之际，有一段所谓"共和"时期，应当从《史记》认为是周召二公摄政，但也有些人从《鲁连子》及《竹书纪年》认为有一个共伯名为和的摄政。今按共本卫邑，并无这一个共国，假如真要找一个摄政的人，也除过周召以外，非像卫这样的"明德懿亲"不够资格，而且《史记正义》引《鲁连子》，也明说"共伯复归国于卫"。但是卫君名和的即卫武公，此时还只有十一岁。卫武公后来在周权力相当大，并且在幽平之际勤王有功，却与厉宣之际无干。《史记》用周召二公共和行政一说，本有斟酌。《鲁连子》及《竹书》虽然亦是旧说，却是因卫武公事迹而误传。这一点张守节《史记正义》已有详辨，实在不应当再立异说。

讲春秋战国思想有些人分为南北两派，颇成问题，更有些人以老子的学说从"天地不仁，以万物为刍狗"出发，也有些怪诞。至于大同小康之说，仅见于《礼运》一篇，虽属儒家之说，但难于证明孔子时已有此种思想。所以讲儒家时附入则可，讲孔子时附入则不可。又大同之说所以能为儒家思想的，是因为其中"不独亲其亲，不独子其子"，仍是一种推己及人的立场，因为天下都是贤人，那就推己一定有效的可以及人，便成了一个理想世界，和"兼爱"仍然是不同的。

汉代制度是一个相当不容易弄清楚的事，并且汉代制度为中国历代所承受，虽然屡加修改，但基础还是汉代的。然而不幸汉代制度却最易为人弄错。例如某书中有一段是：

汉承秦制，设丞相、太尉、御史大夫，亦行政事、兵马、监察三权分立之制。武帝时，改太尉为大司马，以冠将军之号，于是大司马大将军位在丞相上。成帝改御史大夫为大司空，与丞相大司马共为宰相。哀帝又改丞相为大司徒，与大司马、大司空同称三公，于是秦制面目一变，三公实为前汉政制下之真宰相。自七国乱后，皇帝集权于一身，在其身边给役的少府属官尚书，渐趋重要。及武帝托孤于霍光，使光以大司马大将军领尚书事，自是尚书遂成机密之官。宣帝时，丞相权虽未减，但诏令的造意已归尚书，丞相不过宣布尚书所密议的政令罢了。成帝以后，外戚王凤王音，亦均以大司马大将军或车骑将军领尚书事而当国握大权。

这里所述尚不太简略，可见尚能认识丞相、尚书二职对于汉代制度的重要，只是许多地方都说错了。第一："政事、兵马、监察三权分立之制"是不对的。因为至多只能说三种职守，不是三权。汉代只有一权集于天子，那里会有三权？并且太尉虽然名义上掌武事，但到武帝时已罢太尉一职，并且实际上京城的南北军还是直接于天子，外郡的军事也是由丞相府来管，并非别有一军事权的。关于监察举劾的事，丞相司直也管得着。御史大夫只是丞相的副贰，也不是只管监察的事，所以三权分立之说，只是一个无稽之谈。第二："武帝时改太尉为大司马，以冠将军之号，于是大司马大将军位在丞相上"，也是不对的。武帝时的大司马只是一个虚衔，并无印绶官属，并且也不在丞相上。至昭帝时，霍光以大司马大将军辅政，具有大权，但看《霍光传》的废昌邑王的奏，仍是丞相杨敞位次在前，亦即大司马的位次仍在丞相之下。第三："自七国乱后，皇帝集权于一身，在其身边给役的少府属官尚书，渐趋重要"，也是不对的。七国之变以后，只是中央和诸侯王间的关系有些不同，中央对于诸王国间的权增大了。中央政府本身的机构并无变化。尚书一职变成重要，是在武帝时代才渐渐开始，这里说是在景帝时代，又弄错了。至说"宣帝时，丞相权虽未减，但诏令的造意已归尚书，丞相不过宣布尚书所密议的政令罢了"，又大不对，假如丞相只宣布政令而已，权已大减，何云"未减"？其实宣帝时魏相和丙吉为相甚得信用，能够尽职，丞相府并非仅仅是一个承转的机关。到了元帝时石显以中书令管尚书事，才大大的干预政事。到成帝时王凤以外戚为大司马大将军握有军国大权，并且废除中书加设尚书五人，从此尚书的权才更加大了。最后几句虽未大错，但只说领尚书事不说尚书，也是不明白的。所以说到官制和地理，决不是一个单纯的事。除非老老实实的抄撮，或者详详细细的考证，才可以不致大错，若想立异标新，就容易变成一无是处了。

因为篇幅有限，不能多为举例，现在再说一般观念中的几个最易错误的问题，例如九品中正制度成立的原因，是由于三国"士流播迁，详核无所"，而不是由于救济乡举里选方法之穷。隋唐府兵只是由贵族兵变成的地方兵，区域有一定，并非全民皆兵，和征兵制度是两回事，不能相提并论。王安石新法的失败原因，不由于旧党之反对，亦不由于求治太急，乃由于新法的原意，重开源而不重节流。在宋代讲开源，既不能变更生产工具及生产方式，成为一个工业革命，又不能如同汉武帝时代，人民负担本轻，尽管还可以搜刮。宋代人民负担本重，弊窦亦多，再加以压榨，不管原来命意如何好，后果已经不堪设想了。又明代政治，在古今实为最坏的一朝，一方面是君权过分集中，别一方面是后妃选自市井，教育不够，影响到下一代，以致皇帝的素质坏，前一点教科书都说到了，后一点却未说到。此外如指南针原理的最初应用，大概还在汉代才开始，和机械作用的指南车并无关系。殷虚发现甲骨中已有用毛笔朱书或墨书的，可见古代只有漆书之说以及蒙恬始用毛笔之说为不可靠。词虽始于盛唐，但李白的《忆秦娥》及《菩萨蛮》俱不可信，现存者应以敦煌卷子的《云谣集杂曲子》为最早。中国的石刻人像及物像，最早的要算殷虚发现的大理石人像及鸟兽像，不必根据《战国策》木偶人的寓言。塑像现存者应以甘肃秦州麦积山魏洞及敦煌魏洞佛像为最早，苏州甪直塑像诚然不错，不过还应当属于五代或宋塑，不是杨惠之手塑的。这一类的问题差不多俯拾即是，可以想到编教科书实在不是一件容易的事。

以上所举只是以高中本国史教科书为标准来批评。其中的错误属于编者的固然不少，但教育部原颁课程标准，也应该负些责任的。至于初中教科书，也有许多地方和高中教科书犯同样的错误，尤其小学教科书，始终不大为人所注意，因此小学教科书便编的最坏，实际上小学为国民教育，影响最大，更应当多由专家澈底修正才对。

（刊载于《大陆杂志》，第 1 卷第 7 期，1950 年 10 月）

龙冈杂记　正史

　　正史之体例以纪表志传为主，实为一种综合体裁。自司马迁《史记》以还，规模即已大定，惟《史记》及《晋书》各分为五。《史记》有世家，《晋书》有载记，然实亦传之一种，其实皆可称为列传也。

　　纪虽记帝王之事，然其本意实在编年，而帝王之事迹附编年以传。范晔《后汉书》，特列皇后纪，然亦纪其名而传其实，非本书中之纲领也。故纪如扩大，则成为荀悦《汉纪》、司马光《资治通鉴》之体裁，一般正史之纪，大率折中于《春秋》及《左传》之间，亦即实录之缩本，故或详或略，甚难决择以归于至当也。

　　志为叙述典章制度而设，故其材料亦可以无限伸张。其内容实与政书无别。若通各代而言之，则成为通典通考，若专一代而言之，则成为会典会要。今所传最详之会要为《宋会要》，其全部无不可通用于史志，史志之所以不得太详者，为便于人诵览而已。

　　世家与载记，实与列传无别。《晋书》之张轨与李玄盛传，以其为中国所建之方国，则置之于列传之中，然当时之地位，固与五胡建国无殊也。陈承祚生于西蜀，多存故国之思，故全书一律用传体，不标纪名，于魏之卷首，则曰武帝操、文帝丕，而不以为讳，于吴则于吴大帝则"权"之而已。此虽史家之变例，亦固传人之正体。是故凡属人之一生，不论帝王将相，抑或艺术隐逸，无不可以传之。惟人生之事迹无穷，而正史之卷帙有限，不得不有所取裁，而取裁之当否，则不在本传求之，而在全书之中校其轻重耳。

　　正史为太史公所特创之体例，举世之中，惟中国文化所及者，如日本、韩国、越南，咸有此体制。而西洋各国则无之，非无此体裁也，无此综合体裁耳，若分为年表、纪年史、大事表、典章制度史、传记，则举世咸有之矣。故正史之可贵，在于用各种之表现方法，以成巨制。用此方法，史料易于保存，故正史之资料，可以改为编年，可以改为纪事本末，亦可以为政书中之主要取资，然仅据编年、纪事本末以及政书，决不能组为正史。惟编年体之实录，可以为正式重要之来源，然正史仍赖大臣专传，不能仅恃实录也。

若干年来，国内史学家咸于正史体裁，尚有未尽之处，因主国史体制，应加改变。然可以代正史体裁者，迄无定说。足征此种正史体裁，实为可以表现各方成就之巨制，其他各体虽自有所长，然求一继承吾国二千年正史之体，包括广阔而无所漏略，则亦非用纪传体，无其他适当之体裁。故正史之工作，今后仍当继续准备。惟将来所注意者，即：（甲）纪当纯为纪年之用，因将来"总统"各有任期，其生平当入于传内。（乙）志之工作甚为重要，但天文五行律历各志将不复在正史之中，而志当代表有时代性之工作。（丙）修史之期不能再以朝代为限，或当准备百年修史一次。（丁）除政治上人物外，社会及学术上人士其比重当较前加重。——按《清史稿》为适应清代，亦已有所改进，如外国传改为邦交志之属。今后正史改进之处更多，但正史之原则，则不容废置也。

（刊载于《大陆杂志》，第 13 卷第 9 期，1956 年 11 月）

几种古代史上不成问题的问题

古代史上有些是很成问题的，例如山顶洞人和现在华北人的关系，彩陶和黑陶两者有无文化上的渊源，尧舜禹的真实性究竟有多少，五行和四大究竟有无相承痕迹，古代天文学究竟有无外来的影响等等，都是非常困难的问题，实在不敢轻于论断。可是从另外一方面说，却也有非常显明的问题，根本是露在表面，用不着索隐行怪去追究，因为有些学者想的太多，竟成为以不怪为怪，禅宗的公案说"尼姑天生是女人做的？"这些问题，也都是这一类的性质。如其说所有尼姑都是女人，当然太平凡，使人索然气尽。若一定要说"尼姑是男人做的"，也就错了。以下就是几种不成问题的例子。

一、《诗经》非一人所作，亦非一时所作

《诗经》最早一个知名的作者是周公，这大概是不成大问题的。《鸱鸮》的诗为周公所作见于《尚书·金縢》篇，而《金縢》篇却是问题最少的一篇。《金縢》篇是今文《尚书》二十八篇中的一篇，曾为《史记》所征引。并且周公祈代武王的思想，甚为原始，绝非战国秦汉的人所能想到。过去《语丝》中有篇曾和《元秘史》蒙古风俗比较，非常相似，甚有意思。因此周公做诗之事是可信的。再往后就是周幽王时"十月之交，朔在辛卯"那首诗，有日食的推算可证，再往后，就是召南的"齐侯之子，平王之孙"，为平王东迁以后之作。再就是《唐风·扬之水》的"从子于沃"显然为曲沃分封以后所作。秦风的"谁从穆公，子车奄息"指明为秦穆公，这都有确实的年代可指，《左传》中言及诗的背景很多。孟子说：

33

"《凯风》，亲之小者也；《小弁》，亲之大者也。"《凯风》和《小弁》正是两件不相干的人和事，孟子也认为不是一人能作。岂惟《诗经》，就是《论语》《易经》以至于《楚辞》，都是出于许多人的手笔。

二、《禹贡》黑水是一个错误记载，不足为据

《禹贡》作成的时代本不会太早，因为《禹贡》所说的"华阳黑水惟梁州"是指的四川区域，而四川区域春秋时会盟不通中国，张仪和司马错称其中的国家为"戎狄之长"。在成都发现的战国铜器，虽然和中原铜器略有关系，但差异之大，使人看得出是两个不同文化。《禹贡》叙述巴蜀，无异中原，显然是秦惠王领有巴蜀以后，巴蜀同化于中原文化，才能有这种地理上的描述。不过战国时对于巴蜀及南中的知识仍然有限，因而在"黑水"一辞上，就发生不可原谅的错误。《禹贡》言及黑水的有三处，其一为"华阳黑水惟梁州"，其二为"黑水西河惟雍州"，其三为"导黑水至于三危，入于南海"。综此三处，显示黑水为雍州及梁州大水。《汉书·地理志》益州滇池县有黑水祠，说者认为是今昆明县的黑龙潭。但什么是黑水，却无从指实。我从前做过云南境内汉县的考证，深觉《水经注》中"温水注"的水系是一塌糊涂，还不如北方各水的征实。对于云南的水系郦道元尚弄不清，何况《禹贡》的作者？云南水系弄不清，那就黑水问题当然不能解决。只是《禹贡》作者错的太极端了，把甘肃境内的三危又牵涉进去。因而郦道元遂有黑水出张掖鸡山，南流至敦煌，过三危山南流入于南海之说。孔颖达以"伏流"来解释，只是一个圆谎的办法。圆谎是不对的，古人错就是错，本来无甚相干，自然不宜牵涉到张骞以后的地理知识。

三、周穆王见西王母为小说记述，不可据为典要

自汲冢发见《穆天子传》后，因为其中记述甚为有趣，文人采用，事所当然，汉人于西海（青海）地区安置一西王母石室，依《穆天子传》的行程和方向，却是对的。自晚近数十年来，中西交通倍臻密切，地理知识亦有进益，于是谈西王母所在和穆王行程也就从此西移直到中央亚细亚的

国境以外。这都是文人好事，与考史无干。《左传·昭公十二年》称："昔穆王欲肆其心，周行天下，将必有车辙马迹焉。祭公谋父作《祈招》之诗，以止王心，王是以获没于祗宫。"这里说穆王并未曾完成他周行天下的志愿。据《国语》说祭公谋父曾谏征犬戎，穆王未曾采纳，"得四白狼、四白鹿以归，至是荒服者不至"。所以穆王确曾有征伐西方夷狄之事。穆王旅行西王母自可以此事夸张演变而成。不过西王母虽不一定和穆王有关，也自有其传说的根据。依照《史记·秦本纪》世系，秦的先世有女脩，女华，且有郦山之女的传说，在旧说中并有郦山女曾为天子一说。若比较《玄鸟》《生民》各诗，隐约间略见母系遗风。至于康藏各族母系遗留，当有较中原更为清楚之处。《唐书》女国也正为藏族国家。可知西王母传说亦自有其传说背景，只是依附穆王已经多事，若再求地望来证实，就走的更远了。

四、徐福虽越海东遁，但决不可能为日本王

徐福事见于《史记》，却未曾说过曾到达什么地方，因为司马迁也未曾知道。秦代中国逃亡的人惟一聚居之地是辰韩，倘若不能知道他真到了什么地方，最大的可能却是辰韩，不是日本。《三国志》有《倭人传》，其风俗和韩濊接近，而与中国不同。即令是中国大陆移去的，也只能远在商周时代，决不可能为秦代的徐福。《三国志》为晋人所作，只和断发文身的会稽与日本比附，并无片言说到徐福。直到刘宋时的《后汉书》才说到徐福。但所说的徐福后人并非在日本，而是亶洲（可能是琉球）。直到《梁书》始言倭为吴泰伯之后，仍然未言为徐福之后。这一点显示有关徐福一层是日本人的攀附，其真实性并不太大。

日本民族的组成甚为复杂，其中汉民族的成分，无疑的，占一个很大的比例。不过日本民族的基本成分，却要从日本的语言系统来推断。日本语言系统，那是毫无疑问的和韩语最为接近，而和汉语比较疏远。只因为中国是个人口众多文化悠久的国家，而对日本的关系也甚为绵长。中国到日本的移民若就各朝数千年累积的数目来算，日本人中的中国血统比值，可能就不下于在越南或泰国。正不必借重于徐福的神话来加强中日的

关系。

五、汉代中国商船舶未曾越过麻剌加海峡

汉代南海的航行路线，见于《汉书·地理志》，其文为：

> 粤地近海，多犀象、毒冒、珠玑、银、铜、梁布之凑。中国往商贾，多取富焉。番禺者，一都会也，自日南障塞，徐闻、合浦船行可五月有都元国，又船行可四月有邑卢没国，又船行二十余日有湛离国，步行可十余日有夫甘都卢国，船行二月余有黄支国，民俗略与珠崖相类。其州广大，户口多，多奇石、异物，赍黄金、杂缯而往，所至国皆廪食为耦。蛮夷贾船，转送致之。……自黄支船行可八月到皮宗，船行可二月到日南象林界云。黄支之南有已程不国，汉之译使自此还矣。

旅程中最远的是黄支。若以黄支为旅程中心来算，其由中国到黄支的行程为：

合浦到都元——五月。

都元到邑卢没——四月。

邑卢没到湛离——二十余日。

湛离到夫甘都卢——步行十余日。

夫甘都卢到黄支——二月余。

再从黄支回来，当时的行程是：

黄支到皮宗——八月。

皮宗到日南象林——二月。

若排列这一系行程，除非有偏见以外，只有认为是一从北向东南，再向南，再折向北方的一个环形海道，别无其他更妥的解答。合浦即今的合浦，没有问题。合浦到都元是东南走向菲律宾。从都元到邑卢没是从菲律宾到苏禄，然后到婆罗洲北部。再从沙劳越平原西南行到古晋一带，然后渡海到苏门答腊，这就是所谓黄支了。苏门答腊是印尼各岛中的大岛，所

以称为"其洲广大，多异物"。（另外一条支路到"已程不"即今爪哇）

从苏门答腊回来，真腊的地方（即现今柬蒲寨的）应属于第一站，也是在行程中最长的一段，然后回到象林，即在越南的南部。

从来东西方学者都把黄支放的太远了些，他们认为黄支是印度的建志补罗（Kendrapara），大家一同随和，几成定论。要知道黄支是一个"洲"，即大的海岛，一定不可能在印度。并且从黄支回来还有一个较短的行程到日南象林，从印度回来就没有这样的方便了。所以无论如何只应当有一个结论，即"汉代中国的商船未曾越过麻刺加海峡（Strait of Malacca）"。

六、法显行程仅限于印度洋及中国海

法显行程据他的《佛国记》本自明白不用怀疑。自从章太炎先生在他的《文录初编·别录》引据法国《蒙陀穆跌轮报》（可能是 Moniteur Moderne）认为法显曾到美洲。其实太炎先生在中国虽有高超学术上的地位，而那个发言论的人却并无学术上的地位，在欧洲学术界上早已被人忘掉了。到了今天，实在无重新申论的必要。只是在目前中国，友朋中还时常谈到"法显曾到美洲"那种夸张的见解，所以还要辨明一下。

哥仑布发现美洲的可贵，在乎这件事情影响到人类的全部历史，近代世界的形成和这件事有直接的关系。若不管对于历史上的影响，在此以前印第安人和爱斯基摩人早已发现了美洲，并且定居在美洲。甚至于挪威海盗发现美洲的真实性还远在"法显神话"之上。即令法显真到了美洲，意义上并不如何巨大，何况法显真未到过美洲？

法显从印度的归程是明白的，即先到师子国（锡兰），东行到一岛边〔大约是安达曼群岛的一岛，以尼可巴（Nicobar）的可能性为最大〕。遇暴风雨，飘流九十日，到耶婆提。然后随商人"赍五十日粮"，"东北趋广州"，又遇暴风，最后在青岛附近登岸。

耶婆提的证定，尚有争论，不过无论如何有下列条件：

（一）既然"东北趋广州"，必在广州的西南。

（二）既然"赍五十日粮"，一定在五十日以内可到广州。

（三）这是一个商人二百人的船，一定有商人时常来往广州及耶婆提

之间。

　　根据这些条件，就方位说，已和美洲不合，再就彼此往来的关系来说，更决不可能是美洲了。

　　　　　　　　　（刊载于《大陆杂志》，第 35 卷第 7 期，1967 年 8 月）

傅孟真先生与近二十年来中国历史学的发展

中央研究院历史语言研究所，在中华民国十七年三月至九月为筹备时期，到十七年十一月正式成立。傅孟真先生担任所长，一直到他逝世，他还是任历史语言研究所所长的职务。

这是一个丝毫不夸张的话，在这整二十二年中，决定了一个中国历史学研究的新方向，奠定了一个中国历史学研究的新基础。我们相信这条道路，是唯一的历史学研究的康庄大道。而在这二十二年中正式指示出来，领导着大家来做的，孟真先生是一个最重要的人物。因此，在我们做历史学工作的，在纪念孟真先生的宏伟事迹之中，我们首先便要注意到他对于历史学的成绩与其影响。

民国十七年十月，《中央研究院历史语言研究所集刊》第一本第一分，刊载着《历史语言研究所工作之旨趣》，这是这一年五月孟真先生写成的。这篇里面的内容决定了以后的时期史学研究应当走的路线。至今日还没有甚么重大的修改。自然，我们还有很多未曾做到的地方，但这个提示的价值是不容忽略的。

孟真先生这篇论文之中，首先揭明了我们做历史的人所做的工作，并不是一个如何"经天纬地"的工作。而且这个工作之中，也绝对不容许任何的主观偏见存在。历史学换句话说就是史料处置学。他是经验科学的一支，和生物学、地质学属于经验科学完全一样。我们在中国做历史研究的人们有时是要整理国故的，但其中却并不是有好恶的偏见，而是为的材料的方便，和在中国做生物学研究或地质学研究的人们，要偏重在中国地上和地下的生物学材料或地质学材料一样。

关于历史学发展的标准，孟真先生有一个概括的叙述。第一，必需能发现新问题，对于历史材料的处理，要能够直接对材料的本身，重新批判去找新的问题，不当以昔人处理的旧公式为满足，而陈陈相因的下去。然后历史的研究才能有新的发展。第二，必需扩张使用历史材料的范围。这些材料的范围，就性质方面来说，应当扩张到史籍材料以外的材料；就地域方面来说，应当扩张到汉语文化以外的材料。就前者来说，例如地下材料的彝器、甲骨、简牍、明器。偶然发现的敦煌卷子，平时不被人注意的档案，以及从人类学调查得来的资料。就后者来说，便是在一般中国文献中比较忽略的，即是属于匈奴、鲜卑、突厥、回纥、契丹、蒙古、女真等族的文献和其他资料。第三，必需扩张研究工具。凡是任何科学的发展，都需要研究的人具有和这个科学相关的知识，作为工具。现代历史学研究，已经成了一个各种科学的方法汇集。地质、地理、考古、生物、气象、天文等学，无一不是供给研究历史问题者之工具。因此凡是做历史研究的人，对于语言学，文字语言工具和一般自然科学知识都是被认为必需的。——以上只是将孟真先生的意见，作为大致的概括。如与原文的意思有出入时，请参考本文。

诚然自清末以来，前辈的人对于历史学研究的意见，和示范的工作，不是毫无一点贡献，只是都比较零碎，而影响比较上也不算最大。只有胡适之先生的北京大学《〈国学季刊〉发刊词》，和傅孟真先生《历史语言研究所工作的旨趣》，两篇文字可以说近年来中国历史研究经过上的重要文献，而奠定了中国现代历史学的基础。

孟真先生治学的范围，相当广博。他熟读成诵的经籍相当的多。所以容易左右逢源。但他得益最深的还是四年在德国受到的教育，接受了德国的正统历史学方法。他对于中国历史上古部分，了解甚深。但他深知上古部分难以实证的太多，所以他并不鼓励别人治上古史，他尽量的采用考古方法，希望以考古的成绩作为治史的基础。安阳发掘这一件事，他的推动可以说是一个决定的力量。此外从语言的研究对于训诂上的贡献，也是他深深了解的，将历史和语言放在相关的平等地位来特别提示出来，在中国也要算他第一次来做。

孟真先生曾拟作《古代中国与民族》一书，遗稿已成大半，尚未整理。这是一个伟大的著作，差不多牵涉到全部中国的古代历史，所以孟真先生对于古代中国历史的材料搜集也特别多。并且他也随时有宝贵的意见。这一类的材料在集刊中发表过的，例如《周颂说（附论鲁南两地与诗书之来源）》《大东小东说》《姜原》《周东封与殷遗民》《夷夏东西说》，都是属于这一个范围以内的著作。而《东北史纲》一书除去对于古代民族的演变有一个正确的整理以外，并且对于东北一地对中国有深切的关系，尤其有一个精详的阐发。在这许多论文及书籍之中，特别对于殷人在东，周人在西一点，有一个透澈的了解，这一个意见从孟真先生阐发之后，至今差不多已经成为古代中国民族史上的一个定论。根据这个理论来推断殷周两部族的来龙去脉，以及中国文化史的渊源与其分合，那就更显然如在指掌。我想将来纵然地下的材料渐渐的多起来，一定更可以证明这个意见是坚确不移的。

孟真先生的《性命古训辨证》对于中国哲学思想史是一部很重要的典籍。在上卷他先追溯"性""命"二字的来源，确定为性字从生而来，命字从令而来。性与生，命与令到战国时期用字上还没有显明的辨别，虽然在思想系统上已经赋予了新的意义了。到了汉代才正式分别使用，因此汉代学者才将古书校改，又因为并不能全部改过，这个痕迹现在还可以看出来。在中卷他推论殷周以来的宗教及哲理，对于"上帝"观念的产生，及周初"人道主义"的发见，俱有独到的见解。而从性命二字的解释来推断孔墨荀孟以及名法的异同及其关系，尤其使人感到有不少新的启发。最后在下卷讲到汉儒和宋儒的性命理论，然后更使人了解宋元理学对前代一贯相承的系统，尤其对于朱学渊源更有好的分析。孟真先生对于朱学本来是相当注意的，对于《朱子语类》曾看过许多遍。到台湾以后曾选《孟子》一书为台大一年级国文读本，对孟学的系统不仅比以前更为推崇，并且更有刻意的研讨，可惜已经来不及写定了。

历史语言研究所曾经有系统的整理《明实录》。《明实录》的整理是孟真先生首先注意到的，搜集了七种本子来校，并且经过故李晋华先生的用心整理，大致已经有头绪了，因为经费问题，尚未付印。在整理《明实录》之时，孟真先生对于明史曾经下过很深的功力，作过《明成祖生母记疑》及《明成祖生母问题汇证》等论文。李光涛君对于明史的若干篇论文也得到孟真先生不少的指示。孟真先生对于明清史事，如明太祖的生平，明代后妃的教育与储嗣文化标准问题，孝钦皇后与清季变法问题都曾经很详细的对同人说过，希望将来能够将大家记忆中的凑到一起。

孟真先生对于版本目录甚为熟悉，历史语言研究所的书籍都是他经手购置的。他自己藏书也不少，但却并无宋元善本，他是不主私人收藏珍本的。在他自己的书中，也有很多的书有他的眉批。在民国三十七年时，历史语言研究所购到宋刊本《史记》，孟真先生作了一篇《北宋刊南宋补刊十行本史记集解跋》，又因为中央图书馆的《后汉书》和此本有关，又作了一篇《后汉书残本跋》都曾经在集刊中刊载着。

此外在历史语言研究所历史组全部同人的工作中，差不多都得到很好的启示。尤其新进的同人作好的论文，几乎每一个字都加以指示，使他再向谨严去做。这一点关系非常大，因为事情太多，所以不能详细的举例了。

二十年来的历史学研究，国内几个好的大学及研究机关，虽然都有他的贡献，但孟真先生主持的中央研究院历史语言研究所以及北京大学文科研究所的确能做到中心的地位。尤其历史语言研究所的有关历史部分在陈寅恪先生以历史学先进，以谨严而渊博的方法领导之下，影响尤深（虽然陈先生因病未能来此）。在此，因为以孟真先生为主题来说，对于国内其他部分的成绩不能多为道及。但是仅仅说到历史语言研究所，而国内历史学研究的进展已经知道一个大致的方向，那就看孟真先生对于这一门的进展，其重要性可想而知了。

孟真先生创办历史语言研究所时，本分为历史及语言两种范围。在历史范围之下分为一、文籍考订，二、史料征集，三、考古，四、人类及民物，五、比较艺术各组，而语言范围之下则分为一、汉语，二、西南语，三、中央亚细亚语，四、语言学各组。现在语言范围之内因为人才有限，所以只有一个语言组来分别研究汉语及非汉语问题。在历史范围之内考古及人类学都已各自成组，所以历史组便在历史范围之内包括文籍考订和史料征集与整理两部分的工作。

在近五十年来史料上有几个重要的发现，第一为安阳的甲骨，第二为敦煌千佛洞的手写卷子，第三为西北边塞的汉简，第四为清代内阁大库及军机处的档案。这四件新史料之中，安阳甲骨由历史语言研究所考古组李济之先生和董彦堂先生领导之下，发掘的结果，除去获得大量的甲骨以外，还有更大的收获。内阁大库的档案，从明代至清代的乾隆，俱为行政中枢的记录。宣统时大库屋子破了，移到文华殿的两厢，还剩下很多，当时张之洞以大学士管领学部，除将大库图书设立京师图书馆以外，档案移到国子监的南学。民国之后，北京政府的教育部又将这些档案移到午门城门洞内，民国十年教育部因为没有经费便将这些档案卖给北平白纸坊作为造纸的材料共计有八千多麻袋，其中有一部分流到荒摊上，被罗振玉看到，访问得实，用一万二千元买到。后来罗氏又转卖给李盛铎，到民国十八年又由历史语言研究所全部购回。费了很大的气力，才整理出了一个头绪。始终其事的是李光涛先生，并且还出了四集《明清史料》共四十册。关于敦煌卷子部分，历史语言研究所刊行的有陈垣先生的《敦煌劫余录》和刘复先生的《敦煌缀琐》。汉简部分，历史语言研究所刊行的也有《居延汉简考释》。

民国纪元至今，有人把对于历史的态度分为疑古、释古和唯物史观三派。其实这三种态度是不能相提并论的。假如勉强说来，只有两种治史的态度。一种是主观的，一种是客观的，唯物史观的学者有他自己的一套，暂不必说。疑古的历史家也还是主观的那一套，他们疑古的态度，决不是平心静气，立身事外的法官，他们只不过是些长于刀笔的讼师罢了。因此，客观的治史方法，也就是西洋一般的正统治史方法，拿来和疑古派相提并论也就不一定很切当了。

近几年的历史著述，如陈寅恪先生的《隋唐制度渊源略论稿》《唐代政治史述论稿》，傅孟真先生的《东北史纲》，岑仲勉先生的《元和姓纂四校记》，全汉升的《唐宋帝国与运河》，严耕望的《两汉太守刺史表》，差不多都是些谨严之作。至于在《历史语言研究所集刊》发表的论文，那就自上古、秦汉、魏晋南北朝、隋唐五代、宋、辽、金、元、明、清，任何一个朝代都有。而其内容则从民族、政治、经济、社会、法制以及地理和自然科学的历史都有。可以说树立一代的风声。至于诸子的校刊，有王叔岷校注过《庄子》《列子》和《吕氏春秋》，谶纬的问题，则由陈槃先生来做的。和《历史语言研究所集刊》一类性质的学报，如北京大学的《国学季刊》，清华大学的《清华学报》，燕京大学的《燕京学报》，辅仁大学的《辅仁学报》，亦各有类似之处，只是《历史语言研究所集刊》从出版以来二十年差不多没有间断过，而收稿更为纯粹罢了。

（刊载于《大陆杂志》，第 2 卷第 1 期，1951 年 1 月）

近代中国史学述评

　　近代的中国史学，可以说受到了两方面的影响，第一，是乾嘉的考证学，第二，是西洋的历史学。

　　因此在近代中国的论著中，显然的带着这两方面的痕迹。不过就各人的趋向说，每个人都有不同。有的人受乾嘉的影响深些，有的人受西方的影响深些。不过有一个趋势是很明显的，就是越到晚近，为历史工作的人，受西洋方法上的影响越大，而受到乾嘉考证的影响越小。

　　乾嘉考证之学，有人称做"汉学"，来和心性方面的所谓"宋学"对抗，这一点并不是十分恰当的。因为史学并不分汉宋，只有经学才能勉强分汉宋。在史学方面，实在看不出司马光的方法，和司马迁、班固的方法有什么对立之处。如其勉强指出异同，只有司马光对于史料审核方面更严密、更系统化，用这一点表示"汉""宋"的异同，实在没有太大的意义。至于在经学方面，称为汉学的，也相当勉强。乾嘉考证并不是直接从汉代十四家博士递嬗而来，而实际上是近接顾亭林，远绍王深宁和黄东发，而深宁东发之学又直接从朱新安之学衍生而出。溯其本源仍是"宋学"。而况"天人合一""情理分殊"也都溯源于董子，这也要包括到汉学之内的。所以乾嘉考证就是乾嘉考证，还是避免用汉宋之名为妥。

　　不过乾嘉考证，到了道光同治时期又有一个巨大的转变，这就是所谓"经今文学"的兴起。就动机来说，"经今文学"是可以原谅的，就影响来说，那就有若干无法预料的后果，不仅非当时所能预料，即使到了一百多年以后的今天，也十分困难做一个公平的评论。

　　经今文学的兴起，完全是经世的、应时的。所以范围较为广博，而谨严性就差远了。尤其是为的切合时势，就不免参杂了更多的主观性。这里从刘逢禄和龚自珍到廖平、康有为以至崔适，其谨严的标准也就一步一步放松。就最后的发展来说，其基本态度，不免于随心所向，信口开河。同时这一般做今文经学的人（尤其是康有为），其造诣是相当深厚的。如其他想做一点英雄欺人的事，实际上也不难办到。所以到了《孔子改制考》《新学伪经考》出书的时期，虽然不是没有反对他们的人，但他们的影响还是十分的巨大。

经今文学家的立场是合于清季时代潮流的。就当时的国情来说，中国的前途，无疑的是寄托于改革上面。而改革的方向，不仅在船坚炮利以及经济建设，还需要社会制度的改革及思想方式的适应，才能适合一个现代国家的成长。这一点日本因为许多偶然的机遇，幸运的走上现代国家的路。而中国就远远的落在后面。从甲午之战开始，使中国的青年们认识了日本的路是条应当走的路。而经今文学运动是条富于破坏性的路线，也是富于创新性的路线，这就使得这个运动成为一个时代的洪流。一直到五四运动，一直到北伐运动，一直到抗战前后许许多多幸与不幸的事件，都不能说和经今文学运动没有一点关系，即使没有直接的关系，但在思想潮流的趋向上，不能说没有间接的关系。

经今文学是从中国土生土长的，但另外一方面考证学却是从西方的华学学者（汉学学者），以及日本的"支那学者"和中国乾嘉的考证合流，而成为另一潮流。这两个路线也会互相影响，也会时分时合。但这两条路线，有自己的来龙，有自己的去脉。而时分时合的当中，也形成了中国史学的种种形态。

民国初年在史学方面的大事，要算古史辨运动，这是一个波澜壮阔的运动，在形式上是一个古史的争论，在精神上却是五四运动的伸长。并且遥接戊戌政变，以及经今文学运动。一直到高本汉发表《左传真伪考》，才算一个小结束。

本来皇古时期，一切的故事都是口耳相传，其可靠性是非常低的（当然也可能保存一点信史）。这一点过去做史学的人也并非都不知道。中国的史学比较发达，反而使得我们古代的"创世记"全部亡失，只在《楚辞·天问》《山海经》以及《三五历记》《路史》等保存了一个简单的骨架。在中国文学史方面以及文化人类学资料方面成为不可弥补的损失。我们保存下来的上古传说，无法和希伯来、印度、埃及、希腊、日本等国相比，这是事实。但从另外一方面来说，我们的传统儒家的学人从来都是理智的，也很少人像希伯来以至战前日本，那像为着迷信神话，所造成的偏差（我是主张相信宗教的，不过宗教应在理智范围之内）。所以古史辨问题的发动，正是我们民族，历代相承，以理智来驳古史的传统。其成问题的，是那时经今文学的气味太浓厚了，除去旧有的"慎思明辨"的传统以外，又加上了《新学伪经考》的绪余，把从没有文字以来口耳相传的神话，认为"托古改制"，"层累造成"，这当然也是一种偏差，也是激起争论的原因。倘若当时不强调"辨伪"，而只采文化人类学和考古学的立场，那就这场争辩或者可以免去了。

考古学的发展，是清季以来对于古史方面的贡献，是有非常大的功绩的。本来关于金石图录及金石文字，从北宋以来，已经有很好的基础。到了清代的乾嘉时代因为文字学的研究随着考证之学更为进展，而且新出土的器物也增多，因而不论在金石图录或金石文字方面都有新的突破，到了清季就更为成熟。再加上清季殷墟甲骨文字的出土，更增加了商代文字及商代历史的范围。

当光绪二十六年前后，因为义和团之乱，再加上黄河流域的大旱，在国运方面说，可以称为灾难时期，但以考古的发现来说，却是具有空前的成绩。在殷墟方面是甲骨的发现，而且引起后来殷墟有系统发掘的特殊成绩。在西北方面，还有敦煌卷子及敦煌汉简的发现。敦煌卷子之中，保存了许多佚书，敦煌汉简却是西汉晚期到东汉初期的烽燧上文件（后来在民国十九年，居延海附近又发现大批汉简，而最近十年间武威发现汉代抄写的《仪礼》，以及若干地区发现战国时及汉初的竹木简）。这些都是学术价值很高的。对于这三方面的研究，在许多年中也出了不少人才，不过最可以注意的，当然要算王国维的成绩。

史前考古的进展，也是近六十年中的成绩，在全国的北部以及南部，都发现过新石器的遗址。旧石器的遗址不多，但也有所发现，尤其是彩陶遗址方面，发现更多。其中最可注意的，是彩陶文化的仰韶文化遗址的发现（齐家期并不比仰韶期早，只是另外一支）。其中西安半坡的遗址，是一个非常完全的遗址，显明的，而且毫无疑问的，直接代表华夏民族祖先六千年至一万年以前的生活。当然，华夏民族是许多古代民族综成的，西安半坡所代表的，只是其中的一部分。至于在东方的龙山黑陶文化的民族，也当然是华夏民族另一部分，而这一部分以及其他些一民族的存在，也当然可以追溯到六千年前以及一万年以前。

中华民国十八年，北京人的发现，是考古学中的一件大事。在周口店发现原人的骨骼中，又可分为"北京原人"和"上洞人"两种不同的种类，北京原人是大约四十万年以前的原人。上洞人却是大约和欧洲的克罗曼侬人（Cro-magnon man）相似，时间约在五万年之前，属于真人一类。北京人虽为人类先驱，却并不能决定为中国人的祖先。德国人魏敦瑞虽然就门齿箕形刻文断定和现在蒙古利亚人种有关，但晚近所发见的爪哇人也有门齿箕形刻文，甚至有些无尾猿也有门齿箕形刻文。所以这一点并不能证明和中国人以及蒙古利亚人有任何相互的关系。魏敦瑞研究北京人确有成绩，但这一点是他具有人种的偏见，故意把蒙古利亚人和欧洲人推远，此意却不能被我们接受。我们有我们民族的自尊心，决不允许有人故意做人为的歧视，尤其在他的偏见中的根据，证明失效以后。

自从宋代郑樵提出了通史断代史的问题，而他推崇通史，压抑断代，就成为后代一宗公案。实际司马迁作通史性的《史记》所以楷模百世，不是"通"与"断代"的问题，而是在司马迁的时代，正当秦火之余，像司马迁具有的那种机会，正好多方搜集史料，来保存和整理，成为百世中的巨著，他搜集到的史料是通史性的，也正好做成一个通史性的历史。后代的人若每一个人都要完成他自己的通史，不惟可笑，而且可怜（《春秋》也是断代为史，是否郑樵也可以说《春秋》不如《史记》）。郑樵诚然是当世的人才，但照他的计画做成的《通志》，除去二十略虽然不是不抄袭别人，却也保存已佚的史料，仍然可取。只有《通志》中的纪传，若不是在校勘正史，偶然有一点点功用以外，可以说完全是叠床架屋，徒祸枣梨。在历代史籍之中，要算最下品。到了现在，史学的来源去脉，此较分明，已不再涉及"通"或"断代"的问题，而是一个人的精力和学问，若想把一件事做的谨严通达，实在太不容易了。若走通史的路，只有依赖别人的成果，加以综合和整理，若走专史的路，那就不仅"通"难以做到，即使断代去做，也不可能面面都能顾到，因而断代之中，又当断代。不仅断代更细，而断代之中，又有分工，即使这样去做，也一定还有漏洞，需要前人开路，后人补路。实在无法把事情看的太容易了。

在目前看来，中国各朝断代史，已成不朽之作，毋庸否定，这一点华冈方面对于中国正史部分，就继续做了一番整理。其中已经全部完成的，如清史，这是从《清史稿》改编的。《清史稿》一书因为是清遗老所述作，其态度方面是反民国的，不免招致非议，但其中亦有精心宏构，瑕瑜不能互掩，虽经禁止，过去孟森先生也说过公道话，经华冈改订，把违碍言论加以删削，并订正若干错误，就成为可读之书了。至于元史因明初仓卒成书，纰漏不少，虽有柯氏新史，旧史亦未可遽废，今经故姚从吾教授重加审定，也有许多贡献，堪称适用的典籍。

（引自《史学论集》，1977 年 4 月）

上古史及相关问题

由九丘推论古代东西二民族

颉刚先生:

关于"九丘"有点小意见,请指教。

前几天傅孟真先生曾说过,九丘的丘似乎是一种民族上的特别称谓,未识曾和先生谈及否?我觉着商民族传说之同于东北,或者是与此有关系的。姑无论东北民族是否属于乌拉阿尔泰系,但与中国东部的民族为一,必有几分可能。(徐中舒先生的《耒耜考》也曾证明东西农具不同。)丘之称既只限于东方,夏的民族似乎认为西方较对。那《禹贡》一篇,实为东西两个不相干的民族的地名与传说混杂的结果。

日本白鸟库吉《朝鲜忽(Kol)原义考》引《辽史》契丹称乡之"石烈"及突厥语称城邑之"Tura"证明朝鲜京城(Syöeul)之称原为乌拉阿尔泰系统中语,又举许多例证,证明"Kol"原义为"村落"或"护卫"之意。现在从《左传》及《汉书·地理志》中便可寻出这一类似乎从复辅音 t-l 及 K-l 所转变的地名。

《春秋》及《左传》:

邾娄,州来,舒蓼,钟离,邿,曹,宿,巢,祝,铸,过。

《汉书·地理志》:

邹娄,涿鹿,巨鹿,取虑,盱眙,厹犹,酅,诸,朱虚,恚题,鬲,历城,历乡,虑乡,枌,利。

其中尤其是邾娄、邹娄等地名,不禁令人想到《后汉书·高句丽传》的消奴、绝奴、顺奴、灌奴和桂娄部。

至于夏的民族,我很疑其为与西藏民族有密切关系的一支,其后始移至三河者。

（一）西藏人称中国为 Rgya（于道尔和李永年先生说 R 不发音，原谊本为"大"），其音当读为 gya，"夏"字大徐引《唐韵》作"胡雅切"，胡属匣类，当读 hya，又 g 与 h 同属浊音，所以这两个字在音韵上可以讲通，且"夏"字亦有"大"谊。

（二）《新语》称"文王生于东夷，禹生于西羌"。《吴越春秋》称"禹家于西羌，地曰石纽，在蜀西川也"。《史记正义》引《括地志》，"茂州汶川县石纽山，在县西七十三里"。《华阳国志》云，"今夷人共营其地，方百里不敢居牧，至今犹不敢放六畜"，可知四川是有禹的传说的。

（三）《华阳国志》杜宇开明之事和舜禹十分相像，玉垒山距石纽不远，决玉垒之事和开龙门之事亦属同类。"开"义同于"启"，启与禹在战国诸子中，铸九鼎伐有扈往往混同，则禅让的传说，禹启混同不是不可能的（据小川琢治说）。

（四）《天问》说鲧"阻穷西征，岩何越焉？化为黄能，巫何活焉？"《后汉书·张衡传》思玄赋注引扬雄《蜀王本纪》"荆人鳖令死，其尸流亡。至成都见蜀王杜宇，杜宇立以为相。杜宇号望帝，自以为德不如鳖令，以其国禅之，号开明帝"。这便是鳖令的尸化为开明了，和《天问》"伯禹腹鲧，夫何由变化"同意。又"能"是三足鳖，"巫"的引申为"令"，则鲧自可说即鳖令。

（五）古汉水及嘉陵江均称汉水，汉水又称夏水，所以汉水应当和夏有关系。又天河亦称"天汉"，《诗经》"维天有汉"即专指天河。古人既假想天河为天上的水，为什么不称之为其他河流，而称之为汉？这必是中国古代一部分民族和汉水有密切关系。至于雅南的江、汉和南国，更是文化之区了。

（六）二妃、涂山女、盐水神女、汉女、巫山女、洛神虽然在传说中性格不同，但同样和水有关系的。而其分布范围只限于江汉，似即夏民族之原根据地。后来夏民族到洛阳，所以又有洛神的故事。当然在这些传说之中，有后人不少的增饰。

从上看来，夏和巴蜀似有关系。巴蜀距西藏最近，所以西藏现在似乎还以夏称中国。（西藏在现在称中国或作 Rgya-nag，中有 nag——即黑——的形容词，因中国人常穿深色衣。但称中国人则都作 Rgya-mi，mi 即人的意思。）又西藏语和中国语同原，似乎夏更有与西藏同族的可能。

尧舜禹禅让是一个整传说，不能分开的，除开禅让的故事以外，尧舜便失去了传说的核心，所以虞夏是无从分开。再"越"和"吴"都是"虞"一音之转，而越国的祖先在传说上又属禹的后人。我们很难说虞夏的事不是同一个民族中所有的传说。《汉书·地理志》汉中郡西城注引应劭曰"《世本》妫墟在西北，舜之居"，《水经·汉水注》"汉水又东径妫墟滩。《世本》曰'舜居妫汭，在汉中西城县'。或言妫墟在西北，舜所居也"。至于舜葬苍梧，更为昔人所公认。西城与苍梧之间，正是巴蜀境。至于徐中舒先生的虞夏同族，当然不误；月氏为虞人，也很有可能。因为月氏的原地，正在羌人地方，现在青海之北，而湟中月氏之语言饮食，据《后汉·西羌传》是同于羌人的。自然言语可以假自羌人，但社会组织的"以父名母姓为种"和匈奴不同，似乎不是假自其他民族。月氏原地在匈奴和羌之间，如不属匈奴，当然颇有属羌人的可能了。（天山南路的国家如于阗、西夜等国均为羌种，则羌种北徙，事固非一端也。）

以上材料系在中央研究院史语所搜集，这是应当郑重声明的。写成以后，并经徐中舒先生看了一次。

此颂著安。

学生劳榦敬上。四月十八日。

（刊载于《禹贡》，第 1 卷第 6 期，1934 年 5 月）

论禹治水故事之出发点及其它

颉刚先生：

前所上书引西藏称中国之 Rgya 读 gya 训大，疑与夏字相同；又以夏水"天汉"诸事，疑夏为西方民族。复以开明鳖令诸传说，疑禹之传说亦来自西方，未识可供参考否？顷读《禹贡》半月刊所载《冀州考原》，甚佩。然窃以禹治水之故事，则与梁州系连而不切于冀，冀州固或以为中国（如《九歌》"览冀州兮有余，横四海兮焉穷"），惟除《禹贡》而外，固不以属之禹也。假设《禹贡》为后人追述，则称禹者自以《诗经》为早。《大雅·韩奕》曰："奕奕梁山，惟禹甸之；有倬其道，韩侯受命。"韩之所在，至今尚成聚讼；梁山所在，更难论定。然梁山之为禹所甸，事则显然。及《禹贡》作，其所称禹治水事亦始于梁山。《禹贡》曰："禹敷土，随山刊木，奠高山大川。冀州：既载壶口，治梁及岐。"按梁岐相连，并在雍境，《孟子》称"逾梁山至于岐山之下居焉"即其显证。《禹贡》州始冀而山始梁者，据旧说也。后之释《禹贡》者，自曾氏旼至胡氏渭，莫不谓始治吕梁，推及岐山。然自《禹贡》而释梁山，固未尝不可作如是说。若溯其传说之原，自不能率尔指梁山即吕梁之谓。

今之号称梁山者至多，不能悉举。究《尔雅》所称，梁山即已有二：

《释地》："南方之美者，有梁山之犀象焉。"

《释山》："梁山，晋望也。"

《释山》之梁山注称在夏阳，即释《禹贡》者所称之吕梁。《释地》之梁山则《太平寰宇记》忠州南浦县称"山东尾跨江，西首剑阁，东西数千里"，盖其阴为汉中，其阳为巴蜀，即今之大巴山，《山经》之高梁山也。

（乾州梁山正值巴山与吕梁之间，若治水故事出于巴山附近者，自当经邠岐，而至吕梁。）

梁山如由巴山而北移者，则吕梁下之龙门亦当由巴山下北移。按龙门即《禹贡》潜水之源，郭璞及《蜀都赋》刘逵注并称潜水所出之巨穴者也。忆十年前道经广元之神宣驿，见道左山穴，直至谷底，深溪径之，宛若桥梁，自彼侧出。询之舆夫，云此是龙门，大禹所凿也，足征故说于今尚存。考州之称梁，但有巴蜀，则山之称"梁"，亦以称巴蜀之山为当；否则梁州之"梁"无从得名也。

前与先生所言之吴，窃以陕西之吴，为太伯仲雍所适者，较为合理。《天问》云："吴获迄古，南岳是止；孰期去斯，得两男子。"所适者若为山西，则不得云南；若为江浙，则不得云岳。惟《尔雅疏》吴岳引郑玄云在汧，汧山之南支，正值邠之西南，若所适为此，则其地为吴，其名为"岳"。又按《史记·封禅书》自华以西之名山，有岳山，有吴岳，其地望相距至近，而其山为二同名为岳之山，既有二即当可有四。据先生之《州与岳之演变》证"四岳"为山名，亦为部族之姜姓。姜女为古公妃，太伯仲雍去适姜姓部族，于理固不相悖。至于其后是否适江苏之吴，事属另一问题。至封在山西则显然为武王伐纣以后事也。

又据洪亮吉《晓读书斋二录》云："鲍照《芜城赋》：'格高五岳，袤广三坟。'李善注：'三坟未详，或曰《毛诗》曰遵彼汝坟，又曰铺敦淮坟，《尔雅》坟莫大于河坟：盖三坟（《文选注》盖上有此字）。'不知非也。若总经传言之，坟亦不止于三。照赋盖用《天问》：'地方九则，何以坟之。'王逸章句云：'坟，分也，谓九州之地凡有九品，禹何能分别之乎。'三坟即主九州之土而言，与上五岳正配。若泥为河、淮、汝之坟，则河汝距芜城较远，照何以反舍江而言河汝乎？以是知当用王逸说为长矣。"前唐兰先生书，中谓"《三坟》的书，我疑心是和《禹贡》里兖州的'黑坟'，青州的'白坟'，徐州的'赤植坟'，这三种土有关"。按三坟即三分法，《禹贡》土田之分为九则，实由三分土地法所演成，土壤之种类自与等次有关也。甚至"九州"之"九"，亦疑由土田三分法而推定者，未审先生以为何如？敬乞指教为叩。

以上所举细碎殊甚，自思不敢见人，惟望先生有以教之耳。

专此，敬颂著安。

学生劳榦敬上。五月十日。

（刊载于《禹贡》，第 1 卷第 6 期，1934 年 5 月）

《尧典》著作时代问题之讨论（其二）

颉刚先生：

  顷拜读《从地理上证今本〈尧典〉为汉人作》，窃以为谓《尧典》为秦人所作则审矣；若谓为西汉中叶人所作，则有所未安。先生之论证《尧典》为秦以后人所作部分，至当至确，虽起伏孔于九原，恐亦不能易一字；至谓为汉武帝时人所作，其可商者，大略如下，兹谨论之，幸垂教也。

  封建之制自秦而止，不过大略如此，至谓秦无可以称群后者，则未尽然。秦二十爵，中有彻侯，李斯上书，以此自称，召平为故秦东陵侯，卫侯二世时始国除，皆其证也。秦制之与汉初异者，在于不封子弟为王，郡县满天下。彻侯恐亦若汉中叶以后，食租税而已，原不足以屏藩王室。然封建固儒者所乐道，以彻侯比附群后为理自通，不足以当"是古非今"也。

  秦以水德王，数以六为纪，分郡则始则三十六，终则四十八（从王国维说）；铸金人则十二；徙豪杰则十二万户；则当时悬想之画野分州，九自不若十二之适。若为汉制，则舍司隶则十三，合司隶则十四，十二之数，两无可通。则从十二数字观之，当为秦人所作可知。

  "朔方"在《史记》作"北方"，本对"西土"而言，统为泛称。今本《尚书》出自王肃梅赜之流，恐有所改易。即非王梅所改，然六经文字殊异纷纭，蔡邕以前早难究诘，今既有《史记》中之异文，则"朔方"二字，不敢信《尚书》原本必属如此。"南交"为"交阯"省文，自不容有疑义，然交阯之名，见于《墨子·节用》，见于《王制》，见于《南越传》

尉佗攻破安阳王所置之郡，则交阯一名或据旧称，未可断为汉武帝时始有此名也。"潒川"一语似由碣石刻石"决通川防"而来，时在三十二年，正在二十八年封禅之后。

案秦皇汉武为政大略相同，《尧典》所云，皆可相附。惟《尧典》自晁错受书以后，早已为天下人所共晓，纵复有文字异同，亦不宜多所更易。姚方兴所增仅十二字，且托之得于航头。南越之平在元鼎六年，其时距建元五年设五经博士已有二十六年，距晁错受书当更远，时人未必能多所更改，或多所更改而人不知也。故《尧典》作成时代，似仍以在秦为允。

以上所言不过偶然涉想所至，聊以献疑，非敢有所论定；如能进而教之，则幸甚矣。至若将此发表，窃尚有所未敢也。

（刊载于《禹贡》，第 2 卷第 9 期，1935 年 1 月）

再论《尧典》著作时代

颉刚先生：

读《禹贡》中讨论，于《尧典》问题赐教谆谆，深感；但仍有所疑，谨渎陈之。

窃以为从文辞气象而定时代，未能甚允，列国秦之石鼓，始皇之刻石，王莽及后周之诏令，盖亦无不肃雍辑睦，有盛世规模。《尧典》为儒者理想世界之一种建国大纲，固难以其气象而定其成书时之治乱也。《尧典》自成篇以后叠有增饰，至秦而大备，此本古人著书成例，与作伪无关（卫聚贤君谓为伏生在汉初受书时所伪，非）；若谓长时间所成之理想制度可表现一时治乱，恐未必然。

交趾一名泛称南服者，始于《墨子》，其他诸子袭之；称南方人种者，始于《王制》（《王制》称"雕题交趾"，盖沿袭赵策楚词"雕题黑齿"而误），而实指一地方者则始赵佗（《史记索隐》），从未有与朔方对称者。自卫青辟地千里，汉武为纪其殊功，方之南仲，始设朔方郡，乃因事制名，非其旧也。元光策贤良方正诏，尚渠搜交趾对举，是武帝本人亦不及料以后有交趾朔方对举者，武帝以前之人更何待言？先生称朔方一名为后人增入者，可谓铁律。《史记》之"北方"，盖原文也。其与朔方相对之"南交"正《尧典》阙文处，郑康成固已疑之。依《墨子》《韩非》《淮南》等书交趾幽都对举之例（《史记·五帝本纪》交趾幽都对举亦典此同义），原文或当为"宅南方曰交趾"与"宅北方曰幽都"相对，其非汉武以后所作可知。

秦虽未设州，但监郡御史已为汉代州制之滥觞。汉代儒生欲改刺史为州牧，秦之儒生恐亦未书不可欲于郡上置州也。九州虽较古，但以六纪之郡制不能平均分配，则削足适履，改九数为十二，以几世主从而行之，事当非妄。汉兴虽定为水德，但文帝时张苍已就绌，贾谊公孙臣皆主土德，则其时学风亦可概见，若为汉人所改，应不如此。（先生以"二十有二人"为九州，九官，四岳，本《尧典》原文，后未及改者，亦可与此参证，不相冲突也。）

《汉书·律历志》称"五伯之末，史官丧纪，畴人子弟分散，或在夷狄；故其所纪有黄帝，颛顼，夏，殷，周及鲁历。战国扰攘，秦兼天下，未皇暇也，亦颇推五胜，而自以获水德，乃以十月为正，色上黑"。是秦虽未定新历，但亦非不注意历法也。《尧典》本儒者理想所寄，其所增改，虽有故使合于时制，期于实行，然时制所无，固亦非不可提出。否则禅让之事，于秦于汉，两无所征，则当日儒生岂不当删去乎？

《尧典》讨论本自先生始，以上所论虽属第三种意见，事由先生前所讨论者衍变而出，想不至甚悖也。如有未当，仍乞有以正之。

（刊载于《禹贡》，第 2 卷第 10 期，1935 年 1 月）

从甲午月食讨论殷周年代的关键问题

　　周初年代问题，到现在仍有多种设计。但有关月食问题除去董作宾先生的《殷历谱》曾经强调过以外，其余各家都很少接触到，这当然对于年代问题有所不足。最近张秉权先生发表《甲骨文中的"甲午月食"问题》首先提到有关月食问题的疑问，可以说才引起讨论这个问题的重视。其实月食问题才是决定年代疑团的重点，本论文作者以前曾提出前1025为设想的武王克商年，现在已知张先生认定"壬午月食"确应订正为"甲午月食"，是确定不移的。因而本篇对于其他的"癸卯月食""壬申月食""庚申月食"也都再加以评定。可以确认的是（1）照"前1025"系统，全部月食皆可放在武丁时期，别的拟定做不到。（2）《殷历谱》对于每一个月食，都要将干支原貌加以更改（如把癸酉设法算作壬申，把辛酉换作庚申二类），"前1025"系统，皆可照原干支放入，不必更改。这些"顺理成章"的事，是原来未曾料及的，是经实验才知道的。这个关键问题既解释清楚，那就从来争论很大的殷周年代，也就不难顺利解决了。

　　甲骨中所记的五个月食，其中的干支，在实际出现的可能性上，很有限制，所以用来做年代上的定点，非常适宜。在殷历的年代断定上也就很用得着。不过在月食认定上，不可以有一点含混，也就是在文字的辨认上，不可以发生一点问题，否则是可以"牵一发而动全身"的。最近《史语所集刊》第五十八本第四分，有张秉权先生的论文《甲骨文中的"甲午月食"问题》① 从甲骨本身上的许多方面，来论定董作宾先生《殷历谱》中，最重要根据之一的"甲午月食"。

"甲午月食"的"甲午"，是没有问题的。问题还在这个月食的年代上。照龟甲原文，从各方面证明，是属于武丁时期，本无问题。只是依照董先生排列的年代来找，武丁时期却没有这个月食，就发生问题了。这一点张秉权先生也说明了，他说：

> "甲午月食"卜辞，属于第一期武丁时本代刻辞记录。但在整个武丁的年代中，却很难安排这次月食。所以这个月食记录，成为甲骨学上，年代学上的一大难题。严一萍先生为了想解决此一难题，写了一篇《壬午月食考》发表在《中国文字》新四期。将甲午月食改补为壬午月食。但是他补的阙文，在卜辞文例上，以及殷人占卜习惯上，都有问题。

因此他认定只有仍用"甲午"，他的所有论点，都是非常确切，无可辩驳的。只是"甲午月食"的"甲午"既然证明无误，而"甲午月食"带来的问题，依然存在，这已成了殷代年代的关键事项，当然还需要进一步的讨论。

照实说来，依照殷历谱以元前 1111 为基准来算，武丁在位是在前 1339 到前 1281，是不曾有过"甲午月食"这个月食的。但从另外一个角度来看，若用以元前 1025 为基准来算，武丁在位时期是在前 1215 到前 1157 年（见《新亚学报》，第十四卷，劳榦：《修正〈殷历谱〉的新观念和新设计》第 61 面），算到武丁十八年，即前 1198 年，在殷建十一月十五日，二十二点十八分，也就是下午十点十八分，有一个月偏食，此日正为"甲午"日，毫无问题（《殷历谱》下编卷三，《交食谱》，第十六叶）。照这样安排，一切都十分符合。并且依照董先生意见，事关王后生育事项，不会在武丁晚期，"当在初叶二十年之内"（《殷历谱》下编卷三，第二十六

---

① 《"中央研究院"历史语言研究所集刊》，第五十八本，第四分，第 748-754 页。

叶），也和在武丁十八年时相合，应当是不错的。

依照这片中残余的字迹来看，"壬午"比较"甲午"，却是更像一点。只因为在殷后期从盘庚以后二百多年中，只有前1159年（《殷历谱》定为帝辛十六年）有一个壬午月食。而甲骨中的这个月食，非常明白的是在武丁时代，决不会晚到这个时期。按照董先生的"前1111"系统，不能相容。所以只有排除"壬午"这个可能，而直率的断为"甲午"。但在开始认定时，董先生已感到不安，到了后来再经严一萍和张秉权诸先生的认定，这次月食非"甲午"不可。事实如此，就成为不能解决的难题。在大势上除非重订《殷历谱》的疑年，没有别的选择。

张先生这篇论文，在写定前曾与严一萍先生讨论过，写成以后本想再和严先生讨论，不幸严先生已经逝世。不过事实分明，严先生如在，也不会有何意见。只是下一步应该怎样办，在这两难之际，张先生也不敢提出具体的意见来。这是毫无疑问的、只有承认存在的事实。如其要求承认事实，也就只有选择一个可行的系统来。

董作宾先生的《殷历谱》是殷商疑年的一个画时代的工作，在此以前不算，从《殷历谱》以后，讨论殷商疑年的，至少有十八家。这十八家的不同论据，何去何从，应当是大费斟酌的。

对于殷商疑年的决定，是要从方法上来探讨的。只有正确的方法，才能得到正确的结果。这和演算一样，任何方式的一种演算，都不可能预期知道正确的答案，而必需经过精密而正确的演算程序以后，才能得到。寻找殷商疑年的重点，自然是武王克商那年，而寻找那年的方法以及推断殷商年代的方法也不出下面这四条路。第一，决定武王克商的确实年月来做一个最重要的定点。这当然要根据《竹书纪年》中的记载，而《竹书纪年》的记载，现今所知的，已有两种纷歧，只有用审核史料，根据正确的史学方法，来做断定。第二，对于商代疑年，也要参考周初年代，除去《竹书纪年》这个来源以外，还有《史记》的《鲁世家》，从鲁侯即位年数来证明《竹书纪年》的正确程序。第三，从《史记·周本纪》（引自已佚的《古文尚书》），《尚书》的《召诰》《洛诰》，以及"何尊"所有的干支，从而断定武王克商这个定点的可靠性，再来决定殷商的年代。第四就是本篇要讨论的问题，从甲骨文中所记的月食，从而决定在殷商预先假定年代中的真实性，这也相当于演算过程中的"验算"一样，看一看原先检讨出来的结论是否可信。

在这里，本论文提出来的是两个设计，对于武王克商的年代，曾认为有两个可能，其中一个是西元前 1025 年，另外还有一个可能，是西元前 1051 年，[①] 以后的发展如《商周年代的新估计》，[②] 以及《修正〈殷历谱〉的新观念和新设计》[③] 都是以西元前 1025 年为基点出发的。这个以西元前 1025 为基点的最大疑点是周代的成王和康王年数的总计，无论怎样去排，只有四十年，[④] 对于成康两代的年岁，排列起来，就不免多少有些困难。但是这是事实，因为照《竹书纪年》及《史记·殷本纪》所记成康时代，也只有四十年，如加以增添，这就和事实不合了。

成王幼年即位，所以由周公摄政七年。假定成王即位是十三岁，到二十岁成年，开始亲政，如其成王在位二十二年，那就成王崩逝时只有三十四岁。假定成王在十七岁时生康王（时为成王五年），在成王崩逝时，康王也只有十七岁，如其康王在位十八年，康王崩逝时也只有三十五岁。这种情形在历朝三四代以后是常见的，但如周朝这一个著名的朝代，一开国就出现这种现象，就不免使人惊讶。所以在写稿时虽然采用以西元前 1025 为基准，但仍然相信不能排除西元前 1051 的可能。

现在具有重大疑问的"壬午月食"，已经可以无疑的订正为"甲午月

---

① 《香港中文大学中国文化研究所学报》，第七卷第一期（1974），《周初年代问题与月相问题的新看法》第 13—14 页及第 21 页。

② 《"中央研究院"国际汉学会议论文集》（历史考古组），上册（1981）。

③ 《新亚学报》，第十四卷（1984）。

④ 《史记·周本纪》："故成康之际，天下安宁，刑错四十余年不用。"但语意未明，不可以解作成、康二王，只有四十年。（艺文本《史记》，76 页）又《文选·贤良诏》李善注引《竹书纪年》亦作"刑措四十年不用"。（艺文本 329 页）

食"，这片甲骨是从祀典及贞人方面，可以确定是属于武丁时代的。① 也就可以判断两个假设的重点，前 1025 以及前 1051 两种指定的是非。因为按照年代的排定，如用前 1025 说，甲午月食当在武丁十八年，② 如用 1051 说，那就甲午月食就只可以排到武丁四十四年，已到武丁晚年，和王后当生育事实不合。因此就只可以西元 1025 年为基准来推算。也就是本篇所设的年代，仍和前作《商周年代的新估计》以及《修正〈殷历谱〉的新观念和新设计》所用的排列法，不加改订。

因为"甲午月食"确实存在，不容否认。而此次甲午月食的龟甲，因为祀典和贞人的存在，又可确定在武丁时期，在甲骨断代方面是一个十分重要的证据，这就将武丁时代确定下来，正可以和武王克商在 1025 说相呼应。现在还要讨论的事项是，第一，董先生认为这片龟甲，提到王妃生子的事，可能要在武丁初年。③ 这却易于解释，因为帝王多妻，就在晚年也可以生子，不必一定要正妃。不过按照新标准来算，甲午月食在武丁十八年，正是即位不久，更不成问题了。

第二，这次月食既然可以十分确定是"甲午"而非"壬午"。在殷商时期，这一片甲骨已经从各方面论定，是武丁时代的，如其找一个武乙时代的月食来充数，就嫌勉强。而且用乙未月食来替代甲午，也有问题。④ 若按照新的标准（以前 1025 为基准），那就这个月食，在前 1198 年十一月十五日，甲午，十一点十八分，⑤ 既在武丁时代，又确是甲午而不是乙未，

---

① 依照董先生的意见，也认为称谓与贞人，为武丁时代之确证。其称谓有父乙（528，747，869，1589），即小乙。父庚（721）即殷庚。母庚（496）即小乙配妣庚。其贞人有宁（本版，1277，1204，1714）；殷（本版，519，718，1471）；㕧（570，680，1054，1941）；𡆥（526，873，1277，1714）；永（749，920）；亘（965，1019，1161，1455）；内（918），（《殷历谱》，下编卷三，页二十六）。所以断定为武丁时代卜辞，应当没有问题的。

② 依照《修正〈殷历谱〉的新观念和新设计》，前 1149 为祖甲元年，以此上推，那就前 1159 为武丁五十七年。正与契文相合。

③ 《殷历谱》下编卷三，第二十六页。

④ 《殷历谱》下编卷三，第二十五页上，认前 1342 年二月十六日乙未二点十七分为甲午月食。

⑤ 《殷历谱》下编卷三，十六页下。

这就各方面都顾到了。

"庚申月食"是一个非常有问题的月食，① 和甲午月食问题未解决以前被误认的在甲骨月食中，是同样最具有讨论性的月食，现在甲午月食的问题已经可以确定在西元前 1198 年，此项问题就此解决。庚申月食的问题，为了牵涉到殷商是否真的"以日出为一日的开始"，当留在下面讨论。此外还有（一）癸卯月食，（二）壬申月食，（三）乙酉月食再加上（四）庚申月食，尚有四个月食，在以下一并讨论。

（甲）癸卯月食，② 这是一个问题相当复杂的月食，原甲骨残片的文字是："癸卯卜贞，旬亡囚，夕，月㞢出食，闻，八月。"为了残缺太甚，难以寻觅旁证，董作宾先生在此有一个长篇的讨论。结果认为可能不是月食在癸卯日，而月食在壬子日。董先生为什么要这样的大费周章，来把"癸卯月食"改为"壬子月食"？是因为这片的时代，应为武丁时代。而查遍武丁时代五十九年之中，没有"八月癸卯"月食的可能。甚至上溯盘庚，下迄祖庚，凡一百一十二年，也没有一个"八月癸卯"的月食。

董先生为要解决这个问题，不再从"癸卯"一点来推索，而是审查此一残片的部位，当从一片大龟剥落下来，因此就一个大龟的全部卜辞，设法重排一下，这样就可以将癸卯换为壬子。董先生说：

> 在腹甲左半，上排十月癸卯一辞，刻于卜兆之外，此排可容三卜，故知左右共当有六行卜辞也。由上排以证中下两排则皆当为四行，因"旬壬子夕月㞢食"之记录，已占去一行之地位也，如此排比"八月"卜旬所缺者仍为癸卯。其与余旧说异者，彼癸卯为八月中旬之望日，此癸卯为八月上旬，而其旬日壬子方为望日也。

为了这片残甲字迹不多，不可能做一个严格而正确的复原。其中大部分论据仍出于假设式的构想，只能说还有是壬子月食的或然性，而不能证明有壬子月食的必然性，也就是从逻辑上推论，"癸卯月食"仍然无法排除。

---

① 庚申月食的讨论，见《殷历谱》下编卷三，第二十七页及二十八页。
② 《殷历谱》下编卷三，页二十一（下），二十二，二十三。

只有在解释"前1111"殷年代系统和"癸卯月食"的矛盾上，还是有些功用的。

至于采取"前1025"年代系统，对于处理"癸卯月食"，那就非常简单，根本用不着找一套理由来改换甲骨上原有文字。只要查一查《殷历谱》的《交食表》，查到殷商时期独一无二的"八月癸卯月食"是在西元前1194年八月二十四日，殷正为八月十六日早一点三十七分，推算王年应为武丁二十一年。在甲骨上不增一字，不改一字，和需要的条件完全符合。也就顺手完成，不必费事来做许多假设了。从这一个月食看来，也明显指出，旧标准不能解决，而新标准可以轻易解决，有积极证据。

（乙）壬申月食，[①] 这一次据《殷历谱》认为应在1328年，其卜文是：

> 旬，壬申夕，月业食。

若按"1025"系统推算，其中的"前1328年月食"已早到祖丁十九年，而"前1230年月食"也早到小乙十年，都嫌太早。此项月食按刻文时代应为武丁时代，其中"前1214年月食"，虽属于武丁元年，但刻文上说的是"夕"，而月食为清早七时十九分，与"夕"还不甚相合。只有"前1189年"，殷历十月十五日，二十一时三分，亦即晚九时三分，正属晚间，可以相合。时为武丁二十七年，时代亦符，并且此日恰为壬申日，不必像董先生的"前1111"系统，把癸酉时改为壬申日才能合适。

（丙）乙酉月食，[②] 这一组的组合办法，在《殷历谱》中是由两片完全不能接合的残片，拼凑出来，严格说来，只有存疑，根本不能采用作为证据的。这两片残片虽然同出于燕京大学所藏的"殷契卜辞"，虽然从"贞人"断定为武丁时代，其他部分都没有关联。这两片其中一片是标号632片，只载有"报闻"和"月食"，没有干支，也没有月份；另外一片标号931片，标出"三月"这个月份，并且有卜旬的干支。这两片本来是毫不相干的，各自独立的两片，但加以补充和搭配，就可以把所需要的"乙酉

---

① 《殷历谱》下编卷三，页二十六（下），二十七。

② 见《殷历谱》下编卷三，页三十二，月食五。

月食"凑出来。为了这个"乙酉月食"的结论是经数次转折而引申出来的，① 其中屡次转折，其关系又都是或然性而非必然性的，所以不能适用于精密的科学工作，因此对于"乙酉月食"这个命题的成立，应认"证据不足"，不再加以讨论。

（丁）庚申月食，② 这是《殷历谱》中特别重视的月食，也就是成为讨论中心的月食，原来在甲骨中的各月食，其中所谓"乙酉月食"只是空中楼阁，在甲骨中并无"乙酉"二字，完全由于凭空构想。"甲午月食"字迹不明，以致判断上困难。"壬申月食"没有记出月份，难以把握。"癸卯月食"虽有月份，但在"前1111"系统中，找不出早期的月食，难以应用，只好勉强改为"壬子月食"，以致理论难于建立。只有这个从实际上的辛酉月食，提前一日，来适应这个记载分明的"十三月""庚申月食"。比较最为可以采供论证的用处。

这一些月食利用上最大的困难，还是什么时间是"一日开始"的问题。在传统上谈历法的都是以"夜半"作为一日的开始。③ 若认为商代和后代一样，以夜半为一日的开始，那就庚申月食，只在夜半以前，无法把辛酉月食搬到"庚申"日子来。为了在"前1111"系统下，找不到十三月的庚申月食，只有一个"辛酉月食"勉强可用，也就只有改一日开始在"日出"时间，才可应用。

但是要建立这个"殷商时代以日出为一日的开始"这个新理论，又要遇到许多新困难。当然如要树立一个理论，首先需要有精密的证明，证明这个理论事实上是存在着。《殷历谱》对于这一点尚未去做，因此就会减弱对于月食定点的可信程度。如其对于"日出为一日的开始"这个理论，

---

① 在校勘原则上，这也属于"增字解经"，不被承认为正确可信的。

② 见《殷历谱》下编卷三，页二十七（下）至页三十二。这个月食虽然最高点（食甚）在辛酉日，但在庚申日已经开始。不过董先生为顾及全面理论，也不能放弃"以日出为一日开始"之说。因为即使把这个月食勉强算作庚申，但别的月食，还要用上，仍然不能解决问题。

③ 新莽虽改为"以鸡鸣为时"，但前无古人，只是一个新的构想，不过汉代漏刻相当进步，"鸡鸣为时"还是从夜半算起，成为定点。若以"日出"为一日之始，那是每天更换，是不固定的，难以作为星历的标准。

就两方面追溯，即（一）在文献上去找证据。（二）就客观条件来看。看一看用"日出"时间，是否可能作为"分日线"的定点。因为年历的认定，不是一个艺术的工作，而是一个科学的工作。其间只有是非，并无好恶。既然已经接触这个问题，就无法躲避这个问题的困扰。

为了殷商时期，时代很早，在文献上找证据较难，在甲骨上也找不出积极的证据。全凭臆度，是不可以的。比较早期文献上的证据，只有《尚书·牧誓》。这是出于今文《尚书》，属于殷周之际，较为可信的材料。《牧誓》上说：[①]

> 时甲子昧爽，王朝至于商郊牧野，乃誓。

这里的"昧爽"属于"甲子"日，是没有问题的。至于"昧爽"属于什么时间，那就伪孔传说：

> 马（马融）云：昧，未旦也。

孔颖达疏云：

> 释言云：晦，冥也，昧亦晦义，故为冥也。冥是夜，爽是明，夜而未明，谓早旦之时，盖鸡鸣后也。

所谓"鸡鸣后"，其中"鸡鸣"是汉到唐记时的名称，亦即"夜半子""鸡鸣丑""平旦寅""日出卯"中的"鸡鸣丑"。这些名称，在汉简中常见，直到敦煌卷子，尚沿用着。依照孔颖达的解释，"鸡鸣后"当在丑寅之间，也就是约相当于清早三四点钟的时间。这时日尚未出，所以下半夜属于第二天的传统，不容推翻的。这是唯一可用的商周文献，却不是以"日出"为一日的开始。《殷历谱》因为以"日出"为一日之始，并附有《殷都日

---

① 艺文本《十三经注疏》，《尚书》，页 157。

出日没时间表》，① 若"昧爽"属于次日，那就这个设计是错了。

以下再讨论是否可以就客观条件上，来看用"日出"的时候，来作前后两天的"分日线"，是不是可以实行的。依照《殷历谱》的基本观念，殷商时代已有基本历法上的运作，这是不错的。② 如其这个时代已有基本历法上的运作，那就其中的必需条件是要将"日"（就是一天的尺度）的范围加以确定。如其要把一日的范围规划清楚，就必需将一日的开始，找一个清晰的定点。但拿每天的真的"日出"作为历法上这一天的开始，却是格于情势，根本不可能做到。

所谓"日出"是有不同的认定的。一种是真的太阳从地下出来那一刻，另一种为在时间划分上的"日出"，属于时间划分上的"日出"在汉代就很清楚，以漏刻为准。亦即从夜半（子时）算起，经过了二十五刻（以每日百刻计算），到了"日出"（卯时）这一点，就算到了。这样算法，"日出"可以作为定点的。这是时钟的六点钟，与各地日出无关。但是必先找到"日中"或"夜半"然后才可用漏刻推到"日出"，虽可以做一个定点，却较找夜半更为繁复，对于掌历象的人，实无此必要。

倘若掌历象的人真的以实际的每日太阳出地的一刻为"日出"来做为标准，这就非常费事了。实际上"日出"的时间，每天都在变动，从来没有一个固定的位置的。再加上由于纬度不同，南北各地的早晚又自各异。所以实际上的"日出"根本上无法作成一个"定点"，而在天文历象上派上一个用途。可以断定，任何一种历法，都没有拿实际上的"日出"作为一个据点或定点来使用的。这样说来，用"日出"作为换日界线，来转换"辛酉月食"成为"庚申月食"也就毫无可能。因而甲骨上的十三月庚申月食也必然不是《殷历谱》所拟定的那个西元前1311年十一月二十四日那个月食（辛酉月食）。

由于"以日出为一日之始"这个假定，于文献无征，于实用不便，难

---

① 《殷历谱》下编卷三，页二十一。

② 董先生又与高平子及刘敦桢合作，对于河南登封的"周公测景台"有一册详尽的《周公测景台调查报告》（民国二十八年中央研究院出版）证明周初确有天文星历上的成就。

于采信。从那个原则引申出来的从第二天的月食转换而成的头一天的月食，也就不能作为印证的资料了。

若就"前1025"的系统来说，对于"庚申月食"，仍然有一个"顺理成章"的解决方法的。这个办法是从《殷历谱》的《交食表》查到西元前1212年二月十六（即殷历二月十五日）十六点十七分（下午四点十七分）庚申日有一个月食，[①] 再查《殷历谱》的《交食谱》，[②] 这里对于龟甲残片，有一个描绘。此残片共有正反两面，正面有"十三月癸未"字样，反面"庚申月出食"字样。从癸未到庚申，一共三十八天，所以"庚申"不在十三月，而在下一个月内。也就是这个庚申日已经到了下年的一月。按"前1025"系统算这个十三月应在上年为前1213年，时为武丁三年，庚申月食已到了下年，时为前1212年，即武丁四年一月。为了有一个闰月，推算时有一点麻烦，但大致是不会错的。[③]

当然，现在还有一个困难问题，就是依刘宝林的月食表，前1212年二月十六日，庚申确一个月食，初亏为十四点四十七分，食甚为十六点，复圆为十七点十六分（手边无此表，是托丁骕先生代查的，并此志谢）。按照董先生的安阳日出日入表，二月十六日是十七点四十三分没，相差二十七分，所以安阳看不见。但殷商控制区域广大，只差二十几分钟，在方国中一定可以看见。并且当时日月食接纳方国报告，也是事实。这一点应该是不成大问题的。不论怎样说，依新标准算出的武丁时代的庚申月食，是确实的，客观的存在过。但依旧标准算出的武丁时代的庚申月食，却是本来不曾存在过，而用无中生有的办法，安装出来的。所以就全部问题来说，也只有新标准可用了。

就以上所举的，凡壬午月食，癸卯月食，庚申月食，这几个月食，都

---

① 《殷历谱》下编卷三，页十五下。
② 《殷历谱》下编卷三，页二十八下。
③ 查董作宾先生的《中国年历总谱》，前1213年和前1212年都不是闰年，不能出现"十三月"。但董先生是用"无节置闰法"算出来的。若按照《修正〈殷历谱〉的新观念和新设计》用的"无二分二至置闰法"，那就前1212应当是一个闰年，把闰月提前到一月，就成为上年的"十三月"了。（这种"无二分二至置闰法"详见那篇论文中的第十一页。）

是在不改字，不改日，一切照甲骨原文，轻松得到了证明。除去"乙酉月食"在甲骨上根本没有，难以凭信，所以加以删除以外，其余四个月食的证明都是相当顺手的。当然这还是一个初步的试验，以后如作进一步的探讨，是否还会这样顺手，那就只能等再做时才能知道了。

以下再把两个系统的看法，加以比较：

月食	前 1111 系统	前 1025 系统
甲午月食	将"壬午月食"改为"甲午月食"定为小乙八年，（即前 1342 的"乙未月食"）。	仍用"甲午月食"在前 1198 年，即武丁十八年。
癸卯月食	将"癸卯月食"改为"壬子月食"定为小辛十年，（即前 1361 的"壬子月食"）。	仍用"癸卯月食"在前 1194 年，即武丁二十一年。
壬申月食	将"癸酉月食"转为"壬申月食"定为武丁十二年，（即前 1328 的"癸酉月食"）。	仍用"壬申月食"在前 1214 年，即武丁二年。
庚申月食	将"辛酉月食"转为"庚申月食"定为武丁二十九年，（即前 1311 年的"辛酉月食"）。	仍用"庚申月食"在前 1212 年，即武丁四年。

本论文能够写成，完全靠张秉权先生对于壬午月食的研究结果。如其没有张先生这篇专从甲骨本身来做断定，本篇论文是做不出来的，应特别致谢。又用月食来断定殷商年代，原是董作宾先生的创见，至为正确；只可惜董先生利用这个方法来考验僧一行的"前 1111 系统"时，已发现这套年代与月食并不相合，未能及时改弦易辙，却用了"以日出为一日之始"和"无节置闰法"两个无法证明曾经存在过的办法来挽救，以致越离越远。不过董先生于殷历问题锲而不舍，功力之深，无人能及。到了现在虽然不必再陷在"前 1111 系统"中，但董先生过去许多工作，仍然有用。这些基础仍是他奠定的，也应当重申敬意。

本篇初稿中，曾干支甲午及壬午误倒，经史语所编辑委员会通知，即予以改正，特此致谢。

（刊载于《"中央研究院"历史语言研究所集刊》，第 64 本第 3 分，1993 年 12 月）

殷周年代的问题

——长期求证的结果及其处理的方法

历史上的正确年代，也就是历史的正确尺度。这是不能含糊的来随随便便认知的，中国虽然号称有五千年的历史，但正确的年代，只能从《史记》中推到前841年。再往上推，都是一些假设。自然，还有一些线索，就此上推还多少可以找出一些头绪来。只是其中资料和前人意见，不一定都是正确的，如其在方法上有点疏失，就可能导入歧途，以致愈陷愈深，全盘都错。

武王伐纣的年代也就是周朝开始的年代，是把中国历史年代向前推的一个重要基点。不幸《史记》未直接说出来。后来刘歆有一个估计，但他的方法错了，反而误事。直到西晋时《竹书纪年》的发现，这个年代才有一个正确的记录。可惜《竹书纪年》因战乱亡失，而这个年代，又被唐开元时释一行搅乱了，释一行在唐代历法创制上虽有其优越的贡献，但谈到古年代的断定上，他却有其不可原谅的错误，而且可能不够忠实。而其坏影响也十分严重。

在西方的学者因为依逻辑的推论，采用《竹书纪年》中的前1027年为周的开始，而董作宾先生的《殷历谱》却用的是释一行的推论，用的是前1111年。前者与甲骨中日月，不能相通，后者在方法上又有太多需要检讨的地方。其他的设计不下十余种，可是并无一种是坚强的，可信的。本篇作者对这个困难问题，一直追求解决的办法。一方面深知西方学者所用的定点是正确的，另一方面也要到董作宾先生对于甲骨的深厚功力，也想保留来应用。本篇作者在种种比较和种种考虑之下，提出以前1025年为周代的开始。当时提出这个年代，只因对于前1111年这个假设，漏洞太明显，用来实在于心不安。而前1027年又与古文《尚书》及甲骨不能配合。到了发现推后两年就可以和天象密合无间时，所以就用了这个年代而代替前1111年。以后再多加研究，又得到甲骨中甲午月食来确实证明，再进而比较其他甲骨中的月食，都证明为前1025年的提议为优。

在文篇中作者将有关对周初年代认知的各重要因素，再加以深一层的检讨。这许多因素都是关键性的因素，必需认真的剖析，一点也不能忽略。在本篇中就几个关键问题，如《竹书纪年》问题、计日开始问题、无节置闰问题都曾经做深入的讨论，在以前各文中以外，又加上新的创见，来确认这个重要问题必需郑重处理的必要性。

关键词：武王伐纣　殷周年代　商代历法

殷周年代问题，不仅只是有关殷周两代，而是牵涉到古代中国文化的全部问题。只有先解决这个问题，下一步才可以再讨论在此以前的真象。在古代年历的研究中，董作宾先生是历来功力最为深厚的，其基本认识也并无偏差。只由于误用前1111年当作殷周年历基石，就一步一步的错下去。对于甲骨月食，董先生也发现了十分重要性，可是不幸完全失败。为了辩护起见，才用了几个假设：（一）以无月为月生，见月为月死的颠倒真象问题；（二）不用夜半为历法中一日的开始，而改用日出为历法中的一日开始的问题；（三）创出"无节置闰"的可能性问题。这些都是难以成立。自从前1111年系统宣布后，国际上及大陆都不采用。但董先生历年的努力，仍有价值，不能从此废置，所以还有修改的必要。

本篇作者过去也曾因前1111年系统，和《史记·鲁世家》的记年代不能密合，而对月生月死看法，也不信可以颠倒来谈，并且曾对于僧一行妄改《竹书纪年》，加以怀疑。根据较确实《竹书纪年》材料，建议用前1025年来代替前1111年。当时但求一合理解决，并未计及对于甲骨中月食是否符合的这个问题。也就未谈到置闰及换日时间详细事项。等到后来进而深入研究，发现用前1025年系统，意外的竟然达到和甲骨中的月食完全适合。并且还都在武丁时期，绝不需要用任何巧饰。本篇为了发扬此义，并且提出许多新意见，再指出（一）《竹书纪年》问题，（二）一日起点问题，（三）置闰问题，用来确定前 1025 年系统的分量。最后再来讨论，从一般认西周始前 1027 年，如何可以改为前 1025 年，其中的曲折。

（甲）有关古代年历问题的提出

中国古代的确实年代，只能推到前 841 年，周厉王在位期间的"共和元年"开始，以前的西周年代，一直在争论之中。在这些议论纷纷的许多假设，也只有根据《竹书纪年》的记载，最为可靠。但《竹书纪年》所载究竟应当是某一年，其中又有争论。最直接的当然是《史记集解》（刘宋时裴骃著）所引《竹书纪年》，从武王克殷到幽王（西周倾覆）一共二百五十七年，这是最可靠的一个数目字。不料到了唐代，又发生了一个新的变数。僧一行用他自己的计算方法把西周年数重新改订，认为周的开始是前 1111 年。并且他还指明也是根据《竹书纪年》的。这显然使西周年数发生两种不同的内容，而两种内容又都说是出于《竹书纪年》，因此构成西周年代上一个混乱形势。

同是一部《竹书纪年》，对于西周年数的记载，不可能有两种不同的差异的。其中必有一种是错误的，在这一点上必需加以澄清，然后才可继续来讨论。

先就《竹书纪年》这部书的本身来说，这部书虽然非常重要，可是当时印刷术未开始，流传不广。到了唐代，已经是一个残本。这是北方历经战火，而南方的书籍，在梁末之乱，也有损失。其中尤其是内府所藏，在梁元帝时候，魏师入郢，梁元帝所有图书完全焚毁，被公认为图书浩劫。裴骃刘宋时人，可以参考图书浩劫以前的典籍，而僧一行是唐代开元时人，只能根据当时流传的残本。两种算法为了来源不同，也自然会生出不同的结论。不用置疑的，当然是刘宋时遗留的可据。而况就时间来说，刘宋是在四二○至四七七，而僧一行作历法工作是在唐开元时，即七一三至七四一，相差约三百年，也无□以三百年后的材料，否定三百年前材料的理由。除非有坚强的旁证，但是没有。

再说就一般史料可信的程度来说，直接史料是比间接史料有效的，在

《史记集解》中，引到《竹书纪年》的材料是比较直接的；而在《新唐书》引到一行的论据却间接中再加间接。因为（一）《新唐书》中引到僧一行的文章，中有删节，已非原有全文；（二）就一行谈到《竹书纪年》，是谈《竹书纪年》所说的武王伐商的年代，是在"庚寅"。"庚寅"这两个字是"干支纪年"的办法。在《竹书纪年》成书的战国时代根本未曾用过"干支纪年"的，其以"庚寅"二字绝非《竹书》原文，而是一行自行推算出来的结果，不是直接引用，至多只是间接引用。所以可信程度与刘宋时期的史料不能相比。

这两种都被称为出于《竹书纪年》，显然是《史记集解》引的比较可信，而僧一行较为不可信。若再以其他证据来看，那就《史记集解》所引的，其可信程度更为增加。以下就是其中显著的例子。

在《孟子》中，孟子曾说过：

> 五百年必有王者兴，其中必有名世者。由周以来，七百有余岁矣。以其数则过矣，以其时考则可矣。

这是在孟子游说梁和齐以后，退休时所说的。孟子退休虽然不知道是那一年，不过齐伐燕在前314年，燕人叛在前312年，当时孟子正在齐，孟子退休应在此时期以后，所以"五百年必有王得兴"一段，必在前312年以后是不成问题的。若照《史记集解》所引《竹书》，那孟子这一段言论当在由"周以来"的前715年以后，那就七百有余岁是说得通的。若依僧一行的算法，燕人叛的前712年应为前799年，孟子退休必在前799年以后，也就是过了前800年，就不可能说是七百有余岁，而应当说是"八百有余岁"了，这就是僧一行的算法，和《孟子》中的表现出来冲突，也就是不足为据。

在所有经籍之中，对于西周年代，在共和元年（前841）以前的确实记录只有《史记·鲁世家》一处，载明自伯禽以后以迄共和以前，计为考公四年，炀公六年，幽公十四年，魏公五十年，厉公三十七年，献公三十二年，真公十四年，一共是一百五十七年。如其以《史记集解》所记的年代来算，考公元年为前998年。伯禽的年数（即1027减去998）为二十九年以内。这是相当合理的。倘若用僧一行的算法，伯禽的年数（1111减去997）当为一百一十四年。即使武王在王位为七年，伯禽在成王时才受封，减去必仍有九十六年。这是从来天子及诸侯在位年数中，所未曾出现过（除神话式传说以外），所以僧一行提出以前1111年为周代开始的说法，是不可能而且不合理的。

依照《史记集解》引《竹书》的记载算到前1027年为周的开始，是不成问题的，而《史记·鲁世家》注所记先公年数，也还与之相合，彼此算来，都十分合理，只是《汉书·律历志》注引《史记·鲁世家》却把炀公六年改为六十年，这不能不算是一个惊人的错误。当然一般引《史记》的人都不相信。这一个六十的"十"字，应当不是抄写的错误，而是浅薄的人有意的窜改。因为照《史记·鲁世家》鲁公的年数计算，是无法和《汉书·律历志》刘歆把周的开始迄为前1122年衔续，只有窜改《史记》原文，才可便两相符合，殊不知古籍的可贵，正由其保存异文，若都是千篇一律的归于一致，就无法做经比较而得到真象的翔实工作了。

为了共和以前鲁公的年数，除去伯禽未计入外，计有一百五十七年，如其以前1122年为周的开始，减去武王在位七年，那伯禽在位年数（如以成王元年受封计）当为一百一十七年。实在显著太多，一望而知是谬误的。如其把炀公六年改为六十年，这就伯禽在位年数为六十三年，看来好像是一个可能的事了。却不知道这个不合理因素还存在着。因为从伯禽开始到魏公末年，照算是一百九十一年。即使将炀公年数从六年改为六十年，这个总数还是不变。魏公是伯禽之孙，这一百九十一年，无论如何去算，都是祖孙三代的总年数。这就牵涉到这三代鲁公的寿数问题。古代的贵族大都寿命不长，偶然有一个寿过七十的，但他父亲和他的儿子，依然和一般情形一样，并不长寿，在春秋战国时期，各国的君主，三代总计，能够在一百年左右的，已经非常不容易了，其中只有卫武公到桓公，三代共九十四年，齐庄公至襄公三代共一百零九年，鲁惠公至庄公三代共一百零七年，赵简子至献侯三代共一百零八年，秦孝公至昭襄王三代共九十四年，楚威王至怀王三代共七十七年，田齐闵王至王建三代共一百零三年。

都比一百九十一年相差甚远。

再回到历代帝王的在位年数看，情形也差不多。三代在位的总数，也十分难以达到百年的。即使勉强超过一百年，仍然距离一百九十一年这个数字差的很远。其中周宣王到平王三代，共为一百零八年，周显王至赧王三代，共一百十三年，汉文帝至武帝三代共九十三年，唐高宗至玄宗三代共一百零七年，宋太宗至仁宗三代共八十八年，明世宗到神宗三代共九十八年。其中只有清世宗到高宗及高宗太上皇时期四年，三代共为一百三十七年，这是历史上君主继续三代最长的年数，仍然和三代共一百九十一年的数字相差很远。所以君主相传三代，能够共有一百九十一年，是一个不可能的事，也就是即使把鲁炀公在位年数从六年改为六十年，仍然难于实现，这个问题一点也未曾解决。总之《鲁世家》和刘歆所拟的前1122年是两个绝不相容的系统，不需任何掩饰。如其设法掩饰，会终于露出作伪的痕迹。

所以《鲁世家》这一项史料，除去和《孟子》可以相互补充以外，并且和后来发现的《竹书纪年》也可以相合，只是和刘歆拟定的前1122年为周开始年代，却无法相容，即使加以窜改，也仍有漏洞发生。这就形成了两个不同的系统。其《竹书》所记的前1027年系统，包括《孟子》和《鲁世家》，可算得一个纯"经籍"系统，不包括人为设计的成分在内。另一个是依附于刘歆设计以前1122年为周开始年代，再发展出来别的年数的，可以说是一个纯人为的系统。这两个系统互相对立，才构成中国年代学的纷乱。

当然刘歆设计以前1122年为周代的开始，也还有他在打破困难中，一个必需去做的事。因为他的三统历法是要做一个贯串古今的大系统，而周代的开始，不仅是一个重要的里程碑，而且是一个历史年代计算中的关键。在刘歆的时代，当秦火之余，除去司马迁找到的共和元年以外，别无其他记录可考。他的工作，实在是一个人"□空"的工作。在无可如何之中，幸亏找到孔壁发见的《武成》篇。（这应当坚定相信是真的，没有问题。加上曾为司马迁所引用。）从《武成》所载日期的干支，再来和他做假定的印证，应当更充实他历法的系统。这个构想本来是很好的。无奈他在处理的经过中，方法不精，以致演出不可挽救的错误。

（乙）对于前 1111 年系统的疑问

年历的研究，实在是一种科学研究（甚至于可以说要按照数理科学部分的方法去研究），必需一步一步的落实，一点也不能通融的。刘歆对于古代年历就有重重可议之处。首先一个问题，就是前 1122 年这个年代，究竟是怎样求出来的？他既未根据旧籍，也未说明是完全由于三统术所推算（当然如其由推算，也要说出算的方法），只因旧籍无征，为了需要，才"凭空"的"创"出这个定点，在逻辑上是站不住脚的。当然，这个定点，也不是任意的（random）指定一年，而是经过了主观的考虑，认为这一年最为合适。

刘歆所提周初年代（前 1122 年）已经是"来历不明"，但他为着和《武成》中的日月相符，他又再度的涉及主观态度的冒险。原来真本《武成》中的日期是用月相来记，也就是在看见月时叫做"生魄"（魄的意思是月的形质），看不见月时叫做"死魄"。这是常识，这是传统的认知。除去《尚书》中谈到月相以外，最重要的如："夜光何德，死而又育，厥利维何，而顾兔在腹。"这处的解释是"夜光（月）有什么德行，死了又能重生，又有什么企图，身上带着兔子"。其中所表现的意义，是死而后生的是"光"的部分，而且月中的兔，在死而后生中还要显现出来。所以在《楚辞》时代，月的生死，指的是有光的部分，而且是可以看到月中痕迹的。如其指的暗的部分，死而后生不仅不能称为"夜光"，而且月中兔影也看不到了。到了西汉末期，在《汉书·王莽传》中，也明白引用"生魄"来代表月的光明度。只从刘歆开始，为了自己的主观需要，才把生魄当作无月时期，把死魄当成有月时期，实在是师心自用来做的颠倒黑白行为。这种显然违背常识的言论，不仅是离奇，而且是绝伦的荒谬。这一项刘歆以权威自命，擅改传统解释（并未举出任何证据）的行为，就变成一种严重的"文过饰非"策略。毫无问题的，照此推演下去，将使他的研究结果陷入不可挽救的错误中。

在学术的成就方面，刘歆接触的层面非常广阔，影响也非常巨大，这是不成问题的。但他的方法上，总觉得有些更很粗疏，因而他的结论也就不可轻易采取。

在周的年代上，刘歆已造成不可原谅的错误，到唐开元时，僧一行对于刘歆的结论，只稍更改，大体上仍然因袭刘歆的错误方向。僧一行的大衍历在历法上确有重要的地位，但他还是受到刘歆的影响太大，不能完全摆脱刘歆的范围。

其中最重要的就是在他设计的周初年代中，他推后了十一年，用前1111年代替前1122年（他说《竹书》中言及周开始是庚寅）。这个年代显然不是用的《竹书》，但他居然说出自《竹书》，而且用的是《竹书》时所未有的干支纪年庚寅。如其不是公开说谎，就是用的材料有问题。现在看来，公然说谎的可能性不太大。因为如其《竹书》到唐代尚完整保有，那就他的谎话立即可以对证出来。如其能容许他说谎，就表示当时所能看见到的《竹书纪年》是一个残缺不完的本子，其上并未曾对于年代有详细的记载出现。然后他才有机会把他所需要的年代拿了出来，指称是《竹书纪年》中出现的，或者说根据不完全的记录算出来的。

（丙）有关《竹书纪年》的引用问题

《竹书纪年》这部书在杜预看到的是十二卷，裴骃所采用的应该仍属此本。到了沈约作《宋书·符瑞志》，也可能采及此书，直到梁元帝大量毁灭南朝所有经籍；只有外面流传，和在北方的残余的零星残本，此书便已名存实亡。《隋书·经籍志》所载"纪年十二卷"并非当时实情，因为此书尚未全部亡佚，所以虽未标明亡佚，实际上也只是一个残本。《旧唐书·经籍志》称《纪年》十四卷，也不过依旧目照抄，实际上，修纂时也不过只留下残本三卷，所谓三卷本《竹书纪年》。

《竹书纪年》在宋代已经残缺的到了无足重轻，所以许多重要书目，如《崇文书目》，晁公武《郡斋读书志》，陈振孙《直斋书录解题》，马端临《文献通考》都不曾著录。但《中兴馆阁书目》和王应麟《玉海》都著录此书，并言残缺太甚。这表示此书到南宋尚余残本，可是残缺的不成样子。后来到明代嘉靖时，鄞县范氏天一阁刊行今本《竹书纪年》，此书颇有浅陋荒诞之处,《四库全书总目提要》就揭明出于伪作。后来钱大昕、章宗源等也都斥其为伪书,章宗源且认为天一阁主人范钦与伪作《石经大学》《子贡诗传》《申培诗说》同时,且同为鄞县人,在同一风气之下,作此伪书。只是范钦书和丰坊书又稍有不同,丰坊书是毫无根据妄作出来的,不必多为证明,即知其伪。而天一阁本的《竹书纪年》却有不少名家来作考证,著名的如徐文靖的统笺,雷学淇的考订,以及王国维对于旧本辑佚及与今本对勘,功力均深。表示出来今本并非全部凭空作伪,而还是偶然别有根据,但现在无法知其出处。因此今本《纪年》,非常可能是宋代残本,到明代尚未全佚,天一阁偶然搜集到。但这个残缺不堪的烬余,不足以表现"奇书炫世"。于是更以己意补充,以成今本,但作伪者学力有限,遂成了一部不伦不类的书。

以上的事实说明了《竹书纪年》是从隋唐以来逐渐缺失。而萧梁之亡是一个关键。因此,有关僧一行所指的周初年代□于庚寅(前1111年),不论他的时代在刘宋以后将近三百年,不可以后出设想推翻前的证据,也不可以间接引证推翻直接引证。更重要还是僧一行时代已经没有完整《竹书纪年》,全凭僧一行个人的估计,这就问题很大。

僧一行的大衍历在历法上是一个可注意的突破,他在历法上无疑的是一重量人物。但他在古代年代上,却仍为刘歆的假设所笼罩,不能择善而从,自然由于刘歆的三统历在历法已经树立了权威的地位。中国的传统是尊重权威的,僧一行受刘歆的影响很大,也无法全然背弃刘歆,因而在年代中,还尽量的保持刘歆的系统。现代眼光来看,僧一行虽有不小的贡献,但他在方法上,在诚实上都有问题,不可以当作权威的偶像,而不加以批判。

就殷代历法来说,董作宾先生可以确认为最有功绩的人。当甲骨文发现后,商代历法是甲骨文联贯的系带。如其殷历无法树立,甲骨文就根本无法整理。在这里董先生首先创建甲骨文的断代标准,有了这一步,甲骨文才可以有前进的轨道。在这个时期,讨论殷代历法的群言庞杂。其中如刘朝阳、莫非斯等都走的太远,出了轨道;而鲁实先又过墨守成规,坚持三统术而不敢动作。独董先生坚持商代的历法应当还是以"岁实"和"朔策"两项标准做成一个综合历法，但是仍当适合于商代当时的天象（也就是所谓"合天"）。虽然基本观念和三统法大同小异，却用比较进步的标准，以商代天象计算，而不是以后代天象计算。

为了做到"合天"，董先生曾时常请教许多天算专家，如耶稣会的修士李先生（他的名字忘掉了），中央研究院天文所高平子及陈遵妫两位先生，对于董先生的设计都有非常重要的帮助。平心而论，他的《殷历谱》的深度，是近代所有研究殷历各家所未能办到的。只可惜他在周初年代这个关键性问题上，接受了僧一行的论点，把这个论点一经加进去，那就全盘俱乱。许多不合理的处置，就会一个一个的出来，而《殷历谱》这部费尽心力的工作，就非全部修正不可。回溯董先生为什么要采用僧一行看法的原意，可能因为（一）僧一行在历法贡献上的权威性，不能轻易蔑视权威。（二）因为前1111年这个系统，有僧一行的排列法，对于朔日干支，可以驾轻就熟，假如再设计更为合理的系统，当时也许未曾想到。

最不幸的，《殷历谱》虽然是一个庞大的著作，再加上董先生的《中国年历总谱》更相得益彰，可是国际间对于周初年历一般仍常用前1027年这个数字，而不用董先生的系统。高本汉（Bernard Karlgren）在汉学方面，可以说贡献极大，是一个现代权威性人物，可是他就不采用董先生的设计。德效骞（Homer Dubs）在董先生作《殷历谱》时还曾和董先生通信，并且对于庚申月食，曾替董先生计算，甚为出力。可是到了后来，还是不采董先生系统，宁可采用前1027年为周代开始时期。这个情形当然不符常理，其中一定有值得反省的因素。

这个矛盾的事实，虽然我对于前1111年的那个拟议，不敢充分相信，但在我早期的著作《中国史纲》中还用了这个年代，作为可以做参考的年代。但事实的存在，使我不能不做认真的改进。

当然，董先生的系统，也确实做了许多前人未曾做的工作，这些工作总是一项向前追求的准备，许多工作都不算白费，这是应当平心去承认的。问题就在如何在这个充实的基础上怎样去改进，向那一个方向去改进。这不是挑剔，而是只有明白找出缺失，才可以向比较正确的路去下手。却不能讳疾忌医，只采掩饰的办法来自我安慰。

补救《殷历谱》的问题，是《殷历谱》确实有其价值，但如改造《殷历谱》就需彻底检讨，重新改造，而不是枝枝节节的零星补救。譬如周法高先生有一个意见，[①] 他觉得前 1111 年是不可能和《鲁世家》年代相合，但如把前 1111 年后推一下推到前 1018 年认为武王伐纣年代，那就《殷历谱》所有干支应当就可以应用了。这个办法，表面看来虽是一聪明而灵活的办法，但如深入检讨，仍有问题。（一）前 1111 年有僧一行说（不管合理与否），还引证了文献。至于改为前 1018 年，就无文献上的根据。（二）前 1111 年在干支纪年上为庚寅年，而前 1018 年却为癸亥年，不能适合僧一行的假设。（三）从前 1018 年上推其前各年的冬至日和前 1111 年以前的冬至全不相同，因而各年的闰月位置，也全不相同，影响到的，所有各年各月的干支也不能尽同。所以把《殷历谱》下搬，把前 1111 以前的各年换成前 1018 年以前的各年，还是不能密合的，这表示《殷历谱》是一个整个系统，不能把其中年数随便搬移。（四）僧一行所用月相说，本是错的。而前 1018 年系统，只能仍用此月相说，便一无是处。

所以用前 1111 年这个据点为基础，想做任何改进，都是没有用的。除非把前 1111 年这个基础完全放弃，重新再找另一个据点，然后才可以谈到进一步开创一个新天地。至前 1111 这个据点，实际上的百孔千疮，毫不足恃的。除去僧一行采用刘歆杜撰的月相说以外，还有许多来历不明处要认真讨论。其中所用的月相说是以无月为月生，有月为月死。这是三岁小孩都不会相信的。居然形于笔墨，成为一真正可笑的（ridiculous）论点。但真亏得刘歆敢提出，而一行敢于采用。这只有一种解释。在四面八方的权威思想的"积威"之下，所有精神上反抗的能力，早已压垮了。也形成了过去的人，只要可以树立权威，不论合理与不合理；只要权威已经成功的树立了，也不论如何的不合理，也会被人重视。这就是刘歆的月相说能够悍然树起它的权威性，而僧一行再接受了这个权威性而再树立它的权威性的缘故。虽然还有不同的声音（例如王国维四分月说），但僧一行的地位在历法更为重要。在大家相信权威之下，结果还是受一行的看法影响《殷

---

① 周法高，《西周年代考》，《香港中文大学中国文化研究所学报》4.1（1971）。此文在我发表前 1025 年的见解以前，所以未能参考到我的意见。

历谱》。现在既然要切实的认真的改正，僧一行的谬说，必须废弃，前已谈过，这是基本问题。

（丁）有关计日开始时间问题

其次，在《殷历谱》中的几个基本观念，还要切实的，认真的，加以核定，列举如下：

（一）每日开始的时间问题——每日开始的时间，是历法上的一个基本问题。一切历法都需要认为每日是一个单位，才好计算。就殷历的复原来说，为了证明拟定的可靠性，也需要参考甲骨中所记的月食，和它相合。但甲骨中的月食，只记日期不列时间，倘若一个月食，是在后半夜出现的，依照各种历法的通例，每日都是从夜半开始，后半夜当属于第二日，而不属于前一日。这种以夜半为两天分界的办法，不仅中国是这样用，外国也是一样的。就历法来说，并没有什么不便。但从殷历复原的工作来说，却有极大的困扰。因为殷历的复原，要希望和当时算的历法相印证，而甲骨中记载月食，如能和复原的系统相符合，这就成为有效的证据。在甲骨中所记月食，依照董先生的断代例，都是属于武丁时期（或勉强认为武丁以前）。这六次月食，计为：

1. 壬子月食。认为在前1361年小辛十年，八月九日壬子二十一时，月全食。（甲骨上记的是癸卯。因为查无癸卯月食，改推为壬子。）

2. 甲午月食。认为在前1342年小乙八年。一月十六日（乙未），二时十七分。照董先生意见，下半夜仍属上一日，从乙未改为甲午，以期与甲骨所记甲午符合。

3. 壬申月食。认为在前1329年武丁十二年，二月十六日（癸酉）四时零分。照董先生下半夜仍属前一日意见，改癸酉为壬申，与甲骨壬申月食相符。

4. 庚申月食。认为在前1311年（武丁二十九年），十一月二十四日辛酉，零时四十七分月全食。因为在后半夜，董先生意见仍属庚申。改为庚申月食，与甲骨所记庚申月食相合。

5. 乙酉月食。认为在前1324年（武丁三十六年），一月三日乙酉十八时二十一分，月全食。（此项月食的乙酉，不见于甲骨，甲骨中只有月食，却无日期，其乙酉日期，乃系利用其他甲骨，从相当复杂手续推得的。）

以上所列的月食，除去壬子月食和乙酉月食，拼凑上很有问题，并不能证其必然性，不便作为主要证据，难以列入以外，其他所有月食都是下半夜的。照传统算法，是认为应归次日，而不是属于前一日。在甲骨文中，找不到一日起讫在那一点的确实证据。在殷周之际的史料只有《尚书·牧誓》"时甲子昧爽"，昧爽是属于甲子日的，注引马融说，"昧，未旦也"意指"夜而未明"，所以当时一天的开始，不是在日出时期，而是在日出以前，早已是第二天了。《诗经·齐风》，"女曰鸡鸣，士曰昧旦。子兴视夜，明星有烂"。昧旦也就是未旦，此时"明星有烂"正表示未曾日出。所以拿日出来判一日的起讫，是于古无据的。

现在有一个基本问题，即商代有没有历法。如其认为没有历法，那就一切都不必谈。如其认为商代有历法，那只要有历法，就得根据"岁实"及"月策"两个数值来计算。而"岁实"和"月策"，都是以"日"为计算单位，如其"日"的长短不能确定，那就"岁实"和"月策"根本不能计算。

每日的长度，是一个确定的常数。[①] 就商代知识范围来说，当时已知冬至所在日子，而测定冬至是看日中时日影的长度，所以当时确已知道决定日中时的办法，从日中到日中，是一个正确的一日长度，不过以日中作为一日的起讫，是不方便的。但如其知道从日中到日中是标准的一天，那就将日中为界改为夜半为界，以当时商代的知识程度，也就不太费事。因为从星象上观测，找出夜半的时间，并非难事。商代技术已经达到相当的标准，这是可以肯定的。照董先生的意见，商代已采用四分术，若采用四分术，就一定有相当高的技术，知道怎样测定"四分之一日"的办法。而至少，会能采用"滴漏"来找一日中的分段时间。不论当年这个"滴漏"如何原始，总会已有"滴漏"的存在。看到董先生"周公测景台"的报告，就知道周初历象事业已具有完善的规模。而这项规模，无疑的，是继

---

① 地球自转一次为一日，现今比商代稍长一点，不过数值很小，在历法上商代当然不知道，也不必计入，所以可以认为是一个常数。

承殷商时代而来。这就可以说，至少在殷商时期，已知一日单位长度的标准，也就是当时已知并且已用以夜半为分界点，这个最基本的计时方法。

至于以"日出"为一日的开始，这只是在原始时期，没有历法时可以适用，才以"日出"为一日开始。就表示人的生活只有"日出而作，日入而息"，不需要精密的历法。等到进步到采用历法时期，为了日出时期随季节而变化，日的长短，每日都不一样，根本不可能用"日出"找出一个标准的长度。再采用"日出"来计算，就和四分术历法是不相容的。如其商代已采用四分术，就不可能以"日出"为一日的开始。如其采用"日出"为一日的开始，那就表示不曾进步到四分术。如其两者只择其中一种认为商代已有历法，那就以"日出"为一日的开始，是不应被采用的。

最不幸的，是《殷历谱》根据的月食，差不多都在下半夜，若平心合理来处置，就一律不能采用。因而主要证据，就一无所有了。这不是一个偶然的，而需要翻然改图，放弃前 1111 年这个假设再找一个合适的年代。

在史语所《集刊》六十四本第三分，拙作《从甲午月食讨论殷周年代的关键问题》一文中曾将我主张的"前 1025 年系统"（有关这个系统后面再解释）和"前 1111 年系统"的月食曾加以比较，其结果如下：

月食	前 1111 年系统	前 1025 年系统
甲午月食	将"甲午月食"改为"壬午月食"，并认为即（前 1342 年）乙未月食定为小乙八年。	仍用甲午月食，不涉及乙未日假定为武丁十八年（即前 1198 年）。[①]
癸卯月食	在这个系统中，武丁及武丁以前，没有癸卯月食。认为甲骨原文可改癸卯为壬子定为小辛十年（即前 1361 年）。	在本系统可找到癸卯月食，不必改字。假定为前 1194 年（即武丁二十一年）。
壬申月食	将前 1326 年癸酉月食转为壬申月食定为武丁十二年。	仍为壬申月食在前 1139 年（假定为武丁二年）。

① 此项假定见《修正〈殷历谱〉的新观念和新设计》，其中可能有误差，但误差不至于太大。

续表

月食	前 1111 年系统	前 1025 年系统
庚申月食	将前 1311 年辛酉月食转庚申月食定为武丁二十九年。	仍为庚申月食在前 1212 年（假定为武丁四年）。①

此外尚有一个乙酉月食。这个月食因为原甲骨残破太甚，缀合起来的，可信程度多少有些问题。所以在此文中不曾举列。不过这个月食却是在前1111 年系统，以及前 1025 年系统中，都可以找到月食，而且都可以定为武丁时代，也不必将下半夜转为上一日，兹列于下：

前 1111 年系统	在前 1034 年（认为武丁三十六年）在一月三日十八点二十一分系上半夜，不必改日。
前 1025 年系统	在前 1181（假定为武丁三十五年）在十一月二十五日二十点三十五分，亦系上半夜。

如其这个月食可用，两个系统都可相容，可惜在拼凑上也许又有争论。

在这五个月食中，可将两个系统的可信度，加以比较。除去乙酉月食勉强算上可以适应，不必在日期上来剔除以外，其余的四个月食就大有问题。在第一期甲骨中，所有证据，都应当属于武丁时代，而月食记录却在四个（或五个）月食中有两个属于武丁以前，所占比例实在太大，不能使人相信。其次在前 1111 年系统中除去一个乙酉月食，可以不改日以外，其余都是将后半夜改为前一日，这是还有争论的。再加庚申月食，还有一个改闰月的争论（此项后文再说）。显示着其中尚有重重阻碍，处处难关，不是轻易可以通过的。

再看前 1025 年系统对于每个月食都可以不改日期直接适应，而且都一律在武丁时期，一切都轻易通过，毫无阻碍。这不是奇迹，也不是偶合，

---

① 在商代中晚期即迁殷以后时期，庚申月食只有前 1290 年、前 1264 年、前1259 年、前 1212 年及前 1114 年五次，但原件有十三月，就只有前 1212 年可用，其余全不可用。董先生所用的前 1311 年，系辛酉月食，不是庚申月食。至于前 1212 年的月食，虽然只有在东经 120 度以东的地方才能看得见，可是这些地方仍然在商势力控制之下。又按周法高先生系统，依无节置闰法，此月食前无闰月，所以此项月食，不能通用于周氏系统。

而是在复杂的程序中，应当见到的现象，否则这个程序就得重新再做，再找更合适的可能了。

（戊）"无节置闰"问题的讨论

（二）"无节置闰"的问题——无节置闰对于《殷历谱》影响非常巨大。在《殷历谱》中所有闰月，都是依照"无节置闰"的原则去做。以至于《中国年历总谱》和《中国年历简谱》，凡是有关殷商时代的，也都是依照这个方法计算。"无节置闰"可以说是一个十分奇怪的构想，在所有历法之中从来没有一种是"无节置闰"的；甚至也未曾有人提过这种"无节置闰"的办法。所有历法，如其用闰月的，没有例外，都是"无中置闰"而不是"无节置闰"。在甲骨文中诚然有"十三月"及闰月的事实，但凭甲骨本身，却看不出是"无中置闰"或"无节置闰"。① 按照置闰的原理说，置闰的开始，却是只可以无中置闰的。

《殷历谱》突然的采用这种历世所无的离奇置闰法，并非因为得有力的新发现，而是由于在一个困难问题上，有了迫切的需要。只有采用这一种"孤注一掷"的办法，才能把当前的困难解决下来。

在月食中最可注意的庚申月食。庚申月食是不仅有日期，更重要的是在同一龟甲片内有"十三月"这个记录。这使得这一片甲骨日期更为确定，而且还可以藉此推到殷代的历法问题，使得对于殷历的复原，更为有用。编造《殷历谱》这片甲骨就成为一个极重要的根据。但应用起来还有相当的困难，必需加以解决。第一是这个月食算来只是辛酉月食，而不是庚申月食。《殷历谱》中便将计时方法改换，将夜半起时改为日出起时，这就把辛酉月食改为庚申月食，其改法已见前面的叙述。这当然在另外立场下，认为不能采用，也在前面说到。第二点困扰，就是在殷历研究中，

---

① 在每月节气中，立春、惊蛰、清明、立夏、芒种、小暑、立秋、白露、寒露、立冬、大雪、小寒，这些都应当列入每月的前面，称为节气。至于雨水、春分、谷雨、小满、夏至、大暑、处暑、秋分、霜降、小雪、冬至、大寒，列入每月的后面，称为中气。节气加中气合称为二十四气，都是按太阳历年计算，因此和每月的朔望以月的圆缺计算的，不能相应。大致是每三年调整一次，加个闰月。一般历法都是以不见中气的那个月为闰月。

提出的"无节置闰"这个问题。

这一个问题是"庚申月食"问题中所独有。即使为了这个问题牵一发而动全身，也非解决不可。这个月食被指定的是在前1311年。此年在前1111年系统中，属于武丁时期。另一方面在甲骨中同一片中，记有月食以及闰月的，庚申月食也是唯一无二的仅有这一处。这一个月食可否应用就成为前1111年系统生存攸关的事件。但前1311年的年底是应当有闰月的，只好被迫的来做一番手脚。在无中生有方面，想出办法来，这就是"无节置闰"法为什么要一定创出来。最后《殷历谱》全部，也就一定需用这个制度。

这件事当然争论很大，因为"无节置闰"不仅所有历法都不曾用过，甚至也没有人想到过，我们深知道"无节置闰"比"无中置闰"更不方便，而且必需确定有"节"，才可以做"无节置闰"。殷代还未发展到用"节"的时代，"无节置闰"是不可能的，只为《殷历谱》编辑的方便，不得不迁就一下，用此解围。

"无节置闰"在客观不可能曾经存在是十分显明的。试看一般置闰的开始，一定要已知有冬至这个节气，并且已知冬至在历法应用上的关键意义：从冬至到冬至，自然的成为一个周期，并且在传统习惯上，也从月的隐现，就是从渐次出现到渐次隐没也成为另一个小周期，这两个周期可以互相配合，大致成为一比十二，却并非严密的切合，到了相当时期就会相差一个月。于是到这时期，再作调整。这就成为闰月的出现。

这种差异的发现，如已测得了冬至的存在，而调整时期也当然以冬至为标准最为方便，最为切实。在节气与中气的分别办法中，冬至却是中气，不是节气。所以闰月的创立，应当和中气有关，而不是与节气有关。

若要检讨"无节置闰"这个办法，就需要先明确知道节气的"节"究竟其被认出在中气（以冬至为最重要，冬至当然出现最先，其他中气是没办法出现的）以前，还是认出在中气以后。这却不难解答。因为中气的代表，是两至（冬至、夏至）两分（春分、秋分），而节气的代表是四立（立春、立夏、立秋、立冬）。在早期的文献中，只有二至二分，或甚至只有冬至及夏至两至，却并无四立。虽然可能早已有春夏秋冬四季，却四季的开始，并不似较后的设计，所谓四立。①

甲骨中虽然可能已有春夏秋冬，但所指的范围并不明确，不可以轻易和后代的相比。最早而最可注意的《春秋》中的"春，王正月"，其真正代表易为后世所忽视，不过却非常明确，即一年之始也就是春之始。周代所用的为建子月，所以在《春秋》中已经明白表示，建子月一经开始，就是春天。这种以正月为春的开始办法，正和孔子的"行夏之时"意见相符。孔子已经感觉到春天应当是一个从寒变暖的天气，这与民间生活及农作物都比较方便。周制以建子月为岁首，就将春天放置的太早，不如夏历以建寅月为岁首，把春天改的迟一点更好些。倘若有二十四气，春天来到另外有一个"立春"与历法正月在某一个月无关。那就岁首在建子月或在建寅月都不是那样重要，甚至以建亥月为岁首，也没有什么不可以。采用二十四气，可能是汉代以后才有，至于四立（立春、立夏、立秋、立冬）从《吕氏春秋》已经开始。二十四气把四季明白的纳入太阳历中，确为历法上的一个大革命。时代应当不会早于战国。试看《豳风·七月》，就没有四立的痕迹，而《夏小正》中却只用观星象来定一岁中的次序，并不知有节气的构想。这个演变的过程是漫长的，而战国时代是一个关键时代。倘若认为殷商时期已有二十四气的构想，实在找不出证据来，也就显示甲骨上的庚申月食不是那个前1311年的月食。

总　结

从以上的分析，（1）以见月为月死，以不见月为月生，这个月相的假设，（2）以日出为一天的开始，（3）用无节置闰，这三种假设都是不能成立的。而这三件假设却是"以前1111年为周代开始"这个意见的必要支柱。如其这三个假设不能成立，那就"前1111年为周代开始"之说，也就难于成立。为了解决这个难题，关于周代开始的年代，就有另外设计的必要。

这就又要再回到要建议前1025年为周开始年代的问题。当提出这个意

---

① 二十四气除二分二至是天然的以外，其余都是人为的。在历法中并非必要。除中国历法系统外，其他历法中，并无这二十四气。

见时原只觉得《史记·鲁世家》是一个最可靠的标准，而僧一行的前1111年无法和这个年代配合，再加上月相问题疑点太大，为了和《竹书纪年》真本配合，才提出前1025年这个建议。纵然《竹书纪年》指出的西周年数是二百五十七年，若以平王元年（前770年）的前一年向前计算，当为前1027年。不过这一年的干支，不能和《史记》用的真"武成"年代适合（无论用什么标准）。所以只有僧一行的办法能够一线孤行，变成历史年代和年历结合的唯一标准。但若是深入检讨，这个办法又漏洞百出。倘若加以掩饰，就有"越描越黑"的感觉。所以结果，我只好在重大决心之下，写成《周初年代问题与月相问题的新看法》（1974年在《香港中文大学中国文化研究所学报》发表）提出一个解决的构想，如其不能冲出刘歆和僧一行月相说（颠倒月的生死）的阴影，那就只有前1018年勉强可用，而这一年和前1027年相差十年，是不能彼此相通的。就只有采用刘歆以前的传统月相说，以见月为月生，以月隐为月死（王国维的生霸死霸之见，亦用此义），就可以找到前1025年和《史记》所载的月相符合。

　　这只是一个初步的构想，当时也未曾计及，如再作深入的讨论，这条路是否一定走得通，也还不知道。但经过许多讨论和多方应用，发现只许采取真材实料，绝不作任何的巧思来掩饰，许多难关都可以轻松的通过。益信这条路还是可以走的。① 直到1993年，在史语所《集刊》第六十四本《从甲午月食讨论殷周年代的关键问题》，确指前1025年系统的合理性，因为甲骨中有一个甲午月食，这片甲骨只应属于武丁时期。可是武丁时期并没有甲午月食，只好向前再找，在前1342年找到一个"乙未月食"再改为甲午月食。经排定算为小乙八年，且不论将乙未改为甲午是否真的可行，但其他甲骨毫无小乙时代的证据，只将这片有月食的甲骨，认为在小乙时期，究竟是一个冒险的事。倘若用前1025年系统，甲午月食在前1198年，即武丁十八年，就没什么问题了。至于"癸卯月食"在前1111年系统中是

---

① 最先证实对于《何尊》及《召诰》《洛诰》的日月完全可以用以"有月为月生"的观念，非常合适，再用金文的记年数，排列周代年数，相当合适，尤其成康两代恰为四十年，出乎意外的与《史记》及《竹书》相合，至于用新观念试图改造《殷历谱》，也得到初步的成功。到了证明甲午月食一项，那就更得到相当满意的结果。

没有办法的，若用前 1025 年系统，找到月食在前 1194 年，即武丁二十一年，也是很顺利的解决了这个问题。这些出乎意料之外的顺利，与别的系统做深入检讨时的重重困难，完全不同。在此可以说，在目前还当没有更好的办法，来解决周初年代问题，比前 1025 年系统，更为合用。

在前 1025 年系统中，只有一处还得讨论。即《竹书纪年》所指西周年代为二百五十七年，若以前 1025 年来开始就只有二百五十五年，相差两年。虽然两年时间不多，其中必有计算不同之处。能够清找出来，就更好些。现在的解答是（一）因为周代所用为建子历，《竹书》所用的是建寅历。依照《史记》所记，牧野之战正在周历年初，若改为建寅历就成为上一年之事。照此计算，按照《竹书》的标准是二百五十六年，不是二百五十五年。

再讨论第（二）点。这就要在西周末期找去。照现在《史记》的《十二诸侯年表》，平王元年即迁都到洛阳，这是大有问题的。司马迁因为史料只有这些，未曾深入考虑，填上平王元年，即行迁洛。倘若再加检讨，就知道不是这样一回事。当时西都倾覆，中原无主，变成大空位时代。平王时为废太子，事前因迫害逃到申国，幸免于难。这时他的继承地位，因申侯发动叛国，当然也发生问题，并非想像中那样轻易为诸侯所拥戴。譬如相传即有一个"携王"自立，情形是复杂的。此外尚有一个传说，即"共伯和"摄天子位。当时并无一个"共"国，共为卫地，共伯和可能即"卫侯和"，也即是卫武公。时间不在厉王时，而在幽王时。有此传说，亦可证当时局势的混乱。平王能以建都洛阳，实系各方势力但求平衡，互相妥协的结局，是要经过一个时期，才能定局的。所以平王迁到洛阳不应在平王元年而应在平王二年。在平王元年这一年中，东周还未形成，《竹书纪年》算为西周最后一年，是合理的。加以纪年在东周时期是用的晋国纪年，和春秋用鲁国纪年一样，当然也不必一定以平王元年为东周开始。这样西周就可以再多出一年而变成二百五十七年了。

最后一点，在本篇中以上各节都谈到《殷历谱》原来假定晚商各王年数及其和西历相应年代，以及本篇所用重新设计的晚商各王年数及其和西历相应的年代。只是仅举出几个特别有关系的年代，并未把两套设计，完

全举出。但为了便于参证，仍有列举出来的必要，现在就在下面把这两种
不同的假定写出来以便互相比较。

《殷历谱》的诸王年数		新改定的诸王年数	
盘庚 28 年	前 1397－前 1371	盘庚 28 年	前 1274－前 1247
小辛 21 年	前 1370－前 1350	小辛 21 年	前 1246－前 1226
小乙 10 年	前 1349－前 1340	小乙 10 年	前 1225－前 1216
武丁 59 年	前 1339－前 1281	武丁 59 年	前 1215－前 1157
祖庚 7 年	前 1280－前 1274	祖庚 7 年	前 1156－前 1150
祖甲 33 年	前 1273－前 1241	祖甲 33 年	前 1149－前 1117
廪辛 6 年	前 1240－前 1235	廪辛 6 年	前 1116－前 1111
康丁 8 年	前 1234－前 1227	康丁 8 年	前 1110－前 1103
武乙 4 年	前 1226－前 1223	武乙 4 年	前 1102－前 1099
文武丁 13 年	前 1222－前 1210	文武丁 13 年	前 1098－前 1086
帝乙 33 年	前 1209－前 1175	帝乙 33 年	前 1085－前 1053
帝辛 44 年	前 1174－前 1111	帝辛 27 年	前 1052－前 1026

商王年数，现在所能根据的，以《尚书·无逸篇》为可靠，只是所举不
全。其余各家如皇甫谧、刘恕、郑樵、邵雍、金履祥诸人均有诸王估计，
颇有异同，但出入均不甚大。帝辛年数，一般认为约三十年，大致尚属合
理。只《殷历谱》采帝辛年数，改为六十四年。其原因由于以前 1111 年为
殷周交替之年，而殷历合天的证明，月食是一个最重要的据点。甲骨中的
几个月食，都是属于第一期，即武丁时代的。（依董先生创见的甲骨文断
代研究，不可否认的，确是这样。）但依当时找到的几个，都是在前 1311
年到前 1361 年之间，如其照一般过去认为帝辛只有三十年估计，那就这些
月食都在盘庚时代。只有把帝辛时代，再加一倍，共为六十四年，这就月
食只有一个在小辛时代，一个在小乙时代，其余都在武丁时代了。这样虽
还不十分理想，结算大致还过得去。只是把商代最后一个王的年数，变动
太大，除去增加讨论时的疑点外，就在甲骨本身的安排上，也不尽妥贴。
这就不如用前 1025 年系统，根本不要做到剧烈的调整，更为可信了。

参考书目

周法高，《西周年代考》，《香港中文大学中国文化研究所学报》4.1（1971）。

劳榦，《周初年代问题与月相问题的新看法》，《香港中文大学中国文化研究所学报》7.1（1974）。

劳榦，《金文月相辨释》，《"中央研究院"五十周年纪念集》（1978）。

劳榦，《释武王征商簋与大丰簋》，《屈万里先生七十纪念专刊》（1978）。

劳榦，《论西周年代和召诰洛诰的新证明》，《"中央研究院"历史语言研究所集刊》50.1（1979）。

劳榦，《商周年代的新估计》，《"中央研究院"汉学会议论文集》（1981）。

劳榦，《修正〈殷历谱〉的新观念和新设计》，《新亚学报》14（1984）。

劳榦，《从甲午月食讨论殷周年代的关键问题》，《史语所集刊》64.3（1993）。

张秉权，《甲骨文中的甲午月食问题》，《"中央研究院"历史语言研究所集刊》58.4。

（刊载于《"中央研究院"历史语言研究所集刊》，第 67 本第 2 分，1996 年 6 月）

史字的结构及史官的原始职务

我们一般人的设想，总觉得古人的史职，历来为的是记述史事的，人类自有记忆和语言，便会将经验遗留下来，因而记事之职，便在我们观念上不会有任何的问题。假若这个观念有了问题，一切的结论也就会改变。

《说文解字》："史，记事者也，从右，持中，中正也。"这里头含有几个问题：

（一）史的本义是不是记事。

（二）史的造字是不是从右持中。

（三）中字是不是就是"中正也"。

这里面第（一）个观念，历来认为不成问题的，第（二）和第（三），有人认为全有问题，也有人认为其中的一个有问题。

认为中字形状有问题的，最先有段玉裁，段玉裁在中字下注云：

> 按中字会意之指必当从口，口音围，卫宏说用字从卜中，则中字不从ㅂ明矣，俗皆从ㅂ，失之。

因为普通的写法，把中写作中，段玉裁改作中，这和金文伯仲之仲写法正同，金文中央之中作，也不从ㅂ，虽与段氏所改的略异，而其意也与段氏所改相符（字指旌旆之中部），这是对的。但推衍下来，把史字也从改为，就不对了，史字从来皆作，无作形的，可见史字所从不是中字，而是别一种形状。

认为史字所从仍是中字，但不是"中正"的。有江永，而章太炎氏推

97

衍其说。江永《周礼疑义举要》称:

> 凡官符簿书谓之中,故诸官言治中,受中,小司寇断庶民狱讼之中,皆谓簿书,犹之案卷也,此中字之本义。故掌文书者谓之史,其字从又持中,又者右手,以手持簿书也。吏字事字皆从中字,后世有治中之官皆取此义。

章太炎氏的《文始》称:

> 用从卜中,中字作𢧜,乃纯象册形,其作中者非初文,乃为后起之字。中本册之类,故《春官·天府》"凡官府、乡州及都鄙之治中,受而藏之"。先郑司农(郑玄)云:"治中谓其治职簿书之要。"《秋官·小司》:"以三刺断庶民狱讼之中,岁终则令群士计狱弊讼,登中于天府。"《记·礼器》曰:"因名山升中于天。"升中即登中,谓献民政要之簿也。《尧》曰:"咨尔舜,天之历数在尔躬,允执其中。"谓握图籍也。春秋《国语》曰:"余右执殇宫,左执鬼中。"韦解以中为录籍。汉官亦有治中,犹主簿耳。史字从中,谓记簿书也,自太史内史以至府史皆史也。

这两篇论点,都是有问题的,第一,江章两氏都认为史字所从仍是中字,而非中字以外别的形体,这在金文上已经认明史字所从的中形,和中字无干,不得以中字的意义牵附上去。第二,中字作𢧜,仲字作中,史字作𢧜,金文中厘然可辨。章氏所言中字初文当作𢧜,乃是一个揣测之辞,拿不出证据来。第三,郑玄所说的"中"是簿书之"要",并非簿书的本身。"要"或"撮要"乃"折衷""平均"诸义之引申,章氏所举各例,释为"要"皆十分通顺,不可将引申之义再加转换,以为中之原义为与"中央"不相关涉之"簿书"。因此江章二氏所说的,都不是证据。

当然章氏文中还有一个非常有力的证据,即"春秋《国语》曰:'余右执殇宫,左执鬼中。'韦解以中为录籍。"韦昭吴人,虽较郑玄为晚,但韦昭若有此说，那就至少在吴时已有中为簿籍之说，也并不算太迟，现在只好查对原文看韦昭的说法究竟如何？《国语·楚语上》："灵王虐，公子张骤谏，王患之，谓史老曰：'吾欲已子张之谏，若何？'对曰：'用之实难，已之易矣，若谏，君则曰：'余左执殇宫，右执鬼中，凡百箴谏，吾尽闻之矣，宁闻他言？'"韦昭注曰："中，身也。《礼记》曰：'其中退然。'天死曰殇。殇宫殇之居也。执谓把其录籍。制服其身，把其录籍，知其居处，若今世之能使殇矣。"是韦昭认为"执"和"中"是两种解释，"执"与录籍有关，"中"训为"身"，与录籍之意无干。章氏说"韦解以中为录籍"显然是一个曲解，章氏引韦说既非原义，那就其他都不成问题了。

我总是感觉到，凡原意正确的，新发现的证据，合于原意的会越来越多；原意为曲解的，纵然其辞甚辩，但新发现的证据，总是相反的。史字的"簿籍"解释，骤看起来似乎理致完足，但细按其证据，并无一相合，这都是做论证的人，心有所蔽，而无意中便滥用不切当的证据了。

此外，还有不从"中"字的意义来推论，专就形体来释史字的，有吴大澂的《说文古籀补》：

> 史记事者，象手执简形，古文中作𠁘无作中者，推其意，盖以中当作帇，即册，之省形，册为简册本字，持中即执简册之象也。

今按史字不从"中"形是对的，但史字亦不从帇形，吴氏的话仍然失之无据。凡论古文字，不根据旧说，同时亦不根据古器物文字，仅以意为之，盖无实据，是不可以的。照吴氏之说，诚所谓"楚固失之，齐亦未为得也"。

对今人影响最深的，还是王国维《释史》的说法。王氏《释史》云：

> 吴氏大澂曰："史象手执简形。"然中与简形殊不类……江氏以中为簿书，较吴氏以中为简者得之。顾簿书何以云中，亦不能得其说。案《周礼·大史职》："凡射事，饰中，舍筭。"《大射仪》："司射命释

获者设中，大史释获，小臣师执中，先首坐设之，东面退，大史实八筹于中，横委其余于中西。又释获者坐取中之八筹，改实八筹。兴，执而俟，乃射。若中则释获者每一个释一筹，上射于右，下射于左，若有余筹，则反委之。又取中之八筹，改实八筹于中，兴，执而俟。"云云。此即《大史职》所云"饰中舍筹"之事，是中者，盛筹之器也。中之制度，《乡射记》云："鹿中髤，前足跪，凿背，容八筹，释获者奉之先首。"又云："君国中射，则皮树中，于郊则闾中，于竟则虎中，大夫兕中，士鹿中。"是周时中制皆作兽形，有首有足凿背容八筹，亦与中字形不类，余疑中作兽形者，乃周末弥文之制，其初当如中形，而于中之上横凿孔以立筹，达于下，横其中央一直，乃所以持之，且可建之于他器者也。

其言最大的问题，乃是持论并无确据，既无文献上的证据，亦无古物上的证据，只用"余疑"二字来做言论的根据，以后长篇大论，都从"余疑"二字发挥出来。他自己已经是"疑"了，如何可以使别人相信？况且盛筹的"中"，明明仍是"中"字，即古文作"𠂤"的字，倘若别出一字，其音义也得有所依据，王氏以中为别字一字，义为盛筹之器，除去在器物得到证明以外，在音义两方，仍要得到证明，但这是现代任何人找不出来的。

因此除去原有"从右持中"之说，与形义都不相合以外，清代以来改正的意义，无一可以说能使人满意的。

史字和吏字及事字本为同出一源的字。史字金文与甲骨同作𫝀形，事字作𫝀形，而吏字作𫝀形，上部出头，与事字同，仍是事字。且按意义，在金文甲骨全部相通。因此，在这一个同组的三个字，应当一同设法来解决其形义问题。

认为所从的是𠂤字当然不可以，是中字也不可以，是𠂤形更不可以，王国维认为盛筹器也不可以，只有认为所从的是一种"弓钻"是可以的。在史字中其所从的中就是一个弓背向下的弓形，金文及甲骨凡从弓的字，弓都是对侧面的，这都是射箭的弓，只有这个弓形的弓背向下，对于弓钻的形状，正皆符合。吏字所从是弓钻顶上压着的重物。事字所从，则为弓钻顶上还附上一根绳子，现在大陆的木匠，还有人有这种样子的钻子。

这种弓钻的分布甚广，照卢维《文化人类学导言》（Robert H. Lowie: *Introduction to Cultural Anthropology*）第五五页说，这种弓钻在早期埃及人已经使用，以至于马达加斯加、北西比利亚人、爱司基摩人都使用着，此外我们还知道一部分美洲印第安人使用着，他们使用弓钻的目的，为的是钻木取火。

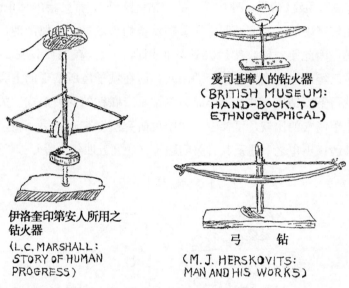

爱司基摩人的钻火器
(BRITISH MUSEUM: HAND-BOOK, TO ETHNOGRAPHICAL)

伊洛奎印第安人所用之钻火器
(L.C. MARSHALL: STORY OF HUMAN PROGRESS)

弓　钻
(M.J. HERSKOVITS: MAN AND HIS WORKS)

我们中国钻木取火之事，是在古史中说到的，还有火在古代是神秘的，到了汉代还有改火之事，并且这一个事属于太史，因此弓钻和史官之间，是可以找到相互的关系的。居延简：

御史大夫吉（丙吉）昧死言，丞相相（魏相）上太常昌书言太史丞定言，"元康五年五月二日壬子夏至，宜寝兵，太官抒井，更水火，进鸣鸡，谒以闻，布当用者"——臣谨案比原宗御者水衡抒太官御井，中二千石，二千石各抒别火官，先夏至一日以除燧取火，授中二千石，二千石官在长安、云阳者，其民皆受，以日至日易故火，庚戌寝兵。不听事，尽甲寅五日，臣请布，臣昧死以闻。（五、一〇及一

〇、一一七）

所以改火的事，应由主持历法的太史主持。改火之事，虽然《周礼》是属于司□的，但《周礼》可能由六国之法修改而来，反而有些地方，比秦汉相承之制，还要进步一些，也就是秦汉之制可能更为原始。

但是弓钻与史官的关系，证据更多的，还是龟卜。

龟卜的重要工作是先"钻"而后"灼"。《庄子·外物篇》的"七十二钻而无遗筴"，及《荀子·外物篇》的"钻龟陈卦"，都是指的钻龟的工作。龟甲是比较坚硬的，为求得卜兆先要在预备灼火之处，把他刮薄，因为硬难于刮薄，因此便先钻，然后在钻处再用凿扩大。在殷墟发见的龟甲灼处，都是已经修理过成为枣核形的凹穴，而在城子崖所发现的卜骨，治作较粗，就留下了钻痕，并且还形成为单钻及三联钻的两种形式。关于卜骨钻痕及龟甲凿穴的比较，可参看《"中央研究院"院刊》第一辑，张秉权先生的《殷虚卜龟之卜兆及其有关问题》。（一九五四年出版）

卜骨钻痕图

A 纵剖面	B 平面	
1 尖形	4 小三联钻	7 单钻
2 圆形	5 同上	
3 方形	6 大三联钻	

关于卜骨钻痕，在李济先生的《城子崖序》中，有一段极重要的材料，兹引证如下：

占卜所用的材料，有牛胛骨与鹿胛骨及另一种未能辨定的动物胛骨三种。攻治方法非常简陋，有完全未经刮治的；有只将背面的骨脊由根以上刮去的。最进步的也仅仅将骨脊对称的一边的外面全部刮去，留下极粗涩的钻灼面。骨面的磨光也非常粗率，除第一〇片外，皆不甚滑亮。刮治的目的是将骨片制薄使其钻灼时易于在正面发生裂兆，所以要求全片各部都有一致适宜的厚度。城子崖的卜骨不但在各片间刮治面的厚度不同，就是一片上极相近的几部分的厚度也不一致，例如卜骨第一〇片上，在相去约 6 公分距离的两点——第一点厚 6.5 公厘，第二点厚 1.3 公厘——有 5.2 公厘的差别。

钻痕之大小深浅也不很规则，兹将卜骨之有钻痕者，列其钻痕最小与最大之直径为表"二十"。以便看出各卜骨上钻痕大小的参差，钻痕的深浅与其大小成正比例，大者较深，小者较浅。例如在卜骨第一五片上，直径 1.3 公厘之钻深只 1.0 公厘，直径 9.2 者 7.0 公厘，因钻孔器具之形不同，故钻痕之纵面有尖形、圆形、方形之别。

卜骨号数	1	2	3	4	5	6	7	8	9
钻痕直径（公厘）	5.6—8.5	5.5	3.5—3.9	9.2	6.5	3.7—4.1	5.0	3.1—7.8	3.5—9.2

这三种纵剖面之形式，是有一定关系的，尖形圆形只是单钻卜骨，并且时常两种形式同见于一片，方形只见于三联钻的骨片。所谓单钻者即每个钻痕都是独立不相依靠……所谓三联钻，就是三个钻痕互相连套成为一组……这种三钻相套组成的形式（在小屯村未曾见过），是比较进化的，第一，作钻工具的刃是方头的，在钻底可做成一个较宽之平面，灼时裂纹易于发展；第二，钻刃之宽狭较有规则，只见大小两种，并且每片只用一种；第三，钻痕的排列是颇整齐的，由上而下，每组横置如梯形……这横置的现象是很可注意的，因为灼时裂痕被通著横切骨理而生，恰违犯了小屯村卜骨上顺理凿痕的原则，也许是材料缺乏的原故。十六片卜骨中有三片两面都有钻痕，并且都是很密集的。

所以卜骨最原始的办理方法是单钻，再进而为三联钻。单钻是尖钻或圆钻，到三联钻就用平头钻了，这种三联钻再进一步，就成功为殷墟甲骨枣核形的凹穴，显然的，是经过修理手续的，就几乎看不出原有的钻痕了。但是龟甲是相当坚硬的，凿入是非常困难的，而用钻穴法较为容易，钻成三联钻痕，再加修正，便很容易成为枣核形的。

卜和钻有密切的关系是不容怀疑的，现在再谈史官和卜筮的关系。《周易·巽九二》："巽在床下，用史巫纷若，吉。"《楚语下》："少皞之衰，九黎乱德，民神杂糅，不可方物。夫人作享，家为巫史。"《左传·庄公二十二年》："陈厉公……生敬仲，其少也，周史有以《易》见陈侯者，陈侯使筮之，遇《观》之《否》，曰是谓观国之光，利用宾于王。"《僖公十五年》："初，晋献公筮嫁伯姬于秦，遇《归妹》之睽，史苏占之曰，不吉。"《昭公二年》："晋侯使韩宣子来聘，观书于太史氏，见《易象》与《鲁春秋》曰：周礼尽在鲁矣。"《昭公七年》："孔成子以《周易》筮之……以示史朝。"《哀公六年》："是岁也，有云如众赤鸟，夹日以飞，三日。楚子使问诸周太史。"《哀公九年》："晋赵鞅卜救郑，遇水适火，占诸史赵、史墨、史龟。"又《闵二年》："狄灭卫，囚史华龙滑与礼孔以逐卫人，二人曰：我太史也，实掌其祭，不先，不可克也。"所以史官就是祭司而兼卜官。

《史记·自序》称："谈为太史公……学天官于唐都，受《易》于杨何……既掌天官不治民。"天官即《史记·天官书》之"天官"。裴骃天官书《索隐》云："案天文有五官，天官者，星官也，星座有尊卑，若人之官曹列位，故曰星官。"《后汉书·任文公传》："明晓天官风星秘要。"也和此用法相同，所以太史所掌的也就是占星术（Astrology），这正和祭司、卜官，属于同类的职务。太史公曾受《易》，《史记》把"龟策"专列一传，也因为卜筮是史官所专掌的原故。

《续汉书·百官志》："太史令一人，六百石。"本注曰："掌天时星历，凡岁将终，奏新年历，凡国祭祀丧娶之事，掌奏良日，及时节禁忌，凡国有瑞应，灾异，咸记之。"注《汉官》曰："太史待诏三十七人，其六人治历，三人龟，十三人庐宅，四人日时，三人易筮，二人典禳，九人籍氏，许氏，典昌氏各三人，嘉法，请雨，解事各二人，医二人。"所以龟筮之事，到东汉之时仍属太史令；这正是古代太史相承之业。并且还可以反映出来史官记事之职，正是从"凡国有瑞应灾异咸记之"一职衍变而来。

所以史字是从右持钻，钻是象钻龟而卜之事，因为卜筮之事是史官最重要的职务，而记事为后起。

相传黄帝之史官仓颉始制文字，也可推断先有史官而后才有文字，有文字而后才可以记事。

直到现在俸僜及摩些的巫师，仍然是祭神的人，占卜的人，造字的人，记事的人，而且还是部族中仅有的认识文字的人。我们推想古代的史官，岂不应当与此一样吗？

（刊载于《大陆杂志》，第 14 卷第 3 期，1957 年 2 月）

释狄与築^①

在中国上代，和中国关系最深的北方民族，一定要算狄人了。《易·大壮》"丧羊于易。"《易·旅》："丧牛于易。"易即是狄都是指王亥的事。王亥是商王室的祖先，见于甲骨，也见于《史记·殷本纪》。其王亥和有易的故事，在《山海经》及《山海经·大荒东经》注引《竹书纪年》，也都说到。至于《楚辞·天问》："该秉季德，厥父是臧，胡敝于有扈，牧夫牛羊。"有扈也就是《诗经·商颂》"韦顾既伐，昆吾夏桀"的顾，似乎名号不同。不过狄是北族的总名，有时可称为有狄或狄方，有时也可用小地区的名号。如同春秋战国的时候，潞为赤狄中的一国，鲜虞为白狄中的一国。但有时称为潞，有时也可称为狄或赤狄；鲜虞也是一样，有时可称为鲜虞，有时也可称为狄或白狄。那么顾或扈就非常可能原为狄种，因此也就可以互称为扈或狄，自不相妨害的。

狄的名号因为取自译音，不属华语，所以有很多不同的写法。譬如可写做易，可写做翟，可写做狄历或狄鞮。这个狄历又似乎和"盗苏武牛羊"的丁令，在声音上可能联系得上。自然还需要进一步的证明才可以，不是随便可以假定的。

无疑的，狄是四夷中之一，四夷在《孟子·梁惠王篇》中。孟子对齐宣王说过："欲辟土地，朝秦楚，莅中国而抚四夷。"但却没有更早的注释，说明四夷是什么。只有在《礼记·王制篇》中说过"中国戎夷五方之民皆有性也，不可推移。东方曰夷，被发文身，有不火食者矣；南方曰

---

① 因本文涉及"筑"字的名物考证，故全文保留繁体字"築"。——编者注

蛮，雕题交阯，有不火食者矣；西方曰戎，被发衣皮，有不火食者矣；北方曰狄，衣羽毛穴居，有不火食者矣"。《王制》谈到四方的风俗过于概括而不尽妥切，虽然还不能引为典据，但说到四夷是东夷、西戎、南蛮、北狄当为不易之论。《大戴记·千乘篇》："东辟之民曰夷，精以饶；南辟之民曰蛮，信以朴；西辟之民曰戎，劲以刚；北辟之民曰狄，肥以戾。"以夷、蛮、戎、狄分配四方，亦与《王制》所指相同。这种以四方的方位来分配民族的方式，虽然《史记》和《汉书》尚不大采用，但陈寿《三国志》作《东夷传》和《西戎传》（可能本于鱼豢《魏略》），范晔《后汉书》，作东夷、西羌、南蛮，再加上南匈奴，也正是这种"四夷"的分类法。

狄既然在北方，也可以作为北方塞外民族的统称，而不限于狭义的狄，所以历来把狄一个名称之下，所包的民族数目也不能一定。如《周礼·职方氏》称狄为"六狄"，《礼记·明堂位》称为"五狄"，《白虎通义·礼乐篇》引《礼记·曾子问》佚文也称为"五狄"，至于《尔雅·释地》，就称为"八狄"了。所以列举的数目，可能只是一些泛称，而且数目也随着时代的前后有所变异，这是无法把其中的民族指实的。

《易·既济》称："高宗伐鬼方，三年克之。"这个鬼方之役，当然是商高宗武丁时代一件大事。现在所存的甲骨，武丁时代的当然不全，不过鬼方的名称，甲骨中也极为罕见。这就表示着甲骨中不可能没有鬼方这个国家，而是不叫鬼方。用了别的名称来代替鬼方。如其是这样，那就应当在别的方国名称加以注意了。鬼方这一个名称，在《诗经·大雅·荡》，文王谓纣"内奰于中国，覃及鬼方"，此殷商末期的事。到了春秋战国之世已经不再看到，甚至鬼方的另外一个写法"九方"，也看不到。《庄子·徐无鬼篇》有善相马的九方歅的故事，《淮南子·道应篇》作九方堙。这里暗示着九方这个国家应当是养马的国家，因而"九方"这一族人才有善相马的传统。但这一点对于九方或鬼方相当于后代的那个民族，也没有多少补助。

只有一个线索或者可以做参证的，就是春秋时赤狄的君主属于隗姓这件事。隗姓和鬼方有关，应当是可以申说的。若赤狄旧为鬼方，那么赤狄所在的上党地区，包括太行山在内，应当一直为旧鬼方所在地区。正与殷商所在的河内地区衔接着。殷商地区在春秋时为卫国的封地，仍然时常受到狄患。殷商时代的国力当然远较春秋时的卫国大的多，鬼方对于殷商的关系也就叛服不常。直到春秋中晚期，强大的晋国才略取上党地区，其间前后当有千余年的时间。

甲骨文中无狄字（甲骨人名有狄字，从犬从火，却与狄字无干，狄字据高本汉拼法作 d'iek，因为狄字有 K 音收声，而"火"据高本汉拼法作 d'ad，收声为 d，这是不能通转的）。但这并不代表着殷商时代没有这个狄字的写法。狄字原来也许不代表狄人的意义，而狄人写作"狄"可能和作"易"作"翟"一样的是一个假借字，所以就现存的"狄"字来找有关狄人的命意就不能找得到。

狄字最早见于载籍，是《尚书·牧誓》，武王曰："逖矣西土之人。"逖字从狄从辵（当然也可以从彳，是一样的），这个偏旁有或没有，没什么大关系，主要部份还是"狄"字，逖字训作远，没有问题，所以狄字原义，训作远是可以的。若狄字原义为远，那狄字就应当认为是一个会意字。当然讲古文字结构，原则上是尽量认为形声字，非不得已，不可轻用会意的解释的。许慎《说文》狄字下，指为"从犬，亦省声"。用形声来解释狄字，但在段注中，已指明狄在十六部，"亦声古音在五部，而非其韵"。也就是说"狄"和"亦"的古音是不能相通的，因而"亦省声"之说未可信据。但段玉裁亦无法解释狄字是怎么一回事，只有当作一个悬案。虽然他也以为火旁或束字的省文，虽然声韵上说得过去，但在字形上却毫无根据。

在这种找形声的根据找不到的时候，那就只好转到会意这个方向去。也就是说狄字认为"狄人"是一个假借字，而其本义是"遥远"，和逖字相同。如狄字的本义是遥远，那就犬和火都是指远方边界的，火的意义是"烽火"，犬的意义是"守狗"。仅仅只有火或犬，并无远方的含义，但把火和犬二种用途合并起来，就只有守望时才用得着了。守狗的用法见于《墨子·备城门篇》，亦见于居延汉简。也许这样可以做一个解释。

在甲骨文中虽然没有狄方，但却常见到的是𢀛方，一般认为是苦方，或者是工方，如其为工方，那此字当认为邛崃的邛字，假定为邛崃在殷代曾经强盛过，所以为殷的大患，但此于史无据，不能仅凭悬想。

用《说文》中已有的字来比附这个🔲字，只有筑字的古文🔲字可以得到一点古代的影子。《说文》中的古文多半属于战国时的别体字，不过也可能前有所承，并非向壁虚造，这个🔲字，上面不是竹字头，应当是两条绳子，中部为一个筑土的杵，下面为土。拿来比较🔲字，那就显然上部是一个杵，下面是一个要用板筑的地基。所以两字同为象形字，虽表面稍异，而命意是相同的。从字形来比较，这一个🔲字，应当释做筑土的筑字，也就是板筑的筑字。

关于这个🔲字释苦或释工的问题，释苦的一说已成过去，可以不论。只有释工这个释法，现在还比较通行。但这是不可说的，因为就文献而论，完全无据，而就字形而论，也还得商榷。甲骨中的工字有两个写法，一个作工，这是照许君所说的，象一个规矩的矩。另外一个写法是🔲，却不是矩，而是一个筑地的锤或杵，到了金文写法，才变作斧形作🔲。这当然都是指工具的意思，但所代表并不一致。甲骨中属于斧钺一类的斤字，戊字，都不作方形，只有作盾用的戬字才作方形，所以方形代表的决不是斧。本来水工之工也是工，司空主工，其最重要的工作就是平水土。那么工字作🔲时，其代表的是筑城筑堤坝的工具，自然是合理的。这个形在商代未必一定就是工字，发展成为工字，是后代的事。

在🔲的上面这个方形，一般是特别长，变成了🔲形式，有时更作成了一个椭圆形，如同🔲的形式，就更表示是一个杵一类的工具，其下的口字形，在甲骨文中，并不一定要做口字用。例如高字下面的口字形，就不是指口，而是指一个地基。所以🔲字下面的口形，当然也可以作为板筑的地基用。因此这个字虽然不是不可以从工，却不可以径读作工。

就篆文的筑字来说，筑字从筑，而筑字从工，最后还是归到工字，可见小篆的写法亦渊源有自。换言之，在全部筑字来说，工字是筑字的基本字形，而筑字内的工字，又从🔲的字形转变而来。这是逻辑上推演必然的结果。在今小篆的结构，就筑字的字形推溯，也是一样的。亦是许氏《说文》中，从筑字上溯到筑字、巩字，以至工字，其中解释有一些不分明的地方，无法一下看得出来。但如其排除障碍，恢复清晰的系统，也就一样的可以显示出来了。

在《说文》中，这几个相关的字，是：

卂，许氏说："持也，象手有所卂据也。凡卂之属皆从卂，读若戟"。高本汉定为 Kiǎk。

巩，许氏说："襄也，从卂，工声。"高本汉定为 Kiung。

筑，许氏说："以竹曲五弦之乐也。从竹从巩，巩持之也，竹亦声。"高本汉定为 tiôk。

築，许氏说："捣也，从木筑声。"高本汉定为 tiôk。

以上的几个字，在韵部中是可以通转的，只有其中的"巩"字，其收声为 ng 是一个阳声字，但收声 ng 的阳声字，和收声在 k-g 组的阴声字，可以阴阳对转，也是没有问题的。在纽的方面 k 和 t 是不能通转的，但在齐齿呼中，k 和 t 都可以变化，互相接近，这就比较难说了。所以以上的几个字，不是绝对没有在汉代音读方面不发生一个特例的可能。[①] 也就是说巩字可能就是築字的原文，因而筑字不必是从巩，竹声，而应当是从竹，巩声。筑本是以竹制成的乐器，以竹为形，以巩为声才合理。若以竹为声，总觉得本末颠倒。而且築的工作来源甚早，筑的使用甚后（大抵在战国时期）。传说举于板築之间，其时是有築无筑的，不应当筑字在前，築字反而后起。所以巩当古築字，而築字是后来加添笔画的字。这样说来，巩字、筑字以及築字，都从工字为基本变化下来，可以不言而喻了。

在 1969 年，庆祝蒋复璁先生七十岁专号中，我曾做过了一篇《释築》，就说到这个巩应当释作築。并且因为築和粥和鬻同音，築方可能和獯鬻有关。獯鬻一名并且可能獯的原义为北族称人的音读，獯鬻在华言中当为鬻人和粥人，亦即狄人。但因为此篇意犹未尽，所以今再申论一下。

（刊载于《董作宾先生逝世十四周年纪念刊》，1978 年 3 月）

---

① 在这里我认为"工"字和"築"字在声的方面，仍是很有距离的。只因为汉代通用築字以后，巩字就成为罕用字。因而在音义方面，都可能演出错误，发生了一个特例，对于筑字的解释，许君是不能自圆其说的。这种成为进退失据的原因，不是出在筑字上，而是渊源于巩字的误会上，所以必需把巩字重新估量才是把问题明白化。

释士与民爵

封建之世，士上适于天子，下别于庶人。秦爵二十级，公士至不更，所以比士，大夫至五大夫，所以比大夫，左庶长至大庶长，所以比卿，关内侯彻侯所以比诸侯，犹之乎有别也，特不世及耳。汉有普赐民爵，而士庶无分矣，此古与近古之大齐也；为作释士与民爵。

中国之典章制度，自殷周之际变革以后，当以周秦之际变革为尤剧。周制盖肇基于宗法，由宗法而成封建制度，因之天子至士与庶人以下成为不同之等级，《礼记·王制》曰：

> 王者之制禄爵，公，侯，伯，子，男凡五等；诸侯之上大夫卿，下大夫，上士，中士，下士凡五等。

是自公以达于士，皆王者所制之爵禄也。《郊特牲》曰：

> 天子之子元士也，天下无生而贵者也。

元士者，即天子之士，以别于诸侯之士者。《白虎通》释之曰：

> 王者太子亦称士何？举从下升，以为人无生得贵者，莫不由士起，是以舜时称为天子，必试于士。《礼·士冠礼》，天子之元子士也。

111

故士之位可上达于天子，天子亦可下达于士，而《仪礼》为书咸以士为标准。此《曲礼》所以称"礼不下庶人，刑不上大夫"也。不惟庶人不在职者不得通于士，即在官者亦然。《王制》：

> 凡执技以事上者祝，史，射，御，医，卜，及百工，凡执技以事上者，不贰事，不移官，出乡不与士齿，仕于家者，出乡不与士齿。

按庶人之在官者，据《孟子》所称其禄同于士，出乡则不能与士齿者，重士而贱庶人也。且庶人之执技事上者，不贰事，不移官，则子孙亦终于庶人，而士则有不然者。《礼记·中庸》：

> 父为大夫子为士，葬以大夫祭以士；父为士子为大夫，葬以士祭以大夫。

《礼·曾子问》：

> 宗子为士，庶子为大夫，其祭也如之何？孔子曰，以上牲祭于宗子之家。

即此义。则大夫嗣子以外皆为士，而士之子亦可为大夫，若庶人之子则未闻有可以为士大夫之礼，惟士大夫子之不才者，或为庶人而已（见《礼·大传》）。

士庶所以截然不同者，盖由于封建与宗法之制度。《礼运》曰："天子有田以处其子孙，诸侯有国以处其子孙，大夫有采以处其子孙。"即此之谓也。天子诸侯大夫，数皆有限，则群公子之不得欲者，不得不退而为士，然天子为天下之大宗，诸侯为一国之大宗，大夫为一家之大宗，大宗收族者也（义见《诗经》毛传及《仪礼·丧服传》）。则其于不得嗣统之士，自当有存恤之义，而使之为公宫之守。《礼记·文王世子》曰：

公若有出疆之政，庶子以公族之无事者守于公宫，正室守太庙，诸父守贵宫贵室，诸子诸孙守下宫下室。

庶子所掌之事，犹如汉世之中郎将，而公族之无事者所掌，犹如汉世诸郎执戟而卫宫门。此制《周礼》亦有之。《天官·宫伯》：

掌王宫之士庶子凡在版者，掌其政令，行其秩叙，作其徒役之事，授八次八舍之职，若邦有大事，作宫众则令之。

《地官·小司徒》：

大故至余子。郑司农云，余子谓羡也，卿大夫之子当守王宫者也。

此所谓士庶子及余子，即《文王世子》所称庶子所掌之公族无事者，藉此以恤之也。士于内则守公宫，于外则即戎事，《周礼·夏官·掌固》所称：

掌修城郭沟池树渠之固，颁其士庶子及其众庶之守，设其饰器，分其材用，均其稍食，任其万民，用其材器。

即此意也。男子始生，用桑弧蓬矢，亦即此意也。士既以即戎，故《曲礼》云：“问士之富数车以对。”赋自田出，故《曲礼》又云：“四郊多垒，此卿大夫之辱也，地广大荒而不治，此亦士之辱也。”然则士之本谊原为农战之士，非徒熟习典籍之儒生，更非摇唇鼓舌之游士亦明矣。

春秋初叶诸侯之士，尚以即戎，《国语·齐语》：

管子于是制国以为二十一乡，工商之乡六，士乡十五（注工商各三也，二者不从戎役也），公帅五乡焉，国子帅五乡焉，高子师五乡焉，……五家为轨，故五人为伍，轨长帅之；十轨为里，故五十里为小戎，里有司帅之（小戎兵车也，此有司之所乘）。

其所谓有司，盖即有戎车之士，即《礼记》数车以对者。事主农事言士可以兼农，故以士与工商对称而不复言农也。士禄田之制见沈彤《周官禄田考》，盖即以禄田中公田之所获，以归诸士（《豳风·七月》之公子，盖亦即有田之士，因其顾出于诸侯庶子，被称公子也。惟周之封建兼取异性，故士亦不尽为公族，然亦必为卿大夫之族）。其为农夫者准诸不贰事不移官之例，盖亦世传其土地而不能移业，即孟子所谓"死徒无出乡，乡田同井，出入相友，守望相助，疾病相扶持"者也。至于商人，本与农异，《左·昭十六年》子产曰："昔我先君桓公与商人皆出自周，庸次比耦，以艾杀此地，斩之蓬蒿藜藿而处之，世有盟誓，以相信也。"则商人之于公族，亦不相涉，故商人既无干政之可能，亦无须使之从军，因之管子别为制乡，所以殊异于士族及农夫也。（《七月》："女心伤悲，殆及公子同归。"郑笺："悲则始有与公子同归之志，欲嫁焉。"颜疑婚配或亦公子主之。）

据《盐铁论》及《潜夫论》引《佚诗》故谓《魏风·硕鼠》由履亩而作，按《硕鼠》毛序亦称刺重敛，原与履亩之义相通。魏之亡在晋献公时，则其履亩而税尚远在鲁国履亩事之前。是春秋初年，甸服公田之制已不能维持，封建之溃，自在理中。及晋国蚕削邻邦，使其国校邦畿为尤大，则其国将封建形式亦去之。献公又去桓庄之族与群公子，使晋无公族，合族之谊亦从之破坏，故文公之后虽有世卿，然既非命卿，亦非公族，欲其维持封建遗制于将废，盖已不可得矣。

自文公用中山盗以战于城濮（《国策·秦策》），灵辄以医桑饿人而任公宫之守，晋国之士庶早已难于分别。及赵简子伐范中行氏，誓其众曰："上大夫受县，下大夫受郡，士田十万，庶人工商遂（杜注："得遂进仕"），人臣隶幸免。"（《左·哀二年》）于是庶人之有功者，亦得列于士，晋国之事，咸"因势利便"以行之，后之法家遂亦以三晋为集中地，及三家分晋之后，因相攻伐而致微弱，较三晋强者，尚有受晋国文化熏染最僻处西陲之秦，于是商鞅遂舍魏而西适。商君所制定者，益以封建制度之更革为尤重要。《史记·商君列传》曰：

孝公……以卫鞅为左庶长，卒定变法之令，令民为什伍，而相牧司连坐……民有二男以上不分异者，倍其赋，有军功者，各以率受上爵，……宗室非有军功论，不得为属籍，明尊卑爵秩等级，各以差次名田宅臣妾衣服以家次，有功者显荣，无功者虽富无所芬华。

此所谓二男以上必分异者，破坏牧族之制也。宗室非有军功，不得为属籍者，公族不得生，而为士以异于庶民也。以军功受上爵，有功者显荣，则荣辱之分，全在有功与否，而士庶之等泯然矣。商君之法，行之十年以后，自雍徙都咸阳，"令民父子兄弟内息者为禁，而集小都乡邑聚为县，置令丞，凡三十一县，为田开阡陌封疆，而赋税平。"于是秦之食邑及公田亦从之全毁。而秦之所以并天下者，于此肇其基矣。

商君虽尽毁秦世爵之制，惟秦之爵等则因仍而更定之，以赏有功。至汉乃袭其制，除列侯关内侯而外置不世袭，与周制殊矣。其制见于《大典》本《汉旧仪》：

汉承秦爵二十等，以赐天下。爵者禄位也，公士一爵，赐一级为公士，谓为国君列士也。上造二爵，赐爵二级为上造，上造乘兵车也。簪袅三爵，……不更四爵，……主一车四马。大夫五爵，……主一车属三十六人；官大夫六爵，公大夫七爵，……领行伍兵，公乘八爵，……与国君同车；五大夫九爵，赐爵九级，为五大夫。以上次年德者，为官长将率更秦制爵等，生以为禄位，死以为号谥，左庶长十爵，右庶长十一爵，左更十二爵，中更十三爵，右更十四爵，少上造十五爵，大上造十六爵，驷车庶长十七爵，大庶长十八爵，侯十九爵（《汉书·百官表》作，属内侯），列侯二十爵。秦制二十爵，男子赐爵一级以上，有罪则减，年五十六免；无爵为士伍，年六十乃免之。

《续汉·百官志》注引刘邵《爵制》释之曰：

《春秋传》有庶长鲍，商君为政，备其法品为十八级，合关内侯列侯凡二十等。其制因古义。古者天子寄军政于六卿，……秦依古制，其在军赐爵为等级，其帅人皆更卒也。有功赐爵则在军吏之例，自一爵至不更四等皆士也，大夫以上至五大夫五等比大夫也，九等依九命之义也，自左庶长至大庶长九卿之义也。关内侯者依古圻内子男之义也……列侯者依古列国诸侯之义也，……吏民爵不得过公乘者，得移与子若同产，然则公乘者，军吏之爵最高者也。

则其等次，仍仿前卿大夫士之制，而略增其级耳，故其有爵者，虽不世及，仍得役使平民，《汉书·刑法志四》：

秦人其生民也狭厄，其使民也酷烈，劫之以势，隐之以厄，狃之以赏庆，道之以刑罚。使其民所以要利于上者，非战无由也，功赏相长，五甲首而隶五家，是最为有数，故能四世有胜于天下。

"五甲首而隶五家"注引服虔曰："能得著甲者五人，使得隶役五家也。"故《赵策·鲁仲连》称为"秦者弃礼义而尚首功之国"。其所以列至二十爵者，即为便以"级"计也；而爵之授与及其意义与前大异矣。汉承秦制，其等次与秦相同（见《百官表》），在汉初对于民爵尚有相当之尊重。

《高帝纪》五年诏曰：军吏卒会数，……其七大夫以上（师古曰：七大夫，公大夫也）皆令食邑，非七大夫以下皆复其身及户，勿事。又曰七大夫公乘以上，皆高爵也。……爵或人君，上所尊礼，……异日秦氏爵公大夫以上，令丞与亢礼。今吾于爵非轻也，……且法，以有功劳行田宅，……其令诸吏善遇高爵，称吾意。

《孝惠纪》即位诏曰：五大夫以上，有罪当盗械者，皆颂系。上造以上当刑，及当为城旦舂者，皆耐为鬼薪白粲。

至孝惠五年筑长安城，普赐"民爵户一级"，而爵始滥，六年遂令民得买爵三十级以免死罪，于是爵遂可以买卖。文帝即位"赐民爵一级"，于是天下人无不得爵者，因民皆有爵，故古制六十免役（见《王制》及《班超传》），而汉则五十六免役也。自此以后，爵成为对民赐之具文，民亦不复以爵为重，惟仅用以赎罪而已。西汉赐爵常一级，至东汉则每赐民爵必二级；爵愈贱矣，至献帝时遂不赐爵。

武帝时因爵已贱，故元朔六年以征匈奴斩首万九千级，受爵赏；而欲移卖者，无所流贶，于是更置武功爵以宠战士。其爵凡十七级，直三十余万金，得试补吏，先除千夫如五大夫，其有罪又减二等以显军功，军功多用超等，大者封侯、卿大夫，小者郎（见《食货志》），则名为赐爵，实则与秦爵又殊，惟由此得起家为吏耳，固无与于士庶之分也。且流弊亦多，至昭帝而后，遂不复闻此制矣。

（刊载于《史学年报》，第 2 卷第 1 期，1934 年 9 月）

秦汉史及相关问题

秦代史论

　　夫春秋无义战，然皆以力假仁，久假而不归，焉知其为非有也。及战国之世，裂为七雄，战胜攻取，以辟其圍。然诸侯亦皆养游士，重名誉，不轻为天下所不敢为。是以其世之为人君者，昏庸而多内宠固常有之，至于恣睢暴戾，跖踽其言而桀纣其行者，则未之闻也。任权行暴、饰非为是者，自秦始皇始。秦故无儒，无儒殆由僻在西垂，孔孟之教未尝至，非故不任儒也。然其民故亦文王周公之遗民矣，戎狄环居，不得不战。然小戎曰温其如玉，则先王礼乐之教也。《车邻》言今者不乐，逝者其亡，则《唐风·蟋蟀》之音也。至于《蒹葭》洄溯，则尤极温柔之致，自非冷酷无情为法家言者所能为。若谓秦氏非王者之民者，抑亦厚诬矣。更以秦君言，则穆公之誓，以休休有容为训，是亦宜乎贻孙翼子，垂裕后昆。虽穆公用人为殉，贻讥诗传，然此敝俗，相承已久，不由穆公，而秦人能斥之于诗，则亦出于先王之遗教也。自孝公用卫鞅，为轻剽壹切之法，而深厚贻谟，不复再见。固由机缘有利，秦军战伐，凌厉无前，然国本早凋，沛公之入咸阳，谓非肇始于孝公之世，亦有所不可矣。

　　秦并天下，卫鞅之政诚若有效者，但使无卫鞅变法，则秦亦将得以并天下。何则？地利为之、机势为之也。秦故据膏腴之地，河山之险，而晋实限之，遂不得志于春秋之势，及三晋分，而秦不可复制矣。献公破三晋之师，天子致胙，霸业已成，前此所未有也。孝公乘马陵之战，辟地七百里，秦势大振，非鞅能之，智术之士皆能也。独鞅乘千载一时之机，使秦获一往无前之势，遂得以夸耀其术于天下，鞅之术显，而政道人心不可复问矣。鞅之术尊君而抑臣，为人君者所利，鞅虽死而鞅之术不废。吕不韦成其览纪，皆山东百家之士所欲言，与鞅之术颇异，悬千金于国门而鞅之徒不能改一字者，畏其势也，非少主所能容也。韩非承鞅之术以入秦，自亦乾没者流，盖明知始皇与不韦争权有隙，藉此以钓势利也。韩非卒死而李斯窃非言以致卿相，于是鞅之法益以刻厉，而秦之国衡不可复为矣。呜乎，以刻薄寡恩为教者，终亦必死于刻薄寡恩之教，以刻薄寡恩为政者，终亦必亡于刻薄寡恩之政。秦为苛法二世而亡，诚不足惜。然盗跖之祸在一时，卫鞅之弊在万世，不惟亡秦，且以亡宋，不惟亡宋，且将流毒宇内而无所纪极。孟子辟杨墨之绩远矣，又安得孟子而辟之也？

秦并天下，天下之不幸也，此开三代以来之大变者也。井田封建一往而不可返，山东之国亦皆废之，非秦之过也。盖可变者，法也，不可变者，道也。井田封建之法，可变者也，仁义之道，不可变者也。秦废井田封建，本随时势而为之，未为过举。若夫尽先王仁义之道而废之，则谬矣，此山东诸国所不敢为者也。山东诸国不敢为而不能并天下，秦人为之而并天下，此天下之大戚也，然秦人侥幸之迹亦可以思矣。方齐胜魏于马陵，秦奄有西河之地，齐秦之势尚钧，秦不得驱韩魏以临楚赵也。齐宣伐燕而燕畔，燕昭据割余之地以自存，亦不得为齐患也。及齐闵顿兵于劲宋之下，得宋而失齐，逮齐自莒复兴，非故齐矣。是时力足以抗秦者惟赵，长平之战，赵用马服君兵法，以重兵劲势相搏，秦将白起知其然，亦密调倾国之师以相拒，故赵失全师而秦亦必失其半。于是信陵一出而秦军瓦解，驯致白起死而范雎去，皆非秦人所及料也。若齐楚有雄杰之士，如田文者流，合山东之师而迫秦归三晋之割地，秦必无力以抗，则天下又复入战国初叶之势矣，此后谁当为天下之主，未可定也。然则始皇之能并天下者亦幸耳，以侥幸得天下，而更思以侥幸守天下，此天下之至愚者也，至愚者岂仅秦二世而已乎？

汉承秦制，去其泰甚，因袭为多，非能有所创革也。故杂霸之政，遂成汉家祖制，虽有儒术，亦缘饰而已。汉元帝柔仁好儒，汉祚就衰，儒术遂为世所诟病，然汉元帝岂真能用儒术哉？孟子有言，所谓故国者，非谓有乔木之谓也，有世臣之谓也。故王者垂拱而天下治，而众贤臣议臧否以定天下之权衡，此郅治之恒轨也。若夫仅元帝者，昵迩宦寺弘恭、石显之流，使同心辅政大臣萧望之、周堪、刘向、金敬等，或死或罢，汉业以坏，为儒术者，顾若是乎？然此固不能独责元帝也。天下之政已大坏于秦，救衰振弊，惟大有为之君始能之，汉初君臣未尝学问，为治之本，前无所因，文帝谦让未遑，武宣舍本逐末，元帝碌碌庸主，又何足语创业垂统计乎？

虽然，秦立国之本固谬，然其任官分职，经国体野，自厘然有法，汉治之成，亦有赖于此也。汉人言春秋经为汉制法，实则汉法未尝出于春秋，其所因循，皆秦制也。秦汉制度之长在于简，简则易行，易行故易治，东汉魏晋稍渎乱之，政与浸弊矣，犹为后世准绳，以迄于清末，使小康之世多而乱世少，元元熙皞于闾里之间，后之治周礼者莫能为也。信乎，物有本末，事有始终，仁义为立国之本，言法术者，危道也；制度以情实为衡，言周礼者，亦危道也。故以治绩言，秦之制度，亦自有不可遽废者矣。

（刊载于《思想与时代》，第 108 期，1963 年 7 月）

秦郡问题的讨论

关于秦郡数目和郡名的问题，历来成为秦代问题中的一个中心问题。过去我在《现代学报》及《大陆杂志（特刊）》中曾有所论述，不过这两篇的结论和前人稍有不同的，便是我已经发见了得到的结论是一个或然性而不是必然性。后来黄彰健先生又讨论一次秦郡的问题，以及最近看到了镰田重雄先生《秦汉政治制度の研究》中"秦三十六郡"一章，使我感到除非有新材料发见，以现在来讨论秦郡问题，只能达到几种不同的或然性解释，决不可能成为定论。

秦郡问题不能解决的基本原因是由《史记》和《汉书》的记载不同，《史记》在《秦本纪》中说明了"二十六年，分天下为三十六郡，郡置守、尉、监"。而置桂林、象郡、南海三郡则在三十三年，其在西北斥逐匈奴，以为三十四县，亦在三十三年，此三十四县成为九原郡，亦当在三十三年至三十五年间（因为三十五年初见"九原"二字）。这里表现着纯依《史记》，秦的三十六郡是始皇二十六年的事，二十六年以后方才又有几郡，至于三十六郡全部的名称，在《史记》中是找不到的。

在《汉书·地理志》中可以找到一些旧有的名称，可是班固在《地理志》中却说：

> 秦京师为内史，分天下为三十六郡。汉兴，以其郡太大，稍后开置，又立诸侯王国，武帝开广三边。故自高祖增二十六，文景各六，武帝二十八，昭帝一。迄于孝平，凡郡国一百三，县邑千三百一十四，道三十二，侯国二百四十一。

班固所说的数目中，三十六加二十六、加六、加六、加二十八、加一，共为一百零三。所以班固显然的认秦郡始终只有三十六，并非如《史记》所说始皇二十六年为三十六郡，二十七年以后又可能增加若干郡。《史记》和《汉书》的记载既不相同，那么《史记》和《汉书》就是两种不同的系统，既然采用了《史记》系统的郡数，却又把《汉书》系统的郡名补充进去，那就在立场上显然发生了矛盾。

虽然过去凡是认为秦郡曾有一个时期多于三十六郡的，一定认为班固的意见有错，而其材料仍有可以应用的。不过为什么材料可以应用？从什么地方来看，班固意见是错的？从什么理由来说，班固的意见不如司马迁的记载可靠？过去讨论的人们也从无一个交代。因而所有的结论都是站在不可深信的基础上。

好的旧路已经难于走通，黄彰健先生的《〈汉志〉所纪秦郡与汉郡国的增置》完全依据《汉书》，不再以《史记》为主要的根据，这在论点的运用上，的确有其方便之处。当黄彰健先生作成论文之后，曾和我通信商量过，我认为最大的困难，还是和《史记》不同之处。现在实找不出来证据来说《史记》是错误的。只有一个办法，即认为"三十六"是秦郡的一定数目，始皇二十六年已有三十六郡，以后凡增一新郡，立即减一旧郡，以符总数三十六郡之数，那才可以解决和《史记·秦始皇本纪》的冲突。这一点黄先生回信说这也是一个可能解决之法，不过这只是一个可能的解释，这种解释还得求佐证才可以，可是近来将近十年，我一直想求佐证，却一直未得到佐证。

读到镰田先生分析"三十六"及"十二"与秦代政治的关系，使得对于秦代为什么采用"三十六"的原因多一层了解，不过秦代似乎天子之制也并非全以十二为纪，例为九卿事实上是十二卿，但在名义上仍用"九卿"而不用十二卿，中央机关的分合实在远较地方政府的分合为容易，可是秦并未这样做，这就使人对于真的秦代一代是否拘于三十六郡之数，还有怀疑的余地。

《汉书·地理志》并非很精密的，因为《汉书》究竟太大了，班固就会时有疏忽的地方，《汉书·地理志》中记载河西四郡设置的时期就和

《汉书·武纪》完全不一致。从前张维华先生和我都曾经检讨过，觉得《地理志》中所记，比《武纪》更远于事实，这就意识到《地理志》并非全部可信。

在史籍记载两相矛盾状况之下，如检讨史料来源一事是在可能程度之下时，检讨史料来源不失为一有效之办法，司马迁曾亲见《秦纪》，《秦始皇本纪》本为纪年体，甚易从秦代史官纪述直接抄来，不至有太大之改变，亦即错误之机会较少，加之司马迁根据官方之直接史料，对于年月及政府设施可信的程度亦自较大。至于《汉书·地理志》虽然其中一部分可能根据档案，但其中大部分可能由旧有地方图经杂凑而成，和中央机关的直接记录难以相提并论，尤其司马迁记三十六郡可能系抄旧史原文，而班固则是发表其个人看法，其可信程度亦不能比拟之。

关于班固作《地理志》时曾否见及秦地图一事，至多只能认为他有可能看到，而非必然看到，因为《汉书·艺文志》引《七略》，其中并无秦地图，到是秦地图藏于中秘还是藏于丞相府，现在并不能知道，而况王莽末年的乱事，中秘图书已有损失，而丞相府图书的损失比中秘更容易，并非东汉时一定看得到。对于《地理志》与秦地图的关系，见于姚振宗《汉书艺文志拾补》，其言曰：

> 《汉书·本纪》：高帝元年冬，十月。沛公至霸上，秦王子婴泽，遂西入咸阳，萧何尽收秦丞相府图籍文书。何本传，沛公至咸阳，诸将皆争走金帛财物之府，分之。何独先入收秦丞相御史律令图书藏之。沛公具知天下厄塞，户口多少强弱处，民所疾苦者，以何得图书也。
>
> 《汉书·地理志》，琅邪郡长广县班氏注曰："有莱山，莱王祠，奚养泽在西。《秦地图》曰：剧清池，幽州薮。"又代郡班氏县注云："《秦地图》书班氏，莽曰班副。"（钱氏考异曰：此注疑有脱讹，按《秦地图》或不作班氏。）
>
> 《晋书·裴秀传》："秀作《禹贡地图序》曰：今秘府既无古之地图，又无萧何所得秦图。"

　　姚氏按语云：按班氏撰《地理志》，两引《秦地图》，又引秦厉
公、秦惠公、秦孝公、秦惠文王、秦武王、秦昭王、秦文王、秦宣太
后、秦始王，又数称"故秦""秦改""秦曰"各若干条，似皆《秦地
图》中语也，知其书东汉尚存。及魏晋时裴秀言秘府无秦图，则大抵
亡于董卓催汜之乱。

　　照姚氏所辑，班固引《秦地图》只有两条，都不很重要，而且"代郡班氏
县"一条尚有问题。《秦地图》是一种非常重要的典籍，假如班固亲见
《秦地图》，不应当引用到的如此的少，而分量如此的轻。显属班固转引自
图经旧籍，而非班固所亲见。至于记载秦时旧事的，如同蓝田县注："有
虎侯山祠，秦孝公置也。"华阴县注："故阴晋，秦惠文王五年更名宁秦。"
栎阳县注："秦献公自雍徙。"夏阳县注："故少梁，惠文王十一年更名。"
等等，都只是图经的体例，不是地图上所应有，因而就不可说是《秦地
图》内之文。这些都是姚氏析理未精之处，不可置信。所以秦代郡制始终
保持三十六郡一事，不是没有可能，但班固见到《秦地图》一说，却是诸
说中最弱的一环，不足采信。

　　秦郡之所以成为纠纷的原因，《汉书·地理志》体例不纯，要负最大
的责任，其中如东海郡，就是一个显例。《史记·陈涉世家》："围东海守
庆于郯。"可以证明秦代确有一个东海郡，虽然钱穆先生认为东海置郡应
在始皇三十五年以后，与二十六年的三十六郡无关。可是到秦亡时尚有此
郡，则此郡无论如何应当为最后三十六郡中的一郡，但班固却标明为"高
帝置"，这就与史实不符，假如是班固《地理志》中有错落的地方，那就
表示今本《地理志》不可全信，假若由于班氏原来就发现了秦代前后所置
的郡不仅只有三十六郡，因而随便把几个秦郡算做"高帝置"，来凑足
"三十六"之数，那就更表示《地理志》对于秦郡问题的不可依据。

　　对于秦郡问题的解决，因为《汉书》和《史记》冲突，《史记》资料
不全，《汉书》又有错谬，在新材料未发见以前，应当承认为不可能。为
着解释史文的方便，任何一家的假定，大致都可以引用的，所要注意的，
就是引用任何一家之说，都不是定论。

因为这是一个无法解决的问题，近数年来我一直不谈此问题，最近看到镰田先生的著作，引起我的兴趣觉得一个问题能得到结果，是一种成绩，如证明得不到结果，也是成绩，所以现在再讨论一下，来证明这个问题目前是不可能得到结论的。

附记

此篇曾刊载于《上海申报·文史周刊》中华民国三十七年一月七日号，流传甚少，年前曾与苏莹辉先生谈及，莹辉先生亟欲一阅，不幸遍觅不获，其内容亦不复忆及矣。今春莹辉先生邮致《瓜沙史事系年》，万里移书，情意可感，然亦深恨此篇未能觅获，遂无以裨益于其巨著也。及今秋移居，始于行箧中偶然得之，为之狂喜，谨影印一纸寄与《大陆杂志》，兼简莹辉先生以志文字因缘也。

以下以此篇为主，附入莹辉先生考订以阐明之。盖此篇为过求明洁，失之太简，而莹辉先生文正可相互发明也。

沙州在贞元元年（七八五年）沦陷到吐蕃。——莹辉先生考证云：罗振玉撰补《唐书·张义潮传》据《颜真卿宋广平（璟）碑侧记》，及《敦煌李府君（太宾）修功德碑文》，定沙州陷蕃时代为唐德宗贞元元年，并斥徐松《西域水道记》沙洲以建中二年陷蕃之说为无据。然徐氏之说实出于元和郡县图志，固信而有征，罗氏特未之考耳。蒋斧《沙州文录》（页六）跋《敦煌吴僧统碑》云："沙州守阎朝请以城降，尚绮心儿许诺，于是出降，自攻城至是，凡十一年（是年为元和十四年）。"又云："沙州自是年陷没后，至开成四年，张义潮归义，中间凡三十年。"如依蒋说：沙州以元和十四年（八一九年）降蕃，则下距开成四年（八三九年）仅二十年。若自吐蕃攻城时（元和四年）算起，亦只三十年。蒋氏跋《罗家碑》（《沙州文录》页一四著录）又谓："碑叙僧统之祖希光定国难于奉天，可见兴元之初，敦煌独为唐守，且能出余力以勤王也。"果如其说，则又与敦煌《唐宗子陇西李氏（明振）再修功德记》"凡二甲子，运偶大中之初，中兴启运……"云云不合。莹按：李明振碑立于昭宗乾宁元年（八九四）十月五日，现存莫高窟张编第十四号窟前横廊内，碑文有"时遭西陲沦没，于至德年中，十郡土崩，殄绝玉关之路，凡二甲子，运偶大中之初，中兴启运。是金星耀芒之岁"之语，自大中二年（八四八年）上溯建中二年（七八一年）共计六十八年，其间第一甲子为德宗兴元元年（七八四年）；第二甲子岁为武宗会昌四年（八四四年），恰当二甲子之数。盖如为贞元元年（是岁乙丑，当西元后七八五年）陷蕃，下迄大中之初，只历一甲子，碑文将不可通，至于"于至德年中，十郡土崩，殄绝玉关之路"云云，则河西州郡自肃、代间即陆续沦亡，非必至建中初始与瓜沙同时陷没，故余疑元和郡县志及《西域水道记》之所谓"沙州以建中二年陷蕃"者乃指沙州所属之寿昌而言（伦敦藏写本与七八八号残《沙州地志》寿昌县云："右汉龙勒县，正光六年改为寿昌郡，武德二年为寿昌县，永徽六年废，乾封二年改为寿昌置（县）。建中初陷吐蕃。"又敦煌某氏藏石室出五代写本寿昌县地境，亦谓寿昌于建中初陷吐蕃）。寿昌既陷落，直至贞元元年敦煌始设蕃中，盖敦煌为沙州治所所在地，其重要性远过他县，是以周鼎、阎朝辈一再为唐固守，相持达四年之久，终因粮械皆竭，遂至城降。余之敢作以上悬揣者，因凡纪"建中二年陷蕃"之所在地名，迄目前止，除"寿昌""沙州"外，尚未发现"敦煌以建中二年陷蕃"之记载，同时亦无"寿昌以贞元元年陷蕃"字样。——榦案：言敦煌沦陷于吐蕃之年岁者，最重要者有两说：一为元和郡县志，以为建中二年；一为李太宾修功德碑文，以为贞元元年。元和郡县志认为沙州陷蕃，意即同于敦煌陷蕃，盖元和郡县志之沙州，实包括敦煌县在内，且亦更无敦煌别有陷蕃年岁之文，不必认为仅指寿昌而言，故元和郡县志与李氏重修功德碑为两相冲突之记载，其间无调停之余地，是为检核元和郡县志与李氏重修功德碑之性质，方能有所是正，李氏重修功德碑为当地记载，自无待言，元和郡县志则来源应出于唐代中央政府之官方记载，其性质自与李氏重修功德碑不同，官方记载之长处为年月必有确实根据，非出臆断，但其短处其年月有时非真正发生事实之年月，而系接收报告之年月。当寿昌放弃之时，非常可能为敦煌守军力量薄弱，为缩短防线而放弃据点，则据点之放弃应不仅敦煌西部寿昌城一处，东部交通线应当亦在其内，于是敦煌城成为孤立一城，内外隔绝，则中央所接到之报告，必为沙州全部沦陷，故谓元和郡县不足据，当然不可，但谓元和郡县志全然得到真像，则亦有检讨之必要也，故敦煌入蕃之年当以贞元元年为是。

在大中五年（八五一年）由张义潮收复。——莹辉先生考证云：旧说俱谓义潮收复瓜沙在大中五年，其实非是。按伦敦所藏石室 S 七八八号残《沙州地志》记寿昌县云："建中初陷吐蕃，大中二年张义潮收复。"又 S 三三九号卷子记云："敦煌、晋昌收复已讫，时当大中二载。""沙州破吐蕃，大中二年遂差押牙高进达等驰表函入长安城，以献天子。"伦敦藏石室本光启元年张大庆书《西州地志》残卷，谓义潮收复西州在大中四年（八五〇年），《唐书·吐蕃传》云："明年（大中四年），沙州首领张义潮奉瓜、沙、伊、肃、甘等十一州地图以献，遂摄州东缮甲兵，耕且战，悉复余州……防御使李丕以闻，帝嘉其忠。"《唐会要》七一："大中五年七月，刺史张义潮遣兄义泽将天宝陇西道图经户籍来献，举州归顺。"……大中四年，有"莫高窟记写本，一存法京国家图书馆（编号为 P 三七二〇），一在莫高窟张编三百号，旧编十七号窟窟外北壁上，……据前引之敦煌文献，知沙瓜二州与献表，均在大中二年，伊西二州迟至大中四年始光复，故张义泽方克于五年将全部图经户籍上献，史家因据赐诏之年，遂谓义潮表献诸州图经亦统在五年矣。"榦案：苏说是。

索氏致变。——此篇原文云："张氏有功于敦煌，政权相继维持了六十多年，其间曾有一年被张义潮的女婿索勋篡夺过，但终于被张义潮的另一女婿李家又转夺过来交给张氏。"此误。案：李氏再修功德碑称李明振："敕授凉州司马、检校、国子祭酒兼御史中丞……二十余载……累蒙朝奖，恩渥日深，方佩隼旟，用坚磐石，勋猷未华，俄已云亡，享龄五十有二，终于敦煌之私第。"未言及索氏政变事，是在索氏篡夺时，明振已前卒，而复兴张氏之旅，则其妻事，碑云："夫人南阳郡君张氏，即河西万户侯、太保张公第十四之女，温和雅畅，淑德令闻，深遵陶母之仁，至切齐眉之操。先君归觐，不得同赴于京华；外族流连，各分飞于南北。于是兄亡弟丧，社稷倾沦，假手托孤，几辛勤于苟免。所赖太保神灵，夺恩剿毙。重光嗣子，再振遗孙。虽手创大功，而心全弃致，见机取胜，不以为怀。乃义立侄男，秉持旄钺。总兵戎于旧府，树勋绩于新堚，内外肃清，秋毫屏迹。庆丰山踊，呈瑞色于朱轩，陈霸动容，叹高粱于壮室。四方向义，信结邻羌。运筹不愧于梓橦，贞烈岂惭于世妇。间生神异，成太保之微猷；虽处闺门，实谓大夫之女。"是复兴张氏全为李明振夫人之"手创大功"，于李明振无与也。

自咸通八年（八六七年）张义潮至长安，节度使事由其侄淮深代守，至咸通十三年（八七二年）义潮薨于长安。（苏氏《史事系年》："《新唐书·吐蕃传》及《资治通鉴》但记义潮入朝而未书其返镇，据敦煌《李氏（明振）再修功德记》'先君归觐，不得同赴于京华；外族流连，各分飞于南北'及《沙州释门索法律窟铭》'小子押衙忠信……奉元戎而归阙，臣子之礼无亏。回驾朔方，被羁孤而日久，愿投桑梓，未遂本情'云云，是义潮入朝后，遂不复返镇矣。"其言是也。）据巴黎卷子P三四五一《张淮深变文》及P二九一三《张淮深墓志》，淮深此后多立功绩，河西清晏，然危机固仍潜伏。至大顺元年（八九○年）二月二十二日，淮深遂被其下所杀，墓志称"殒毙于本郡"者也。是时变起仓卒，其弟某当亦同殒，碑称"兄亡弟丧"即指其事。罗振玉补《唐书·张义潮》称"淮深卒，弟淮□嗣。淮□卒，托孤于义潮婿瓜州刺史索勋，勋乃自为节度"，非也。淮深之死，是否与索勋有关，史料有阙，难征其事。莹辉先生言"淮深为其政敌索勋谋杀之可能性极大"，盖淮深在沙州，而索勋则外镇瓜州，索勋为张氏亲戚，赖张氏之力始得显达，而居心欲代张氏，亦从后来行事知之。据索勋碑无一言及于定乱之事，则篡夺或出于本谋，故不便言耳。向觉明先生罗叔言《补唐书·张义潮传》补正云："沙州在淮深兄弟相继逝世之际，形势当极混乱，嗣子遗孙，年龄稚幼，于是觊觎非分者自乘之而起。索勋既为义潮之子婿，即李明振妻亦义潮之十四女，李索二家俱属懿亲，一有轩轾，不免嫉视。勋之节度既奉有朝命，李氏无可如何，遂只有以嗣子遗孙为口实。只索勋为篡夺，此一幕政权转移之争，其中当有钩心斗角流血杀戮之惨剧，惜乎书阙有间，已不尽可稽矣。"案：淮深之死既出于变故，形势确当极为混乱，惟当时李氏与索氏则不能相比，李明振生时不过参加戎幕，非有兵权，彼时已死，尤不能与身为瓜州刺史、执掌兵权者相比，明振夫人已成寡妇，更无力与索氏争权，似不能与政变出于李氏嫉忌之心为解。惟照莹辉先生解释，政变本出于索氏之野心，较为合理。盖张氏久在两州，众心顺服，索氏无端取代，军心自有不甘，于是明振夫人得以乘其隙，俟机除索勋而再立张氏之后，此事与春秋赵氏孤儿事有相类者，似可互证，惜张氏事迹遗文太略，难究其详耳。

曹氏籍贯及其渊源。——据《曹良才画像赞》（见《敦煌杂录》，手边无此书，今据苏文引原赞），曹氏原籍亳州，谯郡为其郡望，良才为义金长兄，言其先世即徙居于沙州，谯为魏武本籍，故敦煌曹氏与魏武为同族。然曹氏徙入敦煌，原早于魏武，则敦煌曹氏应非魏武子孙也。

（刊载于《大陆杂志》，第 27 卷第 10 期，1963 年 11 月）

秦汉时期战史

一、六国亡秦

秦二世元年七月，陈胜及吴广从靳县（安徽宿县）起兵。胜广俱为屯长，领戍卒戍渔阳。会天大雨，道不通，度失期，胜广遂举兵反，先杀两尉（较高的军官），召令徒属，徒属皆曰"谨受命"，乃诈称楚将项燕及秦公子扶苏，以为号召。

此时天下苦秦苛政，人心叛离，以秦法严，未敢轻动。胜广既始倡乱，攻靳而靳破，于是东方人士，相率响应。行收兵，北至陈，车六七百乘，骑千余，卒数万人。胜既入陈，自立为王，号张楚，郡县之不满于秦法者，亦咸杀其长吏，相率归降。

陈胜使周文西击秦，至关，车千乘，卒数十万。军至戏（在陕西临潼县东），二世大惊，少府章邯请于二世，赦骊山徒及诸工奴，令章邯率以攻楚，周文大败，师出关更遭追击，周文竟自杀。

然此时东已纷纷动乱，非章邯之力所能尽平。时张耳、陈余已立赵王，徇赵地，齐诸田亦略定齐地。而陈胜将亦叛变，杀胜降秦。

然楚国之局亦非秦军所能定。项燕虽死，其子项梁固在，项梁及侄项羽已起兵于会稽郡治之吴县（今江苏吴县），拥梁为会稽守，北徇各地。而沛县（今江苏沛县）县吏刘邦亦因送徒骊山，与徒俱亡山泽间，竟据沛县而自为沛公。项梁立楚怀王孙心为楚怀王，都盱眙，封梁为武信君。

时章邯之师犹东指列国，所向无前，破魏，破齐。而项梁亦破秦三川守李由军。有骄色，竟为章邯所破，项梁死，章邯移兵伐赵。楚怀王乃以宋义为上将，项羽为次将，范增为末将，以兵救赵。

怀王既以宋义项羽之师北救赵，遂遣沛公率师入秦。怀王本项氏所立，至是畏项氏，不以入秦之事属项羽，而宋义则故顿兵不前，坐稽时日，留安阳（在商丘北）四十六日不进。

时天寒大雨，士卒冻饥，项羽乘士卒不平，入帐杀宋义，自为假上将军，使使报怀王。怀王不得已，以为上将军，将士皆属羽。

羽勒兵渡黄河救巨鹿。皆沉船，破釜甑，烧庐舍，持三日粮，以示必死无还心。遂与秦军遇，九战皆捷，绝其甬道，虏秦大将王离。诸侯大惧，共以项羽为上将军，诸侯兵皆属焉。

是时秦专制过久，上下相疑，二世常居禁中，与赵高决事。山东事急，下左丞相李斯及右丞相去疾、将军冯劫吏，去疾即自杀，赵高更杀斯。及秦兵败，二世更使人责章邯，邯恐，使长史司马欣奏事，留司马门三日，不得见。欣亡走，以告章邯。于是章邯更自疑，阴使使者入项羽军，与羽约，约未成，羽使蒲将军日夜行兵自邺南渡漳水，军漳南，遂与秦兵战，大破之。章邯遂降禁军，盟于殷墟之上。羽封邯为雍王，置楚军中。更西进，坑秦军二十万于觳函之间。

沛公西入秦，道砀，西过开封，南过颍川，战洛阳东，不利。南入南阳，围宛，秦南阳守降，获其军。行而西，无不下者，遂入武关。赵高是时杀二世，先立公子婴为秦王，与沛公约，欲分王关中，沛公不信，而子婴亦杀赵高。秦都惊恐，沛公至峣关，使郦食其及陆贾往说峣关守将，啖以利，守将果欲速和。沛公遂得入峣关，北至蓝田，军灞上，秦王子婴遂出降。秦亡。

二、楚汉之争

沛公入关，子婴降。与秦父老约法三章，尽除秦苛法，百姓安堵，秦民大悦。萧何入咸阳，收取秦御史府图籍，尽知天下山川夷险，道路曲直，户口财赋多寡，为军谋重要之依据。

项羽西进，沛公不能抗，遂被攻入函谷关，于是入咸阳，分割天下，以秦故地封章邯、司马欣及董翳，是为三秦。而封沛公于汉中及巴蜀，为汉王，乃焚秦宫室，大掠而东。

三秦诸王为将而弃军，秦民子弟歼焉，咸不附。且以项羽大掠关中，秦民怨项羽，而心属汉王。汉王既至南郑（汉王都城），诸将及士卒皆歌讴思东归。韩信为治粟都尉（九卿之一，管理全国财政），亦亡去，丞相萧何追还，荐于汉王，因陈及其锋而用之，项王可图，三秦易并。汉王遂部署诸将，留萧何收巴蜀租给军粮食。五月汉王出袭三秦，定之。

是时田荣已并有齐地，率师叛项羽，羽兴师伐齐，所过多所残破，兵多在齐，故不能以兵击汉王，汉王遂得从容布置，并劫迫诸侯兵凡得五十六万人，东伐楚。到外黄，彭越以三万人降汉，遂入楚都彭城，置酒高会。羽闻之，自率劲卒从鲁而南，突击汉军，汉军皆走，被杀者十余万人，诸侯多亡去。汉乃稍收残卒，并使随何往说羽将九江王英布，布本有贰心，项王怨布，至是降汉，汉势稍振。

此时齐犹未定，项羽复攻齐。汉因得先遣将韩信东下井陉，大破赵卒，擒赵王歇。项王复攻汉，破汉王成皋，汉王西走，得韩信卒，复固守。

韩信复引兵而东，破齐国，遂定齐地。项羽复以兵援齐。羽谓其大司马曹咎曰："谨守成皋，即汉王挑战，慎勿与战，勿令得东而已。我十五日，必定梁地，复从将军。"羽既东，汉果数挑战成皋，楚军不出。使人辱之，数日，大司马曹咎怒，渡兵汜水，半渡，汉击之，大破楚军，咎自杀，汉王复取成皋，就敖仓粮。羽既下梁地，乃引兵还，与汉相守。

韩信与灌婴在齐共击楚军，楚将龙且将兵号称二十万。或说龙且曰："汉兵远门，锋锐甚，不如深壁，令齐王招所亡城，汉本客居，齐城反则汉兵破。"龙且不听，遂战，夹潍水陈。信乃令人为万余囊，盛沙，以壅水上流，半渡而还走，龙且果渡水追，半渡，决壅沙，水大至，遂破楚军，杀龙且。

汉王使使立韩信为齐王，又立故九江王英布为淮南王。羽助少，食且尽，乃与汉约，分鸿沟（即汴水）以西为汉。汉约定而追楚军，但诸侯仍不尽从，于是益封韩信地，更封彭越为梁王，信越皆以兵至，遂大破楚军，项王自杀于垓下。

三、七国之变

景帝用晁错计，削弱诸侯地，吴王濞、楚王戊、胶东王雄渠、济南王辟光、胶西王印、赵王遂皆举兵反。

赵王阴使匈奴，与连兵。吴王悉其士卒，下令国中曰："寡人年六十二，身自将；少子年十四，亦为士卒先。诸年上与寡人比，下与少子等者，皆发。"发二十余万人。南使闽越，东越亦发兵从。

反书闻，天子遣太尉周亚夫将三十六将军往击吴楚。大将军窦婴屯荥阳，监曲周侯郦寄击赵，将军栾布击齐。

吴臣田禄伯为吴大将军，说吴王曰："兵屯聚而西，无他奇道，难以就功，臣愿得五万人，别循江淮而上，收淮南长沙，入武关，与大王会，此亦一奇也。"吴王太子谏曰："王以反为名，此兵难以藉人，藉人，亦且反王，奈何？"吴王即不许田禄伯。吴少将军桓将军说王曰："吴多步兵，步兵利险，汉多车骑，车骑利平地，愿大王所过城邑不下，直弃去，疾西据洛阳武库，食敖仓粟，阻山河之险，以令诸侯，虽毋入关，天下固已定矣。如大王徐行，留下城邑，汉军车骑至，驰入梁楚之郊，事败矣。"吴王问诸老将，老将曰："此少年推锋之计，安知大虑乎？"于是吴王不用桓将军计，吴王专并将其兵，渡淮。

亚夫为太尉，东击吴楚，因自请于上曰："楚兵剽轻，难与争锋，愿以梁委之，绝其食道，乃可制也。"上许之。亚夫既发，至灞上，赵涉遮说亚夫曰："吴王素富，怀辑死士久矣，此知将军且行，必置间人于殽渑厄狭之间，且兵事上神密，将军何不从此右去，走蓝田，出武关，抵洛阳，间不过差一二日，直入武库，击鸣鼓，诸侯闻之，以为将军从天而下也。"太尉从其计，至洛阳，果于殽渑之间，得吴伏兵。

亚夫既会兵荥阳，吴方攻梁，亚夫使梁坚守，而使骑兵弓高侯韩颓当等，绝吴楚兵粮道。吴楚乏粮，军乱，乃引而去。亚夫出精兵追击，遂大破吴师，定吴楚之乱。

四、卫霍北征

汉武帝北征匈奴，始于元光二年，用大行王恢计，诱匈奴入塞，为匈奴所觉，无成。至元光六年，始遣车骑将军卫青，骑将军公孙敖，轻车将军公孙贺，骁骑将军李广各率军一万出征，深入敌国，惟青有功，受封为关内侯。

元朔元年，青第二次出击匈奴，将三万骑出雁门，获虏数千。

元朔二年，青第三次出击匈奴，出云中，沿阴山，经高阙，至于陇西。（云中在今绥远托克托县，卫青之行军乃自托克托沿黄河，西北行至包头、五原，西至阴山之西部笔架山口，更折而回，经宁夏，至陇西县。）驱走匈奴之白羊楼烦王，收回故秦之河南地，汉武帝为置朔方郡。封青为长平侯。

此次俘虏三千余人，获马牛羊共一百余万头。

至元朔五年春，卫青又作第四次出击。青将三万骑出高阙，率四将军出朔方，两将军出右北平。既至大漠，匈奴右贤王等料汉兵不能至，饮醉。汉兵夜至，围右贤王，右贤王独与爱妾一人，骑数百骑溃围驰去。汉得小王十余人，男女万五千人，畜产以百万计，大捷而还。天子以青为大将军。

此后青屡出师有功，至元狩二年，以霍去病为骠骑将军，将万骑，出陇西。过焉支山，行千有余里，获休屠王祭天金人。其夏，更出北地，济居延，攻祁连山，至于鳞得（即张掖县），获首虏三万二百，于是浑邪王杀休屠王降汉。匈奴降者十余万人，于是金城河西至盐泽空无匈奴。

元狩四年，卫青与霍去病更联合出击。各领五万骑。青出塞千余里，见单于兵陈而待。于是青令武刚车（军辎之车）自环为营，而纵五千骑往当匈奴。匈奴亦从万骑，会日且入，而大风起，沙砾击面，两军不相见，汉益纵左右翼绕单于，单于视汉兵多，而士马尚强，战而匈奴不利，薄莫，单于遂乘六骡，壮骑可数百直冒汉围，西北驰去。汉兵遂至寘颜山赵信城，得匈奴积粟食军，军留一日，烧其城而还。

去病则轻兵绝大漠，得将军、相国、当户、都尉八十三人，执讯获丑七万四百四十三级，封狼居胥山（当在西比利亚克玛达阪山），登临瀚海（当即贝加尔湖）而还。自是匈奴大困，渐不再能与汉相抗矣。

至宣帝时，匈奴侵伐乌孙，乌孙公主解忧（楚王戊之孙女，嫁乌孙）上书求救。本始二年，汉大发兵五将军兵十余万骑，救公主。又遣校尉常惠护西域诸国与乌孙兵凡五万余骑自西方与五将军兵会。匈奴闻汉兵大至，出老弱，驱畜产远遁，是以五将少所得。惟校尉常惠自旁截击，所获独多，凡捕虏三万九千余级，马牛羊驴骡骆驼七十余万头。匈奴以远移，死伤者不可胜数。其冬单于自将击乌孙，颇得老弱。欲还，会天大雨雪，一日深丈余，人民畜产冻死，还者不能什一。于是丁令攻其北，乌桓攻其东，乌孙击其西，于是匈奴大衰耗，以至于五单于争立。其后呼韩邪统一各部，遂朝于汉，为汉外臣。

五、光武定天下

王莽为政扰民太甚，天凤四年，临淮琅邪盗贼始叛。地皇元年，绿林兵起。遣太师义仲景尚、更始将军护军王薰击青徐不克。时翼平（今山东寿光县）连率（即太守）田况素果敢，发民年十八以上四万余人，授以库兵，与刻石为约，赤眉闻之不敢入界。后况自请出界击贼，所乡皆破。莽以令况领青徐二州牧事。况上言：

盗贼始发，其原甚微，非部吏伍人所能禽也。咎在长吏不以为意。县欺其郡，郡欺朝廷，实百言十，实千言百。朝廷忽略，不辄督责，遂至延曼连州。乃率将帅，多发使者，传相监趣。郡县力事上官，应塞诘对，共酒食，具资用，以救斩断，不给复忧盗贼，治官事。将帅又不能躬率吏士，战则为贼所破，吏气浸伤，徒费百姓。前幸蒙赦令，贼欲解散，或返遮击，恐入山谷，转相告语。故郡县降贼，皆更惊骇，恐见诈灭，因饥馑易动，旬日之间，更十余万人，此盗贼所以多之故也。今洛阳以东，米石二千，窃见诏书，欲遣太师、更始将军，二人爪牙重臣，多从人众，道上空竭，少则无以威视远方。宜急选牧守以下，明其赏罚。收合离乡小国无城郭者，徙其老弱，置大城中，积藏粮食，并力固守，贼来攻城，则不能下，所过无食，势不得群聚。如此，招之必降，击之必灭。今空复多出将帅，郡县苦之反甚于贼，宜尽征还乘传使者，以休息郡县，委任臣况以二州盗贼，必平定之。

莽畏恶况，阴为发代。遣使者赐况玺书。使者至，见况，因令代监其兵，况去，齐地遂败。

齐地既叛，荆州荒歉，群盗皆起。南阳宗室刘縯亦起兵，得春陵乡子弟合七八千人。而缜弟秀（即光武帝）亦起兵从缜。旋诸将共立刘玄为天子，号为更始。莽遣大司空王邑与大司徒共发兵百万，俱发洛阳，欲至宛，过昆阳，纵兵围之。严尤陈茂来会，谓二公曰："称尊者在宛下，宜亟进，彼破，诸城自定。"不听。尤曰："归师勿遏，围城为之阙，可如兵法，使得逸去，以怖宛下。"又不听。时寻邑兵虽多，非素习，恐军乱，乃敕诸营皆按部毋得动，独迎与汉兵战，不利，大兵不得擅相救。时光武在军前，以三千人冲寻邑中坚，乘胜杀寻，昆阳中兵并出战，邑走，军乱，大风飞瓦，雨如注水，大众崩坏号呼，士卒奔走，各还归其郡，邑独与所将长安勇敢数千人还洛阳。关中闻之震恐，盗贼并起，豪杰杀其牧守，自称将军，旬月之间，遍于天下。

天水人隗崔兄弟共劫大尹李育叛莽，以隗嚣为大将军，莽后方乱，更始帝遣王匡攻洛阳，申屠建攻武关，克之。关中盗起，四会城下，遂入城，杀莽。更始旋入长安。

更始部下皆群盗，不能自振，长安乱。赤眉更入长安，尤暴乱。三辅大饥，城郭皆空。遗人往往相聚为营保，赤眉虏掠无所得。光武将邓禹乃连结遗民，共抗赤眉，赤眉乃引而东归，光武截击之于崤渑间，收军实器械几与熊耳山齐，遂定赤眉。

初，光武兄弟从更始至宛，更始忌刘缜，杀之。光武乃亲驰宛谢，更始都洛阳，以为司隶校尉。更以破虏将军行大司马事，持节北渡河。时王郎称帝于河北，独信都太守任光，和成太守邳彤迎光武，更得上谷太守耿况，渔阳太守彭宠之援，各有突骑二千，步兵千人，皆为善战之边军，更始亦遣尚书仆射谢躬讨郎。遂围邯郸。拔之，追杀王郎。收文书得吏人等郎交关者数千章。光武不省，会诸将烧之，曰："令反侧子自安。"更始遣使封光武为萧王，征至长安，光武辞不就征，始贰于更始。

时海内割据者众，铜马诸贼尚流窜于河北。更始二年秋，击铜马，绝其饷道，贼食尽，夜遁去。追至馆陶，大破之，受降未尽，而高湖重连诸贼从东南来，与铜马贼合。光武复大战于蒲阳（河北完县西），悉破降之，封其渠帅为列侯。降者犹不自安，光武知其意，敕令各归营勒兵，乃自乘轻骑案行步阵。降者更相语曰："萧王推赤心置人腹中，安得不投死乎？"

由是皆服。悉以诸将部领降人，众遂数十万。光武前此单车赴河北，皆用郡县兵，至此如有大军，故时人称光武为"铜马帝"云。古来帝王凡定天下，必与天下豪杰共之，整顿则太平已久，顺理成章之事耳。自汉高祖光武以下，凡善用"杂牌"者昌，不善用"杂牌"者亡，师行务众，虽明知其不可而必用之，赏罚严明，不分彼此，此成功之常道也。

于是光武遂袭谢躬，破李轶，收降朱鲔，入洛定都。更破赤眉。以次平定群雄。长江以南成半独立形势之州郡，亦相率贡献，帝悉封为列侯，而江南之珍亦通于京师焉。

六、东汉之西域匈奴与西羌

西域——明帝永平中北房胁诸国共寇河西，郡县城门尽闭。十六年奉车都尉窦固出击匈奴，取伊吾庐地（即今哈密）。置宜禾都尉以屯田，车师始复内属。

固以班超为军假司马，与从事郭恂俱使西域。超到鄯善，以吏士三十六人袭杀匈奴使者，鄯善内附。固上其功，以超为军司马，超更西使诸国，恩威兼用，诸国咸遣子入侍，西域乃复通焉。

自后遂置西域都护，以超为都护，屡定叛国，受封为定远侯，在西域凡三十一年。超既还，以戊己校尉任尚为西域都护，与超交代。尚谓超曰："君侯在外国三十余年，而小人猥承君后，任重虑浅，宜有以诲之。"超曰："塞外吏士，本非孝子顺孙，皆以罪过，徙补遥屯，而蛮夷怀鸟兽之心，难养易败，今君性严急，水清无大鱼，察政不得下和，宜荡佚简易，宽小过，总大纲而已。"超去后，尚谓所亲曰："我以班君当有奇策，今所言平平耳。"尚至数年，而西域反乱，以罪被征，如超所戒。及后班勇再定西域，王命不过葱岭矣。

匈奴——自建武时匈奴单于分为南北两单于，永平八年，更置度辽营，屯五原曼柏（在今临河县北）以防二房交通。至章帝元和元年，北房大乱，加以饥馑，南单于请讨北单于。是时太后兄窦宪有罪，惧诛，求击匈奴以赎死。乃拜宪为车骑将军，以耿秉为副，和帝永元元年，宪与秉各将四千骑，及南匈奴左谷蠡王师子万骑出朔方鸡鹿塞。南单于万骑出满夷谷，度辽将军邓鸿及缘边义从羌胡八千骑与左贤王安国万骑出稠阳塞，皆会涿邪山，宪分遣副校尉阎盘、司马耿夔、耿谭将左谷蠡王师子、右呼衍王须訾等精骑万余，与北单于战稽落山，大破之。虏众崩溃，单于遁走。追击诸部，遂临私渠北鞮海（当在唐努乌梁海库苏古泊），降者前后二十万人，宪等遂登燕然山，去塞三千余里，勒石纪功。明年，复遣左谷蠡王师子将左右八千骑出鸡鹿塞，中郎将耿谭遣从事将护之，绕天山，南至甘微河，创单于，三年复遣耿夔将精骑直奔北单于庭于金微山，出塞五千余里，北单于逃亡，不知所在。单于弟右谷蠡王自立为北单于，止蒲类海（即巴里坤湖），至安帝元初五年，北单于逢侯为鲜卑所部众分散，归降中国，徙于颍川郡。顺帝永建元年，班勇更击破北匈奴呼衍王，由是北匈奴遂残破，不能再振。

西羌——宣帝时西羌曾叛，赵充国以屯田之术，为持久计，遂平定之。王莽时，更开西海郡，筑五县边海，亭燧相望。莽败，更为寇，建武九年复置护羌校尉，领诸羌事。然羌人多入居国内，从其旧俗。

安帝永初元年，群羌始叛。当时群羌虽与汉人杂处，然习俗既异，言语不通，数为小吏黠民所见侵夺，穷恚无聊，遂致反叛。时诸羌归附已久，无复器甲，或持竹竿木杖以代戈矛，或负板案以为盾，或持铜镜以象兵，而郡县畏懦不能制，于是寇钞三辅，东犯赵魏，南入益州。任尚马贤为将，仅乃克之。

至桓帝延熹三年，羌乱起。时段颎为护羌校尉，袭讨破之。太山太守皇甫规亦上书求自效，三府举为中郎将，诸羌慕规威信，降者十余万，而诸太守亦多或受取狼藉，或多杀降羌，而皆倚恃权贵，不遵法度，规到州界，条奏其罪，或免或诛，羌人闻之，翕然反善。

桓帝永康元年，羌复反叛，段颎上言：“东种所余三万余落，居近塞内，路无曲折，久乱并凉，累侵三辅，……今若以骑五千，步万人，车三千两，三冬二夏，足以破之，无虑用费为钱五十四亿，如此，可令群羌破尽，匈奴长服，内徙郡县，得反本土。”帝许之，于是羌始平定。

七、黄巾之乱

初，巨鹿（今河北平乡）张角，自称大贤师，事黄老道，因遣弟子八人，使于四方，转相诳惑，十余年间，徒众数十万。遂置三十六方，大方万余人，小方六七千，各立渠师，灵帝中平元年，约以三月五日，内外俱起。未及作乱，角弟子告密，角知事已破露，晨夜驰敕诸方，一时俱起，皆着黄巾为标帜，时人谓之黄巾贼。

所在燔烧官府，劫略聚邑，州县失据，吏多逃亡，旬日之间，天下震动。帝拜卢植为北中郎将，将北军五校士，发天下诸郡兵讨之。连战破贼，角等走保广宗（今河北威县东），植筑围凿堑，造作云梯，垂当拔之。帝遣小黄门左丰诣军观贼形势，或劝植以赂送丰，植不肯，丰还言于帝曰："广宗贼易破耳，卢中郎将固垒息军，以待天诛。"帝怒，遂征植还，以董卓为东中郎将代植，战败。

于是以皇甫嵩为左中郎将，持节，与右中郎朱儁共发五校三河骑士及募精勇，合四万余人，嵩儁各统一军，共讨颍川黄巾。儁前与贼波才战，战败，嵩因进保长社。波才引大众围城，嵩兵少，军中皆恐。乃召军吏谓曰，军有奇变，不在众寡，今贼依草结营，易为风火，若因夜纵烧，必大惊乱，吾出兵击之，四面俱合，田单之功可成也。其夕大风，嵩乃约敕军士，皆束苣乘城，使锐士间出围外，纵火大呼，城上举燎应之。嵩因鼓而奔其阵，贼惊走。

会帝遣骑都尉曹操将兵适至，嵩操与朱儁合兵，大破之，斩首数万，封嵩都乡侯。时北中郎将卢植及东中郎将董卓讨张角，并无功而还。乃诏嵩进兵讨之。嵩与角弟梁战于广宗，梁众精勇，嵩不能克。明日，乃闭营休士，以观其变。知贼意稍懈，乃潜夜勒兵，鸡鸣赴其阵。战至晡时，大破之，斩梁，获首三万级，赴河死者五万余人，焚烧车重三万余两，悉虏其妇子。角先已病死，乃剖棺戮尸，传首京师。嵩复与巨鹿太守冯翊郭典攻角弟宝于下曲阳，又斩之，获十余万人，筑京观于城南。以黄巾既平，改年为中平。惟青州尚有黄巾残部，其后再为曹操所平。

［引自《中国战史论集（一）》，1954 年 8 月］

汉代的吏员与察举

（一）汉代吏员的选用

汉代在中国历史上，是一个很重要的时代。在以前承受着战国游士的局面，对以后开创了选举和考试的制度。而汉代当时又有他自己的时代精神。在这个时代中所树立的，是在一个大一统中国之中，确定了巩固的文官制度。

汉代是接连了秦时制度的。就秦时的制度而言，是一个"以吏为师"的制度。这种制度是郡县之中，吏员分为许多的阶级，低级的吏对于较高的吏学习，学习的功课是从文字到法律，因此官署之中也采取了学徒的制度。许慎《说文解字·叙》："尉律，学僮十七以上始试，讽籀书九千字，乃得为史。又以八体试之，郡移太史并课。最者以为尚书史，书或不正，辄举劾之。"这里虽为汉制，还是沿袭秦法，官署中对于吏员的选补，是采取考试的办法。《汉书·高帝纪》："及壮，试为吏，为泗水亭长。"试吏的"试"字，当然也就是"学僮十七以上始试"的"试"字。

郡县吏中最低级称为小史，《汉书·翟方进传》称："家世微贱，父翟公好学，为郡文学。方进年十二三，给事太守府为小史。"或称小吏，《汉书·路温舒传》："父为里监门，使温舒牧羊，温舒取泽中蒲，截以为牒，用写书。稍习善，求为狱小吏，因学律令，转为狱史，县中疑事皆问焉。太守行县，见而异之，署决曹史，又受《春秋》通大义，举孝廉为山邑丞，坐法免，复为郡吏。"从这里来看，最低级的小吏，是一种类似学徒制度，然后递升为较高级的吏员。

汉代的吏员，是汉代文官制度的基础，在汉代各级官署之中，从三公、九卿，以及郡县的府寺，都以吏员为主要的组织。汉代中央各官署之中，只有丞相府是地方官吏的指导者，其他如太尉、御史大夫，以及九卿都是纯中央的官吏，与地方大都无直接的关系。廷尉和大司农虽然和地方有直接关系，但廷尉是审判机关，不管司法行政，大司农是国库，也不管财务行政。所以天下的行政，集中于丞相府。而丞相府中，除丞相司直（武帝时始置，以前无，由刺史升任），丞相长史（众吏之长），丞相征事为命官以外，其余皆为吏员。吏员之中有掾、祭酒、史、少史、属、属史、令史、从史、书佐等阶级。分曹（即科）治事，以掾为各曹之长。在郡县之中，太守以下，有郡丞为命官，县令以下，有县丞为命官，其余也都是吏员，组织和丞相府相似。郡县以下的乡官，譬如乡的啬夫和游徼，亭的亭长，也都是低级的吏员。

汉代丞相府是行政和铨叙的机关。朝廷命官是经过铨叙的，吏员是不必经过铨叙的。因此吏员除由小吏渐次升任以外，并且较高级的吏员也可由长官觅取有资望学识的人直接辟署。郡县的吏员也有机会任为朝廷命官，其出路是：（一）各郡每岁举计吏一人，计吏留在中央，改任命官。（二）各郡每岁举廉吏，改任命官。（三）各郡每岁察举孝廉，改任命官。而县吏的优良的也可提升郡吏，依照郡吏的出路。两汉时代，很多的公卿是出身郡县吏的。

丞相府的吏员更为重要，据《汉旧仪》称："丞相设四科之辟，以博选异德名士，称才量能，不宜者还故官。第一科曰德行高妙，志节贞白。第二科曰学通行修，经中博士。三科曰明晓法令，足以决疑，能按章覆问，文中御史。四科曰刚毅多略，遭事不惑，明足以照奸，勇足以决断，才任三辅剧令，皆试以能信，然后官之。"凡任职的丞相府吏，由丞相府直接命官。丞相府吏可以最高到四百石，因此转为命官也可以最高达到六百石（如博士、刺史之类）。

汉代郡县吏员的制度是这样衍进的。汉代各县组织的前身，就是春秋战国时代被灭掉的小国。除去县令以外，县丞是保存了从前的命卿制度（见《后汉书·百官志》）。而诸曹掾史就是原来的大夫和士，原来不由天子所命，此后也由县令自行征辟，县制的扩大就是郡。至于天子的三公九卿也是由畿内或畿外诸侯调充，所以组织也和郡县一样。

在郡府之中，由郡丞来统率诸吏，吏员之中以功曹和督邮最为重要。功曹主府中的功罪，是管府中的人事的，督邮举察属县，是属于监察性的职务。邮指邮驿和传递，本指交通或道路而言，监察外县当然是一种引申的职务。

郡县吏在汉代是被人尊重的一种公职。直到东汉时期，世家贵胄也常经郡县的征辟。三国以后，世族高门往往出身便为黄门侍郎或散骑常侍，不再经过郡县吏的阶段，于是郡县吏变成了次等士族充任的职务，到了唐代还是如此。（但唐代已经受了北朝的影响，郡职已较低微，韩愈诗"判司官卑不堪说，未免捶楚尘埃间"，可以想见。）到五代时期，军人当政，刺史县令，浸成杂流，因而郡县吏更不足道（参见顾炎武《日知录》）。此后吏员之职，隔于清途之外。直到清末，"书办"一名，是被人看不起的名称。至辛亥革命以后，才作了一个澈底的改革。

（二）汉代察举制度

汉代自从汉高帝即位之后，主要的是两种人来选任官吏：第一，功臣；第二，文吏。功臣的后裔，是凭藉他自己的地位的。功臣的后裔只要嗣为通侯，就可以不要其他资历，致通显的地位。好在功臣的数目，并不太多，所以也不会妨害其他人们的选举。

高帝时代已经诏举贤人，虽然并没有留下记载，说举出了甚么重要的人。到文帝时，才诏公卿郡太守举贤良方正，能直言极谏者。在文帝十五年，诏举的贤良晁错因对策举为高第，升任为中大夫。这次的对策，有两种意义：第一，仍旧继续高帝时举贤人的意义，希望贤人们贡献对于国家的意见。第二，在被举出的贤良中，用对策的方式，来选择最有学问和最有能力的人。

诏举制度到武帝时更为重要。《汉书·武帝本纪》云："建元元年，冬十月，诏丞相，御史，列侯，中二千石，二千石，诸侯相，举贤良方正，直言极谏之士。丞相卫绾奏所举贤良，或治申、商、韩非、苏秦、张仪之言，乱国政，请皆罢。奏可。"董仲舒便是在这一次对策的，以上第为江都相。他这一次的对策，主张罢斥百家，表章儒术，立学校，州郡举茂材孝廉。而丞相卫绾的奏，实际不过武帝听了董仲舒的意见，要他来上奏实行罢了。虽然因为窦太后不赞同，停滞了一个时期，但到了元光元年，窦太后已死，武帝便令郡国举孝廉各一人。公孙弘便是在元光五年被选出来的。

但是当时公卿二千石对于选举孝廉，并不见都奉诏来举的。因此选举一事还不能算是经常的制度。因此汉武帝在元朔元年又有一个严格限制必需举人的诏书：

> 公卿大夫所使总方略，壹统类，广教化，美风俗也。夫本仁祖义，褒德禄贤，劝善刑暴，五帝三王所由昌也。朕夙兴夜寐，嘉与宇内之士，臻于斯路。故旅耆老，复孝敬，讲文学，稽参政事，祈进民心。深诏执事兴廉举孝。庶几成风，绍休圣绪。传不云乎，"十室之邑，必有忠信"，"三人并行，厥有我师"，今或至阖郡而不荐一人，是化不下究，而积行之君子壅于上闻也。二千石长官纲纪人伦，将何以佐朕，……其兴中二千石，礼官，博士，议不举者罪。有司奏议曰……今诏书昭先帝圣绪，令二千石举孝廉，所以化元元，移风易俗也。不举孝，当以不敬论，不察廉，不胜任也，当免，奏可。

这一个诏书是非常重要的诏书。也是在西北发现的汉代简牍之中，唯一的可以与《汉书》参证的诏书。这个诏书的片段，能在简牍中保存的原因，也可以说在千千百百诏书之中，这个诏书是一个重要的文献，所以有比较多的抄本，可以有一个残本偶然留存下来。在现在看来，却是中国考试制度的树立，是从这一个诏书而正式确定。在此以后，虽然还有种种不同的制举，但孝廉一科成为经常制度。

孝廉的选举本为孝子和廉吏两科，但西汉的晚期，孝廉两科已经合并为一。在《汉书》中如《路温舒传》《王吉传》《盖宽饶传》《刘辅传》《扬雄传》《杜邺传》《师丹传》《京房传》《孟喜传》都称"举孝廉"一件事。

到了后汉和帝时，丁鸿因为大郡五六十万举孝廉二人，小郡二十万并有蛮夷者亦举二人。他和司徒刘方上言："自今郡国二十万口岁率举孝廉一人，四十万二人，六十万三人，百万五人，百二十万六人，不满二十万二岁一人，不满十万三岁一人。"帝从之。于是孝廉的数目又按人口来规定了。

到了安帝时期，左雄上言："今之孝廉，古之贡士，出则宰民，宣协风教。若其面墙，则无所施用。孔子曰'四十而不惑'，《礼》称'强仕'，请自今孝廉，年不满四十，不得察举。皆先诣公府，诸生试家法，文吏课笺奏，副之端门，练其虚实，以观异能，以美风俗。有不承科令者，正其罪罚。"这样看来，贤良方正是对策的，而孝廉是不一定对策的。只要推举，便加任用。到此以后，凡是孝廉都要加以考试。这就成为中国考试制度中的重要关键。自然照尉律所言，对于学僮是考试的，但对于选举人员的考试，而不是策问，却以此为最早。

但我们所要注意的，却是左雄主张的考试，只是一个及格的标准。而士子上进的难关，主要的还在如何才能得到郡太守的认识。所以在东汉时代，一方面士人使太学成为游谈标榜的场所，一方面士人也尽量要做一个惊人的行谊，以立名誉。在另一方面也的确有人力学不倦，以求学业过人。这在当时风俗上，功罪颇难于一言论定。但选举的趋向，却是极力向客观方面走。所以到了唐代便可以投牒自列，避免郡长官的决择，到了宋代再加上弥封糊名的方法。

孝廉的任用，主要的是为郎官，郎官之职本为天子的侍从，归光禄勋掌管。但渐渐的却是侍从的意义少，而储才的意义多。光武所谓"郎官上应列宿，出宰百里"，所注意的，还是"出宰"一事。大致说来，是在内以郎署迁尚书郎，再迁尚书侍中，在外则为令长丞尉，再迁刺史太守。至于东汉时代，还有辟三公府的，出路还要好些。

（刊载于《考铨月刊》第 11 期，1952 年 8 月）

汉代政治组织的特质及其功能

一、绪论

汉代的政治组织，是中国最早被记载下来的实际政治组织，而且曾经作过许多时代的模范的。在汉代以前，《周礼》虽然是很重要一部书，到现在仍然存在着，可是这部书只能当作一部战国时代某一个学人的理想著述。其书根据的只是战国的初年的古代知识，再配合上当时的环境，成为一部建国的理想方案，却不是一部曾经实行的书。因此《汉书·百官表》和《续汉书·百官志》便成为中国政治组织上的最重要记述了。

当秦始皇统一了中国，实行郡县制度，给予中国历史上很深远的影响，汉代是一个较长的朝代，汉代一切模仿秦制，给予二千年以后的也就是从秦制下来的规范。

秦代的制度确实比上代变动很大。拿《左传》中表现出的列国制度来看，比较《周礼》中的组织还稍为接近一点，距离秦代的制度更远。这就显示秦代制度对古代的遗留修改的很大。显然的秦制和《周礼》制度是走向两个极端：秦制是极端的走向现实；《周礼》的制度是极端的走向理想。

秦制最重要的特征，第一点可以说是最简单而明白的，第二点可以说是集权的信托制度。就第一点来说，因为制度简单，执行的官吏才不多，据《汉书·百官公卿表》说，西汉的吏员自佐史至丞相一共十二万二百八十五人，比后代任何一代都少。就第二点来说，秦汉的皇帝诚然掌握着国家最高的权力，但一般政务还是在原则上完全交给丞相去办，皇帝只是责成丞相，再由丞相把地方的政务信托给郡太守，由太守全权处理郡内的事。

但是这种简明的监督办法，只有在几种特殊情形之下的君主才能适应得好：（1）草创时代的君主，如同汉高帝；（2）不愿多事更张的君主，如同吕后时代的吕后；（3）非常守法的君主，如同汉文帝。如其不属于这几种情形，如同很有才华但是非常不能守法的汉武帝，这就会把这种"信托"式的机构整个破坏。汉代到了武帝以后，虽然可以说还是信托式的传统，可是被扰乱的不纯。等到东汉时代就更进一步的破坏，一直到晚清尚不能恢复旧时的原则。

推求这种委托制度的逐渐崩溃，主因还是由于这种制度的创立，受实际政治的原因大，受政治理论指导的原因小。法家和道家的所谓无为，所谓君人南面之术，只是申明一项原则，并不曾说明君相间委托关系的重要。在诸子百家中，只有人说国君无为是对的，却从未曾有人说过国君侵夺宰相之权是不对的。所以文景之世，天子尊重宰相固然很好，武宣之世天子侵夺相权，也没有什么不好。依照《田蚡传》①中武帝对于田蚡说："君署吏竟未？吾亦欲署吏。"史汉之中都没有对于田蚡同情的表示。其实这件事正是武帝侵夺相权的一个开始，也是这种委托制度破坏的开始。

这种"君相委托制度"的方式，很有不少历史学家讨论着，称为"君权"及"相权"的问题。不过分君权及相权为两项，似乎受到了近世政治学理论上立法权及行政权对立的关系，而拿来比附。如其拿来适应国君和宰相间权力的问题，那就仍会遇见困难。因为立法权和行政权的区分，是法定的，是宪法根据三权分立的理论来订立的。至于君权和相权之间，就从来未曾有法律来保障，也未曾有政治理论来指导。只是当时因为这种的历史因素形成了一时的君相委托制度，一直到近代的历史学家才觉得这种君相分权分事比较最为合理。这是参酌西方的责任内阁制度才会有这种观念。我们固然觉得这种君相委托制度是比较好的制度，却是也要知道二千年来的古人未曾有一点自觉，认为这是好的制度。如其古代的君相分权论能够正式形成，那就决不会等到明代还演变到那样极端，以及明太祖正式

---

① 《汉书》五十二，《田蚡传》，艺文本 933 页。

宣布永远废除宰相那样的荒谬主张，而结果使明朝一代司礼监才是真宰相，以致于明代政治的黑暗到了一个不可挽救的地步。

如其宰相能够事权专一，有效的推行职责，被称为委托制度的原因，就是因为宰相权力的来源纯粹由天子所授予。而天子之权力，除去可认为上帝授予以外，在过去的理论上，并不认为任何人可以给予或剥夺天子的权力。天子是"富有四海"的，在四海之内，土地和人民都是天子私有的，只有天子有充分的权力可以处分，如同一个富翁有权充分的处分他自己的财产一样。宰相的地位和一个富翁的财产经理（manager）也完全相同。经理只向富翁一个人负责，富翁却不必对于任何人负责。依此例来推，宰相只向天子一个人负责，天子就不需对世界上任何一个人负责。天子对于全国人民的养育培护，只是道义上的责任，并无丝毫法律上的责任。所谓"天生民而立之君"①只是哲学上及宗教上的意义，并不是法律上的意义。所以君权是无限的，相权却是有限的，所谓相权只是国君给予或委托的，相权的大小完全由国君任意来决定，决不可能把君权及相权放在同等地位之上。

秦代天子和丞相的关系究竟怎样，现在因为史料实在不够，详细情形不能完全断定。不过从下列几点来看，秦代的宰相也是很受牵制，不能放手去做事的：（1）秦代曾设左右两丞相，这就表示秦代并不专任一人，到两人意见不同时，只有由天子作最后决定。（2）御史大夫之职秦代已有，汉代诏书先下御史大夫，再下丞相，当系沿秦旧制。御史大夫一方面是副丞相，另一方面还是天子的秘书长，对于决定政策时，有很大的作用（到了汉代御史疏远了，才有尚书来做秦御史的事）。（3）秦始皇的"衡石量书"②的故事，就证明了天子是要管事的，并非"垂拱而治"的。

汉代初年，在汉高帝和汉惠帝时期，萧何这个相国，确实不同凡响，他是非常有权，而且非常获得信任的。在他当政的时期，在实质上和责任内阁制度不同，可是在功能方面却和责任内阁有相似之处。这一个传统延伸到汉武帝时期方才改换，这不能不说是汉代政治的一个巨大的幸运，更

① 《左传·襄十四年》艺文十三经注疏本卷 32，562 页。
② 《史记》六，《秦始皇本纪》，艺文本 126 页。

不能不说是中国政治史上一个奇迹。但这是许多因素凑成的，并非君相之间有这种必然的现象。

就汉代开国时的情况来说，刘邦和萧何之间早就有不平凡的了解。刘邦出身武吏，对于政事本来不会太了解。萧何却在作县吏的时期就已成为出众的人才，这在当时刘邦早对于萧何的能力不仅有所认识，而且还一定是钦佩的。到了后来刘邦领兵在外，萧何居守，后方的民政，完全委托给萧何，而萧何也着实表现的忠实可靠而且成绩优异。到了天下平定，内外无虞，萧何的事权，汉高帝当然没有更张的必要。等到汉高帝死后，孝惠是一个宽厚的人，不再更换萧何。后来曹参继任，也一仍旧贯。至于当政的君主如吕后、文帝、景帝，也都顺应着从前的"故事"。尤其文景也都受到黄老影响，主张无为，使宰相之权不再减削。这才铺定了汉兴六十余年安定的政治轨道。

但是这种形式的政治轨道，不论是如何成功，或如何合理，究竟是一种偶合的现象，却不容易正常的存在下去。因为天子既然在法律上具有全能的地位，除非他是一个虔诚的道家无为主义的信仰者，决不会安于做一个端拱的偶像。等到出了一个想做事而客观条件下又要他做事的君主，那么这种委托制度就一定被破坏了。

再就那种委托制度来说，实际上也是一个不完全的委托制度，更谈不上君相分权或责任内阁的制度。如其可以称做相权，那么相权应当覆盖整个的行政系统，才算合理。可是汉代丞相管理下的行政系统，并不是那样。丞相的正式属员，只有丞相府内的掾属由丞相辟署。郡太守和王国相，就行政系统来说，大致还可以算丞相的属员。至于九卿的地位，虽然在丞相领导的系统以内，天子的诏书是由丞相下九卿，但九卿的任命还是多出自天子意旨，不由丞相保荐，而且九卿以管理天子的私事居多，这就是九卿制度和内阁阁员的制度有一个极大的区别，不能相提并论。至于御史大夫，那是天子用来监察丞相的副丞相，不仅不在丞相府之内，并且行政系统也和丞相属部完全独立，是直接天子另外一支官属，更与丞相无关了。

九卿的职守，多半是为天子服务的，为国家服务的不多。只有廷尉、大司农是主要为国家服务的。其九卿的权限与丞相的权限接触时，权限怎样划分，现在因为汉令遗失，不能完全知道。不过大致都是根据"故事"，即习惯法来处理的。因为九卿都是天子亲任，虽然丞相可以表示意见，却没有最后决定之权。那么九卿和丞相的关系，就决定在丞相个人的背景，而不决定在法律的系统。因此，九卿掌握下的职守，就有很多非丞相所能完全决定的，也就是汉代天子对于丞相的委托，实在是很不完整的了。

就这一个不完整的委托来说，也只能有效的维持到高、惠、吕后、文、景五个时代，到了汉武帝以后，就把丞相的事权相当减削，还对于丞相的监视，相当严厉。昭宣以后，对于丞相的确较武帝时客气些，可是丞相的事权却是在定制下的减损。而尚书（或中尚书）正式的代表了丞相的最后决定权。

这个趋势演变下去，代表的是宰相制度的混乱，甚至可以说是宰相制度的毁灭。起先是成帝时代盲目的复古，把宰相制改为三公制。经过了几番的演变就成为光武帝时代以后的三公制，名义上是三公，实际上是把宰相之权分为尚书令和三公（太尉、司徒、司空）互相牵制的制度。这当然是宰相制度的消失。东汉后期的政治始终是外戚宦官互相消长的局面，虽然由于君主的短命，[①] 而宰相制度已经消失，政治失了中心，未尝不是其中原因之一。

二、天子的地位

天子是中国各邦共主的特称，这个名称可以溯至周初，到了秦代再加上了皇帝一个名称，但是在秦汉时期，天子和皇帝可以互用的。秦汉皇帝六玺，其中三玺称皇帝，是用在秦帝国境之内的，另外三玺称天子，是大率用在秦帝国国境之外。

皇帝一个名称是秦始皇在统一全中国以后，自己加上去的新称号，意思是德过三皇，功高五帝。"帝"字在甲骨文已有，这是一个假借字，从原义"花蒂"借用作为一种祭祀，然后再用作过去有功和有德的共主

---

① 见赵翼《廿二史札记》。

（王）。"皇"字却是一个形声字，从王声，加上一个放光的太阳（即楷书的"白"字部分），来表示辉煌的意思，再引申用做古代想像中帝王，"三皇"。[①] 把这两字合并来用是秦代新的设计。而皇帝这两个字的连用，也就表示开始了一个新的制度。

从商代以来（夏代也许已有王这个名称，不过现在所能找到的当时纪录是从商代开始），中国的共主，已经称王。不过当时王的地位究竟怎样，和当时"诸侯"的关系究竟怎样，现在尚不能做详明的解答。到了周代，王的地位总算比较清楚。王已经成为封建国家中的正式领袖，王在许多封建国家之中，的确有他的固定的法律地位。但是到了春秋时代，边远的国家楚国以及吴国和越国都曾经称王，到了战国时代，中原的大国也先后称王，使得王不再成为全中国共主的称号。

但是战国时期全国的人士还是想到将来还会有一个共主出现。这一个共主（也就是天子）是不能再用王字来称呼的，因此就想到一个"帝"字。最先当齐秦两国势力平衡之时曾想到互尊为帝，齐称东帝，秦称西帝。后来各自取消。等到秦国在长平之战以后，也有人计划尊秦为帝，[②]不过还未曾实现，秦即被信陵攻败。等到秦统一天下，秦始皇就诏朝臣"议帝号"，这里所说的"帝"正表示当时已认为"帝"就是天下的共主，只是秦始皇认为他自己很不平凡，需要更尊显些的称号罢了。其后"皇帝"一个称号，实际上还是合并博士所提议"天皇""地皇"及"泰皇"所共有的"皇"字，再把"帝"字加上去的。

所以皇帝仍是特出的王，或者是特出的天子，他的基本地位仍然是天子。这也就是秦汉皇帝六玺，皇帝和天子是互称的。天子所以称为天之子，是因为天子为天的代表。换言之，只有谁能掌握全国，谁才有资格来代表上天。除非一个人真能用武力推翻前朝，或者被天子指定他是继承人，他才有代表上天的地位。依照历朝习惯的继承法，只有天子的嫡子长子，才有资格来做合理的继承人。在立长条件之下，所有嫡子之中，只有

---

① 三皇在汉代为天皇、地皇及人皇。惟此见于《秦始皇本纪》的作泰皇，并且说泰皇最尊，此泰皇当非人皇而当属《楚辞》中天皇泰一之别称。

② 见《战国策·赵策》所言新垣衍的建议。

最长的才合资格，最长的有了问题才依次及其次子。在立嫡条件之下，长而非嫡之子就不在选择之内。庶子为兄嫡子为弟也应当以嫡为优先。这种继承法是周代实行的。① 汉代依然循着这种规例。

为着避免争执，纵然要立嫡立长，在任何一个皇帝未死之前，如其已有子嗣，就先立太子，以防不测。只有秦始皇是一个特殊的例子。依照立嫡立长的成例，秦始皇的嫡长子扶苏早应立为太子，但是扶苏却未被立为太子，② 以致引起秦代后来的继承问题，而形成了赵高的阴谋事件，成为秦朝亡国的总原因。

天子既然是天的代表，当然权力的授予是从上天而来的，不是代表某一部分或全部分的人民。他和人民的关系，是因为人民是属于天的，天授予他以权力，来管理天所领有的人民。天子所以专有祭天的权，其他任何人都无权祭天，就因为只有天子才是天的代表，才有资格直接与天交通。其他任何人都是需要天子的转达。照此推演，天子的权力是天授予的，③其他大小官吏都是天子获得天所授的管理权以后，再授予相当的权给予各个阶级的官吏。在这个原则之下，官吏都是为天服务，而不是为民服务。官吏都是民的主人而不是民的雇佣。这是天子、百官、人民相互的基本关系，所有一切法律制定的基本原则，都可以从这里得到解释。

因为天子本人是一切权力的基本来源，所以天子本人也就是最高的立法者。《史记·杜周传》有一段说的很清楚：④

> 客有谓周曰："君为天下决平，不循三尺法，专以人主意指为狱，狱者固如是乎？"周曰："三尺法安出哉？前主所是，著为律；后主所是，疏为令。当时为是，何古之法乎？"

---

① 周人立嫡立长的制度，见王国维《殷周制度论》。

② 秦始皇不立太子的原因，可从《史记·秦始皇本纪》中看出，因为秦始皇讳言死，认为立太子是一个不吉之事。

③ 例如《论语》称"尧曰舜，天之历数在尔躬"，孟子说"天与之"，以及秦玺的"受命于天，既寿永昌"都是"天授"的观念。

④ 见《史记》一二二，1287页，《汉书》六十，1035页。

在这里司马迁是不同情杜周的。但是他引据杜周的话，用来分析杜周的立场也是相当有道理的。因为三尺的成文法，是由天子创制，也是由天子修改。在定"律"著"令"方面，只有天子才是权威。执行的人，也只有随着天子的意向去做，才算合法，此外也别无办法。张汤、杜周、赵禹一类的人，司马迁列入酷吏，实际也只是执行的人，这般人如其在文帝时期，也会依照文帝的意旨去做的。张安世、杜延年属于酷吏的第二代，性情也转为宽厚，但他们的基本认识还是一样的，他们都是律学专家，深知法律的最后统治权所在，来做处理上的适应办法。

因为天子是最高的权威，他有权可以任意处置的。但是为了国家的前途设想，天子在某种场合之下，是应当对于权力的行使，有自行节制的必要，所以讲理的君主有时会采纳臣下的忠言，范围他自己的权力，来做合理的使用。例如《史记·张释之传》说：[1]

> 其后拜释之为廷尉。顷之，上行出中渭桥，有一人从桥下走出，乘舆马惊。于是使骑捕，属之廷尉。释之治问，曰："县人来，闻跸，匿桥下。久之，以为行已过，即出，见乘舆车骑，即走耳。"廷尉奏当，一人犯跸，当罚金。文帝怒曰："此人亲惊吾马，吾马赖柔和，令他马，固不败伤我乎？而廷尉乃当之罚金！"释之曰："法者天子所与天下公共也，今法如此，而更重之，是法不信于民也。且方其时，上使立诛之则已，今既下廷尉，廷尉，天下之平也，一倾而天下用法皆为轻重，民安所措其手足？唯陛下察之。"良久，上曰："廷尉当是也。"其后有人盗高庙坐前玉环，捕得。文帝怒，下廷尉治。释之案律盗宗庙服御物者为奏，奏当弃市。上大怒曰："人之无道，乃盗先帝庙器，吾属廷尉者，欲致之族，而君以法奏之，非吾所以共承宗庙意也。"释之免冠顿首谢曰："法如是足也。且罪等，然以逆顺为差。今盗宗庙器而族之，有如万分之一。假令愚民取长陵一抔土，陛下何以加其法乎？"久之，文帝与太后言之，乃许廷尉当。

---

[1]　见《史记》一〇二，1122 页，《汉书》五十，908 页。

这一段是有其代表性。照张释之的奏言，是承认天子对于法律有最后的决断权的。三尺法由天子订立，廷尉也只对天子负责。不过廷尉的职守是严格的执行法律，法律却不应随时变动，换言之即法律是不溯既往的，任何一种案件，只能依照现行法律来判决。即令新颁布的法，凡在事件以后颁布的，也不适用。这是为着把国家安定下去，有其必要。天子当然有权随意处置，不过法官亦自有其立场，法官有义务陈明其立场，使天子了解。所以就事论事，张释之确实是一个公正的法官。但他的观点却显然的还是法家的观点，而且只有汉文帝那样贤明的皇帝才能接受他那种以法为主的意见。

汉文帝守法而谨慎的作风虽然对限制天子滥用权力而言，确实可以说是创业传统的良规，但就当时代表当时青年学者思想的贾谊来看，就认为是可以"痛哭流涕"而需要加以改革的事。[①] 汉武帝就是贾谊理想的实行者，对匈奴加以讨伐，对诸侯王加以控制，对豪强加以压抑，因此就不能不加强天子统治的权力，而对汉家的成法就不免破坏。这一次破坏的结果，汉初因为偶然机会形成的丞相委托制度也就不再容易的实现了。

自从汉代经汉武帝把守法的传统扰乱了以后，后世的儒生很少再痛哭流涕，而是想如何去限制天子的权力，这就是"祖宗之法"在后来，尤其在宋代以后，被人强调的原因。因为天子也具有"人"的身分，天子也应当孝。天子诚然有权，但却不可以随便冒犯祖宗。这种限制虽然仍旧没有法律上的地位，但却强有力的具有道德上及风俗习惯上的地位，也可以发生一些作用。不过同时却有很大的流弊。就是凡是祖宗成法都是古老的，甚至失了时效的，过分强调祖宗成法，就不免陷于过分守旧的困境，使得一个朝代不能应付变动的局面。晚清的衰亡，是一个最显明的例子。

中国天子无限的威权，追溯到最后，只有发展出"君权天授论"。从"君权天授论"出发自然会引申出"符应说"和"灾异论"。符应一点是帝王方面极力希求的来证明他位置的合理，而灾异一点却是有思想的臣下推演出来希望限制帝王的滥作威福。这两件事实在是一件事的两面，而为西

---

① 见《汉书》四十八《贾谊传》。

汉的儒生尤其是西汉晚期的儒生最流行的学问。

符瑞和灾异牵涉到原始信仰。但在战国时期邹衍已经有计划的整理和扩大。秦始皇自命以水德王，凡数用六为节，显然用了邹衍遗说。汉初对于水德和土德的争执，也是一样出自邹衍。到了汉武帝元光元年，汉武帝策贤良，明称"三代受命，其符安在，灾异之变，何缘而起"。董仲舒的对策，正答复了这个问题，他说：①

> 臣谨案：《春秋》之中，视前世已行之事，以观天人相与之际，甚可畏也。国家将有失道之败，而天乃先出灾害谴告之。不知自省，又出怪异以警惧之，尚不知变而伤败乃至，以此见天心之仁爱人君而欲止其乱也。自非大亡道之世者，天尽欲扶持而全安之，事在强勉而已矣。……臣闻天之所大奉使之王者，必有非人力所能致而自至者，此受命之符也。天下之人，同心归之，若归父母，故天瑞应诚而至，《书》曰"白鱼入于王舟，有火复于王屋，流为乌"，② 此盖受命之符也。

在这里汉武帝和董仲舒都是相信符应和灾异的，汉武帝来问，董仲舒也用这个范围来答。董仲舒的意思，也未尝不想用灾异论来控制帝王的行动。但是董仲舒这种想法是极难发生效力的，因为对于灾异问题，必需要有权威的解释，才能发生效力。中国教会和教士的势力，从来不曾树立起来，这项权威性解释就无从找出。即令发生了所谓灾异，解释也不会一致的。一经争论，控制的力量就全部消失了。《董仲舒传》就这样说：③

> 先是辽东高庙，长陵高园灾，仲舒居家推说其意，草稿未上。主父偃候仲舒，私见嫉之，窃其书而奏焉。上召视诸儒，仲舒弟子吕步

---

① 见《汉书》五十六，979 页。

② 此引《今文尚书·泰誓》，不见于现存本《尚书》。

③ 《汉书》五十六，988 页。这个意见曾经由胡适之先生在北京大学"中国哲学史"讲堂中提示过。

舒，不知其师书，以为大愚，于是下仲舒吏当死，诏赦之。仲舒遂不敢复言灾异。

这就是灾异的提示不能发生效力的事实，因为灾异的解释并无固定的方式，《汉书·五行志》引的《洪范五行传》可以说是集灾异论的大成，假如推溯每一个解释的理由，都可以找到另外几个不同甚至相反的解释。汉代儒生的尝试失败也是一种当然的结果。对于君主的控制，仍是毫无办法的。

关于封驳诏书的事，汉代也曾经有过，一次是哀帝下诏增封董贤，并赐傅太后家人侯国食邑，丞相王嘉封还诏书，但次年王嘉免相赐死，而增封董贤诸事，仍然贯彻下去。另一次是东汉桓帝时宦官指使人上书告李膺等共为部党，桓帝下诏逮捕党人，太尉陈蕃不肯连署下郡国，但陈蕃也被免职，并未能压下这一番事实。至于天子用人，有时被丞相御史大夫所控制，如成帝想用刘向为九卿，屡次都被外戚王氏当政将军及丞相御史所阻，因而不能得大位，这也是成帝用刘向并不十分坚决，他要和王家各将军及丞相御史商量的原故。成帝并未曾充分的使用皇帝的权力，如果成帝一定非用刘向不可，那是任何人不能抑制住的。所以依照上述几个例子，并不能证明丞相可以有独持主张的权力，这也就成为西汉时代灾异之说被一切儒生接受，而想来利用的原因。到了东汉灾异说已变为无效，儒生才走到党人的路，到三国时党人的路也证明走不通，于是才会走上消极的清谈的路，来逃避现实了。

三、内朝和州制的建立

依照秦汉时代的中央制度，参考传统政府的源流，秦汉丞相的权位，还算不了一个正式的内阁（cabinet），但从汉高帝到汉景帝，这时丞相的功用的确已和正式的内阁很为接近。从皇帝来说要把一切政治行动，都通过了这个近似的内阁下达全国，是非常不方便的。文景时代天子事务不繁，有这样一个综持政务的丞相，已经相当够用。到了武帝时代，他自己要做事，自己要多作主张，丞相的主要功用是在执行决策和承转诏书方面，其中最高的决策，却另有一部分天子的近臣，天子的宾客，以及天子的顾问，这些人就成为一个顾问的机构，这就是所谓"内朝"。丞相御史大夫以及九卿都不在"内朝"之列。丞相照例一直不入内朝的，但昭宣以后，九卿有时加上某些名义，可以算做内朝的分子。

这一个变革，虽然在功能上是天子减削了丞相之权，使丞相变成了一个常务官，国家主要的政务，由另外一个团体去决定。但从另一方面看，还有一个复杂的政治背景。在汉代初年，不仅丞相的权很大，并且丞相在惯例上一定在各通侯中选择。这些通侯多数是高帝时立功的功臣的后裔。因此，功臣后裔就自然形成了一个贵族的团体。依照汉初情况来说，这些功臣是帮助汉高帝定天下的，高帝崩后，他们还拥有一部分实力，吕后对他们也不能怎样。吕后死后，大臣诛诸吕之事，就是这些功臣联合发动的，所以汉文帝到长安，还要考虑再考虑，不能无所顾忌。文帝时代的最大成就，就是把京师的兵权逐渐的转移到文帝亲信之手，然后景帝方才收回诸侯王国的权柄。但是不论文帝或者景帝，在政治上还是依照着过去的成规，不曾轻易变动。因此丞相一职就成了贵族集团的代表人，因而贵族政治的气味非常浓厚，汉初"文景之治"也就是从这一点出发的。

到了武帝立为天子，他是一个雄才大略的君主，他不愿受到一般习惯法的拘束，同时他要用另外一般自己的智囊团，不愿和一般拘束成法的九卿二千石来商谈国家大计，他的左右宾客，甚至于他亲近的宦官，就形成了另外一群人（并且他还有意的把丞相摈除在这一群人之外），这一群人就形成了所谓"内朝"和国家正式（formal）的朝廷中，用丞相来领衔的百官的相对。因而以丞相为领袖的就被叫做"外朝"。演变结果，内朝是主决策的，外朝是主执行的。

关于内朝的解释，是根据《汉书·刘辅传》颜注引孟康的话：[①]

> 中朝，内朝也。大司马，左右前后将军、侍中、常侍、散骑、诸吏为中朝；丞相以下至六百名为外朝。

---

① 《汉书》七十七，1260 页。内朝制度参看劳榦《论汉代的内朝与外朝》，中央研究院《史语集刊》第十三本。

钱大昕在他的《三史拾遗》有一个更详的说明是：

> 汉书称中朝官或称中朝者，其文非一，惟孟康此注最为分明……给事中亦中朝官，孟康所举不无遗漏矣。然中外朝之分，汉初盖未之有，武帝始以严助，主父偃辈入直承明，与参谋议，而其秩尚卑。卫青霍去病虽贵幸，亦未干丞相御史职事。至昭宣之世，大将军权兼中外，又置前后左右将军，在内朝预闻政事，而由庶僚加侍中给事中者，皆自托为腹心之臣矣。此西京朝局之变，史家未明言之，读者可推验而得也。

但是内朝（或中朝）的制度，据孟康所说，再由钱大昕所补充，就知道西汉末年的制度，不是汉武帝时当时的情况。内朝的官职也是后来逐渐增多，而内朝的习惯法也是后来逐渐完备，在汉武帝时候还是相当的草创，和后来不尽相同的，《汉书·严助传》说：[①]

> 繇是独擢助为中大夫，后得朱买臣、吾丘寿王、司马相如、主父偃、徐乐、严安、东方朔、枚皋、胶仓、终军、严葱奇等，并在左右。是时征伐四夷，开置边郡，军旅数发，内改制度，朝廷多事。屡举贤良文学之士，公孙弘起徒步，数年至丞相；开东阁，延贤人与谋议，朝觐奏事，因言国家便宜。上令助等与大臣辩论，中外相应以义理之文，大臣数诎（注师古曰：中谓天子之宾客，若严助之辈也，外谓公卿大夫也。）

在这里可以看出汉武帝时候内朝已经开始形成，其中成分却还简单，其中天子宾客，如严助、朱买臣、主父偃、东方朔、徐乐都是中大夫，吾丘寿王是光禄大夫侍中，只有司马相如因为不肯参与公卿国家之事，他的名义

---

① 《汉书》六十四上，1078页。

是郎，未加上大夫的名号。^①至于后来内朝最重要的成分，将军；在汉武帝时卫青及霍去病都是绝对不与闻政务，不在内朝之列。其在武帝时代，"更进用事"的九卿，及御史大夫张汤，也都仍是外朝的官吏，未曾加上内朝的什么名义。这种情形还是汉初的传统，武帝把这传统扩大了些罢了。因为在文帝时候，贾谊已经是中大夫，在天子左右，有不少的建议，因此才引起周勃和灌婴（周勃封绛侯，与灌婴并称"绛灌"）的不满。文帝为调协起见，才把贾谊送出去，作王国的太傅。这一件事正可以证明内朝外朝的冲突，在汉文帝时已具有雏形，而贾谊所要做的，和汉武帝的主张也非常接近，只是文帝能够谦让未遑，把汉初制度延长了一个时候。

　　在内朝中，照一般的看法，是不把尚书算在内的。依照《汉书·刘辅传》师古注引孟康的说法，就未将尚书算在内。但是尚书的功能方面却显然是内朝的枢纽，谈内朝的职事，不能把尚书除外。其所以孟康不把尚书当作内朝官的，大约有几个原因：一、尚书职守自西汉以后时在变化，尚书虽然在内朝中甚为重要，但就外朝来说，尚书也要参与的，所以列入外朝也不算全错。尚书要主持天子的诏令，在西汉时已算做"三独坐"之一，到东汉时更为重要，他的权曾超过宰相。^②就体制来看，而不就功能来看，尚书就更像纯外朝的官。二、孟康是三国时人，三国时承东汉之后，和西汉距离更远，而况三国时中书也都任用士人算做外朝的一部分了，他当然更会受当时制度的影响，把尚书不放在内朝之内。三、内朝和外朝的分别，实际上也只照习惯上的分法，若按照国家成文定制，尚书令不仅无三独坐的明文，而且还是少府的部属。既无定制的明文，所以列入内朝的官职，会有些出入。但这只是就表面而言，若追溯权力的来源，那就显然的尚书是参与内朝，执行内朝的决定，再到外朝去做形式上的传达

---

　　①《汉书》六十二，1059页，司马迁为中书令，尊宠任职。中书令即中书谒者令，又称中尚书令，宣帝时弘恭、石显俱曾做过，中书令即尚书令之职，以士人为之，称尚书令。以宦者为之称中书令。至曹魏时始并置尚书令，中书监及中书令，俱用士人。

　　②《续汉书·百官志·尚书令》，注引蔡质《汉仪》曰："故公为之者，朝会不下陛奏事，增秩二千石。"（下字原衍，据惠栋注补。）《后汉书》三十六，339页。

者。依照《汉书·张安世传》，说安世领尚书事，"职典枢机"，以谨慎周密自著，"外""内"无间，每定大政已决，辄移病"出"，闻有诏令，乃惊史之丞相府问。这就表示内朝的政务，是比较秘密的，尚书虽然是其中的关键，却不大容易被人注意，只看到尚书在外朝宣布诏令，便以为尚书的职守在外朝。但就实际性质来说尚书列在外朝，真不过只是一个内朝的代表罢了。

因为尚书是诏令必经的机构，所以西汉的元辅重臣，会加上领尚书事，平尚书事，视尚书事等名义。到了东汉就一律用录尚书事的名义。其中最重要的还是霍光的"领尚书事"，因为领尚书事，就是管制诏令的事，也就是可以有权指挥尚书令及尚书。这种权力实际上就是摄政，而金日磾和上官桀不过是霍光的副手，后来到宣帝初年，于定国为光禄大夫平尚书事，也一样不过是霍光的助理，比金日磾及上官桀还差一点。至于成帝时孔光和张禹的领尚书事，虽然也称做领，因为客观环境不同，和当时薛宣的视尚书事，都不过只是加入内朝的官衔罢了。到了东汉尚书令的权更大，"虽置三公，事归台阁"。[①] 领、平、视等等的名义不再适用，只可用录尚书事，录就是录省，指可以过问的意思，并非尚书令的上司。也就是这些元老大臣在内朝中，有他的一个地位。其中如太傅、太尉、司徒和司空，都可以加上"录尚书事"的名义。这和西汉时期纯粹外朝长官如丞相、御史大夫、大司马、大司徒、大司空等从不加领尚书事平尚书事等名义的完全不同。这也就表示着尚书已有内朝转成外朝的趋势，而尚书令的职权渐渐的宰相化了。"录尚书事"一职，在东汉时期本是安置元老的，后来建安时曹操辅政，加上了"录尚书事"的头衔，从此录尚书事一个头衔，就成为权力的代表。后来曹爽、司马师、司马昭都加了"录尚书事"，而在蜀汉，诸葛亮、姜维、费袆也都加"录尚书事"。到两晋时期，如贾充、梁王肜、东海王越、王导、桓温、谢安、会稽王道子、刘裕等都加录

---

① 《后汉书》七十九，801页，《仲长统传》。案：仲长统《昌言理乱篇》言独相之重要，可谓古今至论。清沈钦韩博极群书，于此竟不能了达，足见知言之不易。又汉代尚书制度参见陈树镛《汉官答问》（卷一 pp. 9-11）（"振绪堂丛书"本）及周道济《秦汉政治之研究》（pp. 49-65）（一九六八年刊本）。

尚书事，也就表示录尚书事权责的重要。

再就内朝的情形来说，将军要算内朝的核心，而常侍则为内朝的重要结构，这两种职务，就是东汉外戚宦官能够相代执政的凭藉。常侍或中常侍都是从侍中一职转变而成的，而将军在武帝时不属于内朝范围而是霍光辅政时才以大将军的身分加入内朝，金日磾及上官桀也各以将军的身分加入内朝。这件事是否汉武帝的遗意，在《汉书》中字里行间颇有疑问，不过不论是否汉武帝的意思，其将军一职在霍光辅政加入内朝显然的是内朝性质有一个划时代的改变。而西汉后期外戚的权柄从这一个组织开始，东汉从外戚当政演变为宦官当政而形成了权臣篡夺，和这个制度的形成有密切的关系，也是一个不容否定的事实。

四、汉代的人事和选举问题

在汉代政治活动的场所上，有几种不同的人物在那里消长，其中有功臣（其后成为新贵族）、有宗室、有外戚、有宦官、有文吏、有儒生，各人有各人不同的背景，就形成了消长和争执的局面。

当着汉朝开始的时候，萧何和曹参秉政，他们在当时行政中枢，并未曾受到任何的牵制。当时代表的政权，可以说是文吏的政权，萧曹政权可以说是一种现实倾向的政权，他们这些文吏，并无什么深远的理想，他们只希望树立一个清明、有效而安定的政权，来维持现状就够了。他们鉴于秦代政治的失败，他们知道秦朝的失败是由于烦扰，即政府管事太多，而实际上推行时又不能免除弊病，所以他们推行的是一种无为而治的政策。虽然秦代的法律还是一直保存着，只是执行的态度有一个极端的转变，这就树立了汉代初年的长期太平。而这种过分消极态度，也就为儒生所不满。

萧曹都是功臣而兼文吏的，他们的身分是功臣，他们的作风是文吏，等到萧曹死后，继承他们当政的人，便都是功臣身分，其作风虽然继承萧曹的旧贯，但却是盲目的继承，比萧曹本人们更少了一番了解。所以把这些人归类，只能归入到功臣一组，不过他们所任用的人，除去功臣子弟任子为郎的以外，还以文吏出身为主，所以汉朝初朝，还是文吏当政的时代。

到了汉武帝即位，用人不拘一格，除去贵族和文吏以外，儒生也开始抬头。罢黜百家表章儒术原则也开始实行了。可是他也并不完全信任儒生，时常也用文吏来牵制。并且除去儒生文吏以外，武人也有时加入任用的班次。他对于丞相始终是防范而压制，以致丞相随时都战战兢兢的来过日子，同时又把原来丞相史刺州之权，收归天子变成刺史的官职。所以这个时期可以说是天子专断的时期。不论那种背景的人臣，都是平列的在天子管制之下。

天子从宰相方面收回了更多的权力，天子直接的权力增大了，天子处理的事务增多了，天子更需要更多的助手。过去和天子接近的只有郎和大夫，大夫由他官迁补人数有限，郎的选任都是有任子、算赀以及少数的六郡良家子，学识和经验都很有限，不足应付当前的重大需要，所以为了征集人才，才有了新的选举制度，这种新的设计，从汉武帝即位时期已经开始，可知武帝在即位前已经有这种设计了。

这种举贤良的制度，提拔出来的当然是集中于两种人，第一种是儒生，第二种是文吏，儒生是从学问的造诣来选拔，文吏是从服务的成绩来选拔。这两种人数的比例增加了，一方面改变了汉代官吏的素质，另一方面也增加了工作的效能。汉武帝时对四方征伐开辟疆土，国家支出迅速增加，但尚能维持下去，这与汉武帝任用人才，也并非没有关系。

当然，这种任用贤才的创意，还是要溯源到汉高帝，然后惠帝四年，文帝二年、十五年都颁发过类似的诏书，而这一类型的诏书，正是要征集贤才。高帝十一年的诏书是：[①]

> 盖闻王者莫高于周文，伯者莫高于齐桓，皆待贤人而成名。今天下贤者智能岂特古之人乎？患在人主不交故也，士奚由进？今吾以天之灵，贤士大夫，定有天下，以为一家，欲其长久，世世奉宗庙亡绝也。贤人已与我共平之矣，而不与吾共安利之，可乎？贤士大夫有肯

---

① 《汉书》一下，39—40页。

从我游者，吾能尊显之。布告天下，使明知朕意。御史大夫昌下相
国，相国酂侯下诸侯王，御史中执法下郡守。其有意称明德者，必身
劝，为之驾，遣诣相国府，署行义年，有而弗言者免。年老癃病
勿遣。

这种举贤的观念，显然的，还是战国时代尊重贤士的观念延长下来的，尤
其汉高帝生平最佩服的是信陵君，而信陵君正是号为尊贤下士的人。

孝惠时期只置"孝弟力田"员额，免去赋税，并非担任公赋，稍稍不
同一些。到了文帝时期，又和高帝时有点类似了，其中是：①

文帝二年诏曰：乃十一月晦，日有食之，（二三执政）举贤良方
正能直言极谏者以匡朕之不逮。

文帝十五年，诏"诸侯王、公卿、郡守、举贤良能直言极谏者"。

十五年的策问，并且见于《汉书·晁错传》。② 但是举的次数也是较少，而
且公卿大臣也并不见一定举人。到汉武帝时虽然有建元元年及元光元年两
次著名的策问贤良，而成为定制的还是元朔元年的诏书：③

公卿大夫所使总方略，壹统类，广教化，美风俗也。夫本仁祖
义，褒德禄贤，劝善刑暴，五帝三王所繇昌也。朕夙兴夜寐，嘉与宇
内之士，臻于斯路。故旅耆老，复孝敬，选豪俊，讲文学，稽参政
事，祈进民心。深诏执事，兴廉举孝，庶几成风，绍休圣绪。夫十室
之邑，必有忠信，三人并行，厥有我师。今或至阖郡而不荐一人，是
化不下究，而积行之君子雍于上闻也。二千石长官纪纲人伦，将何以
佐朕，烛幽隐，劝元元，厉烝庶，崇乡党之训哉？…… 有司奏议

---

① 《汉书》四，56—57页及60页。
② 《汉书》四十九，900页。
③ 《汉书》六，74—75页，又此诏残简，亦见于居延汉简，偶有异文，可资参
校。

> 曰……今诏书昭先帝圣绪，令二千石举孝廉，所以化元元，移风易俗也。不举孝，不奉诏，当以不敬论，不察廉，不胜任也，当免。奏可。

从此以后，察举的规模从此大定，西汉末年虽然比武帝时察举的次数更为频繁，东汉时更严格规定了每年察举，但正式规模却是从武帝时奠定下的，东汉时期进一步的办法，是从文帝及武帝以来，只有对策。到了东汉顺帝时，更清楚定明"诸生试家法，文吏试章奏"，[①] 就和隋唐时代以后的科举办法有些近似了。

察举制度奠定了考试制度的基础，对于中国人事上的贡献（甚至于可以说对于人类人事制度上的贡献），是不容忽视的。察举及考试制度对于政治上和社会上的影响是显明的，将贵族制度下所压抑下的平民阶级的人才，给与提升的机会，使得政治机构随时有新的细胞加入，不至于腐化太远；并且对于社会上也造成了社会转换（social mobility）的机会，使得国家政治比较上接近于全民社会的，而不属于某一阶级所专断（中国历史上确有不少出身寒贱的人才，从考试制度中得到政治和社会地位。有些西方学者认为考试制度对于选拔寒微并无用处，这一点是不能同意的）。这也造成了中国的社会不仅和印度的社会全然不同，而且比较欧洲及日本的封建社会也很不一样，这可能说是汉代以后察举及考试制度的贡献。虽然如此，假如就认为这就是"中国式的民主政治"，如同有些中外学者主张的，那也失之于笼统，把两种全然不同性质的辞意，混作一谈。民主是指政府受人民的控制，政府的权力来源是人民所授与，政府只向人民负责的而言。至于荐举、科举等等考试制度，只是在任何政府（包括立宪政体及专制政体）之下，所采取的一种人事制度的方式，与民主政治的原则本来不在一个层次上。在民主政治原则之下，凡是公民都有同等的权利和义务，都对于政府有同等服务的机会，不应当有世袭身分的限制，这就使得边远和贫穷的人有到政府成为负责人之一的可能。在荐举以至科举的制度下，

---

① 《后汉书》九十一，927 页。

也曾提拔了不少岩穴之士，成为白屋公卿，使得世族政治失去一些效用，但仍然和民主政治有极大的区别。就二者显明的区别来论计有：（1）从孝廉进士到公卿，还要经过一个长时期的升转，从未闻直接考公卿，更不曾直接考天子，民主政治却直接选出多数党领袖成为责任内阁，并且还可以民选总统。（2）民主政治不仅要人民选举行政首长，更重要的还是立法权及代议制，荐举及科举却从来与立法权不曾涉及。所以民主政治和荐举及科举制度虽然在减损世族势力这一点上互相重合，但民主政治却还有它特有的更大范围。因此民主政治和荐举与科举制度还是两回事，不必相提并论。

再就察举制度来说，对于两汉时代的人事方面，的确有其功效。尤其对于儒生服务的机会方面，荐举制度的帮助甚大。但这种功效也不能持久不变。因为（1）从光武以至明章，虽然不能信托某一个宰相，而且也未曾信托尚书及尚书令。不过这些担任要务的重臣都还是儒生出身的。到了和帝以后情形就转变了。最先外戚擅权，以后宦官执政，都是利用过去内朝的权力，而儒生就不再能占重要的决定位置。（2）就以察举本身来说，也是渐渐的变质，在各郡之中还是世家大族，更占上风。世家大族利用察举上优先的机会，使得世家大族的地位更形稳固。这就形成了准贵族政治。等到曹魏实行九品中正法，荐举的决定，即在京师，当选的人更限于在京师的豪族，而外郡的豪族又划出到范围之外，这样具有优先地位的家族，就更大为减少，选举的方面就更为狭小，魏晋的世族政治才更进一步的形成。不过依照东汉晚期察举的形势来看，也会一步一步演成世族政治，只是九品中正的办法更加速世族政治的实现罢了。

（刊载于《清华学报》第 8 卷第 2 期，1970 年 8 月）

汉代的政制

一、绪论

汉代官制是讲中国政治史的人最加注意的早期官制。第一，比较汉代更早的官制，只在历史中偶见叙述，并无可靠的系统记载。《周礼》一书虽然疑古者认为汉人伪造一说已被推翻，其实行程度仍然是一个极大问题，因此要找实行过的、完密的、系统化的官制，最早亦只能推到两汉。第二，自秦始皇统一天下，称皇帝，废封建，立郡县，中国的政治系统和前代迥然不同。汉承秦制，更改极少，现在论秦制的仍然归本于汉制。此后各朝，一直到清末，仍然还是从汉制沿袭修改而成。所以穷源溯流，汉官是有它相当可以注意之点。第三，官制的变迁是越来越复杂，越来越失掉立官的原意。秦代官制确是经过了一番设计，删繁就简，使官名和任务大致相符，因而在官职的效能上，可以发展比较高的功用。

秦汉时期的天子，在中国政治史上的确是国家领袖权力发展的一个顶点。周代是封建制度，也是贵族制度。到了春秋以后，列国的权力增加，但列国之中，还是贵族政治。例如齐之国高，鲁之三家，郑之七穆，晋之六卿，差不多都是一样的。到了战国时期，君主和贵族对抗的结果，是君主得胜了，而君主势力的膨胀，还是靠一些出身平民阶级的游士，和他们帮忙。君主和游士互相为用，才能把贵族的势力击溃。君主成为独一无二的权威，游士的生活也转成后来的士大夫（这种士大夫的实质，和封建时代的贵族是不同的）。给以新的系统政治哲学的是韩非子，从这个系统下完成统一中国的是秦。

因为秦国立国的实质是这样的，用客卿排斥公族已成为一定的轨道。由是成了一个根本法则，即在内是近臣一步一步的夺取宰相之权，在外是监察官一步一步的夺取行政官的权。这种一层一层的波纹，一直到明清时期，还是循着往时旧痕推转。

假如照中国过去政治的正当轨道来说，中国政治实在是一种信托制度。君主将中央的权信托给宰相，宰相再将地方的权信托给太守，除去宰相及太守不称职可以更换以外，平时不仅不需要随事过问，而且不应当随事过问。高惠文景之治，便是从这一点出发的。武帝以后，就疆域的扩张上来说，是一个进步，就政治的发展来说，是一个退步。宣帝时的治绩虽好，但显然外戚及宦官都影响到政治。光武虽置三公，政归台阁，更是系统庞杂。推究原因，还是由于国家主权在君，想管事的英主，无法使他不管事。这样才使每代的官制，名实异同，大有出入，谈到官制问题，不能专讲名称，更重要的还是实质。

对于君主集权制度，法家是极力歌颂而设计推行者，儒家却是在内心中反对的。但儒家也想不出更妥善的办法，只好抬出一个不能实行的禅让（除去奸臣篡位，真的禅让，三代以后并无人实行，即令实行成功，也还是主权在君），再用很多的理论，使主权在天而不在君。于是"屈民申君，屈君申天"。但英主不管那些，并不能控制；至于庸主，那就君主只是外戚宦官的傀儡，阴阳灾异对于外戚宦官也仍然不能为力。两汉权力的中心，还是除过君主以外，就是宦官和外戚，其余政府官员，就在最高主权之下寄托着。君主好为治世，君主不好为乱世。

秦汉时代采用的是郡县制度，地方政治分为郡县二级。郡设守（后改为太守）管民政，守以下设尉（后改为都尉），受守的指挥，管理军事。县设令或长（大县为令，小县为长）。秦时并派有监郡的御史。不过一个御史监多少郡，是否常置，还是到若干时由京师出来一次，现在记载不详。到武帝时仿秦例设刺史，全国分为十三部，共有十三刺史。西汉晚期，东汉初期，以及东汉之末，改刺史为州牧，成为三级制。不过西汉末及王莽时代是普遍设立的，东汉初年及东汉末期却不是普遍设立。

秦代是郡县制，不过秦代还有封君，称为列侯或君。但数目很少，并且主要的不过"衣食租税"，和周代封建制完全不同。汉代是两种，一种是列侯，仍为秦代旧制，只有一县或比一县还小，并无行政之权，不过收租而已。其次是诸侯王，这是高帝时代为着安慰六国遗民的感情，还给他们成为国家；并且感于秦代未曾封建，亡国太快，想借此屏藩王室。因为皇帝直接的领土，除去三辅、三河、巴蜀及西北边郡之外，差不多都来封建诸侯王。在王国之中也自有郡县二级，经过了景武二代，削减诸侯，因此皇室所管的郡布满函谷关以东各区，而一个王国就完全等于一郡了。这种情形，直到东汉末年还是一样。

二、天子的地位

天子是中国最高统治者的旧称，而皇帝则始于秦代。在秦汉时期，并用皇帝及天子两种称号。当时天子共有六玺，对内的三玺用皇帝的名称，对外的三玺用天子的名称。天子的意义，是表示人君为天的儿子，和一般人不同，他是代表天的。皇帝的名称，始于秦始皇，最先中国的统治者是称王的（夏商周都是称王，尧舜以前的帝号，可能还是死后的尊称）。但在周代衰微之时，楚国已从楚公的称号，改称楚王，接着吴越也都称王。到了战国时期，几乎所有大国魏、齐、秦、韩、赵、楚、燕、宋、中山，都称起王来。秦灭六国，感于王的称号，不足以当全国的共主，使群臣共议称号。群臣拟用泰皇称号，秦始皇改为"皇帝"，即古代三皇五帝的合并称呼。从此以后皇帝的名称就沿用下去，一直到清代覆亡为止。

天子是"应天命"而立的，换言之，即只有能控制全国力量的人，他才可以做天子。除非是冒险去征诛，或者经过了皇帝的特殊同意，给以禅让，任何人或任何一群人不能推荐人做天子的。在继承法上，当然是在男性继承人中，立嫡立长。非嫡的长如汉高帝子齐王肥，当然不能立，即是嫡长之子，如他的母亲被废，他的太子的地位也随着失去。此外，继承以传子为原则，立弟为变例。

秦国在未统一天下之前，即有立太子之事。但始皇帝的继承人事实上应当是扶苏，却未正式立为太子。所以未立的原因，不由于秦国并无前例，而由于始皇帝讳言死，以预立太子为不祥。等到临终时赐扶苏玺书，已来不及了，所以汉代还是多预立太子。

皇帝死，皇后为皇太后。自吕后起，元帝王后亦干预朝政，而东汉并且曾经有过六个皇太后临朝。照蔡邕独断（《后汉书·阎后纪》引）说："少帝即位，太后即代摄政，临前殿，朝群臣，太后东面，少帝西面。群臣奏事皆为两通，一诣后，一诣少帝。"即太后与少帝同时朝见群臣，并非如后世所称的"垂帘听政"。此外任何人不能废皇帝，但太后可以废皇帝。吕后曾废过一个少帝，昌邑王贺为天子，行动不法，霍光等大臣商同废帝，在手续上还是用太后（昭帝皇后）的诏书。

天子是最高立法者，照《汉书·杜周传》说："三尺法安出哉？前主所是，著为律；后主所是，疏为令。当时为是，何古之法乎？"律是有系统的成文法律，汉代的法律是萧何据秦律改定，再由汉高帝以诏书颁布的。令是天子随时颁布，具有法律性质的规条，只有皇帝才有发布之权，也只有皇帝才有废止之权。此外照理论说来，天子已经公布的法和令，没有由天子正式公布废止以前，天子还得遵守，照《汉书·张释传》记，文帝及张释之两段对答的话可以看出。但这还得天子自愿守法，假如真不守法，那当然谁也不能控制。

同样，天子也是行政的最高领袖。天下的政治虽然集中于丞相，但丞相还要听从天子的最高决策。如《史记·秦始皇本纪》说："天下之事无小大皆决于上，上至衡石量书，日夜有程，不中程不得休息。"《汉书·宣帝纪》称：宣帝五日一听事。《后汉书·光武纪》称：光武每旦视朝，日仄乃罢。虽然听事的程度不完全相同，但天子是视事的。

其次，天子有时也招集朝议，与议的人大率为丞相（或三公）、九卿、二千石、列侯、诸大夫，有时博士亦参与议席。不过议事的范围，参加的人员，统由皇帝诏书决定。群臣的意见，也无多数表决之事，只能条举意见，供皇帝的采纳。并且朝议一事，秦及西汉常见。到了光武即位，对于会议之制并无好的印象，曾说过："谚云，作舍道边，三年不成，议礼之家，名为聚讼。"所以东汉虽偶然还有朝会之事，但已经显然不常举行了。

三、内朝

因为天子是可以管事的，而管事的程度，是可大可小，并无牵制，其范围的决定权仍在天子自己，所以西汉以来，各期天子管事的程度，大有不同。大致景帝以前皇帝虽然省视群臣奏议，下群臣制诏，但听事之时不在宫廷之内，而在宫廷之外。应劭《风俗通》说，文帝"在时平常听政宣室"（卷二）。《汉书·刑法志》亦称，宣帝"常幸宣室，斋居而决事，狱刑号为平矣"。可见在宣帝是斋居的，便是不在内廷之中，因之也就可以和丞相御史同时决事。

到了武帝便不同了，武帝时代一方面要管的事情更多，非要召集一大批助手不可；另一方面，便是武帝有时还要在内廷决事，不能随时把大臣也很严肃的召集到内廷来。因此武帝左右也就新添了一些人，第一种是助手式的宾客，第二种是管事的宦官，这就成为内朝。

据《汉书·刘辅传》注："中朝，内朝也，大司马、左右前后将军、侍中、常侍、散骑、诸吏为中朝；丞相以下至六百石为外朝也。"又据钱大昕《三史拾遗》说：

> 《汉书》称中朝汉官，或称中朝者，其文非一，惟孟康此注，最为分明。《萧望之传》谓：遣中朝大司马车骑将军韩增，诸吏富平侯张延寿，光禄勋杨恽，太仆戴长乐，问望之计策。《王嘉传》：事下将军中朝者光禄大夫孔光，左将军公孙禄，右将军王安，光禄勋马官，光禄大夫龚胜（《龚胜传》又有司隶校尉鲍宣）。光禄大夫非内朝官，而孔光与议者，加给事中故也。此传太中大夫谷永亦以给事中故，得与朝者之列，故给事中亦为中朝官，孟康所举不无遗漏矣。光禄勋掌官掖门户，在九卿中最为亲近，昭宣以后，张安世、萧望之、冯奉世，皆以将军加光禄勋，而杨恽为光禄勋亦加诸吏，故其与孙会宗书，自称与闻政事也。然中朝外朝之分，汉初盖未曾有，武帝便以严助、主父偃辈入直承明，参与谋议而其秩为卑。卫青、霍去病虽贵幸，亦干丞相御史职事。至昭宣之世，大将军权兼中外，又置前后左右将军，在内朝预闻政事，而由庶僚加侍中给事中者，皆自托为腹心之臣矣。此西京朝局之变，史家未明言之，读者可推验而得也。

所以内朝是起源于武帝时期，但武帝时期的内朝，是以天子为主，并不以将军为主，因此卫青及霍去病不在内朝之列，将军列入内朝，是霍光秉政以后的事。

除去将军以外，其参加内朝的，可分为下列各类：

第一类：得出入禁中的，有侍中以及中常侍。

第二类：给天子掌笔札的，是尚书。

第三类：天子的亲近执事之官，有左右曹及散骑。

第四类：掌顾问应对的，有给事中。

到了霍光以大司马大将军辅政，于是将军又成为辅政大臣。于是大将军（后来还有车骑将军、卫将军、骠骑将军也都成为辅政大臣），和前四类共成为五类。在这五类之中，侍中后来到南北朝时成为真正的宰相，中常侍在东汉时期便占非常重要的位置，尚书从汉光武帝起便开始分了宰相之权。从事权日增，以后从晋代起便已成为宰相了。到了曹魏时期，在尚书以外又置中书（以前系用宦官，此后始用士人）。唐代的尚书、中书、门下三省之制，就从此演变而来。

显然的，从西汉晚期开始，直到东汉，都成为外戚及宦官专政的局面（除去光武及明章数十年之外）。不论外戚或官宦，都是属于内朝的，外戚当政的，都是加上将军的名义，宦官当政的，也大都是中常侍。

尚书本来是少府的属官，因为替天子管笔札，也就给天子管诏令。最先天子秘书的事，是由御史代办，自御史变成了监察之官，诏令等事，也成了尚书的专责。尚书人数，在武帝以前不详，不过不会比四人更多。四人分主四曹，常侍曹尚书，主丞相御史事；二千石曹尚书，主刺史二千石事；户曹尚书，主庶人上书事；客曹尚书，主外国事。成帝时加置三公曹（《汉书·成帝纪》引《汉旧仪》），其上有尚书令，尚书仆射，管尚书各曹的总事；有丞，管尚书台的事务；其各曹之下，还有尚书郎（本是执戟的郎官，调来给尚书办事的）和尚书令史。

因为尚书是皇帝亲近之臣，所以尚书令可以由士人充任，亦可由宦官充任。由士人充任时，称为尚书令，由宦官充任时，称为中尚书令，或中书令，有时亦称为中书谒者令。其实还是一个尚书台，并非分置二处（曹魏别设中书，以士人为中书令，就分置二处了）。西汉的宦官必需做到中尚书令才算正式当政，和东汉不同，东汉只要是中常侍，就可以当政了。这一点也可以说，西汉尚书只是皇帝亲近之官，还不算尊；到东汉尚书渐尊，也就反而不够亲近了（东汉做过三公的，还可以做尚书令，西汉没有）。

因为尚书是"政本"（《汉书·萧望之传》），所以当政大臣，多以将军或光禄大夫领尚书事。这种领尚书事，从昭帝时的霍光起，到六朝时还是这样。

有几项朝官普通不属于内朝，但实际上是在内朝与外朝之间，就是侍御史（或称御史）。大夫及郎官、侍御史本为皇帝亲近之官，因为职务重要，反而疏远了。大夫及郎官，本属于光禄勋，因为在宫廷服务，其任务后来也发生了一些改变。

御史本属于御史大夫，后来御史大夫成为副丞相，御史便只属于御史中丞，中丞之下管事务的有各曹掾史。中丞及御史的任务，是纠察百官，专司纠弹的职务。东汉虽然名义上属于少府，御史台仍是独立机构。御史中丞及尚书令、司隶校尉共称为"三独坐"。

大夫掌议论，有光禄大夫、太中大夫、谏大夫等，光禄大夫原称中大夫，多为九卿，二千石所转。太中大夫、谏大夫等也多是特选有资望的人，作为卿相的储备。

郎官普通分为尚书郎及三署郎，尚书郎系调往尚书台的，比较清要。三署郎分为左中郎将，右中郎将，五官中郎将三署，而直属于光禄勋。郎官人数，多至千人，主执戟守卫宫门，出充车骑。武帝时郎官中并有词赋之士，从游侍宴，受诏赋诗，成为文字侍从之臣。此外还有谒者，掌宾赞及奉引，期门及羽林则为材武之士，为天子卫队。

四、宰相

汉朝初期宰相或称相国，或称丞相，系沿袭秦制而来。

秦的丞相制度，则由长期发展而来，在古史之中，只有楚国的令尹，是早期名实兼备的宰相。周天子及诸侯还是用平行的列卿制度，君主特别委托某一个人，他就是宰相，《周礼》的冢宰，略有宰相的意思，实际上还是六卿之一。至于"相"字这一个字，意义也还未定，有辅相之义，也有傧相之义。所谓相印，在战国初期，也不过就是上卿之印。到了战国晚期，贵族制度日渐瓦解，宰相制度也日益固定。

丞相之称始于秦、燕、赵各国，秦为尊宠吕不韦，曾加相国的称号，后来仍用丞相的名称。但秦时仍常设两丞相，不过看来还是其中的一个比较重要些。

汉朝初年曾以萧何为相国，曹参代萧何，仍为丞相。惠帝时曾设左右丞相，不过丞相府属还是一个，左右丞相似仍在一处办公。到了文帝时，右丞相周勃病免，便只设一个丞相了。汉朝丞相、太尉及御史大夫，总为三公。丞相、太尉皆为秩万石，御史大夫比万石。不过太尉并无多少事可管，御史大夫只是一个副丞相。

汉朝制度丞相及九卿同直接于天子，九卿并不算真正丞相属官。不过九卿大都与外郡及诸侯王国无关，其一切和郡国有关的事，都要通过丞相；其九卿事务与郡国有关的，则亦要通过丞相。因此丞相府事务繁多，责任重大。

丞相府中有丞相司直，秩比二千石，举不法；丞相长史，秩千石，领导群吏。以下有丞相征事，比六百石；丞相史，四百石；少史，三百石；属，二百石；属史，百石；令史，斗食。丞相史本为十五人，武帝时曾为二十人，少史八十人，属百人，属史百六十人（《汉旧仪》）。丞相史主领各曹者称为掾。

丞相府各曹计为：

东曹掾，领郡国事，出按事于郡国，主长吏迁除。

西曹掾，领百官奏事，主府中吏之功罪进退。

奏曹掾，主章奏事。

议曹掾，主谋议。

辞曹掾，主评讼事。

法曹，主邮驿科程。

尉曹，主卒徒转运事。

175

贼曹，主盗贼事。

决曹，主罪法事。

兵曹，主兵事。

金曹，主货币盐铁事。

集曹，主计簿事。

仓曹，主仓谷事。

传曹，主通报事。

黄阁，主簿录省众事。

这种各曹的分法，和郡县的各曹名称也大体类似（郡县无东西曹，却有功曹，略与西曹相近）。这就表现着，处理全国的事件，自丞相、郡太守及县令长，共为三级。丞相府、太守府及县廷的组织也大体类似。虽然后来丞相上面，又加了一个内朝，掌国家大计，不过经常事务还是由丞相管理着。

丞相以下有御史大夫。御史大夫本来是职司弹劾之官。等到汉代掌副丞相，于是御史大夫所管的侍御史，另属御史中丞，与御史大夫不相干了。御史大夫的职务实际上是天子恐丞相权太大，另设一个小一点的官监视丞相，取得政治上的平衡。天子诏书是先下御史大夫再下丞相，丞相上书亦经由御史大夫再达天子。因为只管监视及承转，所以御史大夫府属规模也比丞相小得多。

太尉本来是秦代的管武事之官，不过汉代军事并未曾全由太尉主管，太尉不过是一个尊称，所以时置时罢。哀帝建三公官，改御史大夫为大司空，改太尉称大司马，实际上仍是一个虚名。东汉恢复太尉，改御史大夫为司空，总为三公。但太尉的职务，不在将兵，而在大事三公合议。并且将九卿分到三公，三公比较有事可做。杜佑《通典·职官典》说：

> 太尉公主天，部太常、卫尉、光禄勋；司徒公主人，部太仆、鸿胪、廷尉；司空公主地，部宗正、少府、司农。

九卿这样一分，三府就各有公文可办了。但是司徒还是重要些，东汉大都司空得信用，改为司徒；司徒年老，又多改太尉。可见三公职事，并不平等。《续汉书·百官志》自注：

> 丞相旧位在长安时，有四出门，随时听事；明帝东京本欲依之，迫于太尉、司空，但为东西门耳。每国有大事，天子车驾幸其殿，殿西王侯以下，更衣并存。

所以司徒职事，在东汉仍然较重些。三公的分设，还是装饰的作用大。只是东汉时期，"虽置三公，政归台阁"（台阁指尚书，见《后汉书·仲长统传》），所以司徒当政的作用减少，只成了一个重要承转机关了。

丞相及司徒还有一个重要的事，就是受天下的计簿。在汉时的郡县，每年由各县将户口财赋一切统计好，上与太守，由太守整理以后再上与丞相。因之丞相便可以根据去年的一切数字，订立施政方针。同时还可根据上计的记录，比较各郡太守成绩的高下。上计的职员称为计吏，各郡的计吏大率到了京师以后，就在京师留充京师的官吏，这样可以使京师官吏各处籍贯的人都有。

汉朝还有时设置太师、太傅、太保，称为三师（《唐六典》一，引《汉官仪》），位在三公上，亦称为上公。不过这种官只是一个尊称，并无事可管。到了魏晋以后，尚书的权渐渐的更为增加，司徒、司空、太尉也变成了一种尊敬的虚位了。

五、九卿

九卿是丞相以下最重要的官员，秩中二千石。九卿本来是九个，但在秦时已有增加的现象。到了汉代九卿以外，还有若干类似九卿的官职。秦时九卿是：

太常——掌宗庙礼仪。汉初改为奉常，后仍改为太常。

郎中令——掌宫殿门户，率领郎官。武帝改为光禄勋。

卫尉——掌宫殿屯兵。汉时别有长乐宫卫尉。

廷尉——掌法令。

内史——掌畿内。汉武帝设内史为京兆尹，左冯翊，右扶风，均列为九卿。秦又设治粟内史，汉初称治粟都尉，景帝改大农令，武帝改为大司农。

典客——掌外国。汉武帝改为大鸿胪。汉时曾一度别置典属国。

宗正——掌宗室。

太仆——掌车马。

少府——掌宫廷事务，及山泽之税。秦置将作少府，汉改为将作大匠。

九卿各有丞及掾史，给九卿处理公文。九卿的职务和丞相有一个显著的分别，即九卿偏重畿内，丞相则兼顾郡国，除去廷尉及大司农与郡国关系较深。太常因为管教育，有时涉及郡国以外，其余大都和郡国行政上的关系较浅。所以九卿在官阶上等于现在内阁的阁员，而任务并不相似。这一点和《周礼》的六官也是不一样的。自从北周以来，设吏、户、礼、兵、刑、工六部尚书，而九卿依然存在。这也表示着，六部是阁员，而九卿不是。自然，礼部和太常，户部和大司农，刑部和大理，还有些类似，但后来显然的，户部、礼部及刑部多半管全国性的事，也可见九卿的渊源，是出于办天子私事的官员了。

除去以上的正式九卿（及从正式九卿分出来的列卿），还有些类似九卿的，在汉时计有：

执金吾，原名中尉，掌京城屯兵，及警备京师。

太子太傅、少傅及詹事。

皇后詹事及大长秋（用宦官）。

水衡都尉，掌盐铁，并掌上林苑。

司隶校尉，监察京畿。

诸校尉：城门校尉，中垒校尉，屯骑校尉，步兵校尉，越骑校尉，长水校尉，射声校尉，虎贲校尉，胡骑校尉。城门校尉防守京师城门，中垒校尉掌禁军营垒，其他七校尉掌率领禁军。

除执金吾曾改为中二千石，其余皆为二千石官，因为都是直接属于天子，所以在京师也相当其有尊崇的地位。

六、郡国

汉代的地方制度，和秦代一样为郡县制度，因为汉高帝初年曾分封诸侯，有许多王国。郡及王国，并称为郡国。不过景帝以前的王国都有若干郡，王都所在之郡称为某国的内史，内史及各郡太守之上，中央派有王国丞相统率，并有御史大夫及九卿。到了景帝中元五年以后，改王国丞相曰相，九卿中只留中尉、郎中令及太仆（改为仆）。武帝以后王国支郡大都减削完了，内史成为多余的，于是成帝时省王国内史。以相治民如太守，中尉如郡都尉，王国和郡的组织差不多相同了。东汉制度仍和西汉末年一样。

各郡的长官称为太守，秩二千石，除去每年上计于丞相，四时上月旦见钱簿于大司农，皇帝诏书及丞相下书要照办之外，郡中诸事，并不需每事都要奏请。所以郡太守在本郡之中，比较有施政的自由。上行的公文简单，丞相府虽然事繁，只要有三四百人也就够了。

郡太守由中央委派的，以下一个都尉（比二千石，管军事），一个丞（六百石，帮助太守办公），是由中央委派的。其余的掾属，都是由太守选用本地人。掾属之中，以功曹及督邮为最重要，功曹管监察太守府内，督邮管监察各县。其余各曹组织也和丞相府类似，只是太守府中掾属，自功曹以下，都只有百石，比较丞相府的待遇就远不如了。

县设令（或长）及丞、尉，大县为令，秩六百石至千石，小县为长，秩三百石至五百石。丞、尉皆秩二百石至四百石，也看县的大小来决定。丞管文事，尉管武事。县掾属的组织也和郡类似，只是没有督邮。县掾属的待遇，也和郡一样，当然在地位上，还是县不如郡。

侯国称为侯国相，实际和县令长一样，因为列侯从来不就国，侯国相除去要把赋税送给列侯之外，其他方面并与县无殊。此外在边远的夷区称为道，行政方面乃和县相同。

太守每秋行县课吏，春行县课农桑（《汉书》尹翁归及韩延寿传）。县秋冬上计于所属郡国（《续汉百官志》），考核县令长以将漕殿最，逋事多少，盗贼有无及得与不得为标准。

县以下的组织，分为乡与亭，亭以下再分里与什、伍，五家为伍，十家为什，十什为里。大率十里为亭，十亭为乡。

乡有啬夫、三老、游徼。啬夫掌争讼，收赋税，三老掌教化，游徼捕盗贼。亭设亭长，里设里魁，什伍各有长。这都是沿袭秦制的，所和秦制不同的，就是这种组织含有警察的性质，却并无连坐的规定。因此假如有盗贼，只要乡官告发就可以了，不必要十家连坐，互相保证。这种苛碎之法，总算汉代把它免除了，后来"保甲"法却有十家连坐之规定，但从来未能有效实行过。因为过分扰民了，不容易作为经常之制的。

在下层组织之中，实际上还以乡亭为最重要，亭虽然以户口为标准，但到了户口稀少之区，凡相距十里之处，也要设一亭，两亭之间设一邮。在边防线上，亭长兼司烽燧，亦称为燧长。

吏普通分为文武，亭长因为要捕盗贼，多以武吏充任（《后汉书·马武传》《汉书·朱博传》），乡官的秩禄多由人民摊派。《后汉书·左雄传》：

> 乡官部吏，职斯（贱）禄薄，车马衣服，一出于民，廉者取足，贪者充家。

可见无论如何，是要摊派的，上至县长，按照俸禄亦决不够用（见《群书治要》引崔寔《政论》），其势亦非出自摊派不可。所以汉代行政效率虽大，并且严禁贪污，但地方官"陋规"的传统，仍是可以从清朝溯至汉代。这也可以说在秦汉规定俸制之时，就已有了问题了。

汉代对于郡的监察官是刺史。在秦时本已有监郡御史，不过究竟多少郡一个御史，现在不知道了（假若三十六郡是故意用六的倍数，可能是全国六个御史）。汉文帝时改丞相史出来监郡，到武帝时始分设十三部刺史。刺史为六百石官，成绩好的升为太守（升任之郡大都不在过去所监察境内），刺史调郡吏办公，称为从事。三辅（京兆、冯翊、扶风），三河（河东、河内、河南）及弘农，不归刺史，系由司隶校尉监察，刺史之职，只监太守县令，不监丞尉以下，不过也察及豪强。

刺史也曾经几次改为州牧，成帝时曾经改为州牧，过了三年，哀帝又改为刺史。王莽当政，又改为州牧。光武初年，州牧与刺史并行，看任者的资格而定。建武十八年又全改为刺史。到灵帝中平五年，又成为州牧及刺史并置的时期。不过从东汉起，如有盗贼，刺史往往督率郡兵，这已开始了献帝时割据的因素了。

［引自《中国政治思想与制度史论集（三）》，1955 年 4 月］

西汉的臧贿事件

汉代的政治组织，是非常严密的，汉代的行政机构，是简单而有效率的，但是在吏治方面，有时不能作到理想的弊绝风清。这其中有几个原因：

第一，在一般说起来，禄秩并不如何的厚，往往不足以养廉。在比较大的官，尚有赐金来补给，在比较小的官，往往就只有舞弊了。

第二，中国历史上都是君主专制政权，也即是个人中心政治：君主一个人的耳目有时不能周察。在不能和君主接近的人，对于君主左右佞幸，往往有所顾忌，不能举劾。

第三，君主不能常为贤者，如遇君主不贤，或君主幼冲，外戚当政之时，则政风变之而坏。

自然，中国历代的贪污案子，无代无之，而陋规一事，从汉至清，更视为经常的官吏收入。不过从汉代贪污风气的起伏，可以窥见官吏一般的情况罢了。大致说来，天下分裂的时期，贪污之风最盛，而按照中国历史，统一都是从军事得来，没有一次例外，因此在统一之前，不但官吏贪污，军人也相当跋扈，等到用军事力量统一之后，这时便是天下太平，君主来一次整顿，由是贪污减少，家给人足，称为治世。过了几代，君主又不知稼穑之艰难，渐渐的放纵起来，贪污之风也一天一天的加甚，群盗渐起，这一个朝代又走上灭亡之路。

这一篇只是整理旧日的笔记，并未将正史检查一遍，当然有漏略的。不过可以表现一个大致情形，所以也不为详加考证了。

在武帝以前记载较少。《萧何传》称，高帝谓"相国多受贾人财物，为请吾苑"，实际是高帝舍不得上林苑，萧何受贾人财物，是一个莫须有的事。只有《文帝纪》：

> 张武等受赂金钱，觉，更加赏赐以愧其心。

张武是文帝藩邸旧人，有旧恩，所以稍宽些。不过文帝并非一个全然宽纵的人，只看诛薄昭一事，便可知这是可一而不可再了。

景帝元年诏曰：

> 吏所监临以饮食免，重；受财物，论轻。廷尉与丞相更议著令。廷尉信谨与丞相谓曰，吏诸有秩受其官属所监、所治、所行、所将，其与饮食，计偿费，勿论。它物若买故贱，卖故贵，皆坐臧为盗，没入臧县官。吏迁徙免罢，受其故官属所将监治送财物，夺爵为士伍，免之。无爵罚金二斤，令没入所受，有能捕告，异其所受臧。

沈钦韩《疏证》云：

> 饮食偿费勿论，唐律制律，诸盗监临之官，受猪羊供馈，坐臧论，强者，依强取。监临财物法，强乞取者，准枉法论，此唐律重于汉。
>
> 卖故贵皆坐臧为盗，唐律，若买卖有胜利者，以乞取论。监临财物有胜利者，计利准枉法论，枉法十五匹，绞。
>
> 受其故官属所得监治送财物，唐律，诸去官而受旧官属士庶馈与，若乞取借贷之属，各减在官时三等。
>
> 夺爵为士伍，免之，按秩二千石卒于官，乃有法赙。则迁免者不得也，此与见监治受财物者异科，以其迁替，非威力所劫，但官属送财，自不愿受耳，故惟夺爵而免坐赃也。

据以上景帝时的诏令，只是赃罪的补充条例，受臧另有□条，不在此令之内，此处所定只有几点：一、官吏受下属的饮食。二、官吏和属下有买卖的关系，不按市价。三、已去职的官，受人馈金。沈钦韩所引唐律，无疑的，和汉律有因述的关系，至于何者为轻，何者为重，那也不能一概而论，因为汉律比较概括，虽轻而必办，唐律是分析的，虽量而未必全办，郡就其中不免容易有所出入了。

景后二年诏云：

> 雕文刻镂，伤农事者也；锦绣纂组，害女红者也，农事伤，则饥之本也；女红害，则寒之原也。夫饥寒并至，而能亡为非者寡矣。……今岁或不登，民食颇寡，其咎安在？或诈伪为吏，吏以货赂为市，渔夺百姓，侵牟万民。县（令）丞，长吏也，奸法与盗盗，甚无谓也。其令二千石各修其职；不事官职耗乱者，丞相请以罪。布告天下，使明知朕意。

又景后三年诏曰：

> 农天下之本也，黄金珠玉，饥不可食，寒不可衣。……间岁或不登，意为末者众，农民寡也，其令郡国务劝农桑，益种树，可得衣，食物，吏发民，若取庸采黄金珠玉者，坐臧为盗，二千石听者，与同罪。

即在此时发民采黄金珠玉的，也以赃论了。

汉代的风纪，文景两代是好的，因为中国是一个农业国家，农业国家的特征是贫穷，俭朴，因此必须君主在上面率领着安贫，崇俭，然后可以家给人足。倘若不能办到，那整个的国家很容易走上崩溃的路上去。文景两代能够躬践实行，所以也就能以风行草偃。到武帝时代，这个好的风气便开始败坏，虽然武帝自己是雄才大略，知人善任，但终不免贻国家于贫困，幸亏有昭宣两代善于补救，人民才逐渐的富足起来。

然而文景两代的时候，也不是完全将臧贿的事情免掉，例如：

《张苍传》："苍任人为中侯，大为奸利，上以为让，苍遂谢病。"
《周勃传》："其后人有上书告勃欲反，下廷尉逮捕勃治之，勃恐不知
置辞，吏稍侵辱之，勃以千金与狱吏，狱吏乃书牍背示之曰：'以公
主为证。'公主者，孝文帝女也，勃太子胜尚，故狱吏教引以为证。"

在《张苍传》的一节，显示着虽然当时有人为奸利，但是国家还有法
纪。所以保荐的人要替被保荐的人买卖，纵然他是丞相，也不能免掉的，
在《周勃传》一节，看出刑狱的黑暗，指示辩护一节，在近代是公开的关
于律师的职务，然而古代是不允许的。间时狱吏的侵犯罪人，无所不有，
因之在贿赂方面，在狱吏中更为常见。这种黑暗的故事，直到现在尚完全
未免除，然而溯其原始却可以溯到很早。这也可以知道在监狱中黑暗的习
惯，是难于改革，并且是应当注意到必需改革了。

在武帝时代，因为武帝不修小节，政治的黑暗随着增加起来。在武帝
的初年，帝舅田蚡当政，田蚡便是招权纳贿的人。

《田蚡传》："淮南王谋反，觉。始安入朝，时蚡为太尉，迎安霸
上。谓安曰：'上未有太子，大王最贤，高祖孙。即宫车晏驾，非大
王尚谁立哉？'淮南王大喜，厚馈金钱财物，上自婴夫事不直蚡，特
为太后故，及闻淮南事，上曰：使武安侯在，族矣。"
《韩安国传》："安国失官家居，武帝即位，武安侯田蚡为太尉，
亲贵用事。安国以五百金遗蚡，蚡言安国太后，上素闻安国贤，即出
为北地都尉。"
又："王恢行千金丞相蚡，蚡不敢言上。"又："安国为人多大略，
知足以当世取舍，而出于忠厚。贪耆财利，然所推举，皆廉贤于
己者。"

汉武帝重用酷吏，不过酷吏中尽多清廉的。例如：

《赵禹传》："禹为丞相吏，府中皆称其廉平，然亚夫勿任，曰：'极知禹无害，然文深不可以居大府。'"

《义纵传》："纵廉，其治效郅都。"

《尹齐传》："病死，家直不过五十金。"

《张汤传》："汤死，家产直不过五百金，皆所得奉赐，无他业。"

而王温舒死，家累千金，那就有问题了。

至于武帝时的一般丞相，那就如《申屠嘉传》所言：

嘉为人廉直，门不受私谒……嘉死后，开封侯陶青，桃侯刘舍，及武帝时柏至侯许昌，平棘侯薛泽，武强侯庄青翟，商陵侯赵周，皆以列侯继踵，龊龊廉谨，为丞相备员而已。

汉武帝对于自己的亲戚，较为放纵，如前节田蚡事所述，又《卫青传》云：

是岁失两将军，亡翕侯，功不多，故青不益封。……青赐千金。是时王夫人方幸于上，宁乘说青曰："将军所以功未多，身食万户，三子皆为侯者，以皇后故也。今王夫人幸，而宗族未富贵，愿将军奉所赐千金为王夫人亲寿。"青以五百金为王夫人亲寿，上闻，问青，青以实对，上乃拜宁乘为东海都尉。

武帝赐卫青金为行军劳苦，卫青为王夫人亲上寿，为的是什么呢？此风一开，人皆可以上寿为名来行贿，在贵戚之间还有什么法纪？此事本不足谓，班固记载此事也就是照实写来罢了，但《史记》的褚少孙补文，不仅有错误，并且对□这个帮闲的东海都尉还欣羡的不得了，笔墨之间几乎不知道人间有羞耻事，这一点表现西汉的士风，远不如东汉士风的明耻尚义，又《淮南王安传》：

> 王女陵，慧有口，王爱陵，多予金钱，为中诇长安，约结上左右。

即淮南王的"郡主"，用金钱来作间谍，来连络武帝的左右，其情形更不可问了。

又《主父偃传》：

> 大臣皆畏其口，赂遗累千金，……上拜偃为齐相。偃召宾客，散五百金。

《齐悼惠王传》：

> 是时赵王惧主父偃重出败齐，恐其渐疏骨肉。乃上书言偃受金及轻重之短，天子乃囚偃。

也可以看出公卿间贿赂的关系。

昭宣两代，循吏辈出，号为清平，但有时尚不免在积声上有不公之处。《杨恽传》：

> 郎官故事，令郎出钱市财用，给文书，乃得出，名曰山郎，移病尽一日，辄偿一沐，或至岁余不得沐，其豪富郎日出游戏，或行钱得善部，赂赂流行，转相放效。恽为中郎将，罢山郎，移长度大司农以给财用，其疾病休谒洗沐皆以法令从事，郎谒者有罪过辄奏免，荐举其高第有行能者至郡守九卿，郎官化之，莫不自厉，绝请谒货赂之端，令行禁止，宫殿之内，翕然同声。

至宣元以后，亦常闻货贿之事。

> 《陈万年传》："万年廉平，内行修，然善事人，赂外戚许史，倾家自尽，尤事乐陵侯史高。……子咸，万年当病，命咸教戒于床下，

语至夜半。咸睡，头触屏风。万年大怒，欲杖之，曰：'乃公教戒汝，汝反睡，不听吾言，何也？'咸叩头谢曰：'具晓所言，教咸谄也。'万言乃不复言。……为南阳太守，所居以杀伐立威，豪猾吏及大姓犯法辄论输府，以程作司空。……其治放严延年，其廉不如，所居调发属县，所出食物以自奉养，奢侈玉食，然操持掾史，郡中长吏，皆令闭门自敛，不得逾法。……令行禁止，然亦以此见废。……薛宣、朱博、翟方进、孔光等，仕宦绝在咸后，皆以廉俭先至公卿，而咸滞于郡守。

《陈汤传》："汤素贪，所虏获财物入塞，多不法，司隶校尉移书道上，系吏士按验之，汤上疏言。……上立出吏士。……成帝即位，丞相衡复奏汤以吏二千石牵使，颛命蛮夷中，不正身以先下，而盗所取康居财物，戒官属，曰，绝域事不复校，虽在赦前，不宜处位。汤坐免。……汤前为骑都尉王莽上书，父早死，独不封，母明君共养皇太后，尤劳苦，宜封，竟为新都侯。后皇太后同母弟苟参为水衡都尉，子伋为侍中，参妻欲为伋求封。汤受其金五十金，许为求比上奏，弘农太守张匡坐臧百万以上，狡猾不道，有诏即讯，恐下狱，使人报汤，汤为讼罪，得逾冬月，许谢钱二百万，皆此类也。"

《丙吉传》："掾史有罪臧，不称职，辄予长休告，终无所案验，客或谓吉曰：'君侯为汉相，奸吏成其私，然无所惩艾。'吉曰：'夫以三公之府，有案吏之名，吾窃陋焉。'后人代吉，因为故事，不案吏自吉始。"

《丙吉传》："先是（丙吉子）显为太仆十余年，与官属大为奸利，臧于余万，司隶校尉昌劾主不道。奏请逮捕，上曰：'故丞相吉有旧恩，朕不忍绝。'免显官，夺邑四百户，后复以为城门校尉。"

《尹翁归传》："公廉不受馈，百贾畏之。"

《王尊传》："告属县曰：府丞悉署吏行能，分别白之，贤为上，毋以富，贾人百万，不足计事。昔孔子治鲁，七日诛少正卯。今太守视事已一月矣，五官掾张辅怀虎狼之心，贪污不轨，一郡之钱，尽入辅家，然适足以葬矣。令将辅送狱，直符史诣阁下，从太守受其事，丞戒之戒之，相随入狱矣。辅系狱，数日死，尽得其狡猾不道，百万奸臧。威行郡中。"

《孙宝传》："帝舅红阳侯（王）立，使客因南郡太守李尚占垦草田数百顷，颇有民所假，少府陂泽，略皆开发，上书愿以入县官。有诏平田予直。钱有贯一万万以上。宝闻之，遣丞相史按验，获其奸，劾奏立怀奸罔上，狡猾不道，尚下狱死。立虽不坐，后兄大司马卫将军商薨，次当代商。上废立而用其弟根。"

《何并传》："是时颍川钟元为尚书令，领廷尉，用事有权。弟威为郡掾，臧千金。并为太守，辞钟廷尉，廷尉免冠为弟请，愿早就髡钳。并曰：'罪在弟身与君律，不在太守。'元惧，驰遣人呼弟。……并下车敕曰：'钟威所犯多在赦前，驱使入函谷关，勿令污民间，不入关乃收之。'钟威负其兄，止洛阳，吏格杀之。"

《冯奉世传》："是时汉数出使西域，多辱命不称，或贪污为外国所苦。"

《冯野王传》："以治行高，入为左冯翊，岁余而池阳令并素行贪污，轻野王外戚年少，治行不改。野王部督邮掾祋赵都案验，得其主守盗十金罪，收捕并不首吏。都格杀并家上书陈冤，事下廷尉，都诣吏自杀，以明野王，京师称其威信。"

《冯立传》："立居职公廉，治行略与野王相似。"

《薛宣传》："始高陵令杨湛栎阳令谢游皆贪猾不逊，持郡短长，前二千石数案不能竟。及宣视事，诣府谒宣设酒饭与相对，接待甚备。已而阴求其罪臧，具得所受。宣察湛有改节敬宣之效，乃手自牒书，条其奸臧，封与湛曰：'吏民条言君如牒，或议以为疑于主守盗。冯翊敬重令，又念十金法重，不忍相暴章，故密以手书相晓，欲君自图进退，可复伸眉于后，即无其事，复封还记，得为君分明之。'湛自知罪臧皆应记，而宣辞语温润，无伤害意，即时解印绶付吏，为记谢宣，终无怨言。而栎阳令游自以大儒有名，轻宣。宣独移书显责之曰：'告栎阳令：吏民言令治行烦苛，适罚作使千人以上，贼取钱财数十万，给为非法，买卖听任富吏，贾数不可知，证验以明白，欲遣

> 吏考案，恐负举者，耻辱儒士，故使掾平镌令。孔子曰：陈力就列，不能者止。令详思之，方调守。'游得檄，亦解印绶去。"

此外在罗方进、朱博、黄霸各传，也有对于臧吏，令行奸止的功效。所以我们可以看出来，到了西汉的晚期，纪纲还是振作的。虽然不能完全将贪污肃清，但是肃清贪污的作用仍然随时可以发现出来。这一点是因为汉代的政治建筑在法纪上，君相在精神上都受过法家的洗礼，所以不论法家的意味在当时是否最浓，但在维持纪纲一点上，总是要设法做到，所以偶然还有例外，大致说来，总是在维持纪纲的一个原则上，不大姑息的。因此虽然不是没有大的案件发生，但大的贪污案件，不是无声无息的阴消下去，不过官吏俸禄，不尽合理，因此小的陋规事件却常常难以避免。所以汉代的政风并非我们理想中最好的政风。然而在中国政治史上看来，还要算汉代最好。

以上只是西汉的一代大体的情况。东汉一代俟另文论及。

（刊载于《中央日报》，1947 年 9 月 3 日）

三老余义

苏莹辉先生以《论我国三老制度》见示，考证精详，深可以与赵宽碑相印证，承属为小文以补历来言三老制者之未足，谨识数端，聊以奉教。

三老之职以"三"为称，苏莹辉先生以汪中《释三九》为例，以为众老之称，其言是也。《王制》："有虞氏养国老于上庠，养庶老于下庠；夏后氏养国老于东序，养庶老于西序；殷人养国老于右学，养庶老于左学；周人养国老于东胶，养庶老于西胶。"又曰："五十养于乡，六十养于国，七十养于学，达于诸侯，八十拜君命，一坐再至，九十使人受。……五十杖于家，六十杖于乡，七十杖于国，八十杖于朝，九十者，天子欲有问焉，则就其室以珍从。"是三老者，犹言众老，五更者，自五十以至于九十，凡历五等也。（又按《曲礼》："五十曰艾，服官政。"犹未退休，至"六十曰耆，指使，七十曰老，而传，八十、九十曰耄"，自耆老耄，而真老矣，三老之义，或亦指此乎？）故三老五更皆为老者之泛称，原非职位。惟古者敬老尊贤，朝廷莫如爵，乡党莫如齿。齿之尊者，则排难解纷，募资集事，其力略同于有爵。浸假而官府亦赖老者之力以率化教民，而三老遂为乡之常职，此秦汉以来乡官中首列三老之所由起也。

汉代县以下以乡为单位。乡官正者为啬夫，啬夫为文职，副者为游徼，游徼为武职；而三老虽被尊崇，但就俸禄而言，啬夫有秩者为百石，次为斗食，游徼为斗食，三老则仅获复除而已，非有禄秩，此所谓"师而不臣"也。有秩仍为啬夫，惟禄厚耳。大抵乡之大者，例设有秩（如《续志》引《汉官仪》："乡户五千，则置有秩。"）然边区要地，虽不及五千户，亦偶设有秩，敦煌简："敦德步广尉曲平望塞有秩候长敦德亭间东武里五士王参秩庶士"是也。类此之事如汉代之县，万户为令，减万户为长，而边郡之县虽不及万户，亦往往置令，此由地方情况特殊，亦非万户为准所能限制者矣。啬夫之事既为文职，主听讼收赋税，而亭之职则为求捕盗贼，问而啬夫之事多与里相涉；因而凡言户口居处之事者，多言乡里而不言乡亭。游徼之事既为武职，主禁捕盗贼，而亭之设立亦在禁捕盗贼，故凡言治安防御之事者，亦多言乡亭而不言乡里矣。自于边塞，则武事为多，塞上之亭，更称为隧。略当于县者，更有侯官，侯官之下有侯长，则兼有啬夫游徼之任，而于其下更置隧长焉。塞上有居民之处，虽或亦置啬夫，受县之管辖，其无居民，但有屯兵之处，则仅有侯长而已。有啬夫，则应有三老，无啬夫，则亦不置三老也。

乡之设置由于邑聚，县之设置，则多为故诸侯国，故《续汉书》刘注引应劭《汉官》曰："大县丞，左右尉，所谓命卿三人，小县一尉一丞，命卿二人。"是县之组织本可溯源于诸侯故国，而乡之组织乃大夫之食邑耳。诸侯有养老之礼，大夫有乡射之仪，皆以齿叙，是则三老之位，来源旧矣。县为故国，乡为故邑聚，故高帝二年之诏，"举民年五十以上，有修行能帅众为善，置以为三老，乡一人，择乡三老一人，为县三老，与县令丞尉，以事相教"。以县乡为准，不言郡国也。沈钦韩《汉书疏证》曰："仓颉庙碑阴：衙县三老上官夙，衙乡三老时勤，此有县三老，乡三老之证，又有郡三老，见后书，王景父闳为之。"此亦间置郡三老之证，然汉代郡县掾属，随地异宜，大都郡县自辟，其事不关朝廷。其设置虽由于国家法令，亦未尝不可由郡县长官自行调整。则西汉郡三老之位，或置或否，似亦无定法。至于东汉，因已置国三老，似郡三老亦在所必设矣。

自王莽置国三老，而更始沿其旧，以赵王良为国三老。其后赵王良奔于洛阳，归光武，始受封王爵，当不复为国三老。然是否尚存国三老一职，史无明文。但能从《续汉书·礼乐志》，知明帝永平中仍置国三老而已。除士孙瑞在外，至于东汉时为国三老五更者，尚有：

《冯鲂传》："为大司空，免，建初三年，为五更，诏访朝贺。"

《杨厚传》："统位至光禄大夫，为国三老。"

《桓荣传》："为太常，三雍初成，拜荣为五更。"

《鲁丕传》："再为国三老。"

《独行李充传》："年八十，以为国三老。"

《张霸传》："后当为五更，会疾卒。"

《儒林伏恭传》："建初二年，肃宗行飨礼，以恭为三老。"

《隶释》卷六有国三老袁良碑，似东京时国三老盖为常置。惟依《王制》所记，不以吏事加诸群老，而赵宽碑亦言师而不臣。是国三老之禄，盖由于赏赐，或由于散秩（如光禄大夫之类），不在百官序列之中，故司马氏《续志》，亦不列国三老之名也。此制晋时尚有，《晋书·王祥传》"天子幸太学，以祥为三老，祥南面几杖，以师道自居"，则亦因仍东汉故事。国三老之废，盖在永嘉以后矣。

（刊载于《大陆杂志》，第 21 卷第 9 期，1960 年 11 月）

干支与纪年

甲乙丙丁戊己庚辛壬癸为天干，子丑寅卯辰巳午未申酉戌亥为地支，天干十地支十二，两者相配共为六十，周而后始。近古以来凡年月日时皆以干支纪，然在上古则不然。甲骨全文所用干支皆限于纪日，年月与时皆不用干支。

年之用干支始于东汉，在战国及西汉虽治历数者言岁星所在附以干支方位，然不用干支而用别称，盖因其与干支之数不能全部相符之故。岁星者木星也，木星轨道大略十二年而一周，因而在地所见之岁星亦大略十二年而一周天，古人因以之纪岁。然岁星之方位则不用甲乙丙丁，而用"阏逢""旃蒙"诸称，则因其一百四十四年超辰之故（按古法计）。其语似源出译名，本非华语，近人虽有考证，以为出于希腊或印度，书阙有间，疑未能明也。

《尔雅·释天》：岁阳，"太岁在甲曰阏逢，在乙曰旃蒙，在丙曰柔兆，在丁曰强圉，在戊曰著雍，在己曰屠维，在庚曰上章，在辛曰重光，在壬曰玄黓，在癸曰昭阳"。又岁阴，"太岁在寅曰摄提格，在卯曰单阏，在辰曰执徐，在巳曰大荒落，在午曰敦牂，在未曰协洽，在申曰涒滩，在酉曰作噩，在戌曰阉茂，在亥曰大渊献，在子曰困敦，在丑曰赤奋若"。盖岁星一周为十一年又三百十五日，若以十二年计，则较地运转之岁实每年约相差四日，百年之中已相差一年。古代历法虽与西法实测颇有差数，然超辰之法则古已有之。用干支纪年，取其相续不断，用太岁纪年必当用超辰之法。故岁阳岁阴不能为记岁之干支相合。例如汉武帝太初元年（公元前一〇四年）以干支纪年当为丁丑，然《史记·历书》则言是年岁在阏逢摄提格，则为甲寅矣。故通行之甲子及乙丑，实为太岁所在之阏逢困敦及旃蒙赤奋若不相同，二者绝不可以互相代替。因而司马温公《通鉴》，皆以太岁之阳岁阴代替干支。如《通鉴·汉纪十三》，起玄默涒滩，武帝元封二年，尽玄默敦牂，武帝天汉二年，其武帝太初元年，仍值丁丑，当为强圉赤奋若（《通鉴目录》太初元年即作强圉赤奋若），非阏逢摄提格，与《史记·历书》不合。此《通鉴》以太岁代通用之干支，乃温公之误也。

《史记》所据为太初历，《汉书·律历志》所据为三统历。《汉书·律历志》曰："二世本纪，即位三年，凡秦伯五世四十九岁，汉高皇帝著纪，伐秦继周，木生火，故为火德。天下号曰汉。距上元年十四万三千二十五岁，岁在大棣之东井二十二岁，鹑首之六度也。故《汉志》曰，岁在大棣，名曰敦牂，太岁在午。"又："元狩元鼎元封各六年，汉历，太初元年距上元十四万三千一百二十七岁，前十一月甲子朔旦冬至，岁在星纪婺女六度，故《汉志》曰，岁名困敦，正月岁星出婺女。"则汉高帝元年为乙未，汉武帝太初元年为丙子，虽较现今所用者排后一岁，然较《史记》以太初元年为甲寅相差二十四年者，大为不同矣。

《汉书·律历志》记太初改历之事曰："武帝元封七年，汉兴百二岁矣。太中大夫公孙卿，壶遂，太史令司马迁等，言历纪坏废，宜改正朔。……遂诏卿，遂迁与侍郎尊，大典星射姓等，议造汉历，乃定东西。立晷仪，下漏刻。以追二十八宿相距于四方。举终以定朔，晦，分，至，躔，离，朔，望。乃以前历上元秦初四千六百一十七岁，至于元封七年，复得阏逢摄提格之岁。仲冬十一月甲子朔旦冬至，月在建星，太岁在子。"《读书杂志》王引之曰："子当为寅，后人改之也。太岁在寅曰摄提格。上言摄提格之岁，则下当言太岁在寅。盖所谓前历者，殷历也，黄帝以下六历，惟殷历之用甲寅（见续志论及《开元占经·古今历积篇》），殷历上元泰初中冬十一月甲子朔旦冬至，日月在建星，太岁在寅，故得阏逢摄提格之岁也。……古人言太岁皆用夏正，自元封六年正月至七年（七年即太初元年）前十二月，为夏正甲寅年之一岁。……后人见下文岁继曰："数从丙子起。"又说太初元年引《汉志》曰岁名困敦，遂改寅为子。不知岁名困敦乃汉太初历之太岁，应岁星与日同次之子月者也（说详《太岁考》），太岁在寅乃殷历之太岁，应岁星辰见之寅月者也。在寅不在子，在子不在寅，岂有摄提之岁，而太岁在子者乎？故西汉之摄提纪年，当因历法之不同，而所纪者各不一致。因而年历表中纪年之甲子乙丑，皆东汉以后依当时历法所追称。上世通常既不用干支纪年亦不用摄提格纪年也。

《续汉书·律历志》曰："顺帝汉安二年，尚书侍郎边诏上言，……从太初至永平百七十岁，进退余分六十三，治历者不知处之。……至永和二年，小终之数寝过，余分稍增，月不用晦朔而先见。"……诏书下三公百官就议。太史令虞恭，治历宗䜣等议，"建历之本必先立元，元正然后定日，法定然后度周天以定分，至三者有程，则历可成也。四分历仲纪之元，起于孝文皇帝后元三年，岁在庚辰，上四十五岁，岁在乙未，则汉兴元年也，又上二百七十五岁，岁在庚申，则孔子获麟，二百七十六万岁，寻之上行复得庚申，岁岁相承，从下寻上，其执不误，此四分历元，明文图织所著也。"自此以后，纪岁之方遂归简化，不更用超辰之法。干支相接，以迄于今。故屈原生年"摄提贞于孟陬兮，惟庚寅吾以降"，此摄提当公元前何年，殊非一言可决，而陶渊明之"岁惟丁卯，律中无射"，则到宋元嘉四年公元四二七年也。

（引自《中国的社会与文学》，文星书店，1964 年）

汉简中之武帝诏

……几成风，绍休圣绪。传不云乎，十室之邑，必有忠信。（一二六·三〇）

……子雍于上闻也，二千石长官纲纪人伦。（三三二·一六）

此二简前西北科学考察团发现于额济纳河畔，原为二简，今据《汉书·武纪》定如一诏。原诏曰：

"公卿大夫所使总方略，壹统类，广教化，美风俗也。夫本仁祖义，褒德禄贤，劝善刑暴，五帝三王所繇昌也。朕夙兴夜寐，嘉与宇内之士，臻于斯路。故旅耆老，复孝敬，选豪俊，讲文学，稽参政事，祈进民心。深诏执事，兴廉举孝，庶几成风，绍休圣绪。夫十室之邑，必有忠信，三人并行，厥有我师。今或至阖郡而不荐一人，是化不下究，而积行之君子雍于上闻也。二千石长官纪纲人伦，将何以佐朕，烛幽隐，劝元元，厉烝庶，崇乡党之训哉？且进贤受上赏，蔽贤蒙显戮，古之道也。其与中二千石礼官博士议不举者罪。"有司奏议曰："古者诸侯贡士，壹适谓之好德，再适谓之贤，三适谓之有功，乃加九锡。不贡士，壹则黜爵，再则黜地，三则黜爵黜地毕矣。夫附下罔上者死，附上罔下者刑，与闻国政而无益于民者斥，在上位而不能进贤者退，此所以劝善黜恶也。今诏书昭先帝圣绪，令二千石举孝廉，所以化元元，移风易俗也。不举孝，当以不敬论，不察廉不胜任

也，当免”。奏可。（元朔元年冬十一月）

　　此二简简宽市尺五分半，简长前简市尺六寸二分，后简市尺五寸二分（据照片，系按原大者），前简简尾空白处仅余二分，其余脱去。后简简尾空白处计市尺一寸。依诏书原文“三人并行”至“纲纪人伦”凡四十三字，今“子雍”至“人伦”凡十五字，五寸二分除空白得四寸二分，十五字每字得二分八厘。若以四十三字计，合一尺二寸零四厘，合汉尺一尺七寸二分，更加首尾各一寸，合汉尺各一寸四分，应加汉尺二寸八分，共合汉尺二尺。按汉诏尺一，汉律二尺四，皆与二尺之数不合。但此四十三字以二简计，应再加首尾空白汉尺二寸八分，共得汉尺二尺二寸八分。以二除之，每简为一尺一寸四分，与诏常定制一尺一寸稍近。此因汉人书诏，不用横格。字有疏密，仅能知其概数，不可得其确数也。

　　案武帝此诏前为武帝制诏，后为公卿奏议，最后的奏可。若依汉代诏令格式，则前应为“制诏御史大夫下丞相，丞相下中二千石，二千石”，始接诏书本文。其后当为“元朔元年十一月□□下”（例据敦煌简）。其有司奏则于前当为丞相臣泽（薛泽）、御史大夫臣欧（张欧）……稽首言”，其奏后则当有：“臣泽臣欧……愚戆诚惶诚恐顿首顿首死罪死罪，臣稽首以闻。”又后则为“制曰可”（例见百石卒史碑），更后则为“御史大夫欧下丞相，丞相下中二千石二千石，郡太守诸侯相，承书从事下当用者，如诏书，书到言”（例见敦煌简）。史文避复从简，故删削之，留其大略，然诏奏之先后，犹可略见昔时格式也。

　　《武帝纪》自史官删定，历经传录，颇与原诏违异，今据此二简，可以窥见其余。例如原诏作“传不云乎，十室之邑，必有忠信”，今作“夫十室之邑，必有忠信”。“二千石长官纲纪人伦”今作“纪纲人伦”。按“十室之邑，必有忠信”见于《论语》，故云“传不云乎”，《武纪》以“夫”字贯之，失其恉谊。又“纪纲”二字多为先秦经籍所用，如《诗·棫朴》“勉勉我王，纲纪四力”；《诗·假乐》“之纲之纪，燕及朋友”；《棫朴》笺云“以网罟喻之，张之为纲，理之为纪”。皆先纲而后纪。《白虎通·三纲》，应亦与此同源。惟《书·五子之歌》“今失厥道，乱其纪纲”，乃魏晋人作，非秦汉人语也。据此二条，皆残简较《汉书》为胜。

居延之开辟在太初三年，此诏在元朔元年，远在二十五年以前。盖荐贤要政，已定著令。故居延后辟而此诏犹见于塞上矣。汉代人才多由察举，高帝十一年已有察举诏。然汉承秦制，用法綦严，秦范雎举王稽，王稽事败，雎亦自免。至于汉世如《汉书·功臣表》："山阳侯张当居坐为太帝择博士弟子，故不以实，完为城旦。"《百官表》："执金吾韩立坐选官不实，免。"又："御史大夫张谭坐选举不实免。"《陈汤传》："张勃举陈汤，司隶奏汤无循行，勃选举故不以实，削户二百。"《翟方进传》："红阳侯立举陈咸，丞相翟方进奏咸不当蒙方正，并劾立不以实，诏免咸。"《杜延年传》："太常杜业选举不实，坐免官。"此虽武帝以后之事，然其法以秦事按之，故当定自武帝前。是有司之不举人，非徒避事，且畏法也。自此诏行，而后举不以实者固坐法，其不举者亦坐法，昭宣之治，彬彬可采，非无故也。

虽然，汉初不尚人才而风俗醇厚，周云成康，汉云文景，美矣。武帝以雄才大略继之，功业文章，彪炳百世，而风俗莫称焉。千载是非，莫能遽断也。惟文景之世，因陋就简，号为网漏吞舟之鱼；功臣子弟，位备公卿；仓庾世职，以为姓氏；游侠豪右，肆为非法。因循阘茸，浸成政令，虽富庶其表，而潜祸已伏，此正贾生所为长太息者。徒以孝武有五十四年。世人忆文景之富庶而忽文景之阽危，遂以文景当汉代之极盛。向使无武帝之改制，外征四夷，内清豪右，则汉家三七之厄，或竟在昭宣之世，未可知也。今案有汉一代，惟孝武得人称盛，《汉书·公孙弘传》论曾畅言之。而得人之盛正以显扬仄陋，不循旧制，使岩穴英资，咸遂其效。虽武帝选拔豪俊不由一端，然与世卿对待之定制，则为察举之法。东汉左雄复改察举而增考试，于是中国文官制度千年不拔之基于焉肇启，溯其本原未始不由此诏也。

武帝之功业始于元朔，此时得人亦众。自元朔至于元封，凡二十年，内平淮南之狱，置左官之律，尽结束高帝以来诸侯王之六国故事，更以酎金法尽废高帝时百余通侯，于是大一统之天下得以确立。在外更收河南地，取昆邪及休屠王地，定南越，平西南夷，灭朝鲜，定中国天然四境。

至元封而功业完成，然武帝亦垂老矣。是时文武名臣欲尽，武帝始置刺史，更察举茂材异等，虽与此诏异，然亦由此诏发其端也。

（刊载于《图书季刊》，第 5 卷第 2—3 期，1944 年 6 月）

从汉简论"使君"之称及东西堂之制

未及至前因过车来言使君四月中疾君徙病甚　　　（面）（41）7

□使君徙居衡君家以未愈大舍东堂地

□前乃来谨请李子更再拜白□奴□高子思　　　（背）（42）6

（见汉晋西陲木简）

　　此简为书牍，所言之事为使君行部，在四月中病甚，居衡君家，暂舍衡君东堂之事。使君，指刺史，敦煌属凉州刺史部，则使君当指凉州刺史也。汉代称太守为府君，刺史为使君。盖刺史当追溯于秦御史监郡及汉初丞相史监郡，皆属于朝廷特使，故非地方官，虽有治所，原不称府，故称为使君而不称为府君也。《后汉书》卷三十一《郭伋传》："（建武）十一年，省朔方刺史属并州，帝以卢芳据北土，乃调伋为并州牧。……既至，行部到西河美稷，有儿童数百，各骑竹马，道次迎拜。伋问儿童何自远来，对曰：'闻使君到，喜，故来奉迎。'"此传所言伋虽为并州牧，而牧除增秩为二千石，秩次当在太守之上以外，其例行事务，固与刺史相同，故亦称使君也。《三国志·先主传》，称刘备由曹操表为豫州牧，操称"天下英雄，惟使君与操耳"，称州牧为使君，与此亦同。

　　汉世特使亦率称使君，《汉书》四十九《爰盎传》："徙为吴相，盎告归，逢丞相申屠嘉，因跪曰：'欲请间。'丞相曰：'使君所言公事，之曹与长史掾议之。'"爰盎当时为王国相，时在汉初，三国领郡，故在秩次郡太守上，然称使君而不称府君，则以汉初制度，亦往往从战国时沿袭而

201

来。战国时大国置相于小国，就小国而言，则相为本国之辅相，但就大国而言，则国相为大国之特使。此与太守为地方官者，仍不相同，故汉代在中央方面言，仍以使君称王国相也。西汉末期以后，如何称国相，仍不详悉，似仍以称使君为是。但敦煌为郡，属中央不属王国，则此使者当指刺史而非指任何王国相，则无疑义。

又《后汉书》十六《寇恂传》云："恂为郡功曹，太守耿况甚重之。王莽败，更始立。使使者徇郡国，曰：'先降者复爵位。'恂从耿况迎使者于界上，况上印绶，使者纳之，一宿无还意。恂勒兵入见使者，就请之。使者不与，曰：'天王使者，功曹敢协之耶？'恂曰：'非敢协使君（注：君者，尊之称也），窃伤计之不详也。今天下初定，国信未宣。使君建节衔命，以临四方，郡国莫不延颈倾耳。望风归命，今始至上谷而先堕大信……复将何以令它郡乎？'……使者不得已，乃承制诏之，况受而归。"此使者为特遣使臣，非刺史州牧，亦非王国相，但亦称使君，是府君之称，专限于太守而言，其从中央特遣之大吏，于郡国中皆称使君矣。

东堂者，堂之东别省一堂，亦以居人。然宫寝之制大小不一，则东堂制度，亦大小不一。其简陋者，或但有正寝，而无东堂及西堂。其闳伟者，则东堂或西堂，可与正寝同大而并列。今言"使君徙居衡君家，以未愈大舍东堂地"。民家东堂可以供使者（可能为凉州部刺史）养病居住，则其东堂规模当不太小。以明清建筑例之，盖所谓"东跨院"或"东偏院"之类，否则纷纭嘈杂，决不适于大吏养病。此为书牍所言，其地亦难确指。但以今塞上考古遗址衡之，此类较大民居，必在郡城或县城中，必不在烽燧之下，亦可断言也。

东堂据《尚书·顾命》曰："二人雀弁，执惠，立于毕门之内；四人綦弁，执戈上刃，夹两阶戺；一人冕，执刘，立于东堂；一人冕，执钺，立于西堂；一人冕，执戣，立于东垂；一人冕，执瞿，立于西垂；一人冕，执锐，立于侧阶。"此种配备，应如下列图表：

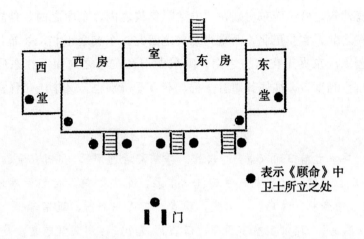

表示《顾命》中
卫士所立之处

门

据《尚书正义》孔颖达疏云："先门，次阶，次堂，从外向内而称之也。次东西垂，次侧阶，又从近向远而叙之也。"孔氏注意叙述之次序，命意良是。然未言东堂、西堂与正寝之堂有别，则语意不明。盖正寝之堂非东西堂，东西堂乃在正寝之侧，别为一所。古来言宫室制度者，每于东西堂制有所含混，以致全局皆乱，无从懂理，此则不可以不深究者也。

言仪礼宫室之制者，以宋李如圭《仪礼·释宫》为圭臬。清人言宫室者，亦先从李作为准则而加以增删改订。李氏之言曰：

> 南北之中为中堂（此言宫室之主要部分为堂者，亦即中堂）。堂之东西墙谓之序。序之外为夹室。（李氏自注云：《公食大夫礼》："大夫立于东夹南。"注曰："东于堂。"贾氏曰："序以西，为正堂，序东，有夹室。今立于堂下，当东夹，是东于堂也。"又按《公食礼》，"宰东夹北，西面"。贾氏曰："位于北堂之南，与夹室相当。"《特牲馈食礼》："定边铏，在东方。"注曰："东房，房中之东，当夹北。"则东夹之北，通为房中矣。室中之西，右房之制，无明文。东夹之北为房中，则西夹之北，盖通为室中。其有两房者，则西夹之北通为右房也欤？）

按东夹室在东序之东，亦即东墙之东。夹室与堂中隔一墙，故夹室在"中堂"本身建筑之外。而东房则在"中堂"建筑之内，东序之西。是故东房能在东夹之北，实非正北，而是当东夹之西北。东夹之正北，并非与东房为界。若承认东夹正在东房之南，则东夹当在东序之内而不在东序以外矣。言宫室制度者，往往其中有矛盾，不可不辨别也。又李氏《释宫》自注曰：

夹室之前曰厢（案：《仪礼》作箱，古通用），亦曰东堂、西堂。（李氏自注曰：《觐礼》注曰："东厢，东夹之前，相翔待事之处。"《特牲馈食礼》注曰："东堂，西堂，东西夹之前，近南耳。"（《尔雅·释宫》曰："室有东西厢，曰庙。"郭氏曰："夹室前堂，是东厢，亦曰东堂；西厢，亦曰西堂耳。"《释宫》又曰："无东西厢，有室，曰寝。"按《书·顾命》，路寝有西夹。《士丧礼》："死于适寝，主人降袭绖于序东。"注曰："序东，东夹前。"则正寝亦有夹与厢矣。《释宫》所谓无东西厢者，或者谓庙之寝也与？）

在此所言，亦有疑窦。郑注于《士丧礼》明言："序东，东夹前。"可证东夹在东序之东，而东夹与东房，中隔一序，亦即堂之东墙，与《特牲馈食礼》郑注所言，东房在东夹以北者，显然矛盾。但将东房置于东序以西之方式，牵涉甚少，易于处置，若将东夹置于东房之南，亦即将东夹从东序（东墙）之东，改换为在东序以西，则牵涉太广，难以处置。因此，亦惟有认为《特牲馈食礼》之郑注，偶有辞不达意之处，不能拘泥也。至于《尔雅·释宫》中所言，庙有东西厢而寝无东西厢一事，歧义尚多，即东西厢是否即东西夹室，抑东西厢别指"周庐"而言，是东西夹室以外又别有东西厢则与寝制并不冲突。而况周汉以来，寝庙之制，亦不统一，《尔雅·释宫》所言，仅为制度之一种，不能通天下而皆准也。又李氏《释宫》自注曰：

凡无夹室者，则序以外通谓之东堂、西堂。按《乡射礼》，射于庠序。而主人之弓矢，在东序东。大射仪，射于射宫。而君之弓矢，适东堂。大射之东堂,即乡射之东序东。以其无夹与厢,故东序东,直谓之东堂也。此东西堂,堂有各阶。按《杂记》,"夫人奔丧,升自侧阶"。注曰:"侧阶,旁阶。"《奔丧》曰:"妇人奔丧,升自东阶"。注曰:"东阶,东面阶也"。贾氏释《燕礼》曰:"东面阶,西面阶",妇人之升东西阶者,盖东堂之阶,其西堂,则有西面阶也。

今按东堂亦即东夹堂,西堂亦即西夹堂,随事异名,其地即中堂东墙以外及西墙以外,所附属之偏堂也。此种东堂、西堂制度,通于庙寝。至于庙寝之阶,当有三阶。在中堂之前者,有二阶,东曰阼阶,西曰宾阶。而在东堂之前者,别有侧阶。《杂记》所言之"侧阶",《奔丧》所言之"东阶",贾氏释《燕礼》,亦即此阶。盖东方为主位,西方为宾位,妇人上下,皆循此阶。再以《顾命》证之,"夹两阶玌",所指者为阼阶及宾阶,共为两阶。此外别有一"侧阶",证以《礼经》,则侧阶实即东夹前之东阶,至于西夹之前,则无阶矣。贾氏释《燕礼》,谓有西侧阶者,未谛。路寝之前既仅有三阶,则孔注及孔疏释《顾命》之"东垂""西垂"者,为别有东阶及西阶者亦非。盖垂者,边垂之垂,亦即堂角之坫。依《顾命》原意,实不宜再释为阶也。

又李氏《释宫》云:

"东堂下,西堂下,曰堂东,堂西。"自注云:《大射仪》:"宾:弓矢,止于西堂下。其将射也,宾降,取弓矢于堂西。"堂西,即西堂下也。《特牲馈食礼》:"主妇视馔爨于西堂下。"《记》曰:"馔爨在西壁。"则自西壁以东(当作西),皆谓之西堂下矣。又按《大射仪》:"执幂者,升自西阶。"注曰:"羞膳者,从而东,由堂东升自北阶。立于房中。"则东堂下,可以达北堂也。

此言庭中东堂及西堂前之院落,在东堂前者曰堂东,在西堂前者曰堂西。此所言之堂,指中堂而言,但中堂之下而东,则东堂之下,中堂之下而西,则西堂之下矣。东有侧阶而西无侧阶,故执幂者升自西阶。立于房

205

中，此房指东房而言，亦即所谓"北堂"，北堂之下为北阶，其下为后庭。郑注言："羞膳者，从而东，由堂东升自北阶。"则谓自堂而东，经东堂之下，绕东堂转折而至后庭，然后从北阶升入东房。其路径为先向东，转向北，再转而西，到东房之后，升北阶而入东房。此路固不必上侧阶，入东堂，更从东堂之北下阶（东堂之后，不闻有阶，可能无阶），至后庭，再上北阶也。

故东西堂者，中堂之东与西，各别为一堂。东西堂内之室，则在东堂者，谓之东夹室；在西堂内者，谓之西夹室。东西堂之小者，则今所谓"耳房"，东西堂之大者，则构成别院。刘敦桢《东西堂考》（见《中国营造学社汇刊》，今因此汇刊无法觅到，不能征引原文，仅述其大意于此），考证魏晋南朝以后，天子常治事于东西堂，亦或居住于东西堂（如晋明帝崩于东堂，晋成帝崩于西堂，晋哀帝崩于西堂，晋简文帝崩于东堂，晋安帝崩于东堂，宋武帝崩于西殿亦即西堂）。表明东西堂渐次扩张，演成后世并列三大殿之制。如北平故宫，以太和殿为主，其中文华殿实为东堂之遗绪，而武英殿实为西堂之遗绪。今据此简，则"使君"所属之"东堂"，决不可能为民家正厅之一间耳房，其必为别院相当宽阔之结构，方可以容上宾。是则就东西堂制发展而言，汉代民间固已有独立发展之倾向，不必待至魏晋时期，在帝王宫室中始开始有东西堂之发展也。

近年来在大陆有关于中国古代宫室资料之发现，其中最为重要者，有河南二里头夏代晚期宫室遗址之发现，有陕西岐山凤雏周代初期宫室遗址之发现，[①] 以及在河北省和林格尔墓葬中壁画所绘之宫室图。除二里头之宫室甚早除去正殿及周庐以外，尚未见有东西堂之痕迹。至于凤雏遗址及和林格尔之壁画，则俱具有东西堂或西堂之结构。

在凤雏一组周初宫室遗址之中，已具有后代宫殿结构之基本条件。其正殿方向为坐北向南。殿基址南北长四五·五公尺，东西宽三二·五公尺。整座基址系建于筑土（夯土）之上，成为一高台建筑。最外为一"照

---

① 本文作成以前，先参看杜正胜君《周秦城市的发展与特质》曾引及此项建筑，又承邢义田特别提出和林格尔壁画与东西堂问题，用志感谢。（凤雏部分见《文物》1979.10）

壁",亦即《尔雅·释宫》之"门屏之间谓之宁",又"屏谓之树"。亦即《论语》中所称"邦君树塞门,管氏亦树塞门"之"树"。再北为门道,门旁各有门房,即《礼经》中之"塾",再进则为中庭。

在金文中,凡行礼赏赐,多有"立于中庭"之记载。中庭正在堂下,亦正殿下。《顾命》所记卫士二人立于"毕门之内",即正在门道之内;所言四人"夹两阶戺",即在堂下当两阶之中也。

一般《礼经》所记,皆为二阶而非三阶。今此建筑在堂前有三阶,与预料中似有不同。在《文物》各篇论文,亦无适当说明。但在此似可以根据《礼经》及《顾命》,予以解答。盖此遗址之三阶排列,至不平均,其中之中阶稍偏东,不在中心,西阶较近于中部,而东阶则偏东接近正殿之东墙,故东阶不宜算在正式堂阶之内,而中阶及西阶始为正式之两阶,即西阶为宾阶而东阶为阼阶,其东阶则不过"侧阶"而已。

再就凤雏之正殿言,正殿之进深特深,约为十五米,合市尺四丈五尺,在殿内有五列石础。每列有石础二,将全殿分隔为六开间。其最东一间正当侧阶之前,故应为东堂,有隔间将正殿隔开。则正殿应恰为五开间。在此五开间中,若按柱础位置,则五开间由柱础分为三部分,此种情形,在凤雏遗址所有各房室之中,均无此现象。是大殿中可能前后尚有隔间。依照《礼经》制度,前为堂,后为室。是在此项大殿中仍可能有前堂后室之间隔。此种间隔为必要的,因依照礼制天子诸侯在祭祀中必当斋戒,而斋戒之所必在前堂(正寝)而不能在后堂(小寝)。依照《礼经》设计,则前堂(太室)之后部三分之一可能隔出作为"正寝"之用。但将五开间之后,面全隔出作为"正寝",可能太大。则主人斋宫,亦可能在东堂之后间隔三分之一,以供应用。但太室后隔出三分之一,作为三间寝宫(即依照凤雏太室北面对阼阶处,有门一处。颇疑在此门之西部,隔出三分之一,而门之东部则不间隔,则正寝为三间宽而非五间宽。除放置床榻之外,尚装置其他陈设),此种设计,自亦不必排除也。

依照凤雏遗址论,有东堂而无西堂,依照《顾命》论,则有东堂亦有西堂。但《顾命》所记,东堂之下有侧阶,而西堂之下无侧阶,此甚费解。今以凤雏遗址比较,凤雏亦是有东侧阶而无西侧阶,可见镐京宫殿由凤雏基本形式演变而成。镐京只加一西堂，未再加侧阶。其渊源有自，则其解释亦即易于处理矣。

凤雏遗址之后部，有一部宫室，依照原来报告（徐锡台《周原考古记》及尹孟平《周原西周宫室制度初探》）认为此为"前堂后室"之证明，在此仍有可以商榷之余地。盖《礼经》中所言"前堂后室"乃指一般正寝而言，与后堂无涉，尤其在贵族宫室中，更当分别内外。原报告所称之"室"，实指后堂，故凤雏后面中央，仍当有"堂"式建筑，不宜空缺。后庭两旁，当属"侧室"为妃妾或宫女之住所。至于前堂两旁，则当属

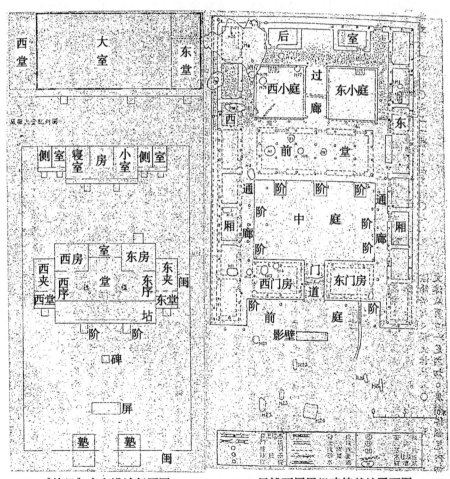

《礼经》宫室设计复原图　　　凤雏西周甲组建筑基址平面图

"周庐"为卫士所居,或乡士办公之所。形式虽大致相当,但必有"闱门"分隔内外,则其用不同矣。

至于在和林格尔之壁画,可与凤雏遗址互证者不少。亦即宫殿或官署,其结构与明清时期者,并无基本不同。惟凤雏东堂与大殿同在一个大建筑之内,而和林格尔则为附属建筑。此二种方式可以并有。前作《礼经制度与汉代宫室》将东堂及西堂列为附属建筑,今亦可以从和林格尔壁画得到证实存在矣。

（刊载于《大陆杂志》,第 66 卷第 1 期,1983 年 1 月）

从汉简中的啬夫、令史、候史和士吏论汉代郡县吏的职务和地位

汉简中有许多关于啬夫的记载，啬夫虽然只负责一乡的民政和税收，但从汉简上看，除去乡啬夫以外，还有关啬夫、仓啬夫以及库啬夫。所以啬夫实际上不以负责一乡的事务为限，有时还有和乡啬夫相等的职位来负责其他的任务，但仍然应用啬夫的名称。再就乡啬夫来说，原来啬夫二字的本义是一个小区域的农场管理员，但后来的引申，却由农业而到征收赋税，更进一步形成县以下小区域的行政官吏以至有时还兼理司法方面，因而其职守越推越广。其在边塞方面，除去管关、管仓、管库，在候官以下，还有候长一级。候官是比县的，候长是比啬夫的，燧长比亭长。啬夫一般来说是"斗食啬夫"，下百石吏一级，但有时秩百石的啬夫，就称"有秩"；同样情况，候长在原则上，是下百石一级的"斗食"吏，但加秩到百石的，就称为"有秩候长"。在边塞中管理军务的士吏，也是本为斗食吏，可以加秩为"有秩士吏"。这些"有秩"与无秩间过渡地位的吏员，在汉简中看的很清楚。

现在先把汉简中有关啬夫的，举例在下面：

日吏卒更写为蓬火图版皆放骓北燧长佐啬夫（居延简308）
建平五年十月丁卯朔乙酉乡啬夫□（457）
建平五年十二月丁卯朔庚寅东乡啬夫护敢言之嘉平（460）
建平五年八月□□□□□广明乡啬夫客假佐玄敢言之善居里男子
丘张自言与家买客田居作都亭部欲取（谒）□案张等更赋皆给当得取

检谒移居延如律令敢言之（465）

啬夫杂星更□（810）

诚北啬夫钦出（818）

令史光啬夫久（1105）

元延元年十月甲午朔戊子橐他守候移肩水城官吏自言责啬夫莘晏如牒书到验问收责报如律令（1629）

杕候正月尽六月折伤兵簿出六石弩弓廿四付库库受啬夫欠廿三石空出一弓解何（1680）

永始五年闰月乙巳朔丙子北乡啬夫忠敢言之义成里崔自当自言为家私市居延城案自当毋官狱征事当得取传……谒移居延县索关闰月丙子居延丞彭移肩水金关居延县索关如律令　掾旁令史建（2080）

令　啬夫居（2163）

正啬夫候得刻子□□□肩得□已□书未至得阅起居甚（2496）

掾守守啬夫延年佐久就（3322）

省卒家属名籍守令史庆啬夫忠（3859，3871）

令史忠啬夫胜之（3986）

及病及县南乡见啬（夫）□□掖□□城□□（4028）

完卒在换欲择啬夫禹主（5799）

永始二年十月己丑朔陶乡啬夫□□□宫□张掖□□居延□□□（6762）

□□□□啬夫王光　十一月奉钱七百廿　十二月辛酉□□□□（8271）

其中指明都乡啬夫的，有如：

朔都乡啬夫长敢言（之）……取传归敦煌敢言□（1311）

元延二年八月庚寅朔甲午都乡啬夫武敢言之……裒襃俱送谨女子赵佳张掖郡中谨案曰……留如律令八月丁酉居延丞□居延丞印八月庚子以来（1321）

其指明为关啬夫的，有如：

> 关啬夫婴齐（1095）
>
> 告关啬夫（2169）
>
> 关啬夫禁（2259）
>
> 入西簿书二封……始建国元年十月辛未日食时关啬夫□受戍卒赵
> 彭（敦煌简 367）

除关啬夫较为常见以外，还有仓啬夫、库啬夫和厩啬夫，如：

> 永元元年九月乙丑朔丙午受廪仓啬夫将延□□孙（923）
>
> 库啬夫上官士达始元三年（175）
>
> 厩啬夫千秋里马敞年卅七（9343）

厩啬夫也在秦简中看到，除去厩啬夫以外，还有采山的啬夫，漆园的啬夫，采铁的啬夫，皂（草）啬夫，工官的啬夫，造司空的啬夫，以及一般的县啬夫及田啬夫（见《文物》1976 年 7 月号）。其中言及采山的啬夫，例如：

> 采山重殿，赀，啬夫一甲，佐一盾；三岁比殿，赀，啬夫二甲，
> 而废，殿而不负，不赀。

其中言及漆园啬夫的，如：

> 漆园重殿，赀啬夫一甲，令史及佐各一盾，徒络维各廿，给漆园。
> 三岁比殿，啬夫二甲而废，令丞各一甲。

其言及其他的啬夫的，如：

县工新献殿，啬夫一甲，丞史曹长各一盾。城旦为工殿者笞人百，大车殿，贳司空啬夫一盾，徒笞五十。

以四月七月十月正月肤田牛，卒岁以正月大课之。最，赐田，啬夫酒枣脯，为皂（草）者除一，更赐牛，长日三旬，殿者谇。田啬夫罚冗皂（草）者一月，其以牛田减洁治，主者寸十有里课之。最者赐田，典日旬殿笞。

在秦简中有佐，汉简中，关有关佐，仓有仓佐，这都是因仍秦制的。如：

　　□百八十　给关佐邗□（806）
　　居延城仓佐王禹鞮汗里年廿七涂实问禹曰之爁得视女病十月乙酉入（2272）
　　十月戊寅仓佐啬夫龙勒万年里索良（敦煌简415）

这里出现的，有关佐和仓佐，关佐或仓佐都是辅佐关或仓主持人的职务。就关的组织来说，关的主持人是关都尉，关都尉是有掾属的。关佐的地位，是一种佐。上引秦简，佐和令史地位相同，是啬夫的佐。所以此处所出现的仓佐，就应当是关啬夫或仓啬夫的佐（依此类推，库啬夫也可以有佐）。不过依上引敦煌简415，那就啬夫有时也兼为仓佐。此处应当是啬夫为其本职，遇到仓佐缺时，也可以派一个啬夫去担任这种职务。这一点看起来似乎比较特殊。不过仓佐所辅佐的，不必就是一般啬夫，也可能辅佐仓长，也可能辅佐高级一点的啬夫，如同"有秩"之类。

啬夫的佐，有时用代理的，称为"假佐"，如：

　　建平五年八月□□□□□广明乡啬夫客假佐玄敢言之（465）

此简在前面已引到，此处再举出来，为证明这种的"佐"是在啬夫以下，为着佐理啬夫的，也就是申明啬夫之下，可以有佐。

在啬夫的位置中比较高的称为有秩，其次为一般所称为啬夫的，再就是所谓斗食啬夫，可能比一般啬夫还要稍低一点。

其称为有秩的，如：

> 曩乡有秩梁敢言之昌（2333）

此处不称啬夫而称为“有秩”，是表示这一个啬夫地位稍高。其稍高的原因，当然可能某些地方户口多，较为重要，所以置“有秩”，但也可能因为个人的原因，他因为资深，并且可以因为“功次”的累积，从一般的啬夫升为有秩。在汉简中称有秩的不多，汉简中有不少次数发现了“有秩候长”以及“有秩士吏”，但此处明白说出“乡有秩”，那当然是有秩啬夫，而不是有秩候长或有秩士吏。

其称为“斗食啬失”的，也不常见，如：

> 显美传舍斗食啬夫莫君里公乘谢横　中功一劳二岁二月　今除为肩水候官士吏代郑昌成（222）

士吏、候长和啬夫是同等地位的，士吏有“有秩士吏”，候长有“有秩候长”和啬夫有“有秩啬夫”是一样的。斗食地位较低，因为功次的关系，任为士吏，也就是从斗食的士吏，再进一步，才能升为有秩士吏。斗食是次于百石的俸禄，其待遇以斗计而不以石计。其在斗食以下的，就应当是佐史、小吏等类。但还可能有几个等次的。

这里还有一个有秩是在百石以下，或者有秩就是百石的争论，以及斗食是否指百石以下所有吏员或者专指一种低级小吏的争论。就这两个问题来说，若依照《汉书·百官公卿表》和《续汉书·百官志》中的资料看，那就（1）有秩就是百石，其中并无若干的区别；（2）在百石这个等级以下，只有两个等级，第一是斗食一级，第二是佐史一级，斗食是直接到百石的，斗食和百石之间，并没有什么等级存在着。

用两《汉书》的资料来讨论，其中叙述是相当清楚的。先就“有秩”一点来说。依照《汉书·百官公卿表》说：“十亭一乡，乡有三老，有秩、啬夫、游徼。三老掌教化，啬夫职听讼、收赋税，游徼徼循盗贼。"又依照《续汉书·百官志》（附在《后汉书》内）说："乡置有秩、三老、游徼，本注曰，有秩郡所署，秩百石，掌一乡人。其乡小者，县置啬夫一人，皆主知民善恶，为役先后，知民贫富，为赋多少，平其差品。……又有乡佐，属乡，主民收赋税。"这里的叙述相当明白。即所谓"有秩"并非百石以下的另外一个吏职的等级，而是大乡的乡啬夫的专称。凡是各乡置有"有秩"的，都是秩百石。所以百石和有秩，并非是不同两级秩禄的名称。

但据汉简，"有秩"两字不仅为乡有秩所专用，还有"有秩候长"和"有秩士吏"。如：

> 今三无塞有秩候长（2344）
> 张掖居延甲渠塞有秩士吏公乘段尊能书会计治官民颇知律令文（3239）
> 张掖居延甲渠候官塞有秩候长䍐得长秋里公乘赵阳令□诣尉　年卅一代田就（4218）
> □□屋延甲渠候官塞有秩候长公乘王官中劳十一月（4563）
> 敦德步广尉曲平望塞有秩候长敦德亭间田东武里五士王参秩庶士（敦煌简592）

士吏和候长均可以加上"有秩"二字，表示着士吏和候长，也和啬夫的情况一样。并非每一个啬夫都可以年秩百石，也不是每一个士吏以及每一个候长都可以年秩百石。其增秩到百石的，才在职衔上加上"有秩"二字，其不及百石的就只称为士吏或候长。照这样看来，士吏、候长和啬夫的阶次是相等的，所以士吏和候长也可以互调。如：

> 居延甲渠士吏䍐得广宛里公乘宾敞，能，不宜其官。今换补靡谷候长代品修。（3273）

这是由土吏来调候长的。依照汉代调职的例子，如同《汉书》八十三《薛宣传》：

> 入守左冯翊，满岁称职为真。……频阳县北当上郡西河，为数郡凑，多盗贼。其令平陵薛恭，本县孝者，功次稍迁，未尝治民，职不办。而粟邑县小，辟在山中，民谨朴易治。令巨鹿尹赏久用事吏，为楼烦长，举茂材，迁在粟。宣即以令奏赏与恭换县。二人视事数月，而两县皆治。

在这里颜师古注说：

> 时令条有材不称职得改之。

"令"指的是汉令，在颜师古时期，汉令残留的比现今为多，所以他可以引用。又钱大昭《汉书辨疑》（此更据王先谦补注引）说：

> 后汉第五种（案：见《后汉书》四十一《第五伦传》）拜高密侯相，以能换为卫相，今县令有人地两不相宜者，上官奏诸交易其任为对调。古人谓之换县。（王先谦《后汉书·第五种传》集解又引《后汉书·朱浮传》"守宰数见换易"，所以换职不仅限于县令长，诸侯相、太守调职亦称为换。）

此外居延简中说到"换"的，尚有：

> □□□思换为橐他石南亭长（1934）

也应当是相似的情况。所谓"换"是说地位相等、秩禄相同的才称为"换"，如从地位低的转为地位高的，则称为"迁"，如从地位高的转为地位低的，则称为"左迁"。不过在"换"或"对调"情形之下，如其有一方面能力高些，那就这一方面仍代表重视的意义。譬如《第五种传》所说："以能换为卫相。"这个"能"字，便表示第五种的能力优异，所以升迁。至于居延简（3278）中所说的"能不宜其官"，那就代表不同的意义。用这个"能"字，虽然表示还有能力，可是这个能力，并不宜做士吏，所以调换为候长。候长虽与士吏同级，但公文中习称"士吏候长"，士吏在候长以前，由士吏调为候长，便多少有左迁的含义。

这个调换的权柄，是出于候官的。在边塞的组织中，候官比县，也应当有掾属，虽然规模可能比县简单些。在汉简中提到候史的很多，候史也即是候官所任用的史（详后）。至于士吏也是候官任用的，分派到各烽燧间，做率领士卒的任务。因此士吏的选择，也以军事方面的能力为主，据敦煌简：

> 玉门候造史龙勒周生萌伉健可为官士吏（378）

这里指示若士吏任用的标准。造史不见于其他各简，当属新莽时代特殊的名称。据其他各简，候上只应有候史而非造史，所以造史一职应即相当于候史。

在候上是有候史的，今引下列各简来看一看候史与其他职务的关系：

> 建始二年右前候长候史（63）

> 付仓石候史福（274）

> 其三千司御钱失入　候史禹尝入万一千六百九十五付事令史音当移出五百六十三徒许放施刑故敝当入　凡在□□□三千九百二十五定有余钱万四千四百五十七（628）

> 肩水候官令史鬵得敬老里公乘粪土臣熹昧死上言变事书（874）

> 故候史鬵得市阳里单始成贯买执胡燧（1039）

> 右候史与三石弩一完（1075）

> 四月丙子肩水驿北亭长敏以私印兼行候事谓关啬写移言□如律令令史熹　光博　尉史贤（1280）

令史临尉史音（1377）

书到如律令　令史段啬夫长（1651）

肩水候史算当（1951）

万世燧长至其六月甲子调守命史将护罢卒济阴郡成阳县南阳里狄奉（2068）

一日出粟多六升大，候史房猛，燧长陈忠，十月庚戌（2206）

出赋钱六百　给东望燧长晏万闰月奉　闰月　守令史霸付候长庆（2212）

居延甲渠候史王武　未得正月尽三月钱三月奉用钱千八百已赋毕（2364）

东部候史任□□□王子惠钱六百（2466）

□候长候史十二月日迹薄戍卒东郭利等行道贯卖衣财物郡中移都尉府二事二封

正月丙子令史寿封（2708）

尉史宗白鉼庭候长仁发省（2716）

请士吏歆候长嘉候史宥等写移书到（3437）

候史十人钱九月□正燧卒十人四（3692）

出转钱万五千给吞远仓　十月丙戌吞远候史彭受令史（3936）

乃明蓬火尉士吏候长候史警戒使兵如诏书律令（4133）

三月辛亥甲渠令史谊使当遂里张容（4268）

候史徐辅迁补城仓令史即日遣之官移城仓　一事一封　十二月庚子令史弘□（4284）

第二十三燧仓建平五年十一月吏卒当廪者案受谷簿（4324）

第四候长弘候史临近还诣官五月丁亥下铺入（4493）

鉼庭候史言诣官受部禄八月（4496）

五月癸巳甲渠鄣候喜告尉谓第十部士吏候长（诣）官移檄到士吏候长候史循行（4535）

九十九石　其三（石）黍　建平二年十月癸未甲渠令史宗使城仓令史谭（4713）

庚申燧长武兼尉史问（4866）

橐佗移故士吏辅将射矢满　谓不侵候长辅　二事一封（4903）

令史弘尉史强（4910）

尉史李凤　月奉钱六百至二月中从库令史郑德取三月奉不重得正月奉今库掾留凤九月奉钱不当留证所言（4925）

尉史李卿六月尽八月奉二千七百（4953）

士吏候长皆封臧（4974）

移居延第五燧长辅迁补居延令史即日遣之官　一事一封　十月癸未令史敬封（4984）

五月丙戌制北燧长登以私印兼行候事移用事写移书到如律令／尉史定（5020）

第廿二燧长调守临木候史诣官正月辛巳下铺入（5050）

教问邮谨问候史并（5159）

掾昌尉史悍（5166）（居延县?）

候史淳于光（5198）

不侵候史王子其（5230）

第十候史下强所　第六燧长愿并已得七百一十少二百九十（5294）

令史谊尉史得（5414）

第廿三候史良诣官受部吏奉三月乙酉平旦入（5428）

十二月戊辰甲渠候长汤以私印行候事告塞尉谓士吏辅候长耿贤等（5435）

八月十四日　令居延甲渠候斗食令史（5532）

候长候史毋无还入郭迹（5597）

卒吏钦奏封（5611）

出荠六斗　食候长候史私马六匹十一日食（5614）

以迹候为职自给私马（5728）

修行驼山里公乘范弘年廿一　今除为甲渠候史代王辅（5879）

甘露二年十一月丙戌朔己丑候（史奉亲敢言之）……昂日病□庸

甘露二年十二月丙辰朔甲子候史奉亲敢言之乃十一月（6597）

　　□初元年七月庚戌甲渠鄣候喜谓俱起士吏檄到驰……（6615）

　　三月己丑付士吏广宗给城北驿马（6616）

　　守令史事（6673）

　　茂以邮行兼行候文啬事下尉部士吏慎候长茂等下当用者明白……如之如诏书□言　掾相（6945）

　　千人令史居延广都里令史屈并（6933及6956）

　　（甲）渠鄣候喜谓第四候长宣第十候长……事如律令（7039）

　　赵氏故为收虏燧长属士吏张禹舆禹同给……（7222）

　　齿光见为俱南燧长不为执胡燧长（7291）

　　出十二月吏奉钱五千四百　候长一人　候史一人　燧长一人　五凤五年五月丙子尉史寿王付第廿八燧商奉世卒功孙辟非（7355）

　　皂绔一两　枲练一两　练纬缣五尺……右十一物（在）官　十一月癸巳士吏强付卅五吏张强（7345）

　　五凤元年七月丁巳朔戊午厌胡燧长菅敢言之步昌士吏（敦煌简49）

　　凌胡燧坞乙亥已成　谨罢卒　候长候史传送卫（敦煌简66）

　　三月癸酉大前都候婴国下厌胡守士吏方承书从事下当用者如诏书令史偃（敦煌简138）

　　十二月癸丑大前都候丞罢军别治富昌燧谓郡士吏写移书到实籍吏出入关人畜车马器均如官书会正月三日须集移官各三通毋忽如律令（敦煌简150）

　　亭燧滞远画不见烟夜不见火士吏候长候史听相告燔薪以□（敦煌简552）

　　以上各条是汉简中涉及候史的记载（并且涉及令史、士吏和候长）。只因为候史的职务如其要弄清楚，对于其他的史的职务，也要同时搜集，才能有所比较。不仅如此，史的地位，并必须受上级的差遣的。候史显然是在士吏及候长指使之下去服务的，士吏及候长职务的范围也决定了候史服务的性质。所以至少需要把以上两点，即候史对于其他种史的等次和候史对于士吏及候长服务的情况，都得先后加以解决。从前引各项材料的分析，就可以得到以下的结论。

郡县俱有掾史，在各曹之中，除去功曹以功曹史来领导以外，其他各曹以掾领导，其下的史在郡为卒史，在县为令史。《汉书》三十一《陈胜传》："赵王以为然，因不西兵，而遣故上谷卒史韩广将兵北徇燕。"师古注："卒史，曹史也。"因为上谷是郡，所以上谷卒史，是郡府的史。《汉书》三十九《萧何传》："何乃给泗水卒史，事第一，秦御史欲言征何，何固请，得毋行。"师古曰："泗水郡，沛所属也，何为郡卒史。"案：《萧何传》，何原为沛主吏掾，更转为泗水卒史。沛为县，为泗水郡，先为县的掾，再转为郡的卒史，也就是县掾和郡卒史等次相当，由县转到郡，为升迁。《汉书》七十六《张敞传》："敞本以乡有秩，补太守卒史，察廉为甘泉仓长，稍迁太仆丞。"张敞为河东平阳人，乡有秩是平阳县的乡有秩（百石的啬夫），补太守卒史，即为河东太守府的卒史，原为百石有秩，所以补的也为百石卒史。《汉书》八十六《何武传》：

> 迁为鄂令，坐法免归。武兄弟五人皆为郡吏，郡县敬惮之。武弟显，有市籍，租常不入县，数负其课。市啬夫求商捕辱显家。显怒，欲以事中商。武曰："吾家租赋徭役不为众先，吏不亦宜乎？"卒白太守，召商为卒史（依补注引刘攽改），州里闻之，皆服焉。

又《汉书》七十六《尹翁归传》：

> 翁归为市吏，莫敢犯者，公廉不受馈。百贾畏之。后去吏居家，会田延年为河东太守，行县至平阳，悉召故吏五六十人，延年亲临见。……召上辞问，甚奇其对，除补卒史，……徙署督邮。

又《汉书》七十四《魏相传》：

221

以学《易》为太守卒史，举贤良对策高第为茂陵令。

又《汉书》八十九《循吏传·朱邑传》：

少为舒桐乡啬夫，迁补太守卒史，举贤良（稍迁）为大司农丞。

又《汉书》四十七《梁孝王武传》：

立孝王玄孙之曾孙沛郡卒史音为梁王。

又《后汉书》二十九司马彪《续汉书·百官志》刘昭注引《汉官》说：

河南尹员吏九百二十七人，十二人百石、诸县有秩，三十五人官属掾史，五人四部督邮吏，部掾二十六人，案狱仁恕掾三人，监津漕渠水掾二十五人，百石卒史二百五十人，文学守助掾六十人，书佐五十人，循行二百三十人，干小吏二百三十一人。

这里所说的是河南尹府的组织，其他郡府或诸侯王的相府，虽然各处人数不会相同，但组织应当是相同的。依照这里的叙述，在河南尹府中，除去在外的乡有秩和督邮以外，就是掾、史、书佐、循行、干（税吏）、小吏等职务，而史的一级，是所称道的"百石卒史"（此外还有文学，是准掾的）。所以在郡中除掾以外，掾以下的正式的史当为卒史。以上的引据都属于西汉时期，在西汉时代太守府的各曹曹史，除去佐史、小史以外，应当其正式名称当为卒史。不过这个名称在汉代大家都知道，无需一定的特别表明。因而《汉书》中有时但称郡吏，不必一定标示出来卒史二字。到了东汉时期，《后汉书》中涉及郡中职务的也不少。但除去功曹和督邮在郡府中是重要的职任以外，才特别表明，其他的曹史都不再详及。至于汉碑亦往往在郡职中，只标某曹掾或某曹史，不再标出这些史是否卒史。但有曲阜孔庙的《百石卒史碑》指明为百石卒史。这是因为碑中直接抄录鲁相的奏议及朝廷的诏书，是郑重的公文，不能省字，才说出卒史的全称，这也证明在东汉时期和西汉时期，是一样的。虽然百石卒史碑是卒史由鲁相设置，不由太守，这一点仍然没有什么问题，因为汉代王国相的职任，等于太守，尤其在东汉时代，王国相完全和太守一样。所以太守府设有卒史，王国相府也设有卒史，二者没有分别的。

在郡县以及边塞中的史，辟署的主管不一样，因而其阶等及职守也有差别，在名称上也有差别。在吏职中，较低的当为佐史、小史，较高的是史，或曹史，再以上为掾。这个史的职务，有时也称做"属"，和掾来并称时，就统称为"掾属"。平时也为被称为史。但是这个"史"的职务，除去属于某曹的，称为某曹的史，或某种的史，如狱吏、市吏、仓吏、库吏之属，加上一个特别称呼，其中比较正式的类别，是就原来辟署的长官来区分的。这就使得史的名称尚有"卒史""令史""尉史""候史"种种的区别。在汉代因为习惯应用，已成常识，是不成问题的。但现今看来，就觉到名实混淆，无法弄清这种差别。现在先把卒史的地位澄清，那就其他的史类比较上更好处理。

令史这个名称也是牵涉多方面，具有相当的复杂性的。《汉书》三十一《项羽传》：

> 陈婴者，故东阳令史，居县素为长者。

东阳为县，见《汉书》二十八上，《地理志》的临淮郡下，临淮郡秦属泗水郡，东阳为县，虽然楚汉之际一度置东阳郡，那是后事，在拥立陈婴时，东阳当为县，所以令史是县中的史。在令史这一个名称以下，颜师古注说：

> 苏林曰："曹史也。"晋灼曰："《汉仪》注，令史曰令史，丞史曰丞史。"师古曰："晋说是也。"

依照颜注，以晋灼之说为是。这是对的，不过苏说也未尝错，只是"曹史"二字指的过于广泛,不够清晰,因为卒史也是郡中曹史,以令史为曹史,便是说等于不说。其实晋说"令史曰令史,丞史曰丞史",也说的不够清楚。所以比较好的,多一个"丞史曰丞史"把令史的范围限制一下,就比较有轨道可循了。依照晋灼的原意,应当阐明为"属于令的,也就是令所辟署为令史;属于丞的,也就是丞所辟署的,为丞史"。以这个解释来做基础,就不难明白令史这一个职位的性质。

除去颜师古注这一段是一个重要解释以外,还应当再参考司马彪《续汉书》的《百官志》。其中颇有难以处置的地方,所以尚待一番斟酌。在《百官志》中所记,有:

> 太尉公一人,长史一人千石,掾史属二十四人,令史及御属三十二人。
>
> 司徒公一人,长史一人千石,掾属三十一人,令史及御属三十六人。
>
> 司空公一人,长史一人千石,掾属二十九人,令史及御属四十二人。
>
> 大将军如三公,长史、司马皆一人千石,从事中郎二人六百石,掾属二十九人,令史及御属三十一人。
>
> 尚书令一人千石,尚书六人六百石,……侍郎三十六人四百石(本注曰:一曹有六人,主作文书),令史十八人。
>
> 符节令一人六百石,符节令史二百石(职属少府)。
>
> 兰台令史六百石(《后汉书》四十《班固传》注引《汉官》"兰台令史六人秩百石"与此不同,又按职属少府)。

在京师中有这样多的"令史",是费解的,这就不能不追溯到汉以前的制度。汉代所承的,是秦制。秦制是设有九卿的,卿以下的一级,为令。汉代的九卿,事实上已超过了九的数目,其中就有若干卿,是从令升格而成的。其中例如郎中令,就原来是令,在其下的属官,便不再有令。尤其显著的,是尚书令,尚书令本来是少府属下的一个令。尚书令史也原来是少府属下尚书令所辟署的史。但后来尚书令的地位，脱离少府，逐渐增强。后来尚书令的地位，实际上高于九卿，尚书令史的地位也不同于一般令史了。从这一个角度来看，京师的令史有特殊设置的，但并不妨碍令史原来是属于令的，并且是由令辟署的这个解释。

汉简中屡见令史，却未见到丞史，无法比较。不过尉史和候史出现的次数很多。用这种令史属于令并且从令辟署的原则来推断，那就尉史应当属于都尉，候史应当属于候官。在汉简中令史及尉史偶然见到，其中以候史见到的次数为最多。在以前所引的例证里面，在各候长之下，大致有一个（或几个）候史，当然是因为每一候长要管理几个燧，其中经常事务一定不少，候史是处理这些事的。不过候长至多不过百石（有秩候长应和乡有秩同级，为百石吏），没有署吏之权，所以候史是由候官来辟署的。因为既称为候史，就只是由候官辟署，而不会由都尉辟署。

在前引各简之中，如 4133、4535、4974、5435、6945，以及敦煌简552 都是先言及士吏，再及候长，再及候史，所以士吏虽然可与候长互调，但士吏的名次却在候长以前。按照各简所记，士吏是分居各候，并不在候官治所，而且据 6615 有"俱起士吏"的名称，俱起为候官下的一个候部，所以士吏和候长一样，也是其职责限于一个候部。

士吏既然和候长同在一个候部，那么士吏和候长的职权有什么不同，这就形成了一个困扰。士卒的选任，按前引敦煌简 378 "伉健可为官士吏"，其中"伉健"是一个胜任士吏的条件。也就显示着士吏这个职守，需要一个战斗的军士，至于经理和勤务，却不必属于士吏的任务，既然是这样，那就在塞上率领士卒抗拒敌人的，是士吏的责任，而管理烽燧，修理守御器，联络各下级烽台的，应当候长的责任。就名次的先后来说，士吏在前，候长在后。就职守的范围来说，候长有指定的职守，士吏却并没有显明指定的职守。在每一个候，一定有一个候长。至于每一个候是否有一定数目的士吏，目前还未找到证据，只是士吏和候长同级而名次在前，每一个候部不可能有两个候长，为避免人事的纠纷，自然不可能设有两个或更多的士吏。依照敦煌简：

> 十二月癸丑，大前都候丞罢军别治富昌燧，谓部士吏写移，书到实籍吏出入关人、畜、车、马、器，均如官者，会正月三日须集，移官各三通，毋忽，如律令。(150)

这里别治（即因地区辽远，遣候官丞分管一部分候官的地区）以候官丞，代候官通知召集会议，在候部出席会议，来代表候部的，是士吏而不是候长。反映出来的，是设有士吏的候部，行政事项，士吏的责任重于候长，其中候长似乎只负责经常的事务或勤务方面。又据敦煌简：

> 亭燧滞远，旦不见烟，夜不见火，士吏、候长、候史听相告候，燔薪以□。(552)

显示出来，候长名次在士吏以后，但候长以职责，仍次于士吏，这就表示在候部之中，士吏有较后的决定权。但一个候部，仍以候长为首领。这是汉代一般的政策，用在相监视的办法，来防止某些人过分专断。但运用得宜，对于行政效率是有补助的；运用不得宜，就反而互相牵制，许多事情不能办了。当然，结果会一面倒的，士吏名次在前，士吏成为主要的委托人。

如其追溯烽燧制度的建制，在标准组织之内，候长应当是一个候部的主持人。士吏是经过选拔的武职。但因为士吏的位置较高，在候部之内，士吏便实际是正候长，而候长就变为副候长了。这就可能是经过一段时期演变的。

（刊载于《"中央研究院"历史语言研究所集刊》，第 55 本第 1 分，1984 年 3 月）

从汉简资料讨论历史走向、社会走向

　　人类的活动无时不在变化，而每一变化都是辗转相因、自成系统，形成一个走向。这种人事的走向有如气象上的动流，复杂难测，但其行动路线仍是有迹可寻的。作者即以汉简史料为基础，历述县、郡、州等基层组织的建置沿革，以一窥历史的走向。

　　首先要谈的，是有关"走向"的问题。因为人类的一切表现，都不是静止的，不论是大的结构，或者是小的结构，都是随时在那里变化。凡是每一个变化都不是孤立的，而是辗转相承，自成了一个系统，这种一系列的系统，就构成了一个走向。许多小的走向互相结合、互相影响，就构成了大的，或更大的走向。人类的社会和历史是十分复杂的，因而任何一种的走向，也就十分复杂。社会中的每一个人都有他的"自由意志"，这种"自由意志"也就指导了他个人的走向，而许多的个人走向，互相结合、互相牵制，就再形成了社会的走向。在种种变化情形之下，一个人的自由意志，反而变成了无意义的，但其中有些个体占据了关键地位，又往往发生巨大的影响，而使走向的路线，有所歪曲，或有所偏差，致使巨大的行程有所变化。但这个结构还是仍然继续行动，而行动的路线，还是可以追踪的。至于追踪到的行动方向，也就成为历史的线索。

　　人事变化有如气象中的动流；而因个人自由意志运作，使人事动流走向更为复杂。

为了解释方便起见，我们可以用气象方面的变化路线来比拟一下。严格说来，气象方面的变化和人事方面的变化，是有基本上的差别的。因为在人类社会里面，每一个人都有他的自由意志，而在气象运作方面，根本没有个体中的自由意志的。但是假如不详究每一个事态的动向，那就人文活动和自然界活动仍旧可以有互相对照的部份。换一个意思来说，可以这样表示，就是，如其对诗人或艺术来说，你可以从气象图中得到历史解释的灵感，也许更为清楚一些。

去年美国对伊拉克的战争，被称为"沙漠风暴"，是有理由可以互相比附的。为了人类的继续活动，是一种"动流"，相类似的气象中的风暴也是一种动流。说起来，风暴的动流已经相当复杂，过去气象员预报不准，常被人引为笑谈，自从有了雷达测候和卫星观察以后，稍好一点，但仍时常发生误报，人事上的动流，较气象上的动流更远为复杂，那就错误的报道以及错误的解释更会容易发生。再加上风暴本身就是一个主流，不像人类社会的动流大的结构包括许多小的结构，小的结构并包括许多更小的结构互为因果，互相牵制，不容易清理出一个头绪来。

任何一种动流，都有它的生命历程，有起有结，这在风暴上看的很清楚；在人类历史上因为过于复杂，就不容易看清楚。不过历史本身就是一个大动流，而在每一朝代又是一个动流。至于各种制度，各项重要历史事件，也形成了一些动流，而显出了各个动流的生命历程。在这一些生命历程的进行中，虽然可能在一些限度之中，在一个关键性的时刻上，居有关键位置的关键人物，他的决定可以发生影响；但是这个动流的洪涛劲注直冲某一个目的地时，却不是任何力量所能抵挡，因此在历史上许多想挽救狂澜的人们都只是些"知其不可而为之"的人们。反之，这种狂澜终将息止，其中有些有先见的人明知这种狂澜终必走到偏差的路上而自行止息，但发现的越早，虽明知这种狂涛的冲动是错误的，却不能充分了解这个狂涛的内容，也就无法纠正这种狂涛，等到狂涛的动力已衰退的时候，发动就已太迟，而第二批的狂涛又将发动了。

我们在此是以汉代做一个"政治之流"和"社会之流"的例子。我们先谈"政治之流"，而政治之流是先从汉简的史料谈起，先从边塞而后再推论中央。自从汉简（以及秦简）的发现，其中所代表的意义是我们依照传统文献，对于基层组织以及边塞情形了解不够。这当然有些在汉代本来是"常识"，在严肃的正史记载中，无法将这些琐碎的事实，一一的再来详述。但是经过两千年以后，情况完全不同，旧日时寻常闻见，今日都成了陈迹，但有些当时认为是"米盐"之类，不足一顾的问题，到今日反而具有关键性的了解。这就是地下史料有时不得不详加注意的原因。

县制是从小国的行政组织演变而来，其后扩增为郡制，成为地方制度中心。

《后汉书·百官志》县令条下的刘昭注引应劭《汉官仪》说："大县丞，左右尉，所谓命卿三人，小县一丞一尉，所谓命卿二人。"在这里应劭指明了一个县的行政组织来源，是从过去封建诸侯中的行政组织变来，这在历史上也是有踪迹可寻的。《左传·闵公元年》说晋献公灭耿和灭魏，"赐赵夙耿，赐毕万魏，以为大夫"。这时取得别国的土地以后，还是用封建的形式，封给功臣，但这些功臣却要在晋侯左右服务，不能就封。对于这些土地的管理一定要委托别人代为治理的，这种委托方式虽然在《左传》叙述赵夙和毕万时未曾道及，但从《论语》中可以看得出来季氏的食邑是费，季氏未曾直接治理费，却派一个邑宰去治理。其中的冉有，就是孔子的弟子，因为"聚敛"而为孔子所不满。这和后来县令管理一县的财赋有同样的情形。当然这一个县邑，其管理方面是原有一定的组织的，这种组织的状况，也当然可以反映到后来的县制上。

在春秋时代，大国新辟疆土可能较快，新得的土地，不能全封给功臣，这就由国君自行拥有，因而对于这个新得土地的管理，也会和功臣治理下一样的采委托制度，也就是不是封建成为"土官"，而是建立下委任的"流官"制度，这就是直接属于国君的所谓"县"。《左传·定公十一年》，"因县陈"，是说把陈国灭了，改成一个"县"。又《左传·宣公十二年》，郑伯对楚王所称"夷于九县"，也是表示当时的楚国已经设置了许多县。又《左传·宣公十一年》楚王称"诸侯县公皆庆寡人"，表示当时楚国的县令是被称为"公"的，而这个"公"却皆"诸侯"以次，就表示临时委任的"县公"比受封的"诸侯"还差一级，也就表示着楚国开始任用流官，树立了郡县制度的基础。

郡县制度的开始是先有县，再有郡，到战国晚期似乎郡县制度已经确定。秦帝国开始的三十六郡，虽然郡名可能尚有争议，但秦代及西汉是郡县两级是已经确定的。汉代修正秦制，幅度不大，现在看来西汉的制度郡和县，行政部门的组织是差不多的，只是郡的组织庞大些，县的组织紧缩些，但从郡县两级设施的先后来说，本是先有县而后有郡，所以郡制是抄袭县制，而不是县制抄袭郡制。等到郡制已经成立，郡太守事繁责重，组织就比原先扩大了，但其本源是从小国的行政组织变为县制，再从县制变为郡制，因而郡就成为地方制度的中心。但有一点却不可以疏忽的，就是各县仍为地方基层单位，汉代的县境，到如今仍大致保留，郡的划分，却是一直在变动。从汉代经过南北朝、唐、宋、明、清，许多县名还存在着，纵然有些分合，到现在尚可寻其踪迹。至于旧的郡，那就更改频仍，一代有一代的分划，更清楚的，是从隋代起已经州郡合一，州即是郡。而民国以后，逐渐废郡存县，现在的省，虽然也与汉代的州偶有相关，地域大小省略类似于州，但早已不是那么一回事了。

州是一个监察单位，而这个单位却是托始于丞相史监州的制度上。

中央政府和地方政府之间，实际上还有冲突的。中央方面怕地方政府"尾大不掉"，而地方政府却惟恐中央政府限制太多，不好办事。可是就演进的趋势来看，因为中国向来是专制的集权政治，所以地方的权力，总在一直缩减。州制并非扩大的郡，而是从中央派出的监察机构变化而来，所以就内部组织来说，郡县十分相似，也就是郡是扩大的县，而州却不是扩大的郡。郡和县都是分曹掾史制度，州却不是。郡县都是主管以下有丞，有尉，再以功曹来管人事，各曹掾及各曹史分领各种不同的事务，然后再有书佐及小史担任初级任务，以下再有辛人，以供差遣。至于州却不是这样，各州有从事史十二人及假佐二十五人，都是从各郡调来供职的，原则上并无常置的丞尉和掾史，显然原来只供临时设置长官刺史的差遣，而不是中央有意设置的单位。

州是一个监察单位，而这个单位却是托始于丞相史监州的制度上。再就丞相史这个位置来说，丞相史是丞相的掾属，这种掾属组织是从丞相，九卿，到郡，到县，都是一贯的相类似的群署制度。我们不知道春秋战国时代对于基层用人详细办法是怎么样的，不过秦汉制度已经相当精密，这不是突然办到的，无疑的秦帝国的组织是沿袭六国时秦制而来。而六国的秦制，又显然深深的受到三晋的影响，三晋制度又和东方各国息息相关。我们看到《周礼》一书，曾经涉及到基层组织。不过《周礼》是战国初年的典籍，一方面开新，另一方面却力图仿古，对于人事任用，是偏重世袭而不由辟署。并不能《周礼》成书时，辟署制度已在进行之中。这辟署和世袭的分别，又触到了封建与郡县的基本问题。

史、吏是同一的字，指卜官。两字的分途，反映了史官的职掌由卜官而秘书而办事员，有了许多变化。

州的监察人员既起源于派出的丞相史，辟署的史，这又牵涉到"史"的问题，史字本来和吏字是同一的字，所以掾史也就是掾吏。吏这个名称到后代，唐宋以后，渐渐有些变化：一、一般官僚，如同"官吏"即是指一般公务员。二、指其资格不能达到铨叙的公务人员，也就是还不能位列于九品以下的公务员，不称为官只能称为吏。也就是所谓"书办"这一个阶级的公务员。这当然是后期的变化，论起来"史"的任务，而在汉简中常见的，回溯说来，却仍有许多的因革。

依照许多少数民族的古代遗留，当文化阶层不高时，巫或祭司应为全部族中仅有的知识分子。甲骨方面的所谓"贞人"，只是读者看到其上说"某某贞"就假定经手的人叫做"贞人"，这并非当时真的称谓。真正经手占卜的人，应当就叫做史，或史官。史字是一个会意字，手中拿着一个弓形的钻子，所以占卜才是史的初义。在金文上也有时说出史某某，这个史应即是撰稿人及写稿人。到了《礼记》中尚说"史载军，士载言"，这还是较早时期，凡是掌纪录以及保存档案的，都是史的职务。但到战国时代以后，从世官转入流官的时代，丞相九卿以及郡县，政事颇多，需要公文的机会也膨胀起来，这就成为各处大量雇用办事的人，也就用了大量的史。这些办事的人，称他们为史是可以的，称他为吏也一样可以的。同理，办事的人也可以在文的方面，也可以在武的方面。刘邦试吏为亭长，可以说和朱搏以武吏为亭长是一样的。但既然办事，就不一定要出身笔墨，也一样称为"吏"。这就和史的初义，从卜官到秘书，再到科员和办事员，再到警员，一步一步的，有了许多变化了。从汉简中明白标出吏分文武，就可知道汉代辟署的趋向。这种从卜官变来的史，本来应限于文职，为了客观的需要，也就文武分工，成为必要的事。

但是这种辟署情形，又逐渐有些变北。汉代辟署的办法，州郡县是可以互相沟通的，其郡中掾史由计吏和孝廉可以通达升迁的路。到魏晋以后，政局由世族把持，高门子弟出身黄教，不再肯下仕州郡，对于地方掾属，已成为一种打击。隋唐以后，进士考试，成为正途出身，名列朝籍的，为进士和资荫两途所包办，地方吏员很难获得进展。不过唐代尚有辟署旧制，在各州还有功曹、治中、别驾等"从事"，由各州辟除。到五代时期，地方行政渐失常态，宋代开始，改刺史为知州（大州刺史称为知府），辟除一事也归于废止，成为"书吏"制度，这种制度一直沿袭到清末，到民国才逐渐实施科员制度。

汉代的候官是前代斥候组织的遗留；而西周以至春秋时代的侯国，来源也是出于派遣或指定的边境城邦。

汉简中最常涉及的是边塞制度，这种对于边境的监视制度，在商代应当已经有了。商代已有"侯"这个字，侯和候是一样的，侯这种职务，就是斥候，也就是在边境上设置了防范敌人的前哨站。所谓东南一尉西北一候，候就是"候官"，在《后汉书·地理志》就载有边郡的候官城。在敦煌汉简和居延汉简都有候官的记载，如同玉门候官、大前都候官、居延候官、甲集候官、州井候官等，这些候官城就是斥候指挥所的定点。同样，这也是可以注意的事，因为汉代的"候官"是前代斥候组织的遗留；从另一方面看，西周以至春秋时代的候国，其来源也是出于派遣或指定的边境城邦。这就使我们对于已忘掉的史迹有更进一步的了解。更进一步看，五等爵的名称，加到各城邦国君的身上，这个事实是存在过的。但并非有人有计画的把国家分为五个等次，而且每一个国家只许用一个，否则为"僭称"；这是后来人的想像，不是当时的事实。自然的，其中尚略有差别，其中邦君或邦伯都可称公，譬如秦公敦的秦公、楚公钟的楚公，和宋公、虞公及虢公并无区别。只是未曾列入斥候的行列的，才不被称为侯。至于后来被封为侯的为秦国的应侯、文信侯；楚国的申侯、州侯、夏侯，那是制度以外的事，而且时代也稍晚，已失掉斥候的意义了。

既然候原来是军事前哨，那就从政治中心到前哨必然有传达信息的通道，在《诗经》中屡言及"周道"，所谓"周道如砥，其直如矢"。那就维持周道，必须要沿途设站，这就成为"邮"。《孟子·公孙丑》"德之流行，速于置邮而传命"。置和邮都是沿途的通讯站。此外还可以在《史记·周本纪》中看到幽王传烽的传说，虽然不能证实，但烽火和邮驿是一贯作业，按照斥候邮驿相关的事实，当时已有传烽制度，还是有可能的。

这种国防前哨的候官在北边尤其重要。把候与候连接起来，设置工事，这就是塞。当然候和塞是要国力来支援的，从汉到明，边防时有兴废，而塞（或长城）的位置也时有出入。直到清代开始，利用清人和蒙古的深厚友谊，这才成为新的边防政策。直到清室衰亡，又形成另外的状况了。

社的组织代表宗教的信仰，团结的力量，同时也是娱乐的寄托。

至于文化方面因为牵涉太广，现在只用"社"的活动，作为一个选样。"社"本来是人类社团活动的代表。人类的一个村落，也就是一个社。譬如西安半坡的遗址，就有一个大众聚会的场所。在文献上的纪录中，也显示着古代的聚落中，社的组织对于生活当中，还是非常重要。社代表宗教的信仰，社代表团结的力量，并且社也是娱乐的寄托。在汉简中就有买芯四十束给社的记载，芯是烛芯，为制造蜡烛的。一个社用了四十枝烛，不仅用来供神还表示夜间的宴饮。又简还记上了酒和食物，正表示边方社日，还是一个可观的聚会。

《汉书·地理志》后面总论说：

> 自武威以西，本匈奴昆邪王、休屠王地，武帝时攘之，初置四郡，以通西域，隔绝南羌、匈奴，其民或以关东下贫，或以报怨过当，或以悖逆亡道，家属徒焉。习俗颇殊。地广民稀，水草宜畜牧，故凉州之畜为天下饶。保边塞，二千石治之，咸以兵马为务，酒礼之会，上下通焉。吏民相亲。

这种"酒礼之会，春社和秋社"应当包括在内。这种春秋社宴饮的风俗是一直沿袭下去的。唐王驾的《春社〈社日〉》诗：

> 鹅湖山下稻粱肥，
> 豚栅鸡栖半掩扉，
> 桑柘影斜春社散，
> 家家扶得醉人归。

应当和汉代情形犹有类似。到了元代为了防汉人叛变，才禁止春秋社的聚会。因此中国人也只有在端阳、中秋及过年时候，做小规模的庆祝，以及地方性的迎神赛会，不再有各处同时庆祝了。

有关"社"事的简是在烽燧发现的，当然，负责守望还需要人，不能每个人都能参加社的饮宴，如何分配及调动，在简上没有纪录。不过对于这种问题，当时总有一番安置的。

（刊载于《历史月刊》，第 58 期，1992 年 11 月）

近六十年之秦汉史研究

当清末及民国初年，史学方面注重的差不多都是上古史和近代史。秦汉史部分虽然因为敦煌汉简的发现，王国维和罗振玉做过一些，不过比起上古史来，受人注意的分量就差得多了。尤其在古史辨成为主流的时代，全国学者的视线差不多都集中在上古史上，即使牵涉到两汉思想问题，两汉思想也不过上古史的附属罢了。但是时间久了，这一段空白总会填上去的，到了近四十年中，秦汉史一段也有相当的成绩了。

在这许多年中，任何一段历史的研究都是千头万绪，几乎无法做一个简而不漏的叙述。这篇因为时间和篇幅的限制，也只能就秦汉史的趋向来概括说明一下，其中显然充满了主观的看法。尤其对于作者自己的工作和意见，是比较上更为强调的。这是作这种文字不可避免的现象。当命笔之初，本想写一个极端客观性的文字，无奈想了一个多月，简直无从命笔，所以现在仍然用的是主观的写法。只希望读者知道这是由于写法便利上的原因，对于轻重上另外有读者的衡量就可以了。

汉碑早已受人注意的，自从《水经注》著录汉碑，到宋代洪适作《隶释》和《隶续》。到了清代如吴玉搢的《金石存》，翁方纲的《两汉金石记》，王昶的《金石萃编》，在汉碑方面都曾有相当的博采，而马邦玉的《汉碑录文》搜集的汉碑更为详备。至于汉画像及汉阙，那就牛运震的《金石图》和冯云鹏的《金石索》也都注意到。但是最重要的，是近代考古学的开始，要算清末沙畹（E. Chavannes）对于汉代画像及汉阙的调查，和斯坦因（M. Aurel Stein）对于甘新两省汉代遗址的发掘。其中以在敦煌县境内汉代长城遗址附近所找到的汉代木简最为重要。

这些木简，斯坦因交给沙畹，请沙畹作释文，沙畹作了释文，印了出来。不过沙畹究竟是法国人，对于中国文字的训练的基础方面，比起来当时有成就的中国学者当然要逊一筹，所以沙畹又请罗振玉和王国维再来做进一步的工作。罗振玉和王国维做成以后，在民国三年发表《流沙坠简》。关于历法古书一类是罗振玉做的，关于有关屯戍方面，如同兵制、官制、经济、交通等等项目是王国维做的。就有关汉代历史的重要性来说，王国维所做的部分，当然更为值得重视。

到民国十九年，西北科学考察团员贝格曼（F. Bergman）在宁夏省的额济纳河沿岸，即汉代的居延障塞地方，发现更多的汉代木简。先由马衡和傅振伦加以整理及编号，再由余逊、向达、贺昌群和劳榦做释文的工作，释文才初步的做完，北平即沦陷到日本人的手中。幸原简由徐森玉携出，在香港由沈仲章经手照像，在香港未沦陷以前，沈仲章把原简运到美国（现已运回台湾，此批汉简到美后即严密封存。运回台湾后开箱检查时，亦请监察院派监委点数。较原简照像时颇有损失，当系沈仲章寄美之时，因日本军且夕将到，匆匆收存，未能详细清点之故）。而原简照像的最大部分亦由沈仲章寄至四川李庄（不是全部，稍有残缺。亦是沈仲章未来得及的原故）。因为从前在北平做过的旧释文全遗失了，再由劳榦重新再做一次，即在李庄用最简单的石印方法，印成为《居延汉简考释》。

居延汉简因为材料丰富，原来王国维做敦煌汉简研究时许多未能解决的问题，用居延汉简的材料，就可以解决。例如烽燧上的组织，是都尉以下，再有候官、候长和燧长。候官比县，候长比乡，燧长比亭。只是县乡亭之内都有人民，而候官、候长及燧长之下只有军吏。再和军队的组织比较，那就都尉比校尉，校尉以下的曲（有军候）比候官，曲下的屯（有屯长）比候长，然后什伍中的什长比亭长。这就表示着，郡县、乡亭、烽燧和营伍的基本组织是出于一源的（只有乡以下分为亭和里，亭管治安，里管户口。其情况与警察派出所与里公所的关系）。这些都要靠居延汉简的材料来分析证明的。从汉简的地方制度出发，推衍到汉代制度的两个重要方面，其一方面为政治组织，其另一方面为军事组织。

这虽然属于汉简研究的推衍部分，但却是汉代政治方面的了解一个基本因素。关于政治组织方面，首先要说的是中央政府组织。而中央政府组织，需要首先了解的：（一）汉代的内朝和外朝，（二）秦汉九卿的演变。内朝问题在《汉代的内朝与外朝》（《史语集刊》十三本）及《汉代政治组织的特质及其功能》（《清华学报》第八卷（二）期），都有解答。

关于内朝的重要性，从前的学者已略知一二，但内朝的开始是在武帝的时期，对于内朝的记述，却晚到三国时代。那时的记述，只能算为一种参考，对于内朝的发展，未曾详述，尤其尚书一署是内朝和外朝的关键，竟然未曾说到，以致叙述不明，这是需要重新订正的。至于秦汉的九卿，因为经过多次增设和更改，从来就没有人能够有一个明白的考订。

九卿到汉代实际上的数目可以到十四，如其加上太子太傅、水衡都尉一类的官职，相当于卿的就更多，历来学者一直没有方法去追溯，在《秦汉九卿考》中（《大陆杂志》十五卷十一期）就从“升格”（如“令”的官职本次卿一等，中大夫令及郎中令就是从“令”升格的），及“析置”加以分析（如内史分为左右内史，再分为京兆尹、左冯翊和右扶风，又从内史分为治粟内史，后改为大司农，即到西汉之末，以一卿析为四卿）。照这两个标准去减，就成为太常、卫尉、太仆、廷尉、典客、宗正、少府、内史、中尉九卿。这样就可以澄清历来许多争执问题。

至于地方政治组织，如刺史、太守、县令的职守及其属吏，边部的特殊现象，西域方面的西域都护及戊己校尉，地方属吏中文吏和武吏的分别，县以下乡亭的组织等等，也都可以从汉简中得到很多的证据。除去劳榦做汉代政治制度，严耕望也做的很有成绩。他的《西汉太守刺史表》及《中国地方行政制度》中的《秦汉地方行政制度》都做得很好，也非常有用。

军事制度和政治制度一样，凭着汉简的记载，也可以得到更清晰的形象。在《汉代兵制及汉简中的兵制》一篇中，指明了正卒、戍卒、徭役、募兵和刑徒的应用，以及东汉时代各地方对于民兵的调发。因为新材料的使用和新的分析，这是宋代钱文子《补汉兵志》以来所未曾做到的。除此以外，汉简可以牵涉到的社会和经济方面也非常广泛，在中国及日本方面也都获有不少的成果。

汉简研究牵涉十分广泛，参预这项工作的，有成绩的人颇为不少。除前面已经叙述的以外（日本方面也很有成绩，因为本篇篇幅有限制，所以专以中国方面的成绩为限），还有高平子、李书华、董作宾、陈槃、夏鼐、饶宗颐、王梦鸥、陈梦家、陈邦怀、陈直、严敦杰、于豪亮、钱存训、苏莹辉、陈公柔、陈仁涛、费海玑、沈元、黄烈、许倬云、张春树、金发根、邵有梅、马国权、楼祖贻等，而近来马先醒的新研究亦很值得注意。

除去居延汉简和敦煌汉简，一九五九年在武威发现的武威汉简也可算得一个非常重要的收获。武威汉简是两部《仪礼》，这两部《仪礼》是后苍的《仪礼》，属于今文学的抄本，和现传庆氏礼属于古文本的不同。从汉末郑玄编注五经以古文本为主，后来王肃注经也采用古文本，唐代《五经正义》也采用郑王二氏。现在除去春秋的公穀二传所用的《春秋经》为今文以外，其他各经古文本都已不存。清代学者做今文经的辑佚也只得零星的搜集，无法得到今文原经的全貌。所以清末做今文经学的人例如皮锡瑞的著作《经学通论》及《经学历史》就认为是一个不可挽救的损失。除去在石经中再求点片段以外，也无其他好办法，因此今文和古文究竟差异多大，也成为谜的问题。现在武威汉简的发现，给今文和古文一个全部对勘的机会。可是勘校的结果，发现差异并不如想像那样的大。这就可以解决古文和今文间不必要的疑窦了。

随着汉简的发现，汉纸也发现过几次。中国造纸是世界造纸的直接来源（埃及的纸草和现代的纸，除去名称相同，造法全无关系，可不置论）。在这些年发现的，时期最早的要算灞桥的纸，而其上有字的（大约是东汉时期的），要算居延的纸。从纸的实物研究，也就显出纸的来源和纸的进步。除去劳榦那一篇以外，如周法高、凌纯声、钱存训都有更多的解说。

汉代的交通当然以舟船和车为主。一般的道路靠着马车和牛车，而汉代建都西北，又靠着东方（以及南方）的漕运来供给都城的粮食，有时还供应西北的边防。这是要靠舟船。

关于车的形制研究方面，这六十年中有很大的增进。在此以前清代的学者，例如戴震，例如阮元，都只能根据《考工记》来仿造。因为未曾根据实物，取复原的形制，实际上不能行动。到新郑发现了车器，因为已经扰乱，所有的金石学家都一点办法也没有。等到安阳的商车、浚县的战国车、宝鸡的周车，以及最近河南三门峡的春秋车、辉县的战国车发现，材料一天一天的多，再比较汉画中的车，及长沙发现的辒车就比较容易动手了，在这些材料未发表以前，罗庸已做了车的复原工作，以后做复原工作的还有王振铎、郭宝钧和石璋如。实际上商周的车和汉代的车属于同一类型，所以做车的复原工作就得互相参考。至于汉代的车所以能通达全国的，还靠栈道来做补助，陕西省的褒斜道是一个标准的栈道，在一九六四年时也有人做比较详明的调查了（此外余英时的《汉代中外经济交通》也是在交通问题上一部重要的著作）。

关于汉代的舟船，在《汉代的陆运与水运》及《汉晋闽中建置考》两篇中就指明了汉代水运的重要性。只是这两篇论文发表太早，对于汉代舟船的材料无法把握。等到广东广州沙河区东汉墓陶船及广州皇帝岗汉墓木船的发现，这才充分解决了汉代舟船形制的问题，而包遵彭做楼船考证，凌纯声做戈船考证也就容易下手了。此外，研究汉代交通问题者，尚有谭宗义等。

汉代的人文发展，已到了相当大的规模。这和战国时代铸铁的技术发展有关。因为铸铁技术的发展，刺激了农业的改革和牛耕的使用，因而土地大量的开辟，人口也大量的激增，就使得战国时代都市的规模和战争的范围也较以前远为扩大。到了秦统一天下，生产的方式仍然沿袭战国，汉代又沿袭着秦。这就是战国时代，一般历史家仍然算做东周晚期，但一般人的生活方式，却是对汉代较为接近而对于春秋以前的时代，差异较大。

春秋时代已有零星的铁器出现，但是经过不断的进展要到战国中晚期才有可观的进步。近来一些发现，如辉县魏墓的铁器，还是用"固体还原法"，此较原始。到了长沙楚墓的铁铲、石家庄赵国遗址的铁斧、兴隆古洞沟燕国遗址的铁范等就是用的"高温液体还原法"。这是要用木炭把火力加到高温，使矿石还原，得到液体的铁，然后用模型加以铸造。在这种情形得到的铁是铸铁。铸铁中炭的成分较多，比较脆而易于断裂。但石家庄的赵国铁斧，就把刃部加以处理，即用鼓风炉屡次加热，屡次锻打，减少铸铁中的炭质就可成为钢铁（但是做的太过，就成为锻铁了）。这种把铸铁一部分制成钢铁，是需要相当的经验和手法的。

以战国时代的铁器为基础，到了汉代又得了长足的发展。战国时期已经有三角犁、凹形末耜、斧、凿、锯等工具。到汉代时的铁器由于中央管制的原因，反而容易迅速的推行到全国各地。大体说来，汉代的铁器比战国时的铁器更为加宽加大。其中辽阳三道壕在西汉晚期遗址，就发现一件巨大的犁，这件巨大的犁，证明了两牛耕种的事实。当然依照《崔寔政论》，这种辽东巨大的犁只是一个过渡的工具，到了东汉中晚期华北一带又进步到用一牛及轻巧的犁而得到同样工作的成绩。这种改造过的犁，三角下面尖部加宽，犁底的空槽加大，就可以得到更高的效率。在中原各地如同山东滕县，安徽寿县，河北保定、石家庄，热河的承德，甘肃的古浪几乎华北到处都有发现，证明了汉代工具的改造及农业的进步。

中国铜制货币的应用，大概在春秋时代晚期已经开始，最先是比较大型的铲形的"空首布"，以后再逐渐缩小，形制也比较转为固定，变成铲形的"平首布"。一九五六年在山西芮城发现了窖藏，出土了战国时代的铲形布钱四百六十多个，其中包括的有韩魏燕赵等国的地名二十多处。一九五七年在北京附近的呼家楼又发现了铲形布钱铸有地名的达五十多处。这些地名当然是战国时各国设治的地方。这些地方也就是所谓"城"或"邑"。这种城邑是古代封建时大夫采邑的遗制。其中大小并没有一个一定标准，如同齐国之大，计有七十城，但西周只有三万口，却也有三十六邑。战国时城邑是有官去管的，等到秦统一天下，按照一个标准改为县，所以古代邑名不一定在汉代是有县治的。但是既然钱币用地名，那就官铸的可能比私铸为大。当然也不是不可能出于私铸，而由地方官吏（如市长、市吏之属）加以监督的。到了秦代统一中国，开始铸造形式一致的半两钱，再经过多次的转变而形成汉武帝以后的五铢，一九五三年，在热河承德发现过一个西汉初年的铜矿遗址，一九五五年在西安汉代宣平门（旧汉城东面北部的城门）附近发现了西汉的铜锭，每块重市斤六十八斤，纯度达百分之九十九。而铸钱的工厂遗址，在长安附近也发现了六处，规模都很大，其中尤以宣帝时代铸造为多，这就看出来当时的国力了。

关于汉代画像方面，武梁祠和孝堂山两种石刻早已发现，清代又发现了朱鲔祠及两城山的画像，而更多的材料要算近六十年中的新发现。其中重要的，例如滕县画像及南阳画像都表现着不少汉代的生活。武梁祠和孝堂山有法国沙畹的重印本（此本最好，惜已绝版，市面流传不多）。再就是日本大村西雀及关野贞的印本，可惜都印得太小。至于容庚覆印的武梁祠，图形较大，可惜并不完全（其解释亦不如瞿中溶的题跋好），原底亦不如沙畹的本子好。南阳画像有鲁德福（Richard C. Rudolph）及闻宥的考证。再就是沂南和安邱的画像，沂南画像有四十二石，七十三幅，安邱画像有一百零三块，而沂南画像中的宴饮乐舞历史人物神话故事的画像，其精美可以和武梁祠画像相匹敌。此外从对日抗战时期开始，直到最近几年四川各处出土了不少的画像砖。最著名的是农耕砖和制盐砖，其他如宴饮、六博、庭院等，表现汉代的生活也甚为重要。

汉代的画像也表现在石阙方面，过去著名的石阙如同嵩山三阙、王稚子石阙、高颐石阙、沈君石阙、樊敏石阙等等。石阙上多有浮雕刻画，可以和石刻画像相辅来互证。到抗战时期，在重庆附近及成都平原又都新发现过石阙，北方的石阙却以北平西郊新发现的秦君石阙最为罕见。

壁画或漆画是近六十年来新的发现，最先发现的是日本京都大学原田淑人等在朝鲜平壤（汉代为乐浪郡地）汉墓中发现的漆画人物及彩箧。以后又在营城子发现汉代的壁画。但是晚近中国人的发掘又在河北望都、山东郓城、山西平陆等地发现了大量的壁画墓。其中尤其是望都的壁画墓最为值得重视。

至于汉墓的发现，最重要的当推中山靖王刘胜及其王后之墓。靖王及王后都有玉匣，这是从前未曾见过的。据《后汉书》卷四十一《刘盆子传》引《汉仪注》，说"以玉为札，长一尺，广一寸半，下至足，缀以黄金缕，谓之玉匣"。过去的大墓，都被盗掘破坏，这算是惟一的仅存者了。关于玉匣的名称，一般的报道都称为"金缕衣"，这是错误的，"金缕衣"是唐代的名称，并且是唐代活人穿的衣服，而不是为死人埋葬用的。一般人未曾检到《后汉书》的《刘盆子传》，致有此失。至于一般的报道只据《汉书·景十三王传》中《中山靖王传》，说平帝元始时立广川王越的后人承继中山王一段，认为中山王胜有无后人大有问题，因而怀疑到刘备的祖先，这显然又是一个错误。因为《汉书诸侯王表》明记中山靖王之后广平王汉到王莽篡位之时尚存，被贬为公，明年废，国绝，与本传不同。钱大昕《考异》指明中山靖王后为侯者二十余人，不应取自见绝之广川。确实不错。并且中山靖王后代为侯的，到王莽时当有一个相传未绝的樊舆侯。所以无论怎样说，中山靖王确实有不少的后人。汉代刘氏宗室，西汉晚期已有十万人，刘备出于中山王之后，为刘氏诸王之后人口众多的一支，既然不算贵重，也不会假冒的。

汉代科学自从李约瑟作《中国科学技术史》以后，才被人格外注意起来，实在从民国以后，已经有相当的成绩。其中汉代历法算学方面有钱宝琮、李俨、高平子、竺可桢、严敦杰诸人，在化学方面有李乔苹，在工艺制造方法有张荫麟、王振铎、李书华。其中最先是张荫麟搜集了不少材料，然后王振铎用实验来做复原的工作，而李书华再做进一步的推论。

汉代的阴阳五行在汉时是把这些当准科学看待的，牵涉到汉代经学及哲学问题非常巨大。最早的一篇恐怕要算梁启超的《阴阳五行说的来历》，其次要算顾颉刚《五德终始下的政治和历史》，并且和钱穆、范文澜有相互的讨论。后来顾先生做汉代学术史，也大部分根据《五德终始下政治和历史》那篇的见解。胡适和冯友兰著《中国哲学史》，对于阴阳五行两项在哲学上的功能也会特别注意到。从阴阳和五行又推到谶纬问题，这些年来，比较重要的论文，如陈槃、戴君仁、王梦鸥、徐复观都讨论到这些问题，而李汉三的几篇文章更专讨论阴阳和五行对于汉代学术的影响。

汉代的经学，尤其是今古文的问题，是清末以来争论不断的问题。民国初期的"古史辨"公案，也是差不多以经学今文古文问题为中心。顾颉刚先生、钱玄同先生以及许多疑古的先辈，类多以今文家的立场出发，再加推广，就引申出来层累堆积而成的古代历史观。诚然依照考古学的成绩来建立古史，考古的成绩和文献的记载只能在商代会合，对于商代以前的朝代，以及夏代以前的帝王，至今尚无法实证（广泛来说，《史记·夏本纪》因为有《商本纪》已证实，尚可引用，只是尚无法以考古成绩来证）。依照近代一般写上古史的方法（例如写希腊罗马及近东诸国，皆是如此，日本史家在二次大战以后，写日本史亦从考古成绩写起），是专从有地下史料的开始写起，这并不表示"信古"或"疑古"，而是只能就有限的材料来组织，不能做任何牵强附会论证的原故。这里用到的方法，是归纳的。至于疑古的公案，可以从"古史辨"中的材料来看，显然的，受到直接影响的，不是西方用考古学重造的历史，而是康有为的《新学伪经考》。所有疑古的思想还是就康氏的思想为主来演绎下去的。所以就方法来说，可以批评的地方还是很多。只是中国古史中的问题也实在太多，当时就刘歆与古史的关系作为重点来讨论，虽然未曾中的，却也可以收些廓清之效。

在疑古公案之中，除去顾先生《五德终始下政治和历史》以外，最重要的文章，还是瑞典高本汉的《左传真伪考》。这是一篇精密的文字，无懈可击。再就要算钱穆的《〈周官〉著作时代考》和《刘向歆父子年谱》。前者把有关《周礼》文献上材料已经大致搜齐，只是当时新出土器物还不够多，没有能顾到，并且定在战国晚期也嫌太晚些（实应当算在战国早期），但已打破刘歆伪造一说了。至于《刘向歆父子年谱》，一经刊出，胡适先生就特别在中国哲学史班上介绍，认为是汉代学术史上一篇极重要的著作。

和清代学术史有关的，要算石经的整理了（今文经文已亡，只有武威的仪礼简，当然是个意外的发现）。关于五经经文方面，石经的整理是从宋代以来各家辛苦经营和搜集的结果。民国以来对于石经研究比较重要的是马衡、钱玄同、罗振玉、王献唐。而张国淦的《石经碑图》堪称为一个综合之作。屈万里的《汉石经〈周易〉残字集证》及《汉石经〈尚书〉残字集证》，尤为近六十年来有关石经上重要的成绩。

关于秦汉地理方面最先接触到的是秦代三十六郡的问题。这是一个老问题，直到清代学者还在讨论，而王国维又提出了新的意见，钱穆也有新的看法。其中的问题是商代都城所在的河内，在周代为卫国所在，战国时河内及河东并为魏国的要区，到了汉代三河（河内、河东、河南）与三辅（京兆、冯翊、扶风）并称为股肱重地，可是一般谈秦郡的，没有一个人谈到河内，成为秦郡中的重要疑团。这一点劳榦指出来，是一个值得重新考虑的事。

汉代地理上争执的问题，如同河西四郡的建置，玉门关及阳关所在以及有无移动的事，都成为争执而未曾解决的问题。其中有论文的如同王国维、张维华、劳榦、陈梦家、向达、夏鼐、张春树等。虽然看起来好像简单，其实却成为极复杂的问题。这个问题不仅成为汉代的问题，并且牵涉唐代河西通路的问题。严耕望《唐代凉州西通安西驿程考》为证明唐代驿程，就利用了不少汉代有关河西的材料。

至于一般的汉代地理，因为顾颉刚办《禹贡》杂志，所以顾先生和他的学生谭其骧、史念海等做了一些工作，如同《两汉州制考》《新莽职方考》等。此外，太守及刺史治所问题，严耕望及杨树藩亦曾有所讨论（至如劳榦的《汉晋闽中建置考》，仅仅只提出一个观点，指出闽粤的发展是沿海岸发展再从河谷推至内地。这是当时中国讲地理的学人不曾应用过的）。

汉代社会经济方面，在这六十年之前是很少有人讨论研究的范围。到了这六十年中变成了热门的学问，一直到现在还是被人重视的。因为作品太多，问题也十分广泛，在此无法详述。例如梁启超未完成的《中国文化史》就是涉及社会部分，柳诒徵的《中国文化史》对两汉的社会方面曾经搜集了不少的材料。至于陶希圣的《食货》半月刊及《中央研究院社会研究所集刊》都有一些有关汉代经济社会的研究。比较上重要的论著，其中著者如杨树达、陶希圣、萨孟武、李剑农、雷海宗、杨联陞、马非百、陈啸江、贺昌群、马乘风、万国鼎、马元材、余英时、王毓铨、彭信威、傅乐成、金发根、宋叙五、杨树藩、毛汉光等都有一些论著发表，可以作为一般的参考的。

至于一般性秦汉史一类的著作，有李源澄、钱穆、劳榦、何兹全等人的《秦汉史》，分量大致都在十五万字至二十万字之间。这些《秦汉史》都是用新的体裁做的试验写断代史的工作，虽然是小规模的著述，也可作为大规模著述的间架。只是这些历史书都在十年或二十年以前写的，近来的新材料及新研究都不曾放进去。因此更适合于现代的读物，还要等待新的著作。

再就正史方面的研究（全部或一部分）来说，在《史记》方面，有王骏图、李笠、张森楷、顾颉刚、张兴唐、张开乾、庄适、陈钦铭、贺次君、屈万里、褚家元、杨启高、靳德峻、王叔岷、鲁实先、刘本栋、苏振申、罗倬汉等，在《汉书》方面有施之勉、陈直、张骥、庄适、杨树达、马叙伦、宁调元、顾实、顾廷龙、谭其骧等，《后汉书》有王先谦、张骥、陈汉章、马叙伦、顾起元等，史汉两书有黄庆萱、郑鹤声等（王先谦《汉书补注》在清代刻成，《后汉书集解》在民国时刻成，故以上只在《后汉书》方面数到王先谦）。以上只就正史研究方面，现在不完全的材料来写上去的，当然还可能有重要的著作，未曾写到（日本人、韩国人及西洋人的著作，在此因篇幅有限，也未曾写上）。

（刊载于《华学月刊》，第 10 期，1972 年 10 月）

边疆史与中外关系史

秦汉帝国的领域及其边界

(甲) 秦代

到了中国的战国时代（公元前四〇三至前二二一年），从先许多封建的诸侯，已经被几个比较大的国家统一了，这几个大的国家在政治和经济上，都已经从封建的领域衍进成了国家的形式。井田被终止了，连带着的采邑也成为郡县。这几个分立的王国，到了公元前二二一年，又终于被其中最强的一个——秦国，所吞并。吞并各国的秦王赵政，也加尊号成为秦始皇帝，秦帝国的第一世皇帝。

秦始皇帝统一天下以后，将天下分成郡和县，来作地方行政的区划，在郡的官吏，有守，是一郡的主官。有丞，是郡守的文事的辅佐。有尉，也是郡守的武事方面的辅佐。另外再由朝中的御史派来监郡，称为郡监。在县的官吏，有县令或县长作县的主官，有县丞及县尉分管着县内的文武的事务。

《史记·秦始皇本纪》说："二十六年（前二二一年）分天下为三十六郡，郡置守、尉、监。"《汉书·地理志》也说："本秦京师为内史，分天下作三十六郡。"在此方面有两个问题，第一，照《地理志》的说法，三十六郡之中设有京师所在的内史。第二，照《史记》的说法，三十六郡系秦始皇二十六年平定天下时分划出来的，据《史记·始皇本纪》及《南越传》，尚有三十三年（前二一四年）新置的南海、桂林、象郡。此外尚有二十六年以后分会稽郡新设的闽中。九原一郡也应当是始皇三十三年蒙恬开河南地四十余县时所置。所以三十六郡应当加上内史为三十七郡，再加上南方的四郡和北方的一郡，总为四十二郡。

至于各郡的次第，现在依时代的先后举列在下面：

（1）内史　秦固有　《汉志》"京兆，秦内史"。

（2）陇西　秦故封　《汉志》"秦置"。

（3）蜀郡　惠文君后九年灭蜀后十四年置　《汉志》"秦置"。

（4）巴郡　故巴国惠文君后十四年置　《汉志》"秦置"。

（5）北地　故义渠大荔诸戎地昭襄王时置　《汉志》"秦置"。

以上五郡都是秦地和向边界以外的扩张。

（6）上郡　故魏地，惠文君十年入秦　《汉志》"秦置"。

（7）河东　昭襄王二十一年入秦　《汉志》"秦置"。

（8）东郡　始皇五年入秦　《汉志》"秦置"。

（9）砀郡　始皇二十二年灭魏置　《汉志》"梁国，故秦砀郡"。

以上四郡是魏的领地。

（10）三川　庄襄王九年灭周并韩地置　《汉志》"河南故秦三川"。

（11）颍川　始皇十七年灭韩置　《汉志》"秦置"。

以上二郡是韩的领地。

（12）太原　庄襄王四年置　《汉志》"秦置"。

（13）上党　庄襄王四年置　《汉志》"秦置"。

（14）云中　始皇十三年入秦　《汉志》"秦置"。

（15）邯郸　始皇十九年灭赵置　《汉志》"秦置"。

（16）雁门　始皇十九年入秦　《汉志》"秦置"。

（17）巨鹿　始皇二十三年置　《汉志》"秦置"。

（18）河间　始皇灭赵以后置　《樊哙传》"击河间守军于杜里，破之"。

（19）代郡　始皇二十五年灭代置　《汉志》"秦置"。

以上八郡都是赵地，此外尚有九原一郡，赵灭后为匈奴所据，始皇三十三年始收回，今不列此。

250

（20）汉中　惠文君后十三年入秦　《汉志》"秦置"。

（21）南郡　昭襄王二十九年入秦　《汉志》"秦置"。

（22）黔中　昭襄王三十年入秦　见《秦本纪》，《汉志》武陵郡下失注。

（23）南阳　昭襄王三十五年入秦　《汉志》"秦置"。

（24）长沙　《汉志》"长沙国，秦郡"。

（25）九江　《汉志》"秦置"。

（26）泗水　《汉志》"沛郡故秦泗水"。

（27）薛郡　《汉志》"鲁国故秦薛郡"。

（28）陈郡

（29）东海郡　以上始皇二十四年灭楚置。

（30）会稽郡　始皇二十五年置　《汉志》"秦置"。

以上十一郡都是楚境。

（31）齐郡　始皇二十六年置　《汉志》"秦置"。

（32）琅邪郡　始皇二十六年置　《汉志》"秦置"。

以上二郡都是齐境。

（33）渔阳　《汉志》"秦置"。

（34）上谷　以上始皇二十一年立　《汉志》"秦置"。

（35）右北平　《汉志》"秦置"。

（36）辽东　《汉志》"秦置"。

（37）辽西　以上始皇二十五年立　《汉志》"秦置"。

以上五郡都是燕境。

在以上所举的各郡，全是以见于《史记》的纪传和《汉书·地理志》指明的秦郡为限，此外见于《史记》的尚有两郡，其一是《穰侯列传》的秦收陶为郡，另一个是《楚世家》的秦灭楚为楚郡，这两郡是不应当列入在秦三十六郡之内的。因为陶本魏地，陶郡是惠文君所置，到了秦灭魏为砀郡，和陶地犬牙相错，陶地当然并入。到汉初梁国的境域还和此差不多。景帝分梁地封梁孝王子为都阴王即陶地。梁孝王北猎梁山还在陶以北，从这一点可以证明的。至于灭楚为楚郡，只是一个临时的分划，后来楚国都城寿春已在九江，不得更有楚郡。（楚的都邑如南郡有郢，陈郡有陈，九江有寿春，都会置郡，汉代彭城的楚郡，是西楚的都城，非战国楚的都城。）所以此二郡是不应列入的，除此二郡，再除去京师所在的内史，总为三十六郡。

其中最有问题的是六国的都城所在都置郡，如魏的砀郡（大梁所在），韩的颍川（阳翟所在），赵的邯郸（邯郸所在），齐的齐郡（临淄所在），楚的南郡（郢所在），陈郡（陈所在），九江（寿春所在），都以国都为郡治，迄汉犹是如此。只有燕国故地只有缘边五郡，似乎国都并未在内，因此全祖望和王国维都以为秦时应有广阳一郡，但广阳一郡，于旧史无征。今按赵的旧郡似乎仅有河间，并无巨鹿，其巨鹿一郡当系就燕赵间的平原广泽合为一郡，涿郡的南部和中山真定一带的城郭自在其中。其大部平原既然应当属于巨鹿。所余燕的两京，那就蓟应当归入渔阳，易应当归入上谷，不必置郡了。

又以上的三十六郡中，黔中不见于《汉志》，很显明的是《汉志》的疏失。其河间、陈郡、东海三郡也不见于《汉志》，但《史记》所记二世时已有之，当然为秦郡。陈涉攻陈及东海在二世元年，樊哙击河间守军在二世二年，其时天下方骚动，非画土分疆的治世。此三郡当系仍始皇之旧。况河间一郡本赵人旧名，陈为楚人故都所在，东海一地包括汉代的东海、临淮和广陵，疆域甚大，自为一区，不应始皇不置郡。现在据《史记》始皇二十六年有三十六郡，当无问题，《汉志》的秦郡中南海、桂林、象郡、九原都是三十三年所置，不应阑入二十六年。所以《汉志》注出的秦郡只有三十二郡，是二十六年时的，加入黔中，共得三十三郡，尚差三郡。加入《史记》所有的河间、陈郡、东海三郡正合适。自然，加入前人拟议的楚郡、广阳，以及鄣郡未为不可足数。但楚郡、广阳、鄣郡只是一个想像中的"拟议"，原来不见旧史的，证据太薄弱了。权衡轻重，自以明见《史记》的秦郡，比"拟议"的秦郡好些。

其三十六郡以外的尚有五郡计为：

（38）闽中　始皇置，在并天下之后，不知其置郡的年代，见《东越传》《始皇本纪》言二十五年置会稽郡，闽中郡为会稽扩充而成，或与南海等郡同为征百越时所置。

（89）南海　始皇三十三年置　《汉志》"秦置"。

（40）桂林　始皇三十三年置　《汉志》"郁林，故秦桂林"。

（41）象郡　始皇三十三年置　《汉志》"日南，故秦象郡"。

（42）九原　始皇三十三年置　《汉志》"五原，故九原"。本赵地，匈奴据之，秦始皇使蒙恬逐匈奴，并河以东，属之阴山，即此。

以上秦郡核实在始皇并天下时为三十六，加内史为三十七，始皇三十三年以后为四十一，加内史为四十二。至于楚汉之际分置甚多，都是群雄临时设置，并非秦旧。自郦道元以后，如王应麟、全祖望都作是说，这是对的。其地名有东阳、郯郡、吴郡、鄣郡、胶东、胶西、济北、博阳、城阳、临淄、衡山、庐江、豫章等地皆非秦郡。王国维以为胶东、胶西、临淄、济北、博阳、城阳六郡应为秦时分齐国的二郡所成，加上琅邪，齐地共得七郡，这只是一个悬揣，为审慎起见，不应当从王氏的推测。

秦代郡的分划，大致既明，现在再讨论秦的边界。秦代沿边各郡，除东南沿海以外，在陆上的沿边各郡，从东北算起，计为辽东、辽西、右北平、渔阳、上谷、代郡、雁门、九原、北地、陇西、蜀郡、黔中、桂林、象郡。

秦代的辽东郡即燕的辽东郡，《史记·朝鲜传》云：

> 自始全燕时，尝略属真番、朝鲜，为置吏，筑鄣塞，秦灭燕，属辽东外徼。汉兴，为其远难守，复修辽东故塞，至浿水为界。

所以对于辽东的境界，应当稍加分别，即秦的本国是以浿水为界（因为汉代的故塞，是指秦和燕的塞）。秦的属地承燕之旧包括朝鲜和真番。若将今地的位置来说，秦的本国东以朝鲜的大同江为界，秦的属地包括了全部的朝鲜半岛，只除去朝鲜半岛的东北一小部份。

真番所在，据《汉书·朝鲜传》云：

> 真番辰国欲上书见天子，（朝鲜王右渠）又雍阏弗通。

真番辰国不是真番郡的辰国。《史记》作真番旁众国，是不大切当的，所以《汉书》改了。凡《史记》和《汉书》的异文，大都《汉书》比较核实，当以《汉书》为是。就这一段来说，《史记》所说的真番只就汉代的"真番郡"流官所治的境域而言，对于辰国画在真番之外，未曾想到辰国也是真番，这是很含糊的。要知道真番郡旁众国虽非流官所治，仍是真番的属土，决不应当和真番对立来叙述。《汉书》的真番辰国，既然实指了国名，并且指明为真番的辰国，辞意均较《史记》为胜。辰国据《后汉书·东夷传》为三韩的统称。北界乐浪（即战国时的朝鲜），分为若干君长。《史记》称为众国者以此，（真番郡在马韩一带，考见《东北史纲》）。因此举朝鲜和真番便可以代表大部的朝鲜半岛。只是岭东沿东朝鲜海的临屯未曾说到，因此假定为汉武以后，始归中国的，只此一处罢了。

以上已经说到秦的势力已经深入朝鲜半岛之南，而秦的领土又继承燕国而来的。可见燕时领土，可能到了对马海峡。在中国战国时代，中华民族实力的发展，和四周的民族，简直不成比例。在战国时代凡为强国的相差不会太远，当时七雄各是国都可以动员几十万人的（参见《战国策》马服君对田单语）。当时朝鲜微弱已甚，稍后卫满率领亡人便可据有其国。燕已据有辽东，用他的国力，自可收朝鲜而臣属之。既服朝鲜，三韩中诸小国便自然归附，因为当时各处都不过是些单独而弱小的部落，并且还有自殷以来的中国移民，中国的大军一去，自然要无思不服，愿沾王化的。因此我们也不必怀疑到燕秦属地直到朝鲜半岛的最南部了。傅孟真先生《东北史纲》说："燕秦威力如此远及之形势，乍看或觉可异，然较诸差后之置郡日南，征伐大宛，亦无足异。且燕秦皆似环渤海黄海四围而拓土，渤海者正燕秦之地中海，海陆交通俱便，与山泽所限者不同。"所以倘若检讨战国及秦时中国的文化及其国力，与四周的民族作一比较，也就不必怀疑于中国疆域的发展了。

汉代辽东的东境沿秦时故塞，其北境亦不妨假定为沿秦时的故塞。汉代辽东的境域，东至浿水（今大同江），西至险渎（今大凌河口及沟帮子一带），其北界的县就是望平，《汉书·地理志》："望平，大辽水出塞外，行千二百里，南至安市入海。"大辽水即今辽河，望平至安市，行千二百里，合以今日华里约八百四十里，则其地当在开原附近。而汉人故塞当沿西辽河而筑的。至辽西界便大略西指赤峰附近而转向南，西辽河便在塞外了。

秦的辽西境界今不能知，但按照汉代辽西境界，亦可知其大概。汉代辽西的境域，可从《汉书·地理志》及《水经注》知其大概。《汉书·地理志》云：

> 右北平郡：白狼，莽曰伏狄；广成，莽曰平虏。
> 辽西郡：交黎，渝水首受塞外，南入海，东部都尉治，莽曰禽虏。临渝，渝水首受白狼，东入塞外，又有侯水，北入渝。

《水经注·大辽水注》：

> 辽水右会白狼水，水出右北平白狼县东南，北流西北屈径广成县故城南，王莽之平虏也，俗谓之广都城。又西北，石城川水注之，水出西南石城山，东流径石城县故城南。《地理志》右北平有石城县；北屈径白鹿山西，即白狼山也。……其水又东北入广成县，东注白狼水，白狼水北径白狼县故城东，王莽更名伏狄。……白狼水又东北，径昌黎县故城西，《地理志》曰交黎也，东部都尉治，王莽之禽虏也。应劭曰，今昌黎也，高平川水注之，水出西北平川。……白狼水又东北出，东流分为二水。……径一故城西，世以为河连城，疑即临渝县之故城。王莽曰凭德者矣。……又东南流至房县，注于辽。

又云：

> 辽水亦言出砥石山，自塞外东流，直辽东之望平县西，王莽之长
> 说也。屈而西南流，径襄平县故城西。秦始皇二十二年，灭燕置辽东
> 郡治此。又东南过房县西。

现在所知道的，辽水即今辽河，自西辽河东流，到开原县及昌图县附近更折向南，所以汉的望平即在辽河转折处的河东，南至襄平，在今潘阳之西新民对岸的附近。南至辽队，即今牛庄，再南便是辽河故道，应当西南至盘山县，到今大凌河口入海。辽河故道既然在大凌河口入海，与辽河相会的白狼河，便应当是大凌河了。沿白狼河的，在右北平郡有白狼石城、广成三县，在辽西的有交黎和临渝二县，交黎应为今义县，临渝应为今锦县。所以辽东的北界，应当自昌图之北，转而西南，再西经法库、彰武等县之北，在热河的阜新，过牤牛河东，至松岭山与右北平为界。又按番汗的沛水乃西南入海的应即鸭绿江，番汗当即辑安，所以辽东的东界，又应当自昌图、西安、东丰、柳河、通化以至大同江畔。

辽东以外的部族，现在已知朝鲜真番是秦的属地。其辽东东北的部族，文化尚较朝鲜真番为原始，可以推断属于燕和秦，只是史料不足无从证实罢了。

辽西的界应从阜新之北与辽东为界，更隔努鲁儿虎山与右北平相接。其右北平之界约自建平以北至围场以北，渔阳之界则自围场之北至沽源之北。上谷则自沽源之北到庙滩之西北，代郡则自庙滩之西北到尚义之北，雁门则为商都之北，云中则自陶林之北到武川之北，九原则自武川之北以阴山为塞至临河的西北。更南则为北地郡沿贺兰山为塞，自甘肃的中卫渡河为塞以至甘肃的靖远，靖远以西便是陇西的边塞，向南至于临洮即今甘肃的岷县。

自岷县以东，沿着南山山脉为陇西的界。再沿陕甘的边界，分汉中的边界。更南经摩天岭为蜀郡地。在这包围之武都地为白马氏，是服属于秦人的。自此以南西昌一带是服属于秦人的越隽蛮夷。更南为黔中，包括贵州的东部和湖南的西部。贵州西部及云南则为夜郎、滇等国，服属于秦的。再向南广东省便是秦的南海，广西便是秦的桂林，而法属印度支那便

是秦的象郡。

象郡即在印度支那，本是一个不成问题的事。《汉书·地理志》："日南，故秦象郡。"甚为显著，决无疑义。此外如《史记·秦始皇本纪》云："三十三年发诸尝逋亡人、赘婿、贾人，略取陆梁地为桂林、象郡、南海，以适遣戍。"韦昭曰："今日南。"《晋书·地理志》："日南郡，秦置象郡，汉武帝改名焉。卢容，象郡所居。"亦皆认日南即象郡，《晋书·地理志》且曾指明郡治为卢容。卢容所在，据《水经注·温水注》云："从林邑至卢容浦口，可二百余里，从口南发，往扶南诸国，常从此口出。"林邑即占波（Campa），而扶南即今之柬蒲寨（Campodge）。准其地望，卢容当在安南顺化（Hue'）附近。即象郡治所在今安南的侨南处。

误解古书而采象郡置在牂柯的有两个人，一个是法国人马斯伯乐·亨利（H. Maspero），见于《远东法国学校校刊》，一九一六年四九至五五叶，一个是日本人佐伯义明（Y. Snegi），见一九二八年《史学杂志》三十九卷十号，他们所据的是四条文字：

（甲）《汉书·昭帝纪》元凤五年（纪元前七六）："秋，罢象郡，分属郁林、牂柯。"

（乙）《山海经·海内东经》："沅水出象郡镡城西，入东注江，入下隽西，合洞庭中。"

（丙）《山海经·海内东经》："郁水出象郡而西南注南海。"

（丁）《汉书·高帝纪》注："臣瓒曰：《茂陵书》，象郡治临尘，去长安万七千里。"

马伯乐根据前四条认为秦的象郡在贵州及广西境内。佐伯则欲以广西宾阳为中心，而拟定其地域。今案《汉书·南粤传》言南粤王赵佗为秦南海尉，秦既亡，"佗即击并桂林、象郡，自为南粤武王"，其后武帝平南粤"遂以其地为儋耳、珠崖、南海、苍梧、郁林、合浦、交阯、九真、日南、九郡"。即南粤王的领土本是秦的南海、桂林、象郡三郡，后来汉武帝平南粤划成九郡，武帝的九郡也就是秦时的三郡。这九郡中，并无象郡，可见象郡已经分划了。既然其中没有象郡，我们决不应当说秦的象郡汉武帝时还存在。

就中以《汉书·昭帝纪》一条最是一个坚强的证据，但因为不近于事实，历来谈到象郡问题的都不相信。例如齐召南在殿本《汉书》的考证中说："按此文可疑，秦置象郡，后属南越，即故象郡置日南郡。以地理证之，此时无象郡名，且日南郡因始终未罢也。"至于钱大昕（《二十二史考异》），全祖望（《〈汉书·地理志〉稽疑》），吴卓信（《〈汉书·地理志〉补注》），周寿昌（《〈汉书〉注校补》），王国维（《观堂集林》），也都不承认这条的材料的真实性。法国人 L. Aurouseau：La Pramiere Conguete Chinoise des Pays Annamites（Ⅲ Siecle Avant Notre Ero），也是不承认汉代还有在北的象郡。

就以上两个系统互相冲突的证据来说，日南之为象郡有《汉书·南粤传》《汉书·地理志》，《史记》韦昭注，《水经注》，以及《晋书·地理志》的坚强证据，是无理由来攻破的。就习惯上说已成象郡位置上正统的说法；就情理来说，也十分充足，毫无破绽。马伯乐和佐伯只算举出另一支不同的证据，这项证据是不如原来的充实，并无理由将原来的证据驳倒，他们迹近于无理取闹。虽然，象郡在北的四条证据，有三个不同的来源，我们倘若不加分析，一笔抹倒，也不足以服人之心。

原有象郡在日南的证据，毫无问题的，象郡是秦代的象郡。但就象郡在北的证据检讨，我们毫无理由说这是秦的象郡。汉武帝平南粤时无象郡，昭帝时所罢的象郡已经和秦的象郡不能联成一线。《茂陵书》所记是汉武帝时事，决不应妄指为秦。据《汉书·武帝纪》注，臣瓒引《茂陵书》："临屯郡治东暆县，去长安六千一百八十三里，十五县。真番郡治雪县，去长安七千六百四十里，十五县。"和前引（丁）则，《高帝纪》注臣瓒引《茂陵书》体例正同，真番和临屯郡俱系汉武帝所置的郡，那其中所说的象郡也当然是汉武帝所设的郡。《山海经》所记的两条，本来不能和正史有同等的地位，即就其所说而言，沅水的源在象郡，及郁水在象郡两点而说，沅水的源据《汉书·地理志》牂柯郡下及《水经注》沅水注，均言出自牂柯郡的故且兰。郁水则源出牂柯，下入郁林。两者都是故夜郎国境。所以就时而言，便是在汉武帝时，就地而言是在夜郎国附近，和秦的象郡是不相关涉的。

让我们再看一看夜郎国的情形，《汉书·西南夷传》说：

> 南夷君长以十数，夜郎最大，其西靡莫之属以什数，滇最大。……此皆巴蜀西南外徼蛮夷也。……秦时常颇略通五尺道，诸此国颇置吏焉。十余岁，秦灭。及汉兴，皆弃此国。……南粤以财物役属夜郎，西至桐师，然不能臣使也。

照此传所言，第一，滇和夜郎都是巴蜀徼外蛮夷，并非五岭以南之地。第二，秦自巴蜀徼外通五尺道与略取陆地为南海三郡不同。第三，秦通西南夷十余岁始亡国，按始皇三十七年，二世三年共为四十年，四十年向前数十余年，至少在始皇二十九年以前，与始皇三十三年置南海三郡者不同。第四，《史记·赵佗列传》及《汉书·南粤传》明说赵佗领有象郡，而此处则言南粤以财物役属夜郎，不能臣使，又不相同。所以现在可以肯定的说秦的象郡决不是夜郎，而昭帝所罢的象郡是武帝通夜郎以后即以夜郎地方设置的。中国的郡县名称前代和后代的可以相同，但不在一个地方，但是常见的。这时秦的象郡已经名做日南，汉武帝平夜郎以后再将夜郎假借一个象郡名称，原不足为异。只是因此混乱了秦汉两代全不相同的两个地方区域，这就不可不辨明了。

（乙）汉代

当秦代初亡际，函谷关以东的人们仍然存着恢复六国的希望。因此项羽在杀了秦王子婴之后，表面上共尊楚怀王的孙子名心为义帝，但他自己自立为西楚霸王来掌握全中国的政权，同时他分裂全中国为十八诸侯来附和当时一般人的希望，终于让刘邦汉高帝统一了。在汉高帝平定项羽的时候，也分封自己的大将：韩信、彭越、张耳、英布、卢绾、韩公子信、吴芮等为王。但到了高帝的末年，功臣的王次第取销，全是自己的子侄，只剩了吴芮的后人尚为长沙王。当时的十个王国是：

楚王交，高帝弟，六年封。

齐王肥，高帝子，六年封。

赵王如意，高帝子，九年封。

淮南王长，高帝子，十一年封。

梁王恢，高帝子，十一年封。

淮阳王友，高帝子，十一年封。

代王恒，高帝子，十一年封。

吴王濞，高帝侄，十二年封。

燕王建，高帝子，十二年封。

长沙王吴臣，长沙王吴芮之后。

在这十个王之中，除代王恒后来即位为汉文帝以外，其余的封国在高后、文帝、景帝三朝，也有许多更变。然而这十个王的封疆，直到景帝时代五十几年中，大部分仍是属于王国的，并未曾直属于天子。

曾经有这么一回事，淮南王长在汉文帝时候，骄纵不法，文帝将他流到蜀郡，半道便死。国除为郡。当时民谣说："一尺布，尚可缝，一斗米，尚可舂，兄弟二人不相容。"文帝知道人民是讥诮他，他说："百姓大概以为我食取淮南的土地了。"因此他便三分淮南的旧地，分封淮南王长的三个儿子都为王。

在这个情形之下，诸王的封国，虽然大小不一致，但在他的封国之中赋税都属于王的，只给少数于天子，叫做献赋。诸王的领土合计起来要占天下的大半的，《史记·汉兴以来诸侯年表》说：

自雁门、太原以东至辽阳，为燕代国；常山以南，太行左转，度河、济，阿、甄以东薄海，为齐、赵国；自陈以西，南至九疑，东带江、淮、榖、泗，薄会稽，为梁、楚、淮南、长沙国，皆外接于胡越。而内地北距山以东尽诸侯地，大者五六郡，连城数十，置百官宫观，僭于天子。汉独有三河、东郡、颍川、南阳。自江陵以西至蜀，北自云中至陇西，与内史凡十五郡。

据全祖望《〈汉书·地理志〉稽疑》卷四，计为内史、河南、河东、河内、魏郡、东郡、颍川、南阳、南郡、武陵、巴郡、蜀郡、汉中、广汉、陇西、北地、上郡、云中，凡十八郡。高帝功臣封侯的有一百四十七人，再加上文景功臣及外戚恩泽封侯的不论在文景那个期间，总数当在一百六十以上，这许多侯国大都在函谷关以东的天子境内。所以天子的财源靠的是内史、蜀郡、汉中、广汉、巴郡、陇西、北地、上郡各处。景帝平定七国之乱以后诸侯始弱，至武帝大量的裁减诸侯，而后属天子直辖的郡的土地多于各王国所辖的土地。郡大的可以到四五十县，诸王的领地不过五六县，而二十县以下十县以上的，在汉末不过五个王国罢了。

汉代诸郡的数目，据《汉书·地理志》，平帝元始时共一百零三郡国（基督纪元时）。其郡或国的建立，在上一章已经指出四十二郡，即：

内史（京兆尹）　陇西　蜀郡　巴郡　北地　上郡　河东　东郡　砀郡（梁国）　三川（河南）　颍川　太原　上党　云中　邯郸（赵国）　雁门　巨鹿　河间　代郡　汉中　南郡　黔中（武陵）　南阳　长沙　泗水（沛郡）　薛郡（鲁国）　陈郡（淮阳国）　东海　会稽　齐郡　琅邪　渔阳　上谷　右北平　辽东　辽西　闽中　南海　桂林　象郡　九原

至楚汉之际新置的郡，则有十郡：

胶东　衡山（六安）　庐江　济北　河内　河上（左内史，左冯翊）　中地（右内史，右扶风）　常山　清河　豫章

其高帝所置之郡，则有八郡：

胶西（高密）　博阳（济南）　城阳　东阳（广陵）　鄣郡（丹阳）

以上为属于诸侯的。

汝南（《地理志》，又《汝水注》，高帝四年置。当由颍川分出者）
广汉（《地理志》，又《江水注》，高帝六年置，由蜀郡分出者）　魏
郡（《地理志》，又《浊漳水注》，高帝十二年置）

以上为直属于天子的。
文帝所置的有一郡：

甾川（《汉书·地理志》，又见《汉书·诸侯王表》即《高五王传》）

其景帝时新置的当为十二郡：

燕国（渔阳本为燕国内史地，自此析出渔阳，燕更立为王国，后改广
阳）　涿郡　渤海（据《史记·诸侯年表序》，吴楚时前后颇削燕代
边地，以上三郡当为同时所分）　中山（景帝时自代国析出）　平原
（景帝时削济北置）　山阳（《地理志》，《诸侯王表》）　济阴（《地
理志》，《诸侯王表》）　济东（《地理志》，《诸侯王表》，宣帝时改东
平图）　北海（《地理志》）　济川（《诸侯王表》，武帝时改为陈留
部）　广川（《诸侯王表》，后改信都国）　桂阳（当为景帝封长沙王
发时，析长沙置）

其武帝所置的，有二十九郡：

千乘（当为胶西属地，《史记·五宗世家》，胶西于王端数犯法，公卿
请诛端，天子以兄弟之故不忍，乃削其国之大半，即千乘也）　东莱
（当为胶东属地，武帝时胶东康王寄，以淮南之狱死，封其子贤为王，
东莱之郡当是此时置立的）　江夏（当为元狩元年，衡山国除后，以
一部分为六安国，五县）　定襄（始见元朔二年）　泰山（《封禅
书》，济北王以天子且封禅，乃上书献泰山及其守色，置郡当在此时）
　武都（《武纪》及《西南夷传》，元鼎六年置）　武威　酒泉（《武

纪》元狩二年）　　张掖　敦煌（《武纪》元鼎六年）　　　犍为（《西南夷
传》建元六年）　　越巂　牂柯（《武纪》及《西南夷传》元鼎六年）
益州（《武纪》及《西南夷传》元封二年）　　朔方（《武纪》，《匈奴
传》，及《卫青传》，元朔二年）　　苍梧　合浦　交趾　九真（《武纪》
及《南粤传》元鼎六年）　　玄菟　乐浪（《武纪》及《朝鲜传》元封
三年）　　真定　泗水（并见《诸侯王表》元鼎三年置）　　弘农（《武
纪》元鼎二年徙函谷关于新安，以故关为弘农县）　　临淮（故江都国
也，元狩二年立广陵王旨，临淮当为此时析出）　　零陵（志称元鼎六
年，盖平越后析桂阳之西，及郁林之北所置，《武纪》及《南粤传》
称元鼎五年出零陵下离水者，零陵指县，非郡名）　　天水安定（始见
于《武纪》元鼎六年。天水故属陇西，安定故属北地）　　西河（始见
于《武纪》元狩四年）

昭帝所置的有一郡：

金城（见《昭帝纪》始元六年）

以上是以《汉书·地理志》平帝元始时的郡和王国的数目为标准，总共一
百零三个郡国。其武帝时曾经开辟过，后来废去的，例如临屯、真番、沧
海、汶山、象郡之类，因为已经归并到别的郡国，现在也不再计入。在两
汉时代的版图要数昭帝、宣帝和元帝时代为广。因为匈奴来庭，匈奴单于
也成为中国属国的君主。而武帝戡定的疆土，这时也正式开辟郡县，到了
元帝以后，暂时放弃了海南岛的朱崖郡。（到三国吴时才再置珠官郡，约
在罢郡的二百五十年之后。）然而其余的部分在平帝时与昭宣元三帝时相
去不远，《汉书·地理志》以这时为标准，记载独详，所以此文也以此为
准了。

（丙）西汉的郡县的边界

西汉最东的疆域为武帝时的苍海郡，《东北史纲》云：

在汉武帝设朝鲜四郡以前，已置苍海郡，《汉书·武纪》元朔元年（前一二八年），"东夷薉君南闾等口二十八万人降，为苍海郡"。又《食货志》云，"彭吴穿薉貊朝鲜，置苍海之郡，则燕齐之间，靡然发动"。又《后汉·东夷传》薉条下云，"元朔元年，薉君南闾等畔右渠，率二十八万口诣辽东内属，武帝以其地为苍海郡"。三条所记，以此书为最明白，其地望可以薉貊求之。貊即句骊之部类，名见《后汉书》，薉则"北与高句骊沃沮，南与辰韩接，东穷大海，西至乐浪"（同见《后汉书》）。然则苍海郡当在朝鲜东北境，吉林东南境，其所谓苍海，乃东朝鲜海，非渤海也（《册府元龟》以扶余当苍海郡，全误）。灭朝鲜后此地当分属玄菟临屯。

虽然过了三年因为费钱废去，但这是汉武帝时最早的东北新郡。到了元封三年（前一〇八），汉武帝平定朝鲜时再有计划设置了乐浪、玄菟、临屯、真番四郡。乐浪的郡治在朝鲜县，其地在浿水的南岸，经杨守敬的《王险城考》，再据日本人在平壤南岸古城发掘到汉代许多遗物，所以平壤的南岸古城便是汉代的乐浪郡治朝鲜县，可无问题。乐浪的境界本在朝鲜半岛的西北部，西北隔马訾水（即鸭绿江）和辽东接界。到了昭帝始元五年（前八二年），省临屯和真番属乐浪（据《汉书·昭帝纪》），因此乐浪的境界便包括了全部的朝鲜半岛。

关于临屯和真番二郡的所在地望，可以知道的如下：临屯郡治据《汉书·武帝纪》，臣瓒引《茂陵书》"临屯治东暆县，去长安六千一百八十三里，十五县；真番治霅县，去长安七千六百四十里，十五县"，从两郡的郡治便可推及其地望。临屯治东暆，在《汉书·地理志》所记平帝时的区划是属于乐浪郡，并为乐浪东部都尉治，领有岭以东沿着东朝鲜海的地方，所以乐浪东部都尉即武帝时临屯的地方，是可以知道的。真番所在据前章说到秦时的真番众国，已经指明便是后来的三韩，其郡治所在应当即马韩地方。关于此一段的理由，《东北史纲》第三十六及三十七面阐明已详，可以参考。后来真番并入乐浪以后，真番各县亦归入乐浪南部都尉。但全部朝鲜半岛在西汉时代均属乐浪郡是无疑问的。

在乐浪的东北为玄菟，玄菟郡治高句骊城。《汉书·地理志》玄菟高句骊下注云："辽山，辽水所出，西南至辽队入大辽水，又有南苏水西北经塞外。"《汉书·地理志》的辽水，即《水经》小辽水也就是现今的浑河，《清一统志》和陈沣各家都一致。故玄菟治所应在浑河的上游，在浑河上游附近还有一个西北流的河水，自然除过松花江莫属。杨守敬图即以松花江当玄菟的南苏水，这是不错的。因此玄菟郡治高句骊城的位置也应当依照杨守敬的拟定在永吉之南、桦甸之北，而玄菟郡的郡界，大致包括吉林的南部和辽宁的东部。

但据《魏志·东夷东沃沮传》云："汉武元封二年，伐朝鲜，杀满孙右渠，分其地为四郡，以沃沮城为玄菟郡，后为夷貊所侵，徙郡句骊西北，今所谓玄菟故府者也；沃沮还属乐浪。"详其时代，当在昭帝始元五年，是玄菟本一部分在朝鲜半岛，及后沃沮城归乐浪，其治所便移治吉林了。

辽东郡的疆界，在前提到秦时的辽东郡时，已经说到汉代的疆界，因为秦代辽东的境域不能详知，但说到秦代，可以以汉代为标准来推测的。汉代的辽东，到了平定乐浪以后，便以马訾水（鸭绿江，未平定乐浪时，系以浿水，即大同江为界）为辽东和乐浪的郡界。其郡东之处如现在的辑安、桓仁一带是属于玄菟的。再向北去，辽东的属境便到了开原昌图一带，在汉代为望平县。其外的边塞，至康平、彰武等柳城以外的地方而入于辽西。

辽东之西为辽西，辽西的主要城郭为且虑、郡治柳城，西部都尉治，交黎东部都尉治。其主要的河水为白狼河。据《水经注》大辽水注白狼河应即今大凌河，因此从大凌河附近的情势推断出他们的关系，则且虑应在今日的朝阳。交黎应在锦县附近，而柳城之北亦有大水，便应为现在的绥中了。《辽史·地理志》："兴中府间山县，本汉且虑县地。"兴中府即今建平县，朝阳在建平东不远，俱为热河的名都，杨图位且虑于朝阳之西，大致不差，只是汉塞应当再向北些，杨图即以朝阳县所在处为边界似乎太向内了。

辽西之西为右北平，《汉书·地理志》，右北平十六县，据杨图的考订

265

有六县在今长城（明代的长城）以内，六县在今长城以外，其余四县无考。又据杨守敬的地图，右北平的北界为自建昌至承德，在今长城之外濡水（渜河）以东，玄水（青龙河）以西，数百里之区全无一县，似此数县应在此处。右北平的郡治是在平刚，现在要明白右北平的区划，必先决定平刚之所在。《水经注·濡水注》："濡水又东南径卢龙塞，塞道自无终县东出，渡濡水，向林兰陉东至清陉。……卢龙东越清陉，至凡城二百许里，自凡城东北出趣平冈故城可百八十里，向黄龙则五百里，故陈寿《魏志》，田畴引军出卢龙塞，堑山堙谷，五百余里，径白檀，历平冈，登白狼，望柳城，平冈在卢龙东北远矣。"卢龙塞即喜峰口是不成问题的，则无终应即遵化县附近。从喜峰口东北行汉魏里四百里（合今里二百八十里）便到建平，据陆军测量局十万之一图，自喜峰口以北多高山深谷，而建平附近则平敞，凡山谷或沙漠之区都邑要受地形的限制，所以古的名都和今的名都，位置往往全符，那平冈即在建平，也就不必多为怀疑了。其大凌河上游凌源和凌南二县，在汉时属于白狼、广成和石城三县，这是根据《水经注·大辽水注》而知的。方才说朝阳为辽西郡治且虑所在，而凌源及凌南二县属于右北平，所以辽西和右北平的分界应在朝阳和凌源之间，更转向东北，以努鲁儿虎山为界，右北平的界，应当更自绥东全宁而西，与渔阳的界相接。其赤峰所在应即都尉治所资县之地，而宁城平泉两处也可以安置延陵、聚阳三县了。

自右北平至渔阳，边界更转而向南，大约自全宁、多伦西南转至独石口。《汉书·地理志》"渔阳（渔阳郡治）沽水出塞外，东南至泉州入海，行七百五十里"。渔阳城即今密云，自来无异说。沽水即今白河，源出今长城（明代长城）外，故今之沽源地方，当时已在塞外。不错这一带的边界特别向内的，也就是《匈奴传》及《盐铁论》所说的汉代弃造阳之地七百里之处了。（造阳本赵县，秦因之。）渔阳都尉治要阳，在今隆化县境内。

渔阳以西为上谷郡，其边界据杨守敬地图，从独石口起至张家口以西，大致成一直线。今据《汉书·地理志》，上谷郡的十五县都在今察哈尔省的南境。上谷郡治沮阳在今怀来县，上谷西部都尉治宁县，据杨图在今万全县的旧城。

上谷北境塞外为造阳之地，所以边界特别向内，到了代郡以后边界又向北扩充些了。代郡十八县，治桑乾，今阳高县东南。有三都尉，高柳，西部都尉治；马城，东部都尉治；且如，中部都尉治。高柳城据《水经·瀔水注》在平城东南六十七里，其地应当在浑源县之北。又据《水经·瀔水注》，于延水即修水，自且如来，东南径马城县故城北。于延水即今洋河，马城县据《清一统志》云在怀安县北，怀安县沿河当道之处，应即今日的柴沟堡溯水而上，那就中部都尉的且如城应当在兴和县的附近了。据《汉书·地理志》云"且如，于延水出塞外，东至宁入沽。则汉代的边塞应即在今兴和县的附近了。自此由北转西至今集宁的附近，入雁门郡界。

自此以西，经雁门、定襄、云中、五原、朔方五郡，皆以阴山为北界。雁门郡十四县，郡治善无，在今右玉县（据《清一统志》，下同）。东部都尉治平城，在今大同；西部都尉治沃阳盐泽，在今凉城县（据《清一统志》及杨图之位置推定之，下同）。定襄郡十二县，郡治成乐，应在今和林格尔城北。西部都尉治武进，应在今和林格尔城南；中部都尉治武皋，在今归化城东北。云中郡十一县，郡治云中，据杨图在今萨拉齐县南。东部都尉治陶林，据《清一统志》在归化城界内；西部都尉治桢陵，据《清一统志》在今托克托城；中部都尉治北舆，《清一统志》在武泉县（今武川县）南。五原郡十六县，郡治九原，据杨守敬地图在今包头之西。成宜县，中部都尉治原高，西部都尉治田郡，据杨守敬图在今安北县南。朔方郡十县，郡治三封，据杨守敬图的位置在今五原县南，但据《水经注·河水经》三封县城东后，始分为南河及北河，所以三封城应在现在三道桥附近。东部都尉所在的广牧县才应在现今的五原；而中部都尉渠搜，应在其西南，河水折回所经之处。

朔方之西为北地，北地十九县即治马领，杨守敬图在环县东南。又据王先谦订《清一统志》文，认为今宁夏城北为汉廉县城。据《水经注》其南为富平，其北为灵武。更北为浑怀障即浑怀都尉治，则其位置从廉县的方位可以推定的。据杨守敬图所记，朔方郡界仅至今磴口以北为止，其西宁夏省的大部分甚至一段黄河也算作塞外，这是不对的。现在自今五原县和今临河县以西直达额济纳河黑城 Khara Khoto 的驼队道路，沿途尚能发现相畿的汉代亭障，因此从阴山而西，直到黑城，正是汉代边塞所在不得将此一段划到塞外。至于属于河郡，现在虽然未得其详，大致说来黑城至临河一段，当分属于北地、武威和张掖。

自黑城之西北沿额济纳河而南，河的两面都有烽燧和城障。至鼎新之西便有长城遗址，经酒泉、玉门、安西、敦煌之北，直达敦煌西二百四十华里的玉门关，玉门关以外尚有许多连接的烽燧，见斯坦因（Aurel Stein）*Innermost Asia* 所附的额济纳河及酒泉敦煌各处的地图。

敦煌的西境仍为中国的土地，不过属于西城都护不属于敦煌郡了。其南境为羌人，大致界线和今甘肃省界相当。只是酒泉以南及张掖以南，应以托赖山为界，因为这一带的祁连山谷，是属于张掖属国都尉的，再南西宁附近便属于金城郡了。

金城郡治允吾，《汉书·地理志》浩亹下云："浩亹水东至允吾，入湟水。"浩亹水即今大通河，今在青海民和县以北入湟水，故允吾城应即在其附近。《清一统志》云"故城在皋兰县西北"，杨图亦然，失之。其中各县现在大致可以决定的，浩亹在大通河沿岸，令居在今永登县南，金城在今皋兰县西，榆中在今榆中西北，抱罕在今临夏，白石在今夏河县东，河关在今循化，破羌在今乐都县西，安夷在今西宁，临羌在今湟源。而临羌下之仙海盐池，《清一统志》定为仙海即青海，盐池即青海西南之盐池同百余里。今按此盐池在都兰县属之茶卡地方。此为王莽时的西海郡，而此时附于金城之下的。故金城郡之区域乃以民和县之允吾为中心发展，北接张掖（金城系由张掖及陇西分置），东接陇西，西接青海为界。南至夏河至西倾山的附近的。那么其边界也不难大致划出了。

金城之南为陇西，陇西治狄道，今临洮县，临洮今岷县。羌道，《地理志》云"羌水出塞外，南至阴平，入白水"，羌水即白龙江故其地应在今西因县附近。予道今不知所在，后汉省，或在临潭附近，所以陇西为郡是以狄道为中心的，北接金城，西南以岷山为界。又南为蜀郡，大抵起自岷山，下以邛崃山与羌为界。再南为越巂，包括西康旧宁远各属，西南至今云南。在越巂的诸县，灉街为今剑川县治，青蛉为今大姚县治。越巂之南为益州，其郡界的大致情形，大略相当于今云南省西界和南界。只是东部有一部分属于牂柯郡，东北一部分属于犍为郡，北部一部分属于越巂郡罢了。

在现在越南东京之北，在汉是属于牂柯郡的，而东京之西北，是属于益州郡的，《水经》叶榆水"入牂柯郡西随县北为西随水，又东出进桑关，过交趾麊泠县北，分为五水"。叶榆水即今富良江，麊泠县据杨守敬图在今越南东京的临洮府，进桑县在宣光府路之南；西随在宣光府路之北。总之据《水经》文，只有红河分支以后的附近属于交阯郡，而其上流的从云南蒙自、元江、河口等处以下，直到交阯的平原都是属于牂柯郡的。又据《汉书·地理志》益州来唯有劳水，东至麋伶（即麊泠）入南海，据杨守敬地图，来唯是在越南东京兴化府附近的。

越南的东京地方，除西北部分属于牂柯以外，在汉大致为交阯郡地，《汉书·地理志》，交阯郡十县，郡治龙编，《水经注·叶榆水注》，"交阯左水即北水，自西于来，东径龙渊县北，合南水，南水自麊泠县东径封溪县北，又径浪泊，又径龙渊县故城南，左合北水，龙编即龙渊改名也，下入于曲阳"。龙编城即河内北岸之城，城址尚存，其十县所在亦大致以龙编为中心而发展的。汉九郡七县，俱在今日越南的安南，自义安和河静以北，大致都属于九真的地方。九真的郡治在胥浦，据《安南志略》《读史方舆纪要》、杨守敬地图和法国人马司帛洛·乔治（Georges Maspero）的《占婆史》，俱以为应在清华府（Thanh-hoa）。这种假定，是众口一辞的，因此我们也便将九真作为以清华为中心而扩充的地域。其义安（Nghe-an）和河静（Ha-tinh）与清华属于同一地理区域之内，而在其稍南，因此我们认为也是九真郡的一部。又《读史方舆纪要》和杨守敬图都将咸骧放到新平（Tan-binh）的东南。即广平省（Quang-binh）地方，按地理形势来说，也不错的。虽然伯希和（Paul Pelliot）的考证，认为九真和日南的界线在安南关（Port，An-nam）所在的横山（Heng Chan）（见《河内远东校刊》第四卷一九〇叶）。照此说来，新平是属于日南的，然而宁肯取读《史方舆纪要》根据中国和安南沿袭下的旧说。所以日南和九真的界，即今广平和广治（Quang-tri）的界。

日南郡的南界，虽然不能完全确切的知道，但根据鄂卢梭（Leonard
Aurousseau）的考证（《河内远东校刊》第十四卷第二十五叶），日南的南
界应在富安（Phu-yen）及庆和（Khanh-hoa）之间的伐勒拉角（Cap
Varella），我们以为这是在众说之中，一个比较可信赖之说。因为自广治
省南下，差不多没有一个最合适的天然界限。一直到伐勒拉角便不同了，
在他的西面是一个高二千一百公尺的母子山（La Mere et L'Enfant），在安
南南部为最高的山峰，他的西南有不少的区域是丛林蔽日，毫无人迹（根
据 G. Maspero 的 *Indochine*），而伐勒拉角直入海中，为南北的明显分界。
据杜佑《通典》林邑国记云："马援树两铜柱于象林南界，与西屠国分汉
之南境。"又："铜柱山周十里，形如倚盖，西跨重岩，东临大海。"（此二
条是傅孟真先生检示的。）铜柱虽然久已不存，但按着形势，铜柱山是应
当在这一带的。

据马司帛洛·乔治（G. Maspero）的《占婆史》（*Le Royaume de
Champa*）说，纪元四十三年的马援将军经由占婆自北而南为不可能，并
且马援行军止于居风，决不能到清华（Thanh hoa）以南（见一九二八刊
本第四十六叶），他这个议论是不对的。第一，占婆的建国在汉献帝初平
四年（一九二年），这时候占婆还是汉朝的象林县，并无占婆一个名称。
第二，据《后汉·马援本传》说马援平定征侧和他的妹子征贰之后，又对
于叛党在居风打了一个决定性质的胜仗，交阯州各郡的叛乱全平。所说到
的居风只是一个分别最后胜负的战场，并非说马援只到此为止。因此虽然
承认马援得到居风之役的胜利，然而无碍于马援在伐勒拉角树立分界的
铜柱。

关于日南的几个主要的城，曰西卷，曰卢容，曰象林。西卷是汉代的
郡治，《水经·温水注》引应劭《风俗记》曰："日南，故秦象郡，汉武帝
元鼎六年开日南郡，治西卷县"。《汉书·地理志》"西卷，莽曰日南亭"。
《后汉书·郡国志》先列西卷，这都可证明郡治是在西卷的。卢容则为重
要的海口，《水经·温水注》引《晋书·地道记》曰："郡去卢容浦口二百
里。"又引康泰《扶南国记》曰："从林邑至日南卢容海口，可二百余里，
从口发往扶南诸国，常从此口出也。"其次象林，在汉献帝时（一九二年）

象林叛变，组织成后来的林邑国。

现在关于这一带的较早史料，只有《水经注》。不幸《水经注》的作者郦道元是中国南北分立时的北朝魏国的人，对于长江以南的情形非常隔膜，尤其对于日南的水道认为郁水（西江）所经，是一个绝大而不能掩饰的错误。因此除去他引证的材料的确是非常可实以外，他的结论完全不可以信据。倘若泥执他的结论，便要上当了。因此只能找到一个据点以后，再按道里来决定其他的据点。

这一个据点便是卢容。据前引《水经注》引《晋书·地道记》和康泰《扶南国记》，卢容为日南最大的海口，又据《水经注·温水注》本文："又南径四会浦水，上承日南卢容县西古郎究，浦，内漕口，马援所漕，水东南屈曲通郎湖。"《水经注》的本文，虽然应当谨慎使用，然而这是一个描写，不是一个推测，凡是一个细部的描写，不易于向壁虚造的。并且《水经注》对于中国的南部，是只有错误，决无虚造，因此这段材料也可以在鉴定之下采用。今按从安南关至伐勒拉角最主要的海口而下游有个海湖（Lagoon）的，只有承天府即顺化（Hue）的附近。法国人在顺化东部，沿顺化河（Rivière de Hue）有一个遗址 Ban Bo，鄂卢梭认为区粟或西卷的遗址，现在只能当他作为惟一的假设。此城是经顺化河向东南行可以入浦出海，按之情形，是和卢容浦口相同。据《水经注》引《晋书·地道记》，郡去卢容浦口二百里，晋郡治在卢容，距此二百里，便应在广治（Quang-tri）的附近。

汉郡治西卷，在《晋书·地理志》是治卢容的，这因为西卷晋时已失守了。西卷在卢容之南，是无疑问的，据《水经注·温水注》云：

（郁水）又东，右与寿泠水合，水出寿泠县界。魏正始九年，林邑进侵至寿泠县，以为疆界，即此县也。寿泠以水凑，故水得其名。东径区粟故城南。考古《志》并无区粟之名。应劭《地理风俗记》曰："日南，故秦象郡，汉武帝元鼎六年，开日南郡，治西卷县。"《林邑记》曰："城去林邑，步道四百余里。"《交州外域记》曰："从日南郡南去到林邑国，四百余里。"准径相符，然则城故西卷县也。

《地理志》曰："水入海,有竹可为杖,王莽更之曰日南亭。"《林邑记》曰："其城治二水之间,三方际山,南北瞰水,东西涧浦,流凑城下,城西折十角,周围六里一百七十步,东西度六百五十步,砖城二丈,上起砖墙一丈,开方隙孔,砖上倚板,板上五重层阁,阁上架屋,屋上架楼,楼高者七八丈,下者五六丈,城开十三门,凡宫殿南向,屋宇二千一百余间,市居周绕,阻峭地险,故林邑兵器战具,悉在区粟。多城垒,自林邑王范胡达始,秦余徙民,染同夷化,日南旧风,变易俱尽。"

这是《水经注》对于西卷或区粟的描写。照此看来,区粟和寿泠是在一个三角州,寿泠在上游,区粟在下游。区粟既据鄂卢梭认为即是顺化东南的Ban Bo 遗址,则寿泠的地位在它西南上游也大致可以知道了。这点是很有趣的,即凡是一个主要的城市,和现在的主要城市总相差不远。例如番禺即今日的番禺,龙编在今日河内的对河,胥浦大约在今日的清华,而西卷也距现在的顺化不远。

象林县据《水经注》其后为林邑的国都,据法国人的调查,林邑都城即今广南(Quang-Nam)以南的 Dong Duong 遗址。这一处因为有许多碑文可证,法国人如 G. Maspero 的 *Le Royaume de Champa* 以及 L. Aurousseau 在《河内远东学校校刊》的书评,又 G. Maspero 的 *Un Empire Colonial Français,L'Indochine* 都这样说,我们在未得着更有力的证据以前,不便否定这个说法。然而据 L. Aurousseau 的拟定,中国汉代的南界,到了伐勒拉角(Cap Varella)却仍然是一个最有可能的假设。虽然从广南的南部到伐勒拉角还有相当的距离,然而汉时在福州的东冶一县差不多领有福建全省,则在广南的象林县领有的地方到伐勒拉角,甚至到伐勒拉角以南,决不是一个不可能的事。

(丁) 西汉的属国

A. 西域都护

《汉书·百官公卿表》:"西域都护加官,宣帝地节二年初置,以骑都尉、谏大夫使护西域三十六国，有副校尉，秩比二千石。丞一人，司马、候、千人各二人。戊己校尉，光帝初元元年置，有丞、司马各一人，候五人，秩比六百石。"又《西域传》云：

> 其后日逐王畔单于，将众来降，护鄯以西使者郑吉迎之，既至汉，封日逐王为归德侯，吉为安远侯。是岁，神爵三年也。乃因使吉并护北道，故号为都护，都护之起，自吉置矣。（匈奴）僮仆都尉由此罢，匈奴益弱，不得近西域，于是徙屯田于北胥鞬，披莎车之地（注：披，分也）。屯田校尉始属都护，都护督察乌孙康居诸外国，动静有变以闻。可安辑，安辑之。都护治乌垒城，去阳关二千七百三十八里。与渠犁田官相近，土地肥饶，于西域为中，故都护治焉。至元帝时，复置戊己校尉、屯田车师前王庭。

从此说来，西域都护仍是汉朝的直接顶上，监督着附属于都护的属国，这些属国都是接受汉天子的保护的。都护之职解释起来，便是总管保护国家的官吏。其都护所领属的国家，比较重要的，在天山南路的，计有：

（1）鄯善　在天山南路的最东部，其国境所及，自车尔成河下游至塔里木河入口之处。国王治扜泥城，即今罗布泊西北的楼兰（楼兰简文作 Kroraina）废址，其西南有（Stein 以为即今之 Miran）伊循城。汉在此设有鄯善都尉，屯田积谷，其地约相当于若羌县。此处距玉门较近，所以汉代以鄯善为重要的据点。

（2）扜弥（《史记》作扜罙），在鄯善西，即今新疆于阗（即克里雅 Keria）县北之 Uzen Tati 遗址。据斯坦因（Aurel Stein）认为即汉扜弥城，甚是。克里雅城即此南迁的，从前人李光庭认为即今克里雅城，也大致不差，只不如斯坦因的实地调查更正确些。

（3）于阗　于阗即今和阗，这是无问题的。据斯坦因（Aurel Stein）的 Ancient Khotan 认为《汉书》所记的国都西山城在今县治西 Borazan 回庄之 Yotkan 地方。据 Ancient Khotan 所记，在和阗的附近尼雅（Niya）古城发见的文书为印度的 Karosti 书法，而语言则为 Prakrit 语言。而其中有若干则称谓和名号含有西藏的成分。所以就魏书称于阗的"不甚胡，颇类华"看来，则于阗一带，或为印度化的西藏人（其纯西藏人的，则《汉书·西域传》所说，西夜、蒲犁、子合、依耐、无雷等，都是"羌氏行国"）。

（4）莎车　今为叶尔羌（Yarkand）。

（5）疏勒　今为喀什噶尔（Kashgar），于此地设疏附县。据斯坦因的 *Innermost Asia* 附图，其处水草田在新疆为最大。再西即为帕米尔高原，《汉书》所谓葱岭。逾葱岭以后，才不直接属于都护的。

（6）姑墨及温宿　姑墨在东，温宿在西。据《西域传》，王莽时姑墨并有温宿。今其地有阿克苏（Aksu）及乌什（Ush-Turfan）一城，阿克苏为姑墨国，乌什为温宿国。

（7）龟兹　今为库车（Kucha）。《汉书·西域传》云："初，贰师将军李广利击大宛，还过扜弥，扜弥遣太子赖丹为质于龟兹。广利责龟兹曰：'外国皆臣属于汉，龟兹何以得受扜弥质。'即将赖丹入至京师。昭帝乃用桑弘羊前议，以扜弥太子赖丹为校尉将军，田轮台。轮台与渠犁地皆相连也。龟兹贵人姑翼谓其王曰：'赖丹本臣属吾国，今佩汉印绶，来迫吾国而田，必为害。'王即杀赖丹，而上书谢汉，汉未能征。宣帝时，长罗侯常惠使乌孙还，便宜发诸国兵，合五万人攻龟兹，责以前杀校尉赖丹。龟兹王谢曰：'乃我先王时为贵人姑翼所误，我无罪。'执姑翼惠诣，惠斩之。时乌孙公主遣女来至京师学鼓琴，汉遣侍郎乐奉送主女过龟兹。龟兹前遣人至乌孙求公主女未还。会女过龟兹，龟兹王留不遣，复使使报公主，主许之。后公主上书，愿令女比公主入朝，而龟兹王绛宾亦爱其夫人，上书言得尚汉外孙为昆弟，愿与公主女俱入朝。元康元年（前六五年）遂来朝贺。王及夫人皆赐印绶。夫人号称公主，赐以车骑旗鼓，歌吹数十人，绮绣杂缯琦珍凡数千万，留且一年，厚赠送之。后数来朝贺，乐汉衣冠制度，归其国，治宫室，作徼道周卫，出入传呼，撞钟鼓，如汉家仪。外国胡人皆曰：'驴非驴，马非马，若龟兹王，所谓羸也。'绛宾死，其子丞德自谓汉外孙，成哀帝时（前三十二至前一年）往来尤数，汉过之亦甚亲密。"因为龟兹地方正在天山南部之中，汉都护所在乌垒城，仅距三百五十里，因此地理上的地位是很重要的。到后汉时龟兹虽一度变成匈奴的势力范围，但结果为班超所平定，立龟兹国王从前派到长安的儿子白霸为国王。

据伯希和在库车附近得到的木简，以及斯坦因从天山南路各处的木简，自唐代以前，天山南路通用一种言语，这种言语接近于希腊语，和现在天山南路用接近突厥语的方言不同，经烈维（Sylvain Levi）的考证，他们的文化亦和中国的交通是以龟兹地方为中心（见巴黎 Journal Asiatique 一九一三年九月及十月）。此外龟兹和于阗是两个大佛教中心，凡天山南路的住民都是佛教徒，这是由许多文籍和考古方面可以充分证明的，其住民改从回教大约在元代之后。天山北路城郭住民也是佛教徒，而游牧的人民如乌孙之类，大约和匈奴一样的属于沙满教。（参看羽溪了谛著《西域之佛教》）

（8）焉耆国　今 Karashahr。

（9）车师前王国　治交河城，在吐鲁番盆地，今为雅尔和屯城（Yark Khoto）。

其在天山北路，比较重要的有：

（1）蒲类国　有蒲类海，赵充国为蒲类将军，即以此地命名。今其地为巴里坤（Barkul），设有镇西县。

（2）车师后王国　治务涂谷，《后汉书》曰：“自高昌壁北通后部金满城五百里。”金满城即今济木萨（Giemsa），唐为北庭都护府所在之地，今为孚远县城，务涂谷当即在其南。在其附近汉设有车师都尉城。

（3）乌孙　治赤谷城，其国当包括伊犁附近和伊犁河下游苏联属亚尔玛阿定，及吉尔吉斯坦地方。《汉书·西域传》云“地莽平多雨”，此为伊犁河流域一带境况，其南与阿克苏有通道。《唐书·地理志》云：“大石城又曰温肃州，西北三十（十字误，当作百字）里至粟楼峰，又四十里度拔达岭，又五十里至顿多城，乌孙所治赤山城也。”故其国都当在今苏联境内伊斯色尔库诺尔湖东岸。乌孙本在敦煌祁连间，其后为月支所侵，迁至此处。及汉通西域，屡世与汉婚姻，宣帝时为汉击匈奴，立功甚大。其后因王族争立，分为大小二昆弥，汉屯赤谷城以谓处之。既分为二昆弥以后，俱亲倚都护，共朝京师。

至于西羌的事，《汉书》不列专传。但据《宣纪》神爵元年赵充国胜羌之后，在次年便设金城校尉以处降羌了。东汉特设护羌校尉来管理。

B. 匈奴

匈奴在汉代初年，在文帝和景帝时期，汉和匈奴和亲，彼此用着平等的外交。到了武帝时期，因为匈奴有时要以寇掠为生，侵害汉的边境，因此武帝时最大的事业，便是征伐匈奴。结果匈奴国力因为武帝的征伐，大为衰耗。到了宣帝时，乌孙为匈奴所攻，汉大发兵，五道出师，攻伐匈奴救乌孙。匈奴听见汉大出兵，将所有人民和畜产向北迁徙，因为仓卒迁移，人民和畜产死的很多。在这个时候，匈奴主要的是防御汉兵，因此东面的乌桓和西面的乌孙同时向匈奴攻击，匈奴从此便大为衰耗，不能像从前了。以后匈奴五单于争立，有内乱。到了甘露元年，最后成功的呼韩邪单于，情愿属汉称臣，入朝长安。从此以后直至西汉的灭亡，汉对于匈奴仍有主从的关系。东汉明帝时分为南北匈奴，共朝于汉。

匈奴的根据地是外蒙古，但其领土所及，当到西伯利亚的南境。

C. 东北各族

匈奴而外，乌桓为中国北方游牧民族中强有力的，《前汉书》无乌桓传，《后汉书·乌桓传》云：

> 乌桓自为冒顿所破，众遂孤弱。常臣伏匈奴，岁输牛马羊皮，过时不具，辄没其妻子。及武帝遣骠骑将军霍去病击破匈奴在地，因徙乌桓于上谷、渔阳、右北平、辽东、五郡塞外，为汉侦察匈奴动静。其大人岁一朝见，于是始置护乌桓校尉，秩二千石，拥节监领之，使不得与匈奴交通。昭帝时，乌桓渐强，……度辽将军范明友……追击之。……由是乌桓复寇幽州，明友辄破之。宣帝时，乃稍保塞降附。

今按其地，当在现在的热河和察哈尔的北部以及外蒙古的东部。到东汉特设一个护乌桓校尉来管理。

此外尚有若干保塞的外族受中国保护的，计有：

甲　夫余　据《后汉书》："在玄菟北千里，南与高句骊，东与挹娄，西与鲜卑接，北有弱水，地方二千里，本濊地也。"

乙　挹娄　据《后汉书》："挹娄，古肃慎之国也，东滨大海，南与北沃沮接，不知其所极，人形似夫余，而言语各异。"

丙　高句骊及句骊　据《后汉书》："高句骊，在辽东之东千里，南与朝鲜濊貊，东与沃沮，北与夫余接，地方二千里，多大山深谷，人随而为居。""句骊，一名貊耳，有别种，依小水为居，因名小水貊。"

丁　东沃沮　据《后汉书》，"东沃沮在高句骊盖马大山之东，东滨大海，北与挹娄、夫余，南与濊貊接。其地东西狭，南北长，可折方千里。……武帝灭朝鲜，以沃沮地为玄菟郡，后徙郡于高句骊西北，更以沃沮为县，属乐浪东部都尉。至光武，罢都尉官，后皆以封以渠帅，为沃沮侯。"

戊　濊　据《后汉书》："濊，北与高句骊、沃沮，南与辰韩接，东穷大海，西至乐浪。"

己　三韩　据《后汉书》："韩有三种，一曰马韩，二曰辰韩，三曰弁辰。马韩在西，有五十四国；……辰韩在东，十有二国；……弁辰在辰韩之南，亦十有二国，凡七十八国。"

这许多小的部族，大约从朝鲜南部沿海经朝鲜东部到苏联的沿海地方。在西汉时没有多少记载，但据《后汉书》所说，其酋长到光武时咸来贡献朝谒，光武并且使他们属玄菟乐浪诸郡，所以都是中国的内臣，是不成问题的。西汉虽记载不完全，但从东汉的情形看来，西汉注重开边，东汉不注重开边。东汉的领土在西汉时亦为中国的领土应不成问题。并且从《汉书》及《后汉书》不完全的记载，也可以知道这许多小的部族在西汉时受到中国的势力影响只有比东汉时大些。

（刊载于《现代学报》，第 1 卷第 4—5 期，1947 年 5 月）

两汉政府在西域的经营

（一）西域的地理环境与早期的东西交通

两汉西域的范围是指玉门关以西的地方。照汉代人的意见，广义的西域要向西一直包括欧洲（汉代以前，中国人是不知道欧洲的），狭义的西域是指天山南北两路而言，尤其是指天山南路，也就是现在的新疆省的南疆。

新疆的北部是在全世界中一个距海最远的地方。因此雨量甚少，新疆南部虽然距离印度洋较近，但因为喜马拉雅山和西藏高原挡住了潮湿空气，雨量比北疆还要少，所以新疆全境，除去了少数水草田以外，大部分都是沙漠，这些水草田也是依靠山顶的雪，到天气暖了化成溪流，再来灌溉平原中的田地。

就山上和平地的雨量来说，山上的雨量较平地为丰富，尤其冬天的雪更比平地为多。所以平地可以沾到山上的惠泽。不过山上的雨量也是每年并不相等，古今更不相等，因此就有新疆的灌溉利用"化石水"一说。当然，一般来说，今年的灌溉，不一定只是利用去年的雨量。不过大致说来，每年雪量的收支，还相差不算太远。如其不然，那就新疆的灌溉不到几年就把山上的积雪全部用光了。

南疆的土地是肥美的，其中几个大水草田，如吐鲁番、库车、阿克苏、喀什噶尔、叶尔羌、和阗等，都是出产丰富的区域。南疆地势是四面皆山，这种情形的确阻止了不少的湿润空气。不过就另一方面来说，这些山脉都有积雪的功用，对于灌溉方面，也有补助。尤其北方的山脉挡住了西伯利亚的寒流，因而气候较暖，对于农业方面，更有好处。

就东西交通的地位来说，中国大陆和欧洲大陆，都是天府奥区，是世界文化发扬的区域，这两个区域中间，联络最便利的地方，就是新疆的北疆。新疆地区，南疆从来是农业发展的区域，北疆在过去是游牧的区域，但游牧民族也未尝不可以传播文化（虽然传播文化的质和量方面，都比农业民族要差一些，可是总比完全隔绝的要好的多）。最著名的是斯克泰的艺术。其他可能是游牧民族传来的，如车的制作，兵器的制造，铁的传播，等等。这些都是张骞通西域以前的事。当然张骞通西域，使得中国和西域发生了政治上的关系，使得中国对于西域有了正确的知识，使得中国和西方有大量的文化交流，在意义上不能忽视，不过张骞以前也不是没有间接的交通的。

当然，我们要注意的，是间接交通这一点。而古代的直接交通却不应妄加揣测的。例如周穆王西行的故事，前人就有以为到过新疆的。不过《穆天子传》可能是一部小说，未可信据。再就《穆天子传》本身来看，就行程排列下去，也只能看为从河北北部出发，经过塞上一直转到西南，到青海附近就东回。《汉书·地理志》认为"西王母石室"在青海是有道理的，倘若认为在新疆就有些夸张了。至于《山海经》和《逸周书·王会篇》有新疆的地名，也不能证明战国时即与新疆有直接的交通。因为（一）可能有汉代人窜入的文字。（二）新疆的部族也可能到过中原，例如《汉书·地理志》陇西有大夏县，安定有月支道，上都有龟兹县，朔方有渠搜县，雁门有楼烦县，都与域外的部族可能有关。（三）即令从游牧民族口中得到外边的地理知识，也不能算是直接交通。所以即令有间接的关系，也不必过分夸张。

对于古代东西交通关系的史料，最为重要的，还是一些实物。例如美国哈佛大学佛格博物馆所藏的战国铜镜，上面就有玻璃的镶嵌。这种玻璃的制造，显然的是埃及、希腊等国的手艺，而非战国时期的中国所能（中国会造玻璃要晚到纪元后六七世纪，见《魏书·大月氏传》），这就证明了战国时期已有西方的工艺品输入中国。不过工艺品的流通和直接交通仍然不是一回事。

因此，我们对于古代西域和中国关系上的看法，是要认为早已经有了有限度的交通。不过正式交通的发展，要等到汉武帝张骞通西域以后。

（二）张骞通西域及汉武帝的经营

汉代人对于西域虽然没有明确的认识，却是显然的，知道有这一块地方。所以汉武帝时就开始去做通西域的工作。

匈奴对于汉朝是一个严重的问题。因为汉朝已经很早得到了定居的生活，从事农业和商业，需要一个有类似生活方式的邻居。匈奴的生活方式却是比较原始，对于抢劫的方式来取得需要的物资，并不认为是不对的。汉朝自从汉高帝以来，用和亲的政策，给予匈奴一部分需要物资，来取得了边境上的和平，并非绝对有效的。所以讨伐匈奴的主张，总是随时会有人提议。汉武帝就是受了这种主张影响的人。

汉武帝即位以后，因为匈奴投降来的人说，匈奴曾经攻破了月氏，杀了月氏王，月氏的人们西逃，和匈奴有怨。因此联络月氏，夹攻匈奴，就成了当前的一种策略。当时就招募能出使月氏的人，张骞就以郎官的资格应募。

张骞是汉中郡成固县人，和胡人名"堂邑奴甘父"的一同出使。当时河西地方尚未归汉，从汉到西域必需经过匈奴。张骞是从陇西向西去的，经匈奴时被匈奴发现，把他留在匈奴十余年。他并且在匈奴中娶妻生子。当时幸亏住在匈奴西部，乘匈奴不备之际，逃向西方。西行十几天到大宛。

大宛听见说汉朝是一个很富的国家，早想和汉朝交通。看见了张骞，甚为喜欢。张骞并且告诉他如能通汉，一定有很多的利益。于是大宛把他送到康居，康居再把他送到大月氏。

这时月氏已经征服了大夏。地方肥美，无心再报复匈奴，不能答应张骞夹攻匈奴要求，张骞在西域住一年多，仍然回到东方来。他当时是从祁连山下走，想从西羌的地方回来，又被匈奴留住。再一年多，单于死，匈奴中有内乱。他和胡妻及胡人堂邑父一同逃回来。这时候是汉武帝元狩元年（西元前一二二年），在匈奴西域前后一共十三年。汉拜张骞为太中大夫，堂邑父为奉使君，从此以后汉朝对于西域才有正确的认识。司马迁称张骞为"凿空"，这是不错的。

到了元狩二年，霍去病在河西地带得到了胜利。昆邪王降。河西廊子归入了中国，不过还未曾正式经营。偶然之间，还有匈奴人的斥候来到。到了元狩四年，再遣张骞出使西域，招回乌孙到河西走廊居住。乌孙不肯回来，但是和西域的交通更深切了一层。汉朝除去可以携带大宗的货物送给西域的国家，使得西域国家知道汉的财富以外，并且西域报聘的使臣也初次来到中国，形成了正式的交往。

乌孙既然不肯居住河西廊子一带的地方，而这一带地方又是通西域的要道，汉朝决不能把它放弃的。于是到了元鼎的时期，汉朝就自己经营这一带的地方。就河西廊子的自然区域来说，第一是白帝河流域，以现在的武威县为中心，旧名称可能是"休屠城"区域。第二是额济纳河流域，以现在的张掖县和酒泉县为中心，旧名称可能是"昭武城"区域。第三是以疏勒河流域，以现在敦煌县为中心，旧名称可能仍然是"敦煌城"区域。这三个区域以张掖酒泉部分的水草田为最大，而且额济纳河流的最远。其中的据点，是张掖和酒泉，但酒泉在这个区域的西方，对于东西交通上的关系，更为重要，因此酒泉就成为最早经营的一个据点。酒泉在河西廊子之中，是最先置郡的一个地方。至于置郡的时期，《史记》中无明文，《汉武帝纪》和《地理志》的记载也互相冲突。司马光的《资治通鉴》依据《史记》和《汉书》的材料，推断为元鼎二年（前一一五年），也许是正确的，也许稍嫌后一点。

照着《史记·张骞李广利传》说"汉筑令居以西，初置酒泉郡以通西北国"的意思来看，设置酒泉郡的目的，就是为着西域的交通。也就是说酒泉郡就是东西大道上一个补给用的大站。依照汉代的习惯，凡是道路上重要的据点，都要设关的，当然在这个通西域的大道上，也曾经设了一个关。这个关就是玉门关。现在的玉门关旧址，是在敦煌以西二百五十里的小方盘，不过这是汉武帝后来移往的，原来的玉门关，应当即在酒泉的附近，很可能就在现在的嘉峪关。

从元鼎二年以后，十年之间，没有多少新的发展。到太初元年（前一

○四年）汉武帝为着征取大宛的宝马，命李广利去伐大宛。第一次出兵，到了大宛东边的郁成，攻郁成不下，领军返回。往来一年多，到了敦煌，汉武帝不许他入玉门关。准备了一年多，再大发兵去攻大宛。这时已到了太初三年。到了太初四年春，李广利从大宛回来，西域许多国家送质子到长安。西域的交通更进一步，玉门关徙到敦煌城的西方，大约即在此时，接着在敦煌也就设置敦煌郡了。

就地形而言，到西域任何一条路，必需经过酒泉和嘉峪关。敦煌西方的小方盘，就不是所有道路中的必由之路。所以敦煌的南方又设了一个阳关。

（三）汉代都护的设立

汉时的西域，国家纷立，对于汉的态度是不一致的，并且国与国之间，也有相互的纠纷。汉朝当时是一个力量对于西域方面想加以控制。因为过去匈奴在西域也设过僮仆都尉，汉朝为着要和匈奴争西域，也会更取一种积极的态度。这就是"西域都护"后来终于设立的原因。

在汉武帝晚年，就曾经有过屯田西域的建议，《汉书》九十六《西域传》（下）说：

> 渠犂，城都尉一人，户百三十，口千四百八十，胜兵百五十人。……西有河，至龟兹五百八十里。自武帝初通西域，置校尉，屯田渠犂。是时，军旅连出，师行三十二年，海内虚耗。征和中（征和三年）贰师将军李广利以军降匈奴，上既悔远征伐，而搜粟都尉桑弘羊与丞相御史奏言（应在征和四年）："故轮台以东捷枝、渠犂皆故国，地广，饶水草，有溉田五千顷以上。处温和，田美，可益通沟渠，种五谷，与中国同时熟。……臣愚以为可遣屯田卒诣故轮台以东，置校尉三人分护。各举图地形，通利沟渠，务使以时益种五谷。张掖、酒泉遣骑假司马为斥候，属校尉。事有便宜，因骑置以闻。田一岁，有积谷，募民壮健有累重敢徙者诣田所，就畜积为本业，益垦溉田，稍筑列亭，连城而西，以威西国，辅乌孙为便。臣谨遣征事臣

> 昌分部行边，严敕太守都尉明烽火，选士马，谨斥候，蓄茭草。愿陛
> 下遣使使西国，以安其意。"

就这个时候的情形来说，汉武帝对于域外经营的事，已经感觉疲倦了，希
望与民休息，所以未能允许这个建议，并且在征和四年，封丞相为富民
侯，来表示他的愿望。当时下的诏书，就是著名的轮台之诏。诏书说：

> 今请远田轮台，欲起亭燧，是扰劳天下，非所以忧民也。今朕不
> 忍闻。……当今务在禁苛暴，止擅赋，力本农，修马复令，以补缺，
> 毋乏武备而已。郡国二千石各上进畜马方略补边状，与计对。

从此不再出兵西域。到昭帝才有屯田扜弥的事。《汉书·西域传》（下）
又说：

> 初，贰师将军李广利击大宛，还过扜弥，扜弥遣太子赖丹为质于
> 龟兹，广利责龟兹曰："外国皆臣于汉，龟兹何得受扜弥质？"即将赖
> 丹入京师。昭帝乃用桑弘羊前议，以扜弥太子赖丹为校尉将军，屯轮
> 台。轮台与渠犁地皆相连也。龟兹贵人姑翼谓其王曰："赖丹本臣属
> 吾国，今佩汉印绶来，迫吾国而田，必为害。"王即杀赖丹，而上书
> 谢汉，汉未能征。宣帝时，长罗侯常惠使乌孙还，便宜发诸国兵，合
> 五万人攻龟兹，责以前杀校尉赖丹。龟兹王谢曰："乃我先王时为贵
> 人姑翼所误，我无罪。"执姑翼诣惠，惠斩之。

这是渠犁的屯田，除此以外，还有伊循的屯田。《汉书·西域传》（上）
"鄯善国"下，说：

> 楼兰国最在东垂，近汉，当白龙堆，乏水草。常主发导，负水儋
> 粮，送迎汉使。又数为吏卒所寇，惩艾不与汉通。后复为匈奴反间，
> 数遮杀汉使。其弟尉屠耆降汉，具言状。元凤四年，大将军霍光白遣

283

平乐监传介子往刺其王，介子轻将勇敢士，赍金币，扬言以赐外国为
名。既至楼兰，诈其王欲赐之。王喜，与介子饮，醉，将其王屏语，
壮士二人从后刺杀之，贵人左右皆散走。介子告谕以王负汉罪，天子
遣我诛王，更立王弟尉屠耆在汉者。汉兵方至，毋敢动，自令灭国
矣。……封介子为义阳侯。乃立尉屠耆为王，更名其国为鄯善，为刻
印章，赐以宫女为夫人，祖而遣之。王自请天子曰："身在汉久，今
归，单弱，而前王有子，恐为所杀。国中有伊循城，其地肥美，愿汉
遣一将，屯田积谷，令臣得依其威重。"于是汉遣司马一人，吏士四
十人，田伊循以填抚之。其后更置都尉，伊循官置始于此矣。

傅介子的处置方法，是不应当的。不过当时西域对汉也确有需要，所以可
以成功。从此以后，汉朝除去渠犁田官以外，又多了一个伊循都尉。当
然，一个都尉率领的人数，决不只仅仅四十人。据《汉书》九十六《西域
传上》说："自贰师将军伐大宛之后，西域震惧，多遣使来贡献。汉使西
域者，益得职，于是自敦煌西至盐泽往往起亭，而轮台渠犁皆有田卒数百
人，置使者校尉领护。"照这个比例来看，轮台、渠犁，各有田卒数百人，
那就伊循都尉部卒，在既设都尉以后，也不会太少的。此处要指明的，就
是轮台及渠犁的屯田，被汉武帝否决以后，在桑弘羊当政时复置。当在昭
帝始元元年至始元七年之间。到始元七年八月就改为元凤元年。元凤四
年，再设置鄯善的伊循都尉。这都是昭帝时的事，都不是武帝时代曾经设
过。上引《汉书·西域传》"自武帝初通西域，置校尉宿田渠犁"以及
"自贰师伐大宛之后……轮台渠犁皆有田卒数百人"，都是一种概括的叙
述，通前后而言的（这只是班固所述，非《史记》所原有）。若以为汉武
帝时已经设置，那就汉武"轮台之诏"就不可通了。这是应当加以辨
明的。

自从屯田渠犁以后，中国在西域有了屯田吏士并且也有积谷，这种屯
田制度，便成了设立都护的基础。都护的设立，是在宣帝时代，郑吉破车
师一件事开始。《汉书》七十《郑吉传》：

　　自张骞通西域，李广利征伐之后，初置校尉，屯田渠犁。至宣帝时，吉以侍郎田渠犁，积谷，因发诸国兵攻破车师，迁卫司马，使护鄯善以西南道。神爵中（时为神爵三年），匈奴乖乱，日逐王先贤掸欲降汉，使人与吉相闻。吉因发渠犁龟兹诸国五万人迎日逐王，口万二千人，小王将十二人，随吉至河曲，颇有亡者，吉追斩之，遂将诣京师。汉封日逐王为归德侯。吉既破车师，降日逐，威震西域，遂并护车师以西北道，故号都护。都护之置，自吉始焉。上嘉其功效，乃下诏曰："都护西域骑都尉郑吉，拊循外蛮，宣明威信。迎匈奴单于从兄日逐王众，击破车师兜訾城，功效茂著，其封吉为安远侯，食邑千户。"吉于是中西域而立莫府，治乌垒城，镇抚诸国，诛伐怀集之。汉之号令，班西域矣。

又《汉书》九十六《西域传》（上），说：

　　至宣帝时，遣卫司马使护鄯善以西数国。及破姑师，未尽殄，分以为车师前后王及山北六国。时汉独护南道，未能尽并北道也。然匈奴不自安矣。其后日逐王畔单于，将众来降。护鄯善以西使者郑吉迎之。既至，汉封日逐王为归德侯，吉为安远侯。是岁神爵三年也。乃因使吉并护北道。故号曰都护，都护之置，自吉始矣。

乌垒城的位置，在今新疆省库车东。这也是一处水草田，略等于西域中一个小国的地方。汉选择这个地方，是因为在天山之南麓，距离天山北路不远，并且就东西的道里来说，也差不多正在中间，照顾各方面都比较方便。

　　从设立都护以后，匈奴在西域的影响，就逐渐被排除掉。对于西域的功用而言，是西域各国，利害并不一致。设立了都护，在汉朝辅导之下，得到了和平和调解。就中国方面的利益来说，中国的目的，只求边境安全，无其他苛求。中国政府方面可以说只有补助并无征取，这是和匈奴设僮仆都尉的动机不同的。只有一点，西域交通以后，东西方面的货物畅通，对于中国商人方面，也许是非常有益的。至于屯田一事，西域的屯田以吏士为主，还是只有军屯，并无民屯，这和河西四郡的屯田，显然还不一样。

都护的地位，在西域地方是甚为尊贵的，因为都护就是中国天子的代表。不过都护的官阶，照国内的官职来衡量，却可以看出，都护并非一个定职，而是一个加官，即是将都护的衔，加到别的官职上去的。这表示都护一官，只是一个使者，和别的常设的边官，如护匈奴中郎将、护羌校尉、护乌桓校尉、度辽将军等，还不相同。

西域都护虽然是一个率领军队的官，不过更大的功用还是解决西域的政治上问题，因而原则上还是文职而非武职。除去郑吉是以骑都尉加西域都护以外，以后的西域都护多加上一个谏大夫或光禄大夫的名义。这就表示西域的事件要特重于政治性的解决。

西汉官制依照《汉书·百官公卿表》有西域都护。东汉官制依照《续汉书·百官志》却无西域都护。这是由于《百官志》是依照汉顺帝时的官制，西域都护在顺帝时已经裁撤，只留下戊己校尉了。《后汉书》八十八《西域传》对于西域都护有一个比较详细叙述，说：

> 武帝时西域内属，有三十六国。汉为置使者校尉领之，宣帝改曰都护，元帝又置戊己二校尉，屯田于车师前王庭（按分戊己二校尉，为东汉制，西汉但有一戊己校尉）。哀平间，自相分割为五十五国。王莽篡位，贬易侯王，由是西域怨叛。……建武中，皆遣使求内属，武以天下初定，未遑外事，竟不许之。……永平中，北虏乃胁诸国，共寇河西，城门昼闭。十六年，明帝乃命将帅北征匈奴，取伊吾庐地，置宜禾都尉以屯田，遂通西域。于阗皆遣子入侍。西域自绝六十五载乃复通焉。明年始置都护戊己校尉。
>
> 及明帝崩，焉耆、龟兹攻没都护陈睦，悉覆其众。匈奴车师围戊己校尉。建初元年春，酒泉太守段彭大破车师于交河城，章帝不欲疲敝中国，以事夷狄，乃迎还戊己校尉，不复遣都护。二年，复罢屯田伊吾，匈奴因遣兵守伊吾地。时军司马班超留于阗绥集诸国。和帝永

元元年，大将军窦宪大破匈奴。二年，宪因遣副校尉阎槃将二千骑掩击伊吾，破之。三年，班超遂定西域。因以超为都护，居龟兹。后置戊己校尉，领兵五百人，居车师前部高昌壁。又置戊部候，居车师后部候城，相去五六百里。六年，班超复击破焉耆，于是五十余国悉纳贡内属。……

及孝和晏驾，西域背叛。安帝永初元年，频攻围都护任尚段禧等，朝廷以其险远，难相应赴，诏罢都护，于是遂弃西域。……十数岁，敦煌太守曹宗患其暴害……复欲进兵西域，邓太后不许，但令置西域副校尉，居敦煌，复部营兵三百人，羁縻而已。延光二年，敦煌太守张珰上书陈三策，……朝廷下其议，尚书陈忠上疏："……臣以为敦煌宜置校尉，案旧增四郡屯兵，以西抚诸国，庶足折冲万里，震怖匈奴。"帝纳之，乃以班勇为西域长史，将弛刑士五百人，西屯柳中，勇遂破车师。

自建武至于延光，西域三绝三通。顺帝永建二年，勇复击降焉耆。于是龟兹、疏勒、于阗、莎车等十七国皆来服从，而乌孙葱岭以西遂绝。

六年，帝以伊吾旧膏腴之地，傍近西域，匈奴资之，以为钞暴。复令开设屯田，如永元时事，置伊吾司马一人。自阳嘉以后，朝威稍损，诸国骄侈，转相陵伐。元嘉二年，长史王敬为于阗所没。永兴元年，车师后王复反，攻屯营。虽有降首，曾莫征革，自此浸以疏慢矣。

这里记西域的事，比较上成一个系统，对于东汉"西域三绝三通"的事，也清楚的叙述出来。关于西域都护的制度，在这里可以看得出来，是（一）西域都护是一个加官，东汉的西域都护却是一个实官。（二）在东汉时代，西域都护到安帝时召回段禧以后，就不再设置，后来再通西域，也只有一个将兵长史，当然将兵长史的职权，比起来西域都护就差的多了。——至于戊己校尉之职，详见下文。

（四）戊己校尉的职守

西域都护的下面，有戊己校尉和西域副校尉。就是表示西域都护是一个略同于将军的职守，而将军之下再分设校尉。副校尉在不设西域都护之时，是往往不再设置的。而戊己校尉却一直设置到晋代。等到戊己校尉下的中国人自行建国为高昌国，还一直支持到唐太宗时期。最后为唐太宗派侯君集灭掉，设为西州。

戊己校尉之职，《汉书》十九《百官公卿表》中，列于西域都护之下。说：

> 西域都护加官，宣帝地节二年初置。以骑都尉谏大夫使护西域三十六国。有副校尉，秩比二千石。丞一人，司马、候、千人各二人。戊己校尉元帝初元元年置，有丞、司马各一人，候五人，秩比六百石。

在这一段中有颜师古的注，注出戊己二字的来源，说：

> 甲、乙、丙、丁、庚、辛、壬、癸，皆有正位。惟戊、己寄治焉。今所置校尉亦无常居，故取戊己为名也。有戊校尉，有己校尉。一说戊己居中，镇覆四方。今所置校尉，亦处西域之中，镇覆诸国也。

所谓戊、己寄治，是说每年四季，甲乙当春令，丙丁当夏令，庚辛当秋令，壬癸当冬令。戊己并无当令之时，可是每年四季之来，有土壬用事十八日，于是每年三百六十日之中，木（甲乙），火（丙丁），金（庚辛），水（壬癸）以及土（戊己）各王七十二日，这就是戊己寄治之说。不过事实上戊己校尉并非寄治别人的国家，周流四方，居无定所，所以这一说是不对的。但是颜师古又提出另外一说，说是戊己居中，镇覆四方，那就在一个区域之中心，并非寄治了，这一说是对的。

288

其次，就是戊己校尉的官阶，是比二千石，还是比六百石的问题。因为《汉书》本文中可能就有脱文，因此文义不清。《续汉书·百官志》，正当顺帝时未恢复戊己校尉时期，也没有戊己校尉，无从比较。因此唐人也不甚了了。《后汉书》卷二《明帝纪》说：

> 永平十七年，初置西域都护，戊己校尉。

章怀太子注称：

> 宣帝初置，郑吉为都护，护三十六国，秩比二千石。元帝置戊己校尉，有丞、司马各一人，秩比六百石。戊己，中央也；镇覆四方，见《汉官仪》。亦处西域，镇覆诸国。

西域都护是加官，加官大体以本官之官秩为官秩。不过本官的官秩有时因特别需要。或者在域外，稍加一点，所以西域都护的官阶，大致是二千石。至于汉代的校尉以及都尉都是比二千石。没有比六百石的，章怀所称的比六百石，大致仍是涉《汉书》"有候，比六百石"而发生的误会，因为凡是候，或候官，大率都是比六百石的官秩。

再次，关于戊己校尉是一个校尉或者是两个校尉的问题，这的确是一个费事的问题。《后汉书》二，明帝纪永平十八年"北匈奴及车师后王，围戊己校尉耿恭"一段下，清殿本考谬引刘颁刊误，说：

> 检详《耿恭传》，恭作戊校，此不合有己字也。

吴仁杰《两汉刊误补遗》说：

> 颜注《百官表》有戊校尉，有己校尉，其实不然。屯田始置校尉，领护田卒，但以屯田校尉为称，后乃称戊己校尉，《表》初不言有戊校己校两官。考前书记传，亦无有为戊校己校者。如徐普、习

护、郭钦，皆兼戊己为官称。独《乌孙传》云"徙己校屯姑墨"，颜注："有戊己二校，此直徙己校。"以理揆之，是则兵有戊校己校之分，尉则兼戊己为官称也。颜亦知己校为兵，而言两尉者，殆见《后汉书·西域传》序言"元帝置戊己二校尉"，遂为此说，而范亦以后汉有戊校尉，因谓元帝者置为二尉耳。其实两都尉设官之制不同。先汉有戊校、己校，而尉之官称，则兼戊己。后汉有戊己校尉，戊校尉，而各以将兵为名，其可以此而律彼哉？又东都凡两置戊己校尉，永平十三年，恭宠皆为戊己校尉，以此两人各将戊校己校之兵故也。永元三年，复置戊己校尉，将两校兵如故。又置戊校尉，则所将只戊校兵耳。戊己校尉自恭、宠之后，有任尚、索颌，戊己司马有曹宽。凡纪传言戊己校尉，无虑十数，并同一辞。虽车师后王传载戊部候严皓，戊校尉阎详，后书言戊校者，独此一事。其属又有后部司马。章怀注："司马即属戊校尉所统，和帝时置戊校尉镇车师后部是也。"且戊校尉永元所置，刊误谓"但和帝以后事，云戊己校者，皆多己字"，犹之可也。若恭宠为校尉，自在孝明世，乃曰恭作戊校，此不合有己字，岂别有据耶？又《马融传》："校队按部，前后有屯；甲乙相伍，戊己为坚。"注："谓戊己居中坚也。"诗曰"中田有庐"，苏黄门谓田中为庐以使田事。二校之设，自兵屯言之，则以其中坚而命名可也。然二校之外，乃无所谓甲乙诸屯，则其命之意，殆如诗所云，取其屯田之中，以便田事而已。

吴仁杰的考订甚为细密，不过基本观念中有一个极大的错误。这就是"校"的名称，是指"兵"而言，而不是指领"校"的校尉。这是一种不合常识的看法。例如现在有两个兵团，一个叫狮兵团，一个叫虎兵团，合并起来叫狮虎兵团。那么在分为二兵团之时，狮兵团司令就是指挥狮兵团的兵，虎兵团司令指挥虎兵团的兵，合并起来就成为狮虎兵团司令指挥狮虎一个兵团的兵，或者设一个司令来兼指挥两兵团的兵。决不可能兵团的司令不随兵团的番号。同时设置两个"狮虎兵团司令"，而两个司令又都指挥着"狮""虎"两种不同番号的兵。这种混乱不堪的事，现在人不会做，汉代的人也不会做。所以必先清除这种反常识的观念，才能讨论其他。

关于戊己校尉的问题。现在要尽先讨论的，是：

（甲）两汉是否有过一些时期，分戊己校尉为两部。

（乙）如果曾分为两部，是否曾设两校尉。

（丙）假如分为两部，并设有两校尉时，是否一名戊校尉，一名己校尉。

关于（甲）项，先得解决"部"字的命意。据《续汉书·百官志》（《后汉书》一百一十四），说：

> 大将军营五部，部校尉一人，比二千石。军司马一人，比千石。部下有曲，曲有军候一人，比六百石。曲下有屯，屯长一人，比二百石。其不置校尉部，但军司马一人。

所以"部"是专指"部校尉"之部的，是军事单位的一级。"戊部"应专指"戊校尉"之部，"己部"应专指"己校尉"之部。部属于校尉，所以亦称为戊。《汉书》七十《陈汤传》："部勒行陈，益置扬威、白虎、合骑之校。"也是校尉之校，也就是部。因此按着《汉书·百官公卿表》，只有一个戊己校尉，在西汉时期也只应有一个戊己校尉部。也就是西汉时期在西域都护之下，只有两校，一为副校尉，一为戊己校尉。各有属部。

不过据《汉书·乌孙传》"汉徙己校屯姑墨"，据徐松《汉书西域传补注》，认为应当在成帝建始二年，那就在西汉时期，曾一度分戊己校尉为二部。也就在此之时，应有两个校尉，如有两个校尉，那就应当一称戊校尉，一称己校尉。

到了东汉时期，西域的官职都是重新施设。因之不一定要和西汉相同。戊己校尉是一个校尉或者分为两个校尉，都没有什么不可以。这里最好的证据是《曹全碑》：

> 除郎中，拜西域戊部司马。

碑版文字为当时遗物，不经过传抄，最为可信。曹全事亦见于《后汉书》一百十八《西域疏勒传》，不过《西域传》有两个错误，第一是把曹全误作曹宽，第二是把戊部司马误为戊己司马。从碑文中可以校出《后汉书·西域传》"戊己"二字连言为误，那就其他部分把戊部己部分开也是对的。

到了三国仍然有戊己校尉，《三国志·魏志》三十《外国传》注引《魏略》：

> 西域诸国汉初开，其国时有三十六，后分为五十余，从建武以来，更相吞灭，于今有二十国。从敦煌玉门入西域，前有二道，今有三道。从玉门关西出，经婼羌转西，越葱岭，经悬度、大月氏为南道。从玉门关西出，发都护，并回三陇沙北头，经居庐仓，从沙西井转西北，过龙堆，到故楼兰，转西诣龟兹至葱岭为中道。从玉门关西北出经横坑，辟三陇沙反龙堆，出五船，北到车师界，戊己校尉所治高昌，转西与中道合龟兹为新道。

这里所说的高昌，就是现在的吐鲁番，后来成为高昌国的。按着这里文字看来，曹魏时又只是设一个戊己校尉了。至于所说的西域三道，南道是指从敦煌西的玉门关出发，向西南入祁连山中婼羌地界，再经于阗、沙车、疏勒等国，过帕米尔高原。中道是从玉门关直西，到罗布淖尔，转龟兹，再西至疏勒，出帕米尔高原。新道是从玉门关西北出，经伊吾，再西南至高昌，然后转入龟兹。就这三道来看，新道的开辟，显然由于高昌地位的日趋重要，而高昌重要性的发展，显然又是车师故地的开发，这与戊己校尉的设置，是有不可分的关系的。

《魏书》一百零一《高昌传》

> 高昌，车师前王之故地，汉之前部地也。东西二千里，南北五百里，四面多大山。……其地有汉时高昌垒，故以为国号。东去长安四千九百里，汉西域长史，戊己校尉并居此。曹以其地为高昌郡。张轨、吕光、沮渠蒙逊据河西，皆置太守以统之。去敦煌十三日行，国

有八城，皆有华人。……世祖时有阚爽者，自为高昌太守。太延中道教骑侍郎王恩生使高昌，为蠕蠕所执。真君中爽为沮渠无讳所袭夺，据之。无讳死，弟安周代立，和平元年为蠕蠕所并。蠕蠕以阚伯周为高扬王，其称王自此始也。

阚氏以后为敦煌张氏，张氏以后马氏为王，最后入于金城人麹嘉之手，传到麹文泰，为唐太宗所灭。看来高昌（吐鲁番）一直是以汉人为主要成分，这和戊己校尉的设立有关。不过其中的中国人，当然是陆续从甘肃西部去的移民，而非戊己校尉的士卒直接蕃衍下来，这从张氏麹氏的籍贯可以知道。至于阚氏是敦煌的世族，马氏是扶风的世族，大约也是从这两处移去的。

（引自《新疆研究》，1964 年 6 月）

汉代边塞的概况

汉代的西北边防，主要防御的对象是匈奴。匈奴的名字是战国时出现的。以前的鬼方、昆夷、獯鬻、猃狁和狄人与匈奴的关系，不便以少数的言语和简单的材料便推证清楚。现在只能从秦追述起。

秦始皇统一中国的开始，匈奴已经统一了蒙古高原，秦将蒙恬驱逐匈奴收复河套一带的地方，修边墙，置屯戍，他的方法应当和后来大致相同的。秦帝国的崩溃，边塞也随着废弃。匈奴的头曼单于重占据了河套一带。汉高帝时冒顿单于破降在蒙古高原以东的东胡，驱走占据河西地方的月氏，征服西比利亚的坚昆和丁零，并吞了中国匈奴间的楼烦和白羊，都成了匈奴的大帝国。高帝死后，吕后、文帝、景帝和匈奴都用的是和亲的政策，但对于匈奴的防御设备，却仍是加强，并未放松。

秦始皇的边墙，西不过临洮，汉武帝元朔二年（前一二七）卫青收回河套的河南地，置朔方郡。苏武的父亲苏建用十几万人依照蒙恬的旧塞作新的边墙，移到此处的也有十万百姓。元狩二年（前一二一）骠骑将军霍去病大破匈奴，并有浑邪王和休屠王的地方，这便是汉时所谓河西的，因此陆续设置了武威、张掖、酒泉和敦煌四郡。经屯戍的结果汉代的边墙又从令居（甘肃的永登）延长到敦煌以西龙勒县所属的玉门关外。此外还在额济纳河下游的黑城附近修了烽台向南接到边墙，向东烽台接到朔方；又在玉门关外修了相望的烽台，一直到新疆的库车附近。

汉代长城的建筑，现在的敦煌西部和北部尚保存一部分，这种边墙是一层板筑的泥土夹在一层白草（芨芨）或芦苇，许多层积垒上去的。经盐层浸透，坚固异常。缘着城墙的内外，每五里至十里的距离，筑上比较城墙高的实心碉堡，这些碉堡统是方形的，用土塈筑成，或用隔层的板筑和芦草筑成。这就是烽台，汉人称做亭燧的。比较距离更远些，每五十至八十里，便有小的城堡，每边约市尺七八丈左右，这就叫做障。再远些到一二百里以外，方才有每边半里到一里的县城。

除边缘着长城时城障和烽台，没有长城之处也有烽台，这些烽台的排列，表示着从前是一条大道经过之处。然而不论长城或一个一个的单独烽台都是尽量的"因河置戍"为的取水方便，倘若附近无河，大略也是置在可能掘井的地方。

守和望的单位是烽台，又称着亭燧的，燧字据《说文》的解释是塞上的亭。所谓亭的便是乡亭组织（保甲组织）的亭。汉代的亭有两种解释，在一个民户集中的地方，是二十五家为里，十里为亭；在一条长的路途上，每距离十里便有一亭。这两种的亭，在政治组织上是同等的。每亭有县内所派的亭长。亭长有两种兵卒，掌开闭扫除的叫做亭父，掌逐捕盗贼的叫做求盗。塞上的亭和这相同，只是对象是匈奴不是盗贼，所以兵卒叫做燧卒，亭长也就叫做燧长，每个燧长管着三四名兵士。

好几个燧连到一块，如同好几个亭连到一块叫做乡一样，是叫做候的，每一候有一个候长管着几个燧。候长所居仍在一个亭燧内，管着稍多的兵士。好几个候长才共设一个候官管着。候官以下有鄣尉、士吏、令吏和尉吏，有十人至三十人的兵卒，住在一个城鄣之内。再望上便有一个都尉，管着几个候官。都尉指挥的兵卒可以到几千人。

汉代陆上的军队有两种，骑兵叫做骑士，步兵叫做材官，在边塞屯戍的兵，从内郡来的，步兵为多；在当地防守的，骑兵为多。此外还有遣来屯田的，叫做田卒。兵士的军服是短服，上身叫做袭（褶），下身叫做袴。在寒冷的时候，外面还着一件袍。所住的地方假如有城鄣，便在城鄣里盖房子，假如没有城鄣，那就房屋盖在亭燧之旁。房屋的形式，大约也是分排成院，和近代中国式的地基，并无大异。房屋是平顶涂泥，和现在陇新的房屋也相同，各城鄣亭燧，并无屋瓦发见，所用的兵器，主要的是弩，用弩机发矢的。其次为弓。所用的箭头是铁箭头，箭头的前头还是包着青铜。随身的短兵是刀和剑，长兵叫做有方的，大致是戈戟一类的兵器。

在亭燧的顶上有一个烧烟的灶，上面有一个烟筒，烧烟以后远处便可以望见。若就亭燧附近发现的木简所记，那就标号可以有下列几种：（一）烟，（二）炬火，（三）表，（四）积薪。烽本指烟筒发出的烟来说，但一般的标号也都叫做传烽。这四种的标号，烟是从台顶的灶里发出来的。炬火是用茇茇、芦苇，干透以后，置在一个篮子里面，汉人叫做兜零的。将这个篮子系到桔槔上面汉人叫做转撸的。将桔槔的绳子放开，炬火就挂在高处，远处便可望见了。烽表是一个布做的红包旗子，作标号的时候将布表挂在桔槔头。远处也就可望见。积薪有大小两种，都放在烽台下面，用泥砌好，遇见匈奴入境时候再将他烧着。举烽的标号是望见匈奴有一人以上烧一个积薪，举二个表，晚上二炬火，一百人以上便烧一个积薪，举二个表，晚上二炬火。① 倘若匈奴到了面前，不能烧积薪，便来烧亭燧顶上的烟。这样传递下去，直到可以征调援兵的城邑。唐代定制一昼夜须行二千里，汉代也差不多的。

汉代通信的方法，凡信缄或公文都是汉尺一尺，合现在尺度七寸，倘若信缄比较容量大，那就装到布袋里头，将布袋的口用绳扎好再用木板夹上，木板上扎好，在绳上封上泥，打上印章。倘若信缄不长，使用两块木板用绳扎上，再在绳上封上封泥。传递的方法是亭燧用的隧卒互相传递，在每次传递的时候，另外用一个木板记上传递的亭燧、燧卒和时刻来考察他们的勤惰。

各边塞中的城障，都有仓和库，本处如可以屯田，即用田卒屯田；如给养不敷，便由内地运送。其边兵的服装，也由内地运来。运输时候由内地的车，牛车或马车，编队运输。这种车路可以北到居延，西到轮台，都是一样的运输着。

各边的开发，大都是并用民屯和军屯。屯戍的方式先利用屯田的戍卒来开渠和垦田，一年之后，有了积谷再募民壮健有家口的前往，开垦荒田，由官家承认作为永业。民庶既多再来开辟郡县。从朔方、西河、会稽，到武威、张掖、敦煌，到渠犁、轮台都是同样的方法。

---

① 此处原文疑有误。——编者注

现在从绥远向西直到新疆，全年的雨量多半每年在三百公厘以内，缘线的垦殖全靠着渠工。这类灌溉的基础，在汉已经打下。倘若现在在河西或新疆旅行，可以看见许多围着沙漠的绿洲，在这里面有涓涓的流水从遥远的雪山放下，这种流水的清冽，树木的浓阴，内地的平原是不能比较的。一般人只说塞外江南，并不能代表这种风格。然而开草莱荆棘的汉代无名英雄，却只有在明了过去条件之下，才能发"思古"的幽情的。

（刊载于《边政公论》，第 3 卷第 1 期，1944 年 12 月）

汉代的"塞"和后方的重点

对于古代的边防建筑，被注意的是长城。但就古代来说，长城只是"塞"的一种。因为"塞"要包括了防御工事以及防御设施，就防御工事来说，墙垣当然是其中最重要的，不过不一定都是墙垣，有时还利用天然的形势，做成种种的阻隔。这在《汉书·匈奴传》中侯应对答边事一段话中，说的相当清楚。我们对于汉简中所说到的塞，就各种资料对照来看，就可以做更深的了解。其次，既然构成了"塞"，塞就是一套组织，除去前方的工事以外，还包括塞上各点的交通，以及前方对于后方的联络和通讯方式。这些在边郡中是从太守都尉以下的候官、候长、燧长三级分层管理。这是比照太守民政方面的组织来设施的，太守以下，有丞（比照都尉），有县令长（相当于候官），乡啬夫（相当于候长）和亭长（相当于燧长）来管理也是从丞以下再分三级。所不同的，只是在乡以下还有亭和里不同的两组，里是户口的单位，亭是距离的单位，亭长是吏员，里魁（在官方称为里正）却不算吏员。虽然户口记录用里做标准，而里却还是一个自治而非官治的单位。从以上的比照，候官、候长、燧长，是和塞有直接关系，但亭这一组织，负责治安，还是武职，并且从京师到边塞的大道上，仍有烽燧。大道上是十里一亭（这个里是指距离上的长度），所以内地的亭仍和边塞的传讯有密切的关系。

"塞"或者可称为长城，是一条长数千里的防线。一般人的印象，以为和普通城郭的城一样，在数千里中都可以分兵据守，如其敌人来攻，就可以凭这一条长城，不让敌人进来，实际上并不是这样的简单。《汉书》

九十四《匈奴传》（下），元帝时，呼韩邪单于上书愿保塞，请罢吏卒以休人民。天子令下有司议。议者皆以为便。郎中侯应习边事，以为不可许。上问状，应曰：

> 起塞以来，百有余年，非皆以土垣也。或因山岩石，木柴僵落，溪谷水门。稍稍平之，卒徒筑治，功费久远，不可胜计。臣恐议者，不深虑其终始，欲以壹切省繇戍。十年之外，百岁之内，卒有它变，障塞破坏，亭隧灭绝，当更发屯缮治。累世之功，不可卒复。（艺文补注本 1815 页）

这是很清楚的说明汉代的"塞"，虽然以土城为主要部分，但也不限于以城垣为塞，有时还采用天然的形势，来阻止胡马的南侵。在居延和敦煌的烽燧，两处我都去过，居延是以前方转播讯息为主，是纵深的排列，敦煌北边烽燧却是以防卫南下的胡骑为主，是横阔的排列。① 只看敦煌一系列的烽燧，也就是缘"塞"排列的。为了易于说明，现在引用《斯坦因西域考古记》成段来做证明。②

----

① 《汉书》九十四《匈奴传》（上）："武帝即位……汉使马邑人聂翁壹，间阑出物，与匈奴交易，阳为卖马邑城以诱单于。单于信之，而贪马邑财物，乃以十万骑入武州塞。……单于既入汉塞，未至马邑百余里，见畜布野而无人牧者，怪之，乃攻亭。"（艺文本 1602 页）这就是说匈奴入塞，并不一定攻亭，往往是越亭前行的。这种行动也是不难了解的。因为亭燧沿着边塞或大路，一个接一个。其中人数和物资并没有多少，但亭燧建筑相当坚固，而防卫系统相当完整。如其一个一个的攻下去，那就要消耗很多的实力，尤其要耽搁上几倍的时间，给汉兵一个充分准备的机会。在战略上是非常不合算的。匈奴大军如其攻任何一个亭燧，一定可以攻下。但是事实上不可能每一个亭燧都会被攻，所以在匈奴大军后方的亭燧，还可以做观察和报警的任务。在居延简中如同："虏守亭鄣，不得燔积薪。且举亭上燧一烟，夜举离合苣火，次亭燔积薪，如品约。"（1434；六十九页）所谓虏守亭鄣，就是指被匈奴人包围而未进的亭鄣。也就是匈奴人准备进攻的不是这个亭鄣（如其正在被攻，就无法报讯了）。但是亭鄣以外的匈奴人并未退走，所以还要一方面据守，一方面报讯。

② 斯坦因《西域考古记》(Sir Aurel Stein：*On Ancient Central-Asian Tracks*，向达译，中华书局 1936 年出版)，此书关于敦煌部分系其大著 *Serindia* 的节要，可以对有些问题看出一个大致来。

这一直线一直向东边三哩左右的一座碉楼伸去，其形式明明白白是横过低地的一道城墙。略为搜检，便显出我是真的立在一道边墙的遗址上面。我把一薄层流沙清除之后，就看见了用苇杆捆在一定的间隔，同泥层交互，砌成一道正规的城墙。全部经过盐卤渗透之后，坚固异常。墙的外面，同内部成捆的苇杆成直角形。还放有别的苇杆，捆扎的很仔细，形如束柴，砌成堤形，苇杆束一致长八呎，厚约八吋。这种奇形怪状仔细而坚固的墙，本身对于年代并不能有确定的端倪可寻。幸而有很好的机会，鼓起我找寻必要的年代证据。（按，从附近发现的汉简年代，已确实证明为汉代的。）（译文本第 119—120 页）

当我更转向东方寻找的时候，我居然又能遇到一道边墙和碉楼……那一道边墙大约有十六哩左右的距离，实际上丝毫没有间断。边墙位于低高地光石子地面上，比冲积地高得多。在有低沙丘处戛然中断。过此便是保存很好的边墙。厚达八呎，两边实际上一无损伤，耸立的高度仍达七呎以上。建筑方法的特别，在此处很容易研究。芦柴和相间的泥层，因为此地土壤和水中含有盐质，已成为半化石状态。（译文本 121—122 页）

仔细利用各种自然形态，并细心的适用地利，这是古代计划建造守势城墙时候最注重之点，我们考查到城墙西段证明中断以后，是可以充分表明了。……解释起来，就是在长城转角处，到达疏勒河大终点盆地的极东北角上，这里延展出约三百方哩。地面上沼泽纵横，一年中大部分时候极难通过。这对于骑兵的袭击可以作有效的防御。……所以古长城即止于此。（译文本 125 页）

所以依照现存的遗址，就可以确实证明，汉代的边塞并非如同明代的边墙，一直用城垣连续不断的接下去，即使前方有一个难以逾越的山川沼泽，在这难以逾越险阻的后面也要修筑一道城垣。汉代的塞却就不一定是这样，从《匈奴传》中侯应的奏对，再来看斯坦因的考察，两种不同的资料确实相符。所以现在要纠正这一个普遍的设想，认为汉代的"塞"全部是用城垣筑成的。

但从另外一个角度去看，斯坦因的设想也有不符汉代当时实际情形之处。斯坦因仅据遗物的现象，却未曾参考到任何文献的资料。他的结论当然应该是一段一段不相接的城垣，在两段城垣的缺处，是利用天然形势来阻隔内外，其中并不一定需要人为的工事。但若依照侯应奏答中的原意，却是北边的塞，依然连续不断，横贯着几千里。其中大部分是城垣，但在若干特殊地形里面，却是利用一些木柴篱落，以及其他方法连接成为一线。所以在敦煌的疏勒河泽地后面，虽然没有坚固的城垣，却应当还有木篱一类的工事。这一类非泥土石块建造的工事，在泽地的后面，时间久了，也就要视天然的力量所破坏，以致没有存留下来，却不见得就是本来没有。

在汉简中我们看到的是只用"塞"这一个名称，却从来不用"长城"字样的。关于长城，是从战国以来常见的名称，和汉代通用的"塞"字，是多少有些区别的。就性质来说，长城是塞的一种，并不能完全代表塞。为的是"塞"指所有的工事，如同侯应所说的，按照地形，有种种不同的设置。长城却是专指土石或人造砖所砌的墙垣。两者有不小的差异或特定的范围。也就是说，长城是塞的一种，塞的种类很多，不仅仅的只限于修建长城。

长城这种形式的防御，应当在战国时开始，在春秋时代当找不出线索。《左传·僖公四年》："楚国方城以为城，汉水以为池，虽众无所用之。"这是说利用方城山作为城来防御，和后来狐偃对晋文公所说"表里山河，必无害也"同意，并非在方城山有任何筑城的情事。后来楚国在方城山所筑的长城，应当春秋晚期或战国初年，晋国独霸直到韩魏始强，对楚威胁，楚国才开始筑这道工事，不应当在春秋时代早期。其次是魏国西方的长城，其地方大致在陕西北部，从渭河入口处向西北伸张。应当是在战国初年，魏文侯和魏武侯的时期，为了扩充疆域，修筑了长城去逼秦。到了魏惠王时代，魏国失掉了黄河以西的地方（西元前三四〇年），秦和魏又和从前一样，以黄河为界，这道长城就失掉功用了。至于泰山中的齐长城，山西南方是鲁国，鲁国并不是可以威胁齐国的。到了春秋晚期，在中国沿海地方，最先是吴国开始增强国力，形成东方的霸主，接着又是越国代替了吴国，在沿海一带构成了对齐国的威胁。尤其是越王勾践曾在琅邪建立了国都，这对齐国的影响是相当沉重的。等到越王勾践死后，越国势力就此衰落，但是楚国在东方的力量，又继续增强。一直到了战国时代，楚国的"下东国"反而成为楚国的重镇。楚国灭鲁时间甚晚，可是楚国的势力，仍构成了齐国的威胁。所以在春秋晚期到战国初期，也可能就是齐长城的建造时代。这是所谓"长城巨防，足以为塞"的。汉代的"塞"虽然在正式名称上，并不叫做长城，但因为具有长城的形式，在一般人口中，仍把它叫做长城的。

《汉书·高帝纪》，二年，"缮治河上塞"。这是汉代初次在记载上出现的。这里的塞字，指的是国防工事是没有问题的。只是这一处"河上塞"究竟在什么地方，就有了问题，因而这一次"缮治"（意思是将旧有的塞，重新修理好，再行使用）所依据的旧塞，也就发生了时代问题。据《史记》卷六《秦始皇本纪》，三十二年，说："西北斥逐匈奴，自榆中并河以东，属之阴山，以为四十四县，城河上为塞。又使蒙恬渡河，取高阙、阳山、北假中，筑亭障以逐戎人，徙谪，实之初县。"这里所说，是相当复杂，并且意思也不十分明确的。依照《史记》所说，我们只能看过以后，了解一个大致。假若要认真的核对起来，就不免有许多不能解答的问题。所谓"城河上为塞"是说，在这一处的"塞"，它的位置是缘河的，它的形式是筑了一道长城。这是后来所通认的"秦始皇筑长城"的一个主要部分。但就此一段看起来，仍有说的不够清楚的感觉。据《汉书》九十四上《匈奴传》：

> 晋悼公使魏绛和戎翟，戎翟朝晋。后百有余年，赵襄子逾句注而破之，并代以临胡貉。后与韩魏共灭知伯，分晋地而有之，则赵有代、句注以北，而魏有西河、上郡，以与戎界边。其后，义渠之戎筑城郭以自守，而秦稍蚕食之。至于惠王遂，遂拔义渠二十五城。惠王伐魏，魏尽入西河及上郡于秦。秦昭王时，……遂起兵伐灭义渠。于

是秦有陇西、北地、上郡，筑长城以距胡。而赵武灵王亦变俗胡服，习骑射，北破林胡楼烦，自代并阴山下，至高阙为塞，而置云中、雁门、代郡。……燕亦筑长城，自造阳至襄平，置上谷、渔阳、右北平、辽西、辽东郡以距胡。……其后……始皇帝使蒙恬将数十万之众，[①] 北击胡，悉收河南地，因河为塞，筑四十四县，城临河，徙谪戍以充之。而通直道，自九原至云阳，因边山险，堑溪谷，可缮者缮之，起临洮至辽东万余里。又度河据阳山北假中。……十有余年而蒙恬死，诸侯畔秦，中国扰乱，诸秦所徙谪边者皆复去，于是匈奴得宽，复稍度河南，与中国界于故塞。（《汉书》艺文本 1596—1597 页，又《史记》艺文本卷一百一十 1179—1181 页与此略同，现在因为《汉书》叙述其他杂事较少，文字较简，所以在这里引《汉书》）

又据《史记》卷八十八《蒙恬传》：

秦已并天下，乃使蒙恬将三十万众，北逐戎狄，收河南，筑长城，因地形，用险制塞，起临洮，至辽东，延袤万余里。于是渡河，据阳山，逶蛇而北。（《史记》艺文影殿本，1039 页）

根据以上的材料，秦的北塞，实际有三项不同的经过。也就是：（1）是战国时期秦国所筑的塞，包括有陇西、北地和上郡的边界。这时赵国也扩张了西北方面的边塞，是"自代并阴山下，至高阙为塞"，所包括的有云中、雁门和代郡。再往东去就是燕国的边塞，包括有上谷、渔阳、右北平、辽东和辽西郡。（2）到秦始皇三十三年时，派遣蒙恬去伐匈奴，以后就大规模的筑塞，并且把旧的长城连接起来。"因边山险，堑溪谷，可缮者缮之。起临洮，至辽东，万余里。"把这一些旧塞连成一线很长的工事，这就形成秦始皇修筑长城的故事。（3）所谓"万里长城"如同上一节所说的，只

---

① 这个字，艺文本据王先谦补注，根据宋景祐本作"物"，是一个错字，《史记》作"众"，殿本《汉书》也是作"众"，按《秦始皇本纪》，这件事是在秦始皇三十三年。

能算一个主要的"塞"，但是除去这一个主"塞"以外，还可以有一些附属的塞。我们专看文献，当然不够清楚。如其用汉代烽燧的遗址来观察，那就在主要工事线以外，也就是"塞外"，还可以有重要工事的修建。在额济纳河遗址之中，主要边塞，系到"肩水金关"为止。这道关口是到塞外一定要经过的道路。但居延县城以及居延都尉城都在肩水金关以外，并且还有许多成系统的障和亭燧。同样理由，我们也可以决定一直在争论的玉门关问题。玉门关本在敦煌以东，和玉门县同在一处，没有任何同名异地的理由。等到敦煌郡建立以后，为了敦煌的重要性，才将关都尉移到敦煌西面，并且最早时期，这个关都尉还是酒泉的关都尉，并未收归敦煌郡管。假如追溯到敦煌建郡时期，敦煌郡实际上在玉门关外。再追溯到还未建敦煌郡的时期敦煌县及其他障塞也在玉门关外。所以边塞只是"工事"，并不代表边界，这种主要工事的外边，还可以有任何建制的。所以秦始皇所建的主要工事（也就是"塞"或所谓"长城"），是应当在黄河主流以南设置，并且利用了黄河的险阻，在工事以前方来遮断胡骑。但在河套区域，黄河早已经分成了许多支流，这也要叫做黄河，这些支流以南，应当是水草丰美的地方，所以叫做"河南地"，实际上却在沿河布防的主要工事以北。这就形成了解释上的歧义，使得正确的地形图不容易画出来。以现有史料来分析，应当是秦代的主要塞上工事，是在现在黄河主流以南，拿黄河来守险。黄河主流以北到黄河支流以南，是秦汉时代的"河南地"。在黄河支流以北到阴山以南，是当时所谓"北假中"。只有这样分配，才可以讲得通，否则就不免混乱了。现在再综合叙述一下，河套一带地方，首先是赵武灵王开辟的，到了秦灭赵，黄河主流以北地方似乎又失去了，秦始皇首次置塞，也只能以黄河主流以南来临河置塞。等到蒙恬收复河南地，再以阴山高阙为塞。不过高阙的塞只是外围的塞，其黄河以南的旧塞，并不废弃。到了汉高帝时重修"河上塞"也还是秦时原有的工事。直到汉武帝使卫青收河南地，置朔方郡，然后又再使用了阴山的塞，当成了北边的重要工事。

因为这是一种相当复杂的经过，也就使做史学工作的人，难以弄的十分清楚。《史记》卷八《汉高帝本纪》：

二年，汉王东临地，塞王欣、翟王翳、河南王申阳皆降，韩王昌不听，使韩信击破之。于是置陇西、北地、[①] 上郡、渭南、河上、中地郡，关外置河南郡，更立韩太尉信为韩王，诸将以万人，若一郡降者，封万户，缮治河上塞。（艺文影殿本《史记》171 页）

《史记索隐》：

晋灼曰：《晁错传》，秦时北攻胡，筑河上塞。（《汉书·高帝纪》注，师古曰：缮补也。）

殿本《考证》，齐召南曰：

河上塞即河上郡之北境，与匈奴边界处。非秦时蒙恬所取河南地，因河为塞者也。盖自诸侯叛秦，匈奴复稍度河，南与中国界于故塞。《匈奴传》可证也。河上郡后为冯翊，前即塞王国。此时初得其地，即复缮治耳。晋灼注以远在朔方五原解之，非也。

齐召南的考证多数是精确可信的，不过这条考证却有严重的误解。左冯翊曾命名为"河上郡"是因为东滨黄河，在它的北面并不滨黄河。今陕北地区，是属于上郡，不在"河上郡"范围以内。汉代在今陕北地区设治，只有雕阴县（鄜县或称富县），高奴县（延安）和肤施县（绥德）几个重要的据点，许多地方都是荒凉而空旷的。所以从延安、绥德，到榆林的那条主要大道，也就并未开辟。秦汉时代从西安向北的大道，是从云阳（今泾阳县以北，三原县以西），向西北经庆阳到宁夏，然后再到河套。也就是

---

① 《汉书》卷一《高帝纪》（艺文本 41 页）："二年，十一月，使诸将略地，拔陇西。……缮治河上塞。……春正月，……诸将拔北地，虏雍王弟章平。"未言置北地郡在什么时候。若参考史地，那就这一年开始，已置北地郡，只是此时才全部收复北地郡。北地郡滨河，陇西郡却不滨河。所以缮治河上塞应在拔北地郡以后才对，因为《史记》中未曾记上拔北地郡一件事，《汉书》是几种史料拼凑成的，不免安置上有错误。如将此段记载放后一些，就没有问题了。

云阳是对北方防御的起点，却在中地郡（右扶风）而不在河上郡（左冯翊）。因此"河上郡"的河上，和"河上塞"的河上，并非一个地方。"河上塞"也就是蒙恬未收复河南地以前的秦时故塞。晋灼说的很不清楚，当然对此了解不够，齐召南以为在左冯翊，那就变成毫不相干了。

对于前方工事的维持，当然不是那样简单的。和"塞"有互相依赖，互相供给，互相照应的关系的，就塞的本身来说，有"塞"的各种工事，有城和障，还有塞上的亭（也就是特别称作"燧"的）。为了军事支援和后方补给，也一定有修筑完工的道路。这些道路，都是在宽度和坡度能适合于马车和牛车通过的。在这些主要的道路沿线要经常的维护和管理，这就形成了邮驿的设施。并且在邮驿的工作上，还兼上传递公文和准备传事的任务。在主要道路的沿线上，因为有从京师对边方联络的需要，汉代烽火台的设置也是沿着几条主要的道路的。在本文以前曾经提到，秦汉的云阳是京师对北边的一个主要通信中心。这也就证明了长安对北边的主要道路，是从右扶风开始由西北转北，经庆阳和宁夏直连河套，而非经延安、绥德和榆林北上的。所以后来卫青的主力，也是走的是这条路。这是因为从淳化、庆阳西北行经过黄河的河谷，虽然比走榆林稍远一些，但沿途平坦，水源供给充裕，比较走陕西北部，自有其便利的方面。这样看来，不仅卫青的北伐匈奴走的是这条路线，向前去追溯，蒙恬的北伐匈奴，也是走的是这条路线，卫青走的还是从秦朝以来，已经经营过的旧时道路。

从《汉书》上每次大举的军事行动来看，也可以表示出来几条主要的边塞道路。如同文帝六年：

> 六年冬，匈奴三万骑入上郡，三万骑入云中。以中大夫令免为车骑将军，屯飞狐（按飞狐口，在今河北省易县西北，汉属代郡）。故楚相苏意为将军，屯句注（在今雁门关附近）。将军张武屯北地（郡治马领在今甘肃环县）。河内太守周亚夫为将军，次细柳（注：服虔曰，在长安北部）。宗正刘礼为将军，次霸上（按当在长安东霸水傍）。祝兹侯徐厉为将军，次棘门（注：如淳曰，《三辅黄图》，棘门在长安横门外也）。以备胡。

其中所用的字,"屯"和"次"是不一样的。屯是卒军屯戍,是前方,"次"是领军等待出发。屯戍的兵已达到前方,"次"的兵只在长安附近。所以据《汉书·周亚夫传》文帝亲自劳军,只到了长安附近的兵营,并未到远处去。再看这一次的屯兵,一共三处,屯飞狐的兵,是在河北省的西北部,正当今山西大同一带到河北省平原的路(这里可以证明当时虽然已有居庸关,可是居庸关的道路稍偏东些,为了运输便捷,所经的道路却是从定兴、涞水、易县到飞狐口的道路)。句注所在即是雁门关,后来为从太原到大同的主线,只是近来的铁路线是经宁武关而不经雁门关,这是因为坡度不同,对于铁路还是经宁武关便利些。再次是北地,这是长安西出云阳的大道,也正是汉代对北边正式驿道及烽燧所通过的地方。到了唐代以后的驿道所经,应当是延绥一带,不再以云阳驿道为唯一的主道了。

到了武帝时期曾经有许多次的出师,在《汉书·武帝纪》见到的,如同:

(元光六年)匈奴入上谷,杀略吏民。遣车骑将军卫青出上谷,骑将军公孙敖出代,轻车将军公孙贺出云中,骁骑将军李广出雁门。

(元朔元年)遣将军卫青出雁门,将军李息出代。

(元朔二年)匈奴入上谷、渔阳,杀略吏民千余人。遣将军卫青、李息出云中,至高阙,遂西至符离,……收河南地,置朔方、五原郡。

(元朔五年)大将军卫青将六将军兵十余万人,出朔方、高阙。

(元朔)六年,春二月,大将军卫青将六将军兵十余万骑,出定襄,……还,休士马于定襄、云中、雁门(与《卫青传》相同)。

(元狩二年)将军去病、① 公孙敖出北地二千余里,过居延。……遣卫尉张骞、郎中令李广皆出右北平。……秋,匈奴昆邪王杀休屠王,并将其众合四万余人来降,置五属国以处之,以其地为武威、酒泉郡。

---

① 按《霍去病传》,是元狩二年春出陇西。

（元狩四年）大将军卫青将四将军出定襄，将军去病出代，各将五万骑，步兵踵军后数十万人，青至幕北，围单于，……至阗颜山乃还。去病与左贤王战，……封狼居胥山乃还。

（元鼎六年）又遣浮沮将军公孙贺出九原，匈河将军赵破奴出令居，皆二千余里，不见虏而还。

元封元年，冬十月，诏曰："南越东瓯，咸伏其辜，西蛮北夷，颇未辑睦。朕将巡边垂，择兵振旅。射秉武节，置十二部将军，亲帅师焉。"行自云阳，北历上郡、西河、五原，出长城，北登单于台，至朔方，临北河，勒兵十八万骑，旌旗径千余里，……匈奴詟焉。

（元封）四年，冬十月，行幸雍，祠五畤。通回中道（应劭曰：回中在安定高平，有险阻，萧关在其北，通治至长安也），遂北出萧关，历独鹿、鸣泽（注：服虔曰，独鹿，山名也。鸣泽，泽名也。皆在涿郡遒县北界也。补注：《方舆纪要》，独鹿山在涿州西十五里，下有鸣泽）。自代而还。幸河东。

（太初元年）夏五月，……遣因杅将军公孙敖，筑塞外受降城。（补注：胡三省云，受降城在居延北。）

（太初二年）秋，……遣浚稽将军赵破奴二万骑出朔方击匈奴，不还。

（太初三年）夏四月，……遣光禄勋徐自为筑五原塞外列城。西北至卢朐，游击将军韩说将兵屯之。强弩都尉路博德筑居延。秋，匈奴入定襄云中，杀略数千人，行坏光禄诸亭障（注：师古曰，汉制，每塞要处，别筑为城，置人镇守，谓之候城，此即障也）。①

（天汉二年）夏五月，贰师将军三万骑出酒泉，与右贤王战于天山，斩首虏万余级，又遣因杅将军出西河（补注：敖与强弩都尉会涿邪山，亡所得），骑都尉李陵将步兵五千人，出居延北，与单于战，

---

①　战国时代，郭塞制度已经用在边境的《战国策·魏策一》（《四部备要》本卷22第5页）："卒戍四方，守亭障。"又《西周策二》（卷1第5页）："秦悉塞外之兵。"这里用法与汉代相同。又苏秦称秦和齐都是"四塞之国"，所谓四塞，也就是天然的防御工事。所以齐国也是"四塞"，这是战国时塞字的用法。

斩首虏万余级，陵兵败，降匈奴。

（天汉）四年春正月，……发天下七科谪及勇敢士，遣贰师将军李广利将六万骑、步兵七万人、出朔方，因杅将军公孙敖万骑、步兵三万人出雁门，游击将军韩说步兵三万人出五原，强弩都尉路博德步兵万余人与贰师会。广利与单于战余吾水上（补注：通鉴胡注，余吾水在朔方北）连日，敖与左贤王战不利，皆引还。

（征和）三年，……匈奴入五原，酒泉，杀两都尉。三月，遣贰师将军广利将七万人出五原，御史大夫商丘成二万人出西河，重合侯马通四万骑出酒泉。成至浚稽山与虏战，多斩首。通至天山，虏引去，因降车师，皆引兵还。广利败，降匈奴。《汉书》五十五《霍去病传》（艺文本1158页），元狩三年春（《武帝纪》作元狩二年，是，这里把二误作三），为票骑将军，将万骑出陇西，有功。……转战六日，过焉支山千有余里，合短兵，鏖皋兰下，……其夏，去病与合骑侯敖俱出北地，异道。博望侯张骞、郎中令李广俱出右北平，异道。……而去病出北地，遂深入，……去病至祁连山，……济居延，遂臻小月氏，……扬武乎鱳得（后为张掖郡治）。

以上是据《汉书·武帝纪》中屡次出师的材料，以下再用《汉书·匈奴传》所记的来比较。又《汉书》九十四《匈奴传》（上）说（艺文本1601页）：

孝文十四年，匈奴单于十四万骑入朝那萧关，杀北地都尉卬，虏人民畜产甚多。遂至彭阳，使骑兵入烧回中宫，候骑至雍甘泉。于是文帝以中尉周舍、郎中令张武为将军，发车千乘，十万骑，军长安旁以备胡寇。而拜昌侯卢卿为上郡将军，宁侯魏速为北地将军，隆虑侯周灶为陇西将军，东阳侯张相如为大将军，成侯董赤为将军，大发车骑往击胡，单于留塞内月余，汉逐出塞，即还，……军臣单于立岁余，匈奴复绝和亲。大入上郡、云中各三万骑，所杀略甚众。于是汉使三将军军屯北地，代屯句注，赵屯飞狐口，……又置三将军，军长安西细柳、渭北棘门、霸上以备胡。胡骑入代句注边，烽火通于甘泉、长安。数月，汉兵至边，匈奴亦远塞，汉兵亦罢。

武帝即位，……匈奴绝和亲，攻当路塞，……然匈奴贪，尚乐关市，耆汉财物，汉亦通关市不绝以中之。

汉使将军卫青将三万骑出雁门，李息出代郡，击胡，……明年，卫青复出云中以西，至陇西，击胡之楼烦、白羊王于河南，得胡首虏数千，羊百余万。于是汉遂取河南地，筑朔方，复缮故秦时蒙恬所为塞，因河而为固。……是岁，元朔二年也。

前将军翕侯赵信兵不利，降匈奴。……单于既得翕侯，以为自次王，用其姊妻之，与谋汉。信教单于益北绝幕，以诱罢汉兵，徼极而取之，毋近塞，单于从之。其明年（王先谦曰，元狩元年夏），胡数万骑入上谷，杀数百人。明年春，汉使票骑将军去病将万骑出陇西，过焉耆山千余里，得胡首虏八千余级，得休屠王祭天金人（沈钦韩曰，《地理志》，左冯翊，云阳县，有休屠金人祠及径路神祠。……此因霍去病得休屠金人，置诸云阳。《郊祀志》，作甘泉宫以致天神，是也）。其夏，票骑将军复与合骑侯数万骑出陇西。北地二千里，过居延，攻祁连山。……其秋，……昆邪、休屠王恐，谋降汉，汉使票骑将军迎之。昆邪王杀休屠王，并将其众降汉，凡四万余人，号十万。

明年春（元狩四年），汉谋以为"翕侯信为单于计，居幕北，以为汉兵不能至"。乃粟马，发十万骑，私负从马凡十四万匹，粮重不与焉。令大将军青、票骑将军去病中分军，大将军出定襄，票骑将军出代，咸约绝幕击匈奴。……是后匈奴远遁，而幕南无王庭。汉度河自朔方以西至令居，往往通渠置田官，吏卒五六万人，稍蚕食，地接匈奴以北。初，汉两将大出围单于，所杀虏八九万，而汉士物故者亦万数，汉马死者十余万匹。匈奴虽病远去，而汉马亦军少，无以复往。……会票骑将军去病死（王先谦曰，元狩六年），于是汉久不北击胡。

（太初二年）汉使浞野侯破奴将二万骑出朔方，……匈奴八万骑围之。……生得浞野侯，……军遂没于匈奴。……（太初三年）汉使光禄徐自为出五原塞数百里，远者千里，筑城障列亭至卢朐，而使游击将军韩说、长平侯卫伉屯其旁，使强弩都尉路博德筑居延泽上。

（元凤三年）是时汉边郡烽火候望精明，匈奴为边寇者少利，希复犯塞。……拜明友为度辽将军，将二万骑出辽东。匈奴闻汉兵至，引去。

宣帝即位，乌孙昆弥复上书，言"连为匈奴所侵削，昆弥愿发国半精兵人马五万匹，尽力击匈奴，唯天子出兵，哀救公主"。本始二年，汉大发关东轻锐士，选郡国吏三百石伉健习骑射者，皆从军。遣御史大夫田广明为祁连将军，四万余骑，出西河；度辽将军范明友三万余骑，出张掖；前将军韩增三万余骑，出云中；后将军赵充国为蒲类将军，三万余骑，出酒泉；云中太守田顺为虎牙将军，三万余骑，出五原。凡五将军，兵十余万骑，出塞各二千余里，及校尉常惠使护发兵乌孙西域，昆弥自将翕侯以下五万余骑从西方入，与五将军兵凡二十余万众。……校尉常惠与乌孙兵至右谷蠡庭，获单于父行及嫂、居次、名王、犁汗都尉、千长，将以下三万九千余级，虏马、牛、驴、骡、橐驼七十余万。汉封惠为长罗侯。

以上所征引的，是以《汉书》本纪为主，《匈奴传》只是补充的材料，不能用来详引。当然在本纪中颇有脱漏的地方。如同宣帝本始二年，五将军出塞北征匈奴，这是一件大事，但出塞的地点，在本纪中却不曾记上，只有根据《匈奴传》才知道。这也是《匈奴传》必需作为一个主要参考的。

现在将北边各郡，和大军出塞的年份，列表在下面，作为比较：

郡　名	敦　煌	酒　泉	张　掖 （附居延）	武　威	金　城
年　代	×	本始二年	本始二年 太初二年 天汉二年	×	×

（续表）

郡 名	陇 西	安 定	北 地	五 原	朔 方
年 代	元狩二年	×	文六年 元封元年	元鼎六年 征和三年	元朔五年 太初二年

郡 名	上 郡	西 河	代 郡	定 襄	雁 门
年 代	×	本始二年	文六年 元光六年 元朔元年 元狩四年	元朔六年 元狩四年	文六年 元光六年 元朔元年

郡 名	上 谷	右北平	渔 阳	辽 西	辽 东
年 代	元光六年	元狩二年	×	×	元凤三年

以上从汉文帝时到汉宣帝时，出塞大举的路线，可以看出前进的方向，还是很明显的受到后方补给的影响。所以在这方面的路线，大致分为三组，每一组可以代表一个特殊区域，而这些区域，是从补给方面的路线来决定的。以下就是这三个不一样的道路的分布：

第一个补给线，是距离秦汉京都，咸阳或长安，最具威胁的路线。也就是大致相当于长安正北的路线。对于人力和物力的补给，以及通信设备的重点，并不是在长安，而是长安以北约二百里的云阳。这是因为云阳正当向北大道的入口，可以控制这条大道，在那里加上军事设施，可以免去京师的纷扰，而且还可以作为京师外线防御的中心。正因为云阳是长安的外围，当建都长安的时候，云阳是京师的主要门户，等到建都洛阳的时候，云阳虽然还有其重要性，但比较西汉时代差的多了。也就是东汉移都城到洛阳使得对于西北边防有了很大的退步。

第二个补给线，是从长安向西，直通西域，这是一条很长的线，也就是著名的"丝道"，在补给的路线中，应当是以"上邽"为重点。上邽也就在现今的天水市。因为主要的补给站，应当在前方和后方交会之所。接近后方，为的是易于送到，也易于存储，接近前方，因为比较容易转运到前线。以上所说的云阳，是在京师以北，平原和山谷交会之区，也正当北方的大道。在西方大道之上，当着六盘山以南，直通六盘山以西的广大地区，只有上邽（即天水市），具有存储转运两便的条件。而且就汉代以来所存的大城里面，上邽要算最大的一个（兰州市发展较后，在汉代初建金城郡时，也远比上邽为晚）。所以在此要讨论上邽的地位。

第三个补给线，是要追溯到汉代对北方出兵，是分为赵和代两支北上的。赵国这一支，可以说是从河北省境内北上的路；代国这一支，可以说是从山西省北上的路。但就补给来说，赵国决不是仅以中山、常山、真定等处为限，而代国也决不是仅以太原、河东为限。就敦煌汉简及居延汉简来看，补给的事项，都不是以当地小区域为限，是地方性的；而是以全国都有负担，是全国性的。所以不论是赵或者代，彼此都有一个共同的大后方，也就是赵和代同样的是以关东地区为大后方。关中地区的给养也要靠关东地区的漕运，而关东地区的北方防御，却只受关西地区中央政府的指挥，并不接受关西地区的支援。因此在关东地区就一定要有一个军事补给的总汇。当然也许不止只有一个，但其中最重要的一个，依据现有的史料来分析，应当属于魏郡的黎阳（在现在河南浚县境内）。

首先要讨论的，就是长安附近"云阳"这一处后方重点。依照《史记》和《汉书》的记述，谈到开辟北方道路，以及匈奴的军事威胁，以及对于匈奴的防御，也都提到了云阳，可见云阳是一个重要防务中心。

关于云阳的重要性，顾祖禹《读史方舆纪要》卷五十三泾阳县下，曾有考证，说：

> 甘泉山，县西北百二十里，周回六十里。……甘泉出焉。……登者必自车箱阪而上。阪在云阳县西北三十八里萦纡曲折，单轨财通。上阪即平原宏敞，楼观相属，范雎说秦王，北有甘泉、谷口之固，即甘泉山也。汉七年，帝幸甘泉，以备匈奴。文帝三年，匈奴入北地，居河南为寇，帝初幸甘泉。十四年，匈奴入萧关至彭阳，候骑至雍、甘泉。后六年，匈奴入上郡、云中，烽火通于甘泉。《长安舆地志》，甘泉山有宫，秦始皇作林光宫，周匝十余里。汉武帝元封二年，于林光宫旁作甘泉宫，自是属幸焉。……百官皆有邸舍，常以五月避暑，八月始归。其地最高，去长安三百里，望见长安蝶。……元朔五年，

复立泰畤于甘泉，时亦谓之云阳宫。《汉纪》太初元年，朝诸侯，受计于甘泉，仍诸侯邸，是也。后往往朝会于此，宣帝亦数幸焉，甘露三年幸甘泉，匈奴呼韩邪单于来朝。黄龙初，匈奴复朝甘泉。元帝亦数幸甘泉。后汉时渐废。西魏时复修治。后周主邕数如云阳宫。唐贞观二十年，幸汉故甘泉宫是也。《汉书音义》，[①]匈奴祭天处，在云阳甘泉山下，秦夺其地。徙休屠王于右地，故云阳有休屠金人。

顾祖禹这一段有关"云阳"的考证甚为详赡。只可惜他漏掉《汉书·匈奴传》那一条："始皇帝使蒙恬将数十万之众，北击胡，悉收河南地，因河为塞，筑四十四县城，临河徙谪戍以充之，而通其道自九原至云阳。"（《汉书》九十四上，艺文本1597页）漏掉了这一条，那就会显示着，云阳存在的意义，只是秦汉皇家避暑用的离宫别馆，并不表示云阳这个据点，在任何国防上以及交通上有许多重要的关联。实际上我们可以从各方面看出来，云阳不仅是一个避暑离宫，同时也是国防上一个重要的支援据点，并且也是和匈奴人在文化上沟通的场所。

再就长安以西方面的交通线来说。这一区所谓道路，也就是故秦国所领有范围以内的道路。除去云阳为秦始皇新开的道路以外，就要算到陇西的上邽。云阳在秦时已经作成了重点，汉代当然一仍秦时旧的设计。这是在六盘山以东，通到北方边塞的大道。至于六盘山以西那是从现今的陇海铁路线向西直达的，也就是著名的"丝道"所经过的路线。这条路线，其重点在上邽，是因为上邽不论是属于陇西，或者属于天水，是长安以西的一个大城，那是不成问题的。汉代著名的人，如上官桀、赵充国、段会宗都是上邽人。就表示惟其大县，所以也就有大族。上邽这个城据《水经注·渭水注》：

---

① 《汉书音义》这一段是错的。《汉书·霍去病传》称获休屠王祭天金人，虽以这座祭天金人，第一，是汉武帝时霍去病所获得，并不是秦始皇时代的事。第二，霍去病所获的祭天金人，是在河西取得的，后来移到甘泉，并不是一直在甘泉，不过因为是在匈奴大道上，一个重要据点，所以选择这里。

濛水出县西北邽山，翼带众流，南屈径上邽县故城西侧城南。出旧天水郡治，五城相接。

这个五城相连的上邽城，也就是现今的天水县城，至少从元魏时郦道元作《水经注》时已经完成了这个城的形式，一千多年一直未变。到民国三十年才不幸被拆除。在拆除的当时，我恰好经过天水，看到被毁了一部分的城墙。看的非常清楚，这五个城墙，是在不同的时期建造成功的。其中主要的城是在从东向西数第二个城，城是四方形，大约是每边一公里，[①] 在天水县的五个城，只有这个城是一个四方都有墙垣的城，其东的一个城，只有北、东、南三面，西面是接着这个城的。在西面的三个城，却是一个接一个，都只有北、西、南三面，在东面是连续的接下去的。这就表明了这个城建造的时候很早，一次再一次的向西扩展，到了北魏时已经成了这种形式，一直维持到现代。

陇西是秦的旧郡，上邽是陇西郡内最大的城，在秦时应当即是郡治。《汉书》四十《周勃传》："围章邯废丘，破之。西击益已军，破之，攻上邽，东守峣关。"这表示当时的上邽是秦时的大县，也就应当已是陇西的郡治。所以在周勃向西进兵的时候，以上邽为主要目标，若只是一个寻常小县，也就用不着多说了。如其上邽是一个秦时大县，而且还非常可能为陇西郡的郡治，那么五城中主城就可能还是秦时遗迹，历经汉魏晋和北朝，经历次延伸，而成为自东望西的连续横列的形式。这种形式的成功，依照一般都市发展的例证，应当是先沿着主要的道路，沿路发展出建筑来，等到居住的人口够多，需要一条城墙来保护的时候，就发展出城墙来。[②] 上邽城所以成为五城相接的特殊形式，显然是因为交通及贸易上，给这个城带来了繁荣。而其繁荣的范围，又正在东西向这一条大道上。经

① 这和现存的武威和张掖城的面积大致相同，可能是根据一个标准来建造的。

② 例如北京的永定门内外部，就因明代时城南居民聚居日众"不可无以围之"就修起外城墙来，济南城外部的城墙，是因为捻匪起来为了保护城南的居民，才筑起"围子"来。这只是扩展城垣的著名例子，但也只扩展了一次。秦州城却是扩展了四次，足征有一段很长时期的经济发展，上限可以到西汉，下限可以到北魏，不曾停止扩张过。

过了一次的调整，建了新城，但城外又繁荣起来，又要筑城加以保护。这样一步一步的推进，前后一共推进了四次，就形成了五城东西一贯的局面。当然，这是不平凡的，除去了国际间具有重要性质的那条丝道上的一个重点，在别的地方，还未曾发现过同样的事实。这是可以意识到的，汉代的政治、经济和军事的重点，还在长安。上邽的繁荣，是建立在长安的繁荣和长安的对外关系上面。上邽的历次推进，也就代表以长安为重点的中央政府对于西方大道具有深远的关系。

上邽在西汉时属陇西郡，东汉时改属汉阳郡（即天水郡改名）。上邽虽然就陇西和天水两郡来说，是一个规模最大的县城，而且在东西要道上面，是一个重要商业和运输的中心。不过就政治结构方面来说，可就不是完全占着领导中心所在的位置的。这可能是西汉对于陇右区域，着重点是开发，东汉对于陇右区域，着重点在防御。所以郡治所在，往往会移到军事方面的前进哨，而不是财富或人文会萃的地点。在《汉书·地理志》中，名列第一并非郡治，也有时名列第二的是郡治。其中如左冯翊治在长安城中，高陵却名列第一，汉中郡治南郑，西城却名列第一。汉高帝封汉王都南郑，东汉汉中郡治也在南郑，西汉时一度徙至西城。《汉书·地理志》据此一点，也把西城列于第一。至于陇西郡，《汉书·地理志》先列狄道，上邽列在第二。《汉书补注》说："郡治未详，《续志》后汉陇西治狄道（今临洮），上邽改属汉阳（天水），汉阳的郡治却在冀（今甘谷），至于东汉凉州的刺史治所，却在比较上邽西北方的陇县（今秦安东北），而冀和陇的联络中心，还在上邽。"这里也表示陇西和天水两郡，从西汉到东汉，时有疆域改换的情形，郡治也有时常更换的事实。如其加以解释，可能是为了开发边疆，郡治有移到边区的政治作用，并不十分着重以境域中最大或最繁荣的城为郡治。至于东汉刺史治所移到今秦安附近的陇县，而不在上邽，这也可能由于在东汉建立的时期，占据凉州来割据的隗嚣曾以上邽为都城，光武帝对于地方势力的膨胀是很敏感的，就此避免以上邽为刺史治所，改到上邽西北方的陇县。① 但上邽的繁荣及重要性还是

---

① 东汉刺史治陇，也可能是为了河西四郡的联络，所以州治更向西北移些。到了魏晋以后，凉州更迁治武威，一直到后世，武威仍用凉州的称号。

延伸下去。看一看唐代杜甫的《秦州杂诗》也就看出唐代中叶时期故上邽城地理上的重要性了。

再次，谈到关东后方的补给要点，应当以"黎阳"这个地方为最合适。黎阳是在汉代的魏郡。就关东地方来说，是"韩魏天下之枢"，相当适中，为舟车辐辏的所在。黎阳就在汉代的黄河北岸，正当着一个主要渡口，"白马津"所在的地方。向北沿着太行山，西入井陉（略同今正太线），或者西北到上党（略同今道清线），就是太原，是雁门和代郡主要的后方；北向常山，也就是云中、上谷、右北平一带的主要后方。所以黎阳的兵营和仓库，应当是关东主要储存之所。以下《汉书》和《后汉书》中的几条材料，就充分表示着黎阳的重要性。

《汉书》二十九《沟洫志》（艺文本 871 页）：

> 哀帝初，……待诏贾让奏，……今堤防狭者去水数百步，远者数里。近黎阳南。……东郡白马故大堤亦复数重，民皆居其间。从黎阳北尽魏界，故大堤去河，远者数十里，内亦数重，此皆前世所排也。（按濒河县不少，志特著黎阳，此由黎阳亦为治河据点。）

《后汉书》十八《臧宫传》：

> （建武）十九年，妖巫维汜弟子单臣、傅镇等，复妖言相聚，入原武城，……遣宫将北军及黎阳营数千人击之。

《后汉书》二十三《窦宪传》：

> 发北军五校、黎阳、雍营、缘边十二郡骑士，及羌胡兵出塞。

《后汉书》二十二《马武传》：

> 拜武捕虏将军，以中郎将王丰副，与监军使者窦固，右辅都尉陈

诉将乌桓、黎阳营，三辅募士、凉州诸郡羌胡兵及弛刑，合四万人
击之。

《后汉书》六十《马融传》：

> 按光武省都尉，并其职于太守，以重责任，非弛禁备也。黎阳、
> 雍营，并有重兵，边郡有将兵长史，当匈奴、羌、胡，及有将军、校
> 尉、屯营，其军制可谓严整矣。

当东汉废除州郡兵以后，除去边郡仍有常备兵仍西汉旧制以外，在内地的
大量屯兵，只有北军五校，以及黎阳营、雍营。雍即今陕西凤翔，为三辅
陵寝所在，所以有重兵驻守。黎阳被选择上，当然是由黎阳的位置，是舟
车大道互相会合的地方，最为便利的原故。这种屯兵东汉初年已经存在，
光武向来节省，不多新创，而况屯兵修营，也非一朝一夕可能立致，势必
由西汉时代因仍下来。既有屯兵，也必然的要屯聚给养。两汉时的黎阳仓
库，虽然找不到积极的证据，但后世在黎阳的仓库，也是沿袭前代。因而
认为两汉已有仓储，应是合理的。

关于隋唐在黎阳建立黎阳仓一件事，严耕望先生的《唐代交通图考》
第五卷《河东河北区》，"太行东麓南北走廊驿道"条下，说：

> 黎阳仓，《隋地志》中，汲郡黎阳县有仓。同书《食货志》，"开
> 皇三年……诏于蒲、陕、虢、……许、汝等水次十三州，置募运米
> 丁。又于卫州置黎阳仓，陕州置常平仓，华州置广通仓，转相灌注，
> 漕关东及汾晋之粟，以给京师"。黎阳为南北交通之要，又置仓储，
> 故炀帝征辽东，命杨玄感"于黎阳督运"。事见《隋书》七〇《杨玄
> 感传》。《通鉴》一八一，大业七年"七月，发江淮以南民夫及船，运
> 黎阳及洛口诸仓米至涿郡，舳舻相次千余里"。……《通鉴》一八四，
> 义宁元年，"徐世勣言于李密曰，天下大乱，本为饥馑，今更得黎阳
> 仓，大事济矣。……开仓恣民就食，浃旬间，得胜兵二十余万"。亦

证此仓之盛，且为兵家必争之地也。……复考《金石萃编》一二一，《大伾山寺准敕不停废记》，题名有"前黎阳发运使……检校工部尚书兼御史大夫上柱国孙郆"及镇遏使、镇将、知税、水军指挥使、□□州仓、寄仓专官等职称。此石虽后周显德六年立，然与隋事合观，知唐世亦置仓，为发运要地也。惟《通典》《元和志》《新唐志》不载仓城，《括地志》似亦未记。惟《寰宇记》五七《黎阳县》目云"仓城，《冀州图》云在县西南隅，袁绍聚粮之所"，亦不言隋仓在此。（1529—1530 页）

今按严耕望先生所考订极为精确。又在注中有关唐代置仓问题说：

《一统志》黎阳仓城条虽引《括地志》，但检王恢《括地志新辑》与贺次君《括地志辑校》皆未见。

这里是严先生客气了一点，实际上是王氏及贺氏漏辑了《一统志》这一条，而为严先生所发现。本来辑书也如扫落叶，无法一条也不漏，不可以过于责备。但《一统志》这一条非常重要，却也是事实。《一统志》成于乾隆时期，当时《永乐大典》尚存，官修书如《图书集成》《大清一统志》，以至于《渊鉴类函》《佩文韵府》诸书，其中会有可以辑佚的材料，是不成问题的，所以应当算进去。此外，在以上各条中，为了和汉代有关，当然，《太平寰宇记》所引《冀州图经》，言及东汉晚期的仓储，更可间接证明在两汉时代，黎阳除去屯兵以外，也曾经有过仓库的准备，决不可能有长期屯戍而无储粮的。如其有储粮如其当时有若干敦煌大方盘那样形式的，或者更大的粮仓，那就黎阳的重要性不需怀疑了。

综合上面的论述，汉代的"塞"是一个牵涉相当庞大的组织，在前方以亭障为主，加上种种防御的工事，包括长城在内。除去了防守以外，还有通讯系统以及给养系统。在汉简中表示出来的，已经有许多点可供参考。就前方来说，是以郡为中心，再分到各县及候官以至于烽燧。就后方来说，还有一个庞大的后勤系统这和几个重要的道路有密切的关系。据文献中的显示，西汉一代对于西方和北方，确有几个后勤重点，在畿辅的云阳和雍，在西方的上邽，以及在东方的黎阳，都是屯兵、屯粮中心，也可能还是烽燧交通的中心，这些重点的设施，到东汉时期还有影响存在着。

（刊载于《"中央研究院"历史语言研究所集刊》，第 60 本第 3 分，1989 年 9 月）

唐五代沙州张曹两姓政权交替之史料

唐代河西的沙州在贞元元年（七八五年）沦陷到吐蕃，在大中五年（八五一年）由张义潮收复了，即由张义潮为归义军节度使。传到侄子淮深兄弟，和侄孙张承奉，在张承奉时曾自称为西汉金山国白衣天子。朱梁贞明中（九一五年至九二〇年），张氏的政权，移转到曹氏。据罗振玉的《补〈唐书·张义潮〉传》（《永丰乡人稿》（上））和《瓜沙曹氏年表》（《七经堪丛刊》修正本），张氏终于张承奉，而曹氏始于曹义金。以后经过曹元德、曹元深、曹元忠、曹延恭、曹延禄、曹宗寿、曹贤顺。在宋皇祐四年（一〇五二年）才和中朝断绝职贡（据《宋会要》）。又据《宋史·西夏传》，景祐二年（一〇三五年）西夏已经取瓜沙萧三州。与此稍有不同。统此两则材料来看，是西夏在景祐二年只取了瓜沙的一部分，未曾取了全部，所以到皇祐四年还曾入贡。又据《敦煌石室碎金》，尚有嘉祐二年（一〇五七年）的残历书，这才是现有材料中可以知道的，敦煌中国政权维持到的最后一年，至于是否完全沦陷在这一年，那就不能证明了。

张氏有功于敦煌，政权相继维持了六十多年。其间曾有一年被张义潮的女婿索勋篡夺过，但终于被张义潮的另一女婿李家又转夺过来交给张氏。至于张曹两家交替的情形现在便不能明白了。据羽田亨所抄敦煌遗书的《张怀庆赞》，张怀庆是南阳张氏，和张义潮正是一族。其中有"谯王出现。公会同期。毗辅肘腋，近事君威"的话，他的官衔为"晋故归义军应管内衙前都押衙"。（谯王应当是曹义金，在榆林窟和莫高窟都自称托西大王，谯郡是曹氏的郡望。）照此看来，曹家兴起之时，还有张家的人做他亲信的左右。似乎曹张的交替是在一种和平状态之中，而非武力的篡夺。

据敦煌遗书的《张氏勋德记》，张义潮和张义谭都死于长安，义潮无子，义谭子淮深后来承继义潮。但家中亲友大概俱在长安。所以淮深弟某死后，只有一个遗孤，即张承奉（据《李氏再修功德碑》"兄亡弟丧，社稷沦倾，假手托孤，几辛勤于苟免"。又"重光嗣子，再整遗孙"）。张承奉有无嗣子，记载不详。看各方面的旁证，张承奉似乎并无嗣子，而张怀庆之流则为疏族。

索勋和李明振都是张义潮的女婿，但索勋被杀，李明振已先死。并且对于张承奉，索李两代已经不算近亲了。淮深的女婿似乎便是曹义金的父亲。千佛洞第四十二洞北壁另供养人第一人题记为：

> 故外王父前河西一十一州节度管内观察处置押蕃落支度营田等使金紫光禄大夫检校尚书□□□□□（中缺）万户侯赐紫鱼袋上柱国（下缺）

又第七十五洞东壁女供养人第八人题记为：

> 故外母武威郡夫人阴氏一心供养

而第四十二洞南壁女供养人第三人题记为：

> 故（外）王母太夫人武威阴氏

此为曹氏所修的洞，男题记人的官衔为张氏河西时官衔，而据别处的证据，淮深妇为阴氏，所以淮深为曹氏的外祖（此据向觉明先生《西征小记》的抄录及论证）。因此曹家在张承奉时为张氏的近亲，较索李两姓为尤近了。

蒋斧抄的《沙州文录·曹仁贵仲秋状》云：

令公尊体起居万福，即日仁贵蒙恩，未由拜伏，下情倍增瞻恋。
伏维鉴察。

谨因朝贡使往，奉状不宣，谨状。

八月十五日权知归义军兵马留后，守沙州长史，银青光禄大夫，
检校吏部尚书。

兼御史大夫，上柱国曹仁贵状上。（上钤"沙州节度使印"）

可见曹义金的前，尚有曹仁贵一代。据《旧五代史》三十一庄宗祀同
光二年五月乙丑："以权知归义军留后曹义金为归义军节度使沙州刺史检
校司空。"而《册府元龟》九八〇亦言"同光中沙州长史曹义金边使朝
贡"，曹仁贵和曹义金同为留后，同为长史，只是曹仁贵为检校吏部尚书，
而曹义金则朝廷加检校司空罢了。再就一般的派名惯例说，义前一代往往
为仁字，而仁前一代为义字的甚少，又元德元忠辈有很多证据为义金之
子，所以仁贵为义金的前一代无疑，而义金正是仁贵的承继人了。

据罗振玉的《瓜沙曹氏年表》说，"予所载石室本梁贞明六年五月，
所书《佛说佛名经》卷九其后题云：'敬写《大佛名经》二百八十八卷，
惟愿城隍安泰，百姓康宁，府主尚书曹公，己躬永寿，继绍长年。'云
云"。是梁贞明六年（九二〇年）曹氏已以检校尚书衔领州事，这时张氏
的政权已经移转。

［刊载于《申报（文史周刊）》，1948 年 1 月 17 日］

二千年来的中越关系

一、汉前交趾三郡的开发

中南半岛在中国的西南部，并无明显的界限。中国西南的河流从横断山脉而下，分成许多条形的山谷，在这若干山谷之中，自北而南的交通并无若何的阻碍。因此给予了中国西南部族不少南下的机会。所以中南半岛史前和史后，西南部族的移转要算一个历史上最大的因素。安南对于中国的关系很早已经有了，《尚书·尧典》"申命义叔，宅南交"，据《史记索隐》说便是南方的交趾。春秋日食的方位，确有许多是要到北回线以南方能看见的。《史记》和《竹书纪年》也曾记载周成王时的"越裳氏"来朝。《后汉书·南蛮传》说：

> 交趾之南，有越裳国。周公居摄六年（西元前一一一〇年），制礼作乐，天下和平。
>
> 越裳以三象重译而献白雉曰："道路悠远，山川阻深，音使不通，故重译而朝。"成王以归周公。公曰："德不加焉，则君子不飨其质；政不施焉，则君子不臣其人。吾何以获此赐也？"其使请曰："吾受命吾国之黄耇曰：久矣，天之无烈风雷雨，意中国其有圣人乎？有则往朝之。"周公乃归之于王，称先王之神，至以荐于宗庙。

据安南人自己的传说，炎帝神农氏的三世孙帝明，帝明生帝宜，帝宜治北方，封他的弟弟禄续治南方，号为泾阳王。泾阳王生百男，以五十子从母归山，五十子从帝宜留在南方。五十子的最长的，称为雄王。分国为十五部，王子曰官郎，王女曰媚娘。他们称越裳氏就是这个时期。这个传说，反映着在上古时代，在安南确有若干部落，这个部落是从北方中国本部迁来的。

又据安南的传说，周赧王五十八年，蜀王伴并雄王地。在最初的时候，雄王兵强将勇，蜀王屡败。因此雄王便废武备不修，在平常时候便以酒食为乐。蜀军逼近，犹沉醉不醒，因此吐血堕井死了。雄王的兵士便倒戈降于蜀王，蜀王便得了交阯。（凡根据中国正史，及安南之《大越史记全书》者，为避免繁芜，不一一注出处，下同。）

蜀王得了交阯以后，筑了一个大城，广有千丈，盘旋而上，号为螺城。筑城时候，旋筑旋崩，最后有一个神人来，方才筑成。蜀王在位五十年，死去，后来为秦始皇所灭。

这段传说，一定也反映着历史的成分。这里指明为周赧王五十八年，当然靠不住，然而和巴蜀的关系，却不为无因。在周慎靓王五年，秦伐蜀，取之（西元前三一六年），到周赧王五十八年（西元前二五七年），共为五十九。在这五十九年之中，可想到蜀人受秦兵的压迫，向另一个方面移转，当时安南文化较低，可能向安南方面发展。蜀的文化是相当的高，现在成都白马寺发现的铜器，虽然层次已乱，难找确实年代，但含有显著战国作风，而和中原其他区域的铜器又保存一个距离，可证明为蜀器，因而可想到蜀人的南移，对于安南文物定有不少的贡献。

这些仍是很迷离恍惚的，正式的记载要算至秦始皇三十三年（西元前二一四年），取"陆梁地"作为南海、桂林和象郡。据《史记》韦昭注说"象郡，今日南"，当时的日南，便是安南境内。

象郡是以产象得名的，中国有史的时代，不论淮河或黄河流域，都无产象的确实证据。《吕氏春秋·古乐篇》："商人服象，为虐于东夷。"甲骨文中虽然有两个获象一个来象的记载，但获象可能是获得逸象，来象可能是贡象。照《豳风》及《月令》，周代气候和现今并无大异，商代距周不远，黄河流域似乎是不适合象类的生存的，《韩非·解老》："人希见生象也，而得死象之骨，按其图以想其生也。故诸人之所以意想者，皆谓之象也。"可证至少在战国时，华北是没有象的。

秦时所取的陆梁地，用现在地名来说，南海是略等于现在的广东，桂林约等于现在的广西，象郡应当等于现在的越南，所以用象字来标举，便因为这里是当时产象最盛的地方。秦朝亡后这个地方便建为赵佗的南越，到汉武帝平定赵佗后（元鼎六年，西元前一一一年）共设置九郡，计为：

南海、合浦、儋耳、珠崖（以上在今广东）

苍梧、郁林（以上在今广西）

交趾、九真、日南（以上在今越南）

这九个郡实等于秦时的三个郡，所以象郡实是交趾、九真、日南三个郡所在。《汉书·地理志》："日南，故秦象郡。"《晋书·地理》说："日南郡，秦置象郡，汉武改名焉。卢容象郡所居。"这都是象郡所在的确证。《晋书》云"卢容象郡所居"，也必有所本，只是未提交趾和九真，似乎将象郡说得小了一些。

不过汉武有个时期，又在广西西部设了一个象郡，到昭帝元凤五年（西元前七四年）"罢象郡，分属郁林牂柯"。这是在武帝设立南越的九郡以后，再来设置的，所以为期甚短，只是借用秦郡的名，并非秦的故地。这如同王莽在青海设了一个西海郡，到东汉晚年又借王莽的旧名在居延海设了一个西海郡。两个西海郡，只是郡名相同，地域毫不相干，两个象郡也是一样的，决不应当将秦代的大象郡误会到汉的小象郡。

《山海经》的象郡更为糊涂，《海内东经》："沅水出象郡镡城西"，又云："郁水出象郡而南注于南海。"镡城即《汉书·地理》武陵郡的镡成，在湖南西部，而郁水的源即南盘江，在云南境内，是当时人对于象郡的观念至少可包括湖南贵州和云南三省的境界的一部，这当然是不可靠的，不过却可以代表汉象郡的一个大约的方位，却不应涉到秦郡。

凡领土的开发，从海比从山容易得多。汉代平南越，将军屡假楼船伏波之名，秦代也决不能例外。中国有史以来云贵的开发，比东京和安南是晚得多的。在《赵佗传》内的记载其领土全是秦代规模，所以决不能说交趾、九真和日南不是秦故地，这三郡既是秦代固有的，便不能不认为属于最可能的为象郡之一部。

据以上的理由，我们应当承认越南北部是秦的象郡的一部。亦即秦的势力确实曾达越南地方。从此以后越南便长期的和中国的本土发生密切的关系了。据 Aurouseau 的《秦初平南越考》，辩驳各说，认为秦象郡即为安南的大部，其南部大致到 Cape Varella，其说甚是。

秦二世的时候，中原纷乱，秦南海尉任嚣得着严重的疾病。这时候南海郡的（太）守缺人。南海（都）尉管理着南海。在这个危急的时候，他知道龙川令赵佗是一个人才，便将赵佗召来，遗嘱了后事。他死了以后，赵佗便用兵吞并了桂林和象郡，自称南越武王。汉高帝的初期并未承认赵佗的势力，他在五年的时候以长沙、豫章、象郡、南海、桂林立吴芮为长沙王。但到了十一年他认清楚赵佗的地位，他下诏说：

> 粤人之俗，好相攻击。前时秦徙中县之民南方三郡，使与百越杂处。会天下诛秦，南海尉佗居南方长治之，甚有文理，中县以故不耗减，粤人相攻击之俗益止，俱赖其力，今立佗为南粤王，使陆贾即授玺缓。

陆贾到后，赵佗便向高帝称臣。到吕后时，禁铁器运到南越，越佗便自称南越武帝。文帝即位，陆贾再被遣使，赵佗再去帝号称臣。赵佗死后，在汉武帝的元鼎五年（西元前一一二年），南越丞相吕嘉杀南越王兴，王太后和汉使，立前王婴齐的越妇子建德为王。汉武帝遣伏波将军路博德、楼船将军杨仆率师十万南征，在元鼎六年平南越，置南海、苍梧、郁林、合浦、交阯、九真、日南、珠崖、儋耳、九郡。这九郡无疑的便是秦代南海、桂林和象郡。

《汉书·地理志》载着交阯、日南和九真三郡的开郡年代，户口领县数目和名称。详考起来，九真的胥浦在清华，而日南的郡治西卷在广南府，向南的平定府是汉的象林县，其南的母子山是马援铜柱所在。直到海边的伐勒拉岬（Cape Varella）为汉的南界。

从武帝元鼎六年平南越以后，南越九郡的关系是不可分的。过了五年以后，武帝元封七年，"初置刺史，部十三州"。这十三州的名称，据官本

《二十四史》齐召南的考证是：冀、幽、并、兖、徐、青、扬、荆、豫、益、凉，及朔方、交阯。而《汉书·地理志》"属交州"的便是南越九郡。九郡用交阯来做代表，可见交阯那在九郡中地位的重要。

在西汉一代，除去珠崖郡曾经因叛变的原故，在元帝时放弃，其余各处在西汉一代都无甚问题。王莽末年的乱事，使得交阯七郡（除去珠崖和儋耳。都是在海南岛，被弃去的，三国吴时才恢复）和内郡不通。到光武建武五年冬十二月，交阯牧邓让遣使奉贡，从此以后和内地又发生隶属的关系。

中国自秦汉以来，最显著的现象，便是南方的开发，在这个开发情形之下，便产生若干的著名"循吏"。《后汉书·南蛮传》云：

> 凡交阯所统虽置郡县，而言语各异，重译乃通。……后颇徙中国罪人，使杂居其间，乃稍知言语，渐见礼化。光武中兴，锡光守交阯，任延守九真，于是教其耕稼，制为冠履，而设媒聘，使知姻娶，建立学校，导之礼义。

这点是非常可以注意的，锡光守交阯，任延守九真所行的政治，和文翁在蜀，李忠在丹阳，所用的文教政策完全相同。这时交阯三郡对于汉室的关系，和其他南方各郡是无法分别的。

关于移民一件事，我们可以看出两汉以后中原人士已经渐渐的南迁。东晋所以能南渡，便是建筑在长期的移民文化和内地的一致性上。我们统计两汉的户口数目，在长江以南都是东汉比较西汉有显著的增加。其增加的原因大致可归入：（一）中原人民的避乱南迁。（二）中原人民的自然向南移殖。（三）中原罪人的向南流放。（四）对异族的教育，异族慕化的自愿归化。（五）对异族的武力征服。关于第一项，例如后汉胡广的六世祖胡刚，在王莽乱时曾经亡命到交阯，三国士燮的祖先也是在王莽之乱避命到交州。所以这一带尽有名人的祖先，其余不著名人的祖先也可想而知，一定有不少的。其他各点也有佐证，不必详举了。

汉代对于南方的开发，既然非常积极，所以南方对于中原的关系，也就随时增加。关于交趾三郡各部族内属的情事，计有：

后汉光武帝建武十二年（西元三六年），九真徼外蛮里张游率种人内属，封为归汉里君。

建武十三年（西元三七年），日南徼外蛮夷献白雉白兔。

章帝元和元年（西元八四年），日南徼外蛮夷献生犀白雉。

安帝永初元年（西元一○七年），九真徼外夜郎蛮夷举土内属。七月，日南徼外蛮豪诣阙贡献。

顺帝永建六年（西元一三一年），冬十二月，日南徼外业调国，掸国遣使贡献，赐其君金印紫绶。

这里面的部族，有"里"人、"夜郎"、"业调"和"掸"人。这许多部族，在中国南方的其他各处也是有的，所以交趾三郡除过华夏一支的发展以外，其他各族也可以和中国南方其他各郡找出关系，从此也可证明其他各处与交趾三郡的不可分性。

再从后汉几次军事行动看来，只有光武时的征侧和征贰的叛乱为最大，其次便是和帝时的象林叛乱，但比较征侧的叛乱规模要小得多了。后来几次规模都不太大，较大的一次是居风的叛变，他们的首领还是一个中原人，并且只要有了一个贤刺史，他们便投降，所以这种叛乱只是政治的问题，并非民族上的问题，也可以看出交趾三郡和中国关系，已经胶结到不能分析了。

在两汉时期，虽然中央对地方控制的力量甚大，但广东、广西以及越南地区的文化还是不高，而内地人去的也还是不算多。再加上民族复杂，所以问题并不是没有。我们看一看《三国志·吴志·薛综传》及《晋书·陶璜传》，就可以看出当时的状况。所以越南区域的开发时期，还应当在东晋南朝的时代。

二、三国以后的交趾

东汉晚年，群雄割据。在岭南地区，由士燮来维持秩序，《三国志·士燮传》云：

士燮字威彦，苍梧广信人也。其先本鲁国汶阳人，至王莽之乱避地交州，六世至燮父赐，桓帝时为日南太守。燮少游京师，事颍川刘子奇治《左氏春秋》，察孝廉，后举茂材，除巫令，迁交阯太守。弟壹，董卓作乱，亡归乡里。交阯刺史朱符为夷贼所杀，州郡扰乱，燮乃表壹领合浦太守，次弟徐闻令䵋领九真太守。次弟武领南海太守。燮体气宽厚，谦虚下士，中国士人往依避难者以百数。燮兄弟并为列郡，雄长一州，偏在万里，威尊无上，出入鸣钟声，备具威仪，笳箫鼓吹，车骑满道。胡人夹毂烧香者，常以百数。

至汉建兴五年（吴黄武六年），吴王闻士燮薨，以交州悬远，乃分合浦以北属广州，吕岱为刺史，合浦以南属交州，戴良为刺史。至建兴九年，吴武陵五溪蛮反，吴主以南土清定，召刺史吕岱还。合浦太守薛综上书曰：

昔帝舜南巡，崩于苍梧。秦置桂林、南海、象郡，然则四国之内属也，有自来矣。赵佗起于番禺，怀服百越之君，珠官之南是也。汉武帝诛吕嘉，开九郡，设交阯刺史以镇监之，山川长远，习俗不齐，言语同异，重译乃通。自兹以来，颇徙中国罪人离居其间，稍使学书，粗知言语，使驿往来，观见礼化。及后锡光为交阯，任延为九真太守，乃教其耕犁，使之冠履，为设媒官，始知聘娶，建立学校，导之经义，四百余年，颇有似类。……绥边抚裔，实有其人，牧伯之任，既宜清能，荒流之表，祸福尤甚。今日交州，虽名粗定，尚有高凉宿贼，其南海、苍梧、郁林、珠崖四郡未绥，若岱不复南，新刺史宜择精密方明智计之人。

于是吴主拜吕岱为镇南将军，进封番禺侯。于是除广州，复为交州如故。岱既定交州，复进讨九真，又遣从事，南宣国化，暨徼外扶南、林邑、堂明诸王，各遣使奉贡，至荆州刺史潘濬卒，调岱领荆州。及廖武作乱，更为交州牧，事平仍返武昌。岱清身奉公，所在可述，初在交州，历年不饷家，妻子饥乏。权闻之叹息，以让群臣曰："吕岱出身万里，为国勤事，家门内困，而孤不早知，股肱耳目，其责安在。"于是加赐钱米布绢，岁有常限。

至晋秦始七年（吴建衡元年），是时交州广州常有叛变，而苍梧太守陶璜累立大功，乃以陶璜为广州刺史，持节都督交州诸军事。时武平、九德、新昌土地险阻，历世不宾，璜征讨平之。开置三郡，九郡属国都尉，三十余县。吴征璜为武昌都督，以合浦太守修元代之，土人请留璜以千数，于是遣还旧任。

及吴主降晋，手书遣马息敕璜归顺，璜流涕数日，遣使送印绶诣洛阳。帝诒后其本职，封宛陵侯。吴既平，晋减州郡武备。璜上书言曰：

> 交土荒裔，计绝一方，或重译而言，连带山海。又南郡去州，海行千有余里，外距林邑，才七百里。[按林邑即占婆国（Champa），在越南中圻之南，后为越南所灭。]夷帅范熊，世为逋寇，自称为王，数攻百姓。且建接扶南，种类猥多，朋党相倚，负险不宾，往隶吴时，数作寇逆，攻破郡县，杀害长吏。臣以厄弩，昔为故国所采，偏戍在南，十有余年，虽前后征讨，翦其魁桀，深山僻穴尚有逋窜。又臣统之卒，本七千余人，南土温湿，多有气毒，加累年征讨，死亡减耗，其见在者，二千四百二十人。今四海混同，无思不服，当卷消办，礼乐甚务，而此州之人，识义者寡，厌其安乐，好为祸乱。又广州南岸，周旋六千余里，不宾属者，乃五万余户，及桂林不羁之属，复当万户，至于服从官役，才五千余家。二州唇齿，惟兵是镇，又宁州兵左，接据上流，去交阯郡千六百里，水陆并通，互相维卫，州兵未宜约损，以示单虚。

帝从之。在南三十年，威恩著于殊俗，及卒，举州号哭，如丧慈亲。乃以员外散骑常侍吾彦代璜，在任二十五年，恩威宣著，州民宁静，自表求代，乃以员外散骑常侍顾祕代之。

东晋时期，元帝及明帝时有陶侃为广州刺史，督交州诸军事。至穆帝时，以防敷为交州刺史，敷讨林邑，破五十余垒。至晋安帝隆安三年，林邑王范胡达，陷日南、九真，遂寇交州，交州太守杜瑗击破之。至义熙七年，杜瑗卒，以瑗子杜慧度代为刺史。大破卢循，循投水死。义熙九年，慧度遂击斩林邑王范胡达。宋武帝永初元年，慧度击林邑，大破之，斩杀过半，林邑乞降，许之。前后为所掠者皆遣还。慧度在州，布衣蔬食，禁淫祠，修学校，岁饥辄以私禄赈给之。为政纤密，如治家。吏民畏而爱之。慧度卒，以其子弘文为刺史。至宋文帝元嘉四年，帝征弘文为廷尉，时弘文有疾，即行就道，或劝之待病愈。弘文曰："吾使节三世，常欲投躯帝庭，况被征乎？"遂行，病卒于广州。

元嘉十三年，二月，帝命檀和之讨林邑。初，林邑王范阳迈虽遣使入贡，故遣和之讨之。时南阳人宗悫，家世业儒，而悫独好武事，常言愿乘长风，破万里浪。及和之伐林邑，悫自奋从军。帝以悫为振武将军，为和之先锋。军既出，阳迈请款，表情还所掠日南民，输金一万斤，银十万斤。和之遣使见阳迈，阳迈执之，和之怒，进围林邑，将范扶龙于区粟城。阳迈遣将范毘沙达救之，悫潜兵迎击，大破之。五月，和之遂据区粟城，斩范扶龙。乘胜入象浦，阳迈倾国来战，悫又大破之，克林邑。阳迈及其子，仅以身免。悫所获异名之宝，不可胜计，仍一无所取，还家之日，衣栉肃然。

梁天监四年，交阯刺史李元凯据州反，长史李畟讨平之，然边方仍多未靖，陈霸先曾屡立功，因侯景之变而还。至隋文帝仁寿元年，杨素荐瓜州刺史刘方有将帅之略，诏以为交州道行军总管，统兵二十七营，遂平克交州。

至隋炀帝大业元年，隋群臣有言林邑多奇宝，帝乃授方骥州道行军总管，经略林邑。方遣钦州刺史宁长真等，以步骑万余，出越裳。方亲率大将军张逊等，以舟师出北境，是月，军至海口。林邑王梵志遣兵守险，刘方挈走之。师渡阇黎江，林邑兵乘巨象，四面而至，方战不利，乃多掘小坑，草覆其上，以兵挑之，既战佯北，林邑人逐之，象多陷坑颠踬，转相惊骇，军遂乱。方以弩射，象却走蹂其阵，因以锐师继之，林邑大败，俘馘万计，方进追之，屡战皆捷。过马援铜柱南，八月，至其国都。夏四月，梵志弃城走入海，方入城，获庙主十八，皆铸金为之，刻石纪功而还。

唐德宗兴元元年，九真姜公辅，进士及第，补校书郎，以制策异等，授右拾遗、翰林学士，兼京兆户曹参军。尝请诛朱泚，帝不听。及京师乱，帝自苑门出，公辅又叩马谏曰："泚常帅泾原，得士心，以朱滔叛，夺其兵权，居常怫郁，请驰捕以从，无为群凶儿得之。"帝仓卒不及从。既行，欲驻凤翔倚张镒，公辅曰："镒虽信臣，然文吏也，所领皆朱泚部曲，渔阳突骑，泚若直趋泾原为变，非万全策也。"遂之奉天。有言泚反者，请为守备，帝听卢杞言，诏诸道兵，距城一舍而止，欲待泚奉迎。公辅曰：王者不严武备，无以重威灵。今禁旅单寡，而士马处外，臣为陛下危之。帝曰"善"，悉征入内，泚兵果至，如所言。乃擢为谏议大夫，同中书门下平章事，当宰相之任。

唐懿宗咸通五年，南诏陷交州。以高骈为都护总管经略招讨使，讨南诏。至六年及七年，骈屡破南诏。监军宦者李维周恶骈，不以闻，而奏骈玩敌不进。常遂以王晏权代骈。是月骈更大破南诏，密驰奏闻。帝喜，加骈检校工部尚书。骈督帅破峰州城，杀南诏遗袭善阐节度使段酋迁，南诏师遁去。十一月，帝诏交州、邕州、西州诸路军，各保疆土，勿再进攻。置静海军于交州，以骈为节度使。自是至于宋朝，安南遂为静海军节镇。

至梁太祖开平元年，以广州节度使刘隐，兼静海军节度使，封南平王。时隐据番禺，而交州人曲颢，据州自称节度。唐庄宗同光元年，南汉王刘岩（刘隐之弟），遣将李克正领兵攻交州，擒交州节度使曲颢之子承美以归。克正又为爱州人杨廷艺所逐，廷艺自领州事。晋天福二年廷艺被其下矫公羡所杀，廷艺将吴权杀公羡，自称王。六年而死，后兄杨三哥自称王。六年吴权子吴昌文为部下所拥，黜杨三哥，自称南晋王。四年，始请命于南汉王刘鋹，鋹以昌文为静海军节度使兼都护。十六年昌文攻叛部，中流矢卒。地分裂，莫能相统。至宋开宝元年，丁部领平诸部，建号曰大瞿越。开宝六年，入贡于宋，宋封部领为交阯郡王。其子琏为检校太师静海军节度使安南都护。太平兴国四年，部领及琏均被害于宫中，众立其次子璿，黎桓摄政。

太平兴国五年，黎桓篡位，改元天福元年，降封丁璿为卫王。宋师伐黎氏，败绩。于是黎氏统一诸部。太平兴国六年，黎桓更讨占城，克之。至是通好于宋，请求册封。黎氏天福七年，宋雍熙三年，宋遣右补阙李若拙、国子博士李觉赍制册，册对为安南都护、静海军节度使、京兆两使。桓受制尽恭，飨礼甚厚。宋至道元年，晋封桓为南平王。传至第五子，以淫虐卒，国乱。大中祥符二年，部人李公蕴自立为帝，年号应昌。景德四年，公蕴遣弟明昶献白犀于宋，宋封公蕴为交阯郡王，领静海军节度使，仍赐名至忠，是为越太祖。传八世，宋理宗宝庆元年，禅位于陈氏。

从五代时刘隐据地称雄以来，交州土地和中国的关系，颇有变动。不过曲颢、杨廷艺、吴权及杨三哥也都是据地称雄的人，和南汉刘氏在同一状况之下。到了丁部领，才开始有国家的形势，到了黎桓以后，才正式具有国家的规模。要讲越南的立国，从黎氏及李氏算起，或者更比较合适些。

三、元明清时代的安南与中国

自宋淳熙二年（西元一一七五年）八月，宋赐李氏以安南国王印，是为安南国被中国承认之始。三年李天祚卒，李龙翰立。嘉定五年（西元一二一二年）龙翰卒，子昊昙立。李昊昙时，朝贡渐辍。他死后，无子，以女昭圣来监理国事，传位于女婿陈日煚。

自陈日煚起，为安南陈氏朝代。至宋理宗开庆元年（一二五九年），传位于太子威晃（《大越史记》作晃人）。理宗景定三年（西元一二六一年），才上表求世袭，宋朝封为安南国王。度宗咸淳五年（西元一二六九年）封陈日煚并其子陈威晃，均为安南国王。

周密《齐东野语》有一段关于陈氏的异闻，其事云：

> 安南国王陈日煚者，本福州长乐邑人，姓名为谢升卿，少有大志，不屑为举子业。……好与博徒豪侠游……至衡……至永……邕州永年寨巡检区永，一见奇之，遂挟以南，寨居邕宜间，与交阯邻。境有弃地数百里，每博易，则其国贵人皆出为市，国相乃王之婿，有女

亦从而来，见谢美少年，悦之，因请以归，令试举人，谢居首选，因纳为婿。其王无子，以国事授相，相又老老，遂以属婿，以此得国焉。自后屡遣人至闽访其家，其家以为事不可料，不与之通，竟以岁久难以访问返命焉。

这虽然是一个不可全信的传说，并且陈日煚为王婿并非相婿，其事也有错误，但《大越史记全书》也说其先世闽人，三世生日南，煚八岁时以从林陈守度为殿前指挥使，遂得入宫，所以传说亦非无据的。

元宪宗七年（宋理宗宝祐五年，西元一二五七年），已灭大理，降吐蕃，南宋尚未灭。以兀良合伐交趾，遂入其国，陈日煚窜海岛，请内附，置酒大飨军士，还师押赤城（昆明城）。宪宗八年二月，遣使来朝，世祖中统二年（西元一二六二年）封光昺为安南国王，并以元人为达鲁花赤。三年，定三年一贡之制。至元四年（西元一二六七年）诏谕安南六事：一、君长亲朝，二、子弟入质，三、编民数，四、出军役，五、输纳税赋，六、仍置达鲁花赤。至元五年，诏云南王忽哥统兵同安，南征占城及真腊。至元十六年（西元一二七九年）陈威晃禅位于其子日烜（《大越史记》作昑），是时已灭南宋，诏其来朝始封王位，日烜不至。然仍守三年一贡之制。

至元二十一年（一二八四年）使脱欢击安南。至元二十二年，乌马光等败安南于富良江，睃都战死。至元二十五年陈日烜遁入海，追之不及，还兵破其诸寨，以师老粮容还军，陈日烜遣使谢罪，谕其亲身入朝，不至。

至元二十九年，命陈日煚亲朝，不至。三十年，命刘国杰从诸王亦吉里请诸军征交趾。至元三十一年（一二九四年）世祖崩，成宗即位，命使至安南，日烜亦禅位于其子日燇（《大越史记》作烇），但在至元二十三年已封陈日烜弟陈益稷为安南王，此时住郑州，为湖广行省丞相，所以没有加陈日燇的封号。

元仁宗延祐元年（一三一四年），陈日燇逊于其子日崅（《大越史记》作天明），此后仍常贡方物。文宗天历二年（一三二九年），安南王陈益稷卒于鄂州，年七十五。元文宗至顺元年（一三三〇年），陈日燎逊位于陈日煌（《大越史记》作旺）。顺帝至元元年（一三三五年），封陈益稷子端午为安南国王。顺帝至正元年（一三四一年）陈日煌逊位其子日煃（《大越史记》作暤）。明太祖洪武元年，陈日煃遣使朝贡，然仍以元梁王尚在云南，仍纳款于梁王。洪武二年，诏封日煃为安南王，以前在元朝，因为元朝在中国立有安南国王，所以对中国只称安南国世子，此后才正式由中国封为安南国王。这一年陈日煃死，立陈日熞为嗣，日熞乃日煃兄子，实为优人杨姓之子，《大越史记》称杨日礼。

《名山藏》云：安南国王陈日煃入贡，求封，使学士张以宁特诏封为安南国王，行至境内，煃已卒。其兄子日熞嗣，欲即求王印，以宁抱玺走不予，使请于朝，而待之境上。既奏，上命以宁予日熞印，别使使吊祭日煃，以宁乃入，日熞郊迎，为日煃位北向，使者南向授诏，日煃〈熞〉俯伏谢，其明日长跪稽首受印，交人故以揖为礼，至是长跪稽首报命，上悦其详，曰是吾使者。

陈日熞荒淫无道，洪武三年，陈日煌的儿子叔明（《大越史记》作暊）废陈日熞，自立为安南王。洪武五年，入贡，不受。洪武六年，再入贡，命为日熞服丧，叔明以王印视事。这一年立弟煓为王（《大越史记》作曔），七年遣使入贡，诏从之。洪武十年安南侵占城，煓战死。叔明立煓长子日炜为王（《大越史记》作晛）。是时安南与占城为敌，大将黎季犛数有功，洪武二十一年，废日炜，立叔明子日焜（《大越史记》名颙），仍假日炜名入贡。二十九年，前王叔明卒。建文元年（一三九九年）黎季犛逼其主禅位，旋弑之。立其弟炶，复弑之，大杀陈氏宗族。

黎季犛，其祖胡兴逸，本浙江人，五代后汉守滨州，其后遂为越人。十二世孙胡廉为宣尉黎训义子，改姓黎。季犛是他的曾孙。建文三年自立其子汉苍为王，复姓胡氏，改国号大虞，季犛更姓名为胡一元，改其子名胡夷。

成祖永乐元年（一四〇三年），封胡夷为安南王，适老挝送前王陈氏后裔天平，乞师讨胡夷篡弑之罪。永乐四年，遣朱能佩征夷大将军印为总兵官，西平侯沐晟、新城侯张辅为副将军，将征南将军右军都督同知韩观，参将都督同知黄中以兵十万伐胡夷。朱能卒，张辅代领其众，入安南国都，俘胡一元、胡夷及胡氏全族，献俘阙下，杀胡一元及胡夷，赦胡夷的弟胡澄，安置在南京。

永乐四年（西元一四〇六年）六月朔，诏告天下，改安南为交趾，设三司。以都督金事吕毅掌都司事，黄中副之，前工部侍郎张显宗、福建布政司左参政王平为左右布政使，前河南按察使阮友彰为按察使。裴伯耆授右参议，又命尚书黄福兼布、按二司事。设交州、北江、谅江、三江、建平、新安、建昌、奉化、清化、镇蛮、谅山、新平、演州、义安、顺化十五府，分辖三十六州一百八十一县。又设太原、宣化、嘉兴、归化、广威五直隶州，分辖二十九县。居官者仍其旧，与新除参治。又奏举山枕隐逸、明经、博学、贤明、方正、孝弟、力田、廉能、练达、勇武之士，张辅等先后奏举九千余人，归中朝录用。秦汉以来之土宇陷于蛮夷者四百四十六年，一旦后为内地，诏布天下，文武群臣，亲王藩服，咸上表称贺。计交阯东西一千七百六十里，南北二千八百里，安抚人民三百一十二万有奇，获蛮人二百八万七千五百有奇。

永乐六年张辅奉诏班师，故陈氏子孙名陈颜的，复叛，自号简定。永乐七年，陈颜自称太上皇，别立陈季扩为伪帝。命英国公张辅讨之。永乐十二年陈季扩就擒，安南复平。

自平安南后，宦官为害，烦扰居民，民渐失望。后以兵击贼，悉破灭，只有黎利和老挝连和，不能平定。宣宗宣德元年（西元一四二六年），黎利据有清化以南。宣德二年，守将成山侯王通，擅与黎利和，弃交阯。黎利立陈氏后陈嵩，诏封嵩为安南国王。宣德三年黎利弑陈嵩，自立为王。

宣德八年黎利死，子麟立（元龙）。正统七年，麟卒，子濬立（邦基）。天顺三年濬庶兄琮（宜民）弑濬，国人诛之，立濬弟灏。弘治十年，灏卒，子晖嗣立。弘治十七年，晖卒，子牵嗣立。七月，牵卒，庶兄谊立，昏乱不治。正德四年，外戚阮种弑谊，立其弟伯胜，国人诛之，立灏孙孙晭。正德七年，晭受封，多行不义，陈暠弑晭自立，大臣阮弘裕讨平之，立晭兄子譓。嘉靖元年莫登庸逐譓，立譓弟广。嘉靖六年，莫登庸篡广自立。

嘉靖九年，登庸禅位于其子方瀛，屡上表，为守臣所拒。嘉靖十九年，登庸诣军门降，诏削安南国为安南都统使司，授登庸都统，然登庸与方瀛仍自帝其国。此时莫氏虽据有安南，但黎氏遗族仍然拥众占了清华，自为一国。

登庸传方瀛，方瀛传福海，福海传宏瀷，宏瀷传茂洽。至万历十九年（西元一五九一年），黎维潭渐强，败茂洽。与茂洽俱授为安南都统。熹宗天启四年，黎氏攻莫氏，莫敬宽遁入高平。清顺治十七年（西元一六六〇年），黎维祺自称安南国王入贡，清封为安南国王。康熙二十二年，黎氏大举攻莫氏，莫敬光病没泗城土府，莫氏遂绝。

此后黎氏依例贡方物，康熙五十七年，黎维裯［卒］，封维䄄为安南国王。雍正时赐御书“日南世禄”四字。三年，云南总督高其倬奏言：云南开化府马伯汛外四十里以南至铅厂，有逢春里六塞秋粮十二石，康熙二十八年入于安南。又自开化府文山县南，百四十里至赌咒河与安南为界，今自开化府至现在之马伯汛止，止一百二十里，即至铅厂下小河亦只一百六十里，其南八十里有都龙、南丹两厅为云南旧境。帝卒以马伯汛以南之地赐安南，遂以文山县南一百二十里之马伯汛为界。据雍正五年谕维䄄说：“朕统驭寰区，兹臣庶之邦，莫非吾土，何必较论此区六四十里之地。”可见清代对于行省属国土地的争执，最终还是天子的领土，所以不太吝惜。但后来这片地方却成法国的属地了。

雍正十一年，黎维䄄卒，于维祐立。十三年维祐卒，弟维纬立。乾隆二十六年维纬卒，子维瑞立。在明嘉靖时黎维潭的复国，由于大臣阮氏和郑氏的郑阮二氏并执国柄，郑氏在维瑞时逐阮氏。所连络的是另一个土酋阮惠，因此阮惠又和郑氏对立。旧阮氏号旧阮，阮惠号新阮。阮惠因为郑氏人心不附，又击灭郑氏。乾隆五十二年（西元一七八七年），维瑞卒，孙维祁立。阮氏专政，郑氏旧臣摊逐阮氏。阮惠逐并维祁。乾隆命两广总督孙士毅率兵平阮氏乱，送黎维祁入河内，但阮氏势力未全消灭。五十四年正月朔，孙士毅置白张乐，不设备，阮兵大至，孙士毅及黎维祁皆遁入关。

此时阮惠自知贾祸，叩关乞降，改名阮光平。乾隆帝以为黎维祁两次失国，不堪再用，即阮光平为安南国王，黎维祁和他的全家召入北京，总入汉军旗下。阮光平死，传子光赞，因为篡杀得国，国用耗损，因此遣军官连中国的亡命做海盗，浙江参将李成隆在海盗船中搜得安南官印，诏责光赞，光赞上书谢罪，但这时旧阮余部当强，和阮光赞构兵。

嘉庆七年（西元一八〇二年），旧阮的阮福映连和暹罗，灭新阮，统一安南。八年封阮福映为越南国王。道光元年（西元一八二一年），阮福映卒，阮福皎立，定四年一贡之制。道光二十一年，阮福皎卒，阮福暶嗣，命广西按察使宝清册封为越南国王。

阮福暶道光二十八年卒（西元一八四八年），子福时嗣。《清史稿·属国传二》云：

> 凡朝廷册封，历世只在河内，河内即东京，其国建都处也。及阮福映得国，以东京屡毁于兵，而其先人世居岭南，遂迁都于富春省，改东京为河内省，封使至其国，仍循例驻节于此。阮福时嗣位，年幼，奏乞天使至其国都，由是广西按察使劳崇光（谥文毅）至富春册封焉。

劳文毅公的《横山关》诗云：

> 嵯峨鸟道倚云边，瘏马倭迟却更前。大海澜回森岛屿，遥山菁密锁岚烟。炎邦天荫无双地，汉使皇华第一篇。欲憩南车问何处，还须猛著祖先鞭。（原注：向来宣封皆在升隆，从无至富春者，此关为自古使车未经之地。）

据作者所闻的传述，此次封拜，礼制特崇。除由越南的将相亲迎送，至富春城时并由城外架木为复道，使车从城上直过，不入城门，再由城南王北面受封。作者曾见阮福时所赠的《天使出关图》，绣越南臣庶迎天使之众，自将相以下俱至奉迎，现不在手边，不能全述。只可惜这是最后一次封拜，不久便有法兰西的侵略了。

自乾隆五十一年，阮光平和法订同盟之约，法人始插足到越南。道光二十七年，法人强占西贡。同治元年（西元一八六二年），法帝拿破仑第三以海军大举伐越南，越南败，割下交阯省，八年再取三省，至此南圻全归法国。新阮复国以富春的顺化为首都，太平余党的刘永福率众入越南，号黑旗军，渐据北圻的红河上流。当时法国的西贡总督和越南商定取得红河的通航权，但越人实非所愿，便联合黑旗军来对抗法人，光绪八年（西元一八八三年）法人便派兵占据河内。九年阮福时卒，无子，以堂弟嗣，法人乘机占都城顺化，太妃改立阮福升。十二月阮福升卒，法人逼越南立条约，承认安南为法国的保护国。但中国仍不承认。

光绪十年二月中法兵在东京冲突。法人占据北宁。四月李鸿章和法人定和约，承认越南为法人保护国，当时草约的法文和汉文不符，遂归停顿。七月法公使下旗出京，八月谕岑毓英督饬刘永福及各营规复北圻。十年十二月（西元一八八六年一月）帝命冯子材帮办广西军务。子材久驻粤西，素有威惠，法人扑镇南关，子材率兵殊死战，大败法人，收复谅山。岑毓英自滇出，亦破法人于临洮府。是时法海军北上，攻基隆，不克，转攻福州，焚马尾船厂，法主将孤拔亦战死，遂与清议和，清承认越南为法保护国。至光绪十九年，奕劻与法订约，弃云南属的江洪地方与法，法人更占有湄公河沿岸，因此中国和暹罗交界地方也被人占据了。

总之，中越关系历来是友善的。越南人在二千年来，更参杂了不少的中国血统。越南语言是一种混合的语言，汉语至少占三分之一（云南民家话，汉语成分，亦有类似情况），法国 H. Maspero 分析越南的语言，对于汉语的重要性，丝毫不加强调，这不仅是一种疏忽，而是一种偏见。今后越南当然要达到自由和独立，而中国和越南文化上的关系，自然更有互相了解的必要。

四、占城、柬埔寨、老挝与中国

甲、占城（Champa）

占城的境域，北起汉的西卷县，南迄今的平顺。大致等于现在安南中圻南部的地方。汉平南越，兼有北圻和中圻。自后中圻南部渐自立为林邑。宋时丁氏安南，仅据有古交趾、九真二郡，以及日南郡的中部，南土仍属占城。至李公蕴自称瞿越，略地占城，才有现今的广平、广治二省。至成化时，黎圣宗灏取占城三郡，立为广南道。清康熙时阮氏为黎氏佐命功臣，再取占城仅存之地，为靖化、平顺二省，占城遂亡。

中国史书对于占城数改他的名称，唐以前称林邑，乾元以后，称环王，五代以后又称占城。但占城人自己则称为占波（Champa）。占城虽然从前曾为日南的一部，但立国以后所受的文化影响，全是印度式的。自安南渐据占城，安南所受的中国文化，便传播到占城各处，以前的印度文化，便渐次消灭了。本章所据的大部分为马伯乐（Georges Maspero）的《占城史》（*Le Rogaume de Champa*），一九二八年出版，参照冯承钧据通报的译本，又据鄂卢梭（Aurouseau）《占城史料补选》，《远东校刊》十四卷九期及冯承钧译本，再对照中国的正史。

西元前一一〇年，汉武帝平南越，最南的是日南。西元一〇〇年置象林长史，防叛蛮。至献帝初平三年（西元一九二年）时，象林始立国，《水经注》引《林邑记》曰："林邑建国起，自初平之乱，人怀异心，象林功曹姓区有子名连，攻其县，杀令，自立为王。"又到吴赤乌十一年（西元二四八年）林邑陷没西卷（安南的广南），其后便以为国都。

此王以后，国无文史，世数难详，惟知其自孙权以来不朝中国。吴孙权时，林邑朝于吕岱，孙皓以陶璜领交州，曾加以征讨，此时盖仍区连之后有范熊及范逸。

西元三三一年（晋成帝咸和六年）王死，国相扬州人范文自立为王，咸康六年（西元三四〇年）通贡于中国。其后常侵犯九真。

西元三四九年范文死，子佛立，屡为交州兵所破，最后求和。约西元三八〇年子范胡达立，仍与交州相攻伐，胡达死子敌真立。

义熙中阳迈为林邑王，永初元年（西元四二〇年）交州刺史杜慧度大破林邑，林邑乞降，后其子咄篡位，复称阳迈，是为阳迈二世，虽常贡献，而寇盗不已。宋文帝元嘉三年（西元四四六年），遣龙骧将军交州刺史擅和之，振武将军宗悫讨之，遂克林邑，收其异宝杂物，不可胜计，销其金人，得黄金数十万两，阳迈父子并挺身奔逃。军还之后，阳迈愤恚而死，从此中国国威远播。

自此以后，常有奉献，以迄齐梁之世。

隋高祖开皇二年（西元五八二年），林邑复入贡。其后朝贡久绝，仁寿末（西元六〇四年），授刘方驩州道总管，大业元年（西元六〇五年）舟师至海口，林邑王梵志守险，卒克之。林比王弃城奔海。得诸财宝，刻石纪功，平林邑，分为三州。一为满，寻改比景郡，统比景、朱吾、寿冷、西卷四县；二农州，寻改海阴郡，统新容、［真龙］、多农、安乐四县；三冲州，寻改林邑郡，统象浦、金山、交江、南极四县。隋兵引还梵志复故土，遣使谢罪，朝贡不绝。自后由隋入唐，依例入贡。

自肃宗乾元元年（西元七五八年）王位易系，更号环王，不名林邑。此时中国常有内乱，朝贡渐疏，德宗时入贡（贞元九年，西元七九三年）。贞元十九年（西元八〇三年），陷驩爱二州。元和四年（西元八〇九年），复寇，安南都复张舟败之。懿宗咸通元年（西元八六〇年）王位易系，更号占城。僖宗乾符四年（西元八七七年）曾入贡一次，自后历梁、唐、晋、汉无使臣往来。

周世宗显德五年（九五八年）又入贡中国。宋太祖及太宗时，虽入贡十二次，后交如内乱，占城兵与其事。后黎桓篡位，屡伐占城，曾入其国。

至九八九年（太宗端拱二年）驩爱二州厌黎桓，永助占城，占城不纳，黎桓德之，又与占城讲和，自后亦常修贡于宋，宋赐以白马及旗帜枪剑。

宋神宗时与交趾相攻，互有胜负，占城初助宋，后并入贡于宋和越。哲宗时不复贡越，专贡宋。占城使臣不与越人并坐。后越人责占城，又并入贡于宋及越。

元既平宋，于世祖至元十九年（西元一二八二年）发淮、浙、福建、湖广军五千人，海船百艘，战船二百五十，命唆都伐占城。直克其都，占城王遁入山中。然元兵既去，占城又复国。但占城仍向元入贡。马可·波罗曾于三八年到占城，对此事也有记载。

自元仁宗皇庆元年（西元一三一二年）以后，安南势力渐次雄厚，占城渐不能支持。明太祖洪武二年（西元一三七〇年）谕安南占城解兵，册封占城国王，自后常入贡。永乐十八年（西元一四〇二年）安南黎季犛讨占城，尽取占城膏腴之地。明取安南，占城乘势复故土。郑和至占城，占城贡象及方物，自后每年一贡。明宪宗成化五年（西元一四六九年），安南王黎灏士破占城，占城此后几乎不能成国。虽常受明封，实际已经差远了，至康熙时便完全亡国。

乙、柬埔寨（高棉 Cambodge）

柬埔寨在中国历史上有昆仑、扶南、真腊诸名，而其人则名为高棉（Khmer），晋武帝泰始四年（西元二六八年），扶南国始来献，这是柬埔寨见于记载之始。自后晋穆帝及宋文帝时均曾来献。南齐武帝时曾入贡。梁武帝天盟二年（西元五〇三年）入贡，诏封为安南将军扶南王，自后常修职贡。隋时更名真腊，然其中一部仍名扶南。炀帝大业十二年（西元六一六年），真腊遣使贡方物。唐高祖武德时仍入贡，或称扶南或改称真腊，其后北部曰陆真腊，南部曰水真腊。开元天宝时其王子率其属二十六来朝，拜果毅都尉，此后代宗宪宗时均来入贡。

西元八〇二年（德宗贞元十八年）真腊王丁（Ayavarwan）二世即位，国势渐盛。至（Jayavarwan）三世时（西元八六九年至八七七年），遂合并水陆两真腊。这时的真腊国势，到了顶点。大婆罗门教建筑，便在此时开始，在九〇〇左右王都（Angkor Thom）便在此时筑成，到十世纪时真腊的婆罗门教便代替佛教成为官家的宗教。[①] 在宋徽宗政和六年（西元一一一六年）、宣和二年（西元一一二〇年）俱曾入贡。到高宗建炎二年（西元一一二八年），加真腊王达赖深（Dharanindravi）检校司徒加食邑，遂为常制。

元代平占城以后，对于真腊也有使命，著名的周达观《真腊风土记》便是在元成宗元贞二年（西元一二九五年）随使到真腊时写的。记有中国

---

① 此处原文疑有误。——编者注

人去彼国渐多，对中国不复敬畏，并且中国的水手，因为真腊生活容易，也往往向此处逃去。《元史》无真腊传，从周达观的《真腊风土记》也可见一斑了。

明代洪武四年（西元一三七一年），真腊来朝贡，诏赐大统历及钱币。此后每一两年来贡，较以前更为频繁。永乐元年（西元一四〇三年），遣行人蒋宾兴、王枢诏谕其国。后郑和也到了真腊，直到宣德景泰中仍常来，自后遂不常至。

就在这个时候便是真腊势力衰微之时，此时真腊受北方的逼迫屡次将都城丧失。到十六世纪之末继 Angkor Thom 的新建都城 Lavek 也放弃了。十七世纪安南的阮氏占据了交趾支那一带。到十八世纪，安南和暹罗各立了一个君主，彼此争竞。安南既为法国的保护国，真腊也在一八六七年被法国和暹罗订约分。

丙、寮国（南掌）

寮国对于中国的关系，在上代为交趾的一部，自明成祖即位，老挝土官刀线歹贡方物，始置军民宣慰使司。永乐二年以线歹为宣慰使。后因为和安南的胡一元交通被责，入贡谢罪，自后仍常入贡。成化十六年，老挝为安南王黎灏所破，杀宣慰使刀板雅，其季子刀揽那求援，帝以安南老挝俱朝贡，遣使慰问。至嘉靖时，缅势方张，剪除诸部，老挝又折而入缅，符印俱失。万历二十六年，缅败，老挝来归，分奉职贡，请颁印，复铸老挝军民宣慰使司印给之，自后代来朝贡，请代称南掌国王。雍正七年，云贵总督郑尔泰疏言南掌国王岛孙遣使奉销金缅字编蒲表文一道、驯象二只求入贡，允之。八年定为五年入贡一次。乾隆八年，帝因道远，改为十年入贡一次。乾隆六年，南掌内乱，国王召猛温播迁越南。嘉庆二十四年命召蛇荣代办国事。咸丰时，云南回匪乱，贡道遂绝。光绪十一年，法人得越南全境，以南掌地居湄公江中，为传教通商要道，又改归保护，于是南掌又归到法国了。

以上高棉及寮国二个国家，到二次大战以后，才获得相当程度的独立。他们比较越南，受中国文化的熏陶是要浅薄些，而受佛教文化的沾染更深。不过他们语言方面还和汉语有相当的接近。在几千年以前，他们的大部分还应当是华夏民族的一支。

[引自《中越文化论集（一）》，1956 年 4 月]

思想与宗教

从士大夫到小市民

一个国家的安定，是需要中等阶级来维持的，中等阶级人数在国民中的比例越少，这个国家的政治就越混乱，而政治的前途危机就越大。倘若一国之中，中产阶级被消灭净尽，那就这个国家，不论它自己是叫什么名称，当然是一个奴隶和贵族对立的国家。不论它曾经如何繁荣，也必然的，在一定时期中崩溃。

政治是一种信托，也是社会上分工的一种，政治无论如何，只是由少数人执行的事。这些管理执行的少数人，在意义上只是大多数人的雇工。他们在大多数人的社会地位中，和做别种事的人一样的，既不应有特殊的权益和地位，也不应缺少任何权益和地位。

政治既然是社会上一种工作中的分工，当然带着一种专业性，也就是政治工作是一种职业，这一种职业对于社会的地位和性质，和农夫、牧人、商人、工匠并无二致。在封建时期，封地是封建领主所有，家庭是封建领主所有，人民也是封建领主所有，封地中的政治也就是他个人的家务。为着处理他个人的家务，他需要一个管家的人，这个管家的人，就是叫做"宰"的。宰给他管理田地，宰给他布置祭祀，宰给他收取租赋，这样，给封建领主去作宰，或者再做宰以下助理的人，就成为比较有智识的人的专业。这种专业，当然也就是职业上的政治工作者。

这许多作宰的人，大都是贵族（领主）的支庶后裔，或者是没落贵族的后裔。他们既不能承袭封地，他们也就失掉了固有的恒产，他们也就非刻苦力学不可，他们就凭着他们的学识来作生活的凭藉。从另一方面说，未没落的贵族，因为并非要有学识才能生活，当然他们也就用不着每一个都要力学。在贵族之中是有铮铮佼佼者，但就一般而说，他们的能力，是不如这些没落的专家，作宰的或准备作宰的人。当春秋之季，因为社会及经济发展的影响，地方政治已经非封建领主所能应付，"陪臣执国命"也就自然的成为通常状况。

到了战国时期，社会经济的发展，更不是从前封建领主包办一切时代的那样单纯。因此这一些非贵族的专家用的更多。并且因为互相吞并之下，没落贵族多了起来，这些没落的贵族，也成为"专家"们的预备队，由是形成了大量的有智识的人。职业性的，待雇的，他们位置高的可以做卿相，位置低的可以做监门税吏，他们承继了大夫至士之位置，这种人也就被称为"士大夫"。

就职业的分类来说，除去这般士大夫之外（当然军人也要归入这一类），还有商人、手工业者和农夫。这就是平时所说的士、农、工、商。农夫需要力气，也需要技术，士大夫不能做，农夫生活很苦，他们也不肯做。所以政府表面上无论如何"重农""劝农"，只是希望别人好好做农人，而不希望自己做农人；天子三推，公侯五推，卿大夫九推，也只是做一样子，从来没人真做。"并耕而食"固然是荒谬的高调，弃轩冕而归农，也根本没有这回事（做地主当然另说，但地主实际不能算是一种职业）。因此农人和士大夫，要算两种隔绝的职业。手工业者，要有长时期训练过的技巧，在士大夫中也不易办到。只有商人，应当可以由士大夫转业的。但因为做商人需要有锱铢必较、不怕麻烦的精神，这不是接近贵族而沾染上贵族习惯的士大夫所能办到，因此士大夫转为商人的虽有而不太多，也就成为他们不同情商人的一个原因。

做士大夫的人，不工、不农、不商，作为分工下的专业行政、执行、管理的人，当然是可以的，并且也是应当的。但就国内的状况来说，志愿做士大夫的人太多，而在国家组织上的需要，并不那样太多。因此要剩下了许多不能就业的士大夫，这就成了战国时期大量的游士。而贵族们为增加势力，争取名誉，也就大家都来"养士"。

秦汉时期以后的时代，是大一统的帝国时代，一统帝国时代的一般状况，是政治的发展，越过了经济的发展。当然在国策上来说，是政治重于经济。因此对于经济上的政策是保守而非进取的，也就成为重农超过了重商。我们已经知道，士大夫不能做农人，只能勉强做商人，此时国家政策是贱商，士大夫自然不能再自愿去经商，也就仍然的剩了在政治职业上竞争就业的一条路。

这一条路成为社会上唯一光荣之路，成为聪明才智之士所竞趋的唯一之路。《后汉书·袁安传》："凡学仕者，高者希宰相，下则希牧守，锢人于圣世，尹（安时为河南尹）所不忍为也。"这几句话显明的表示着，做官的出路，也就是为着一步一步的升上去。但是宦海风波，变幻莫测，前途地位，决非仅恃能力，或者仅恃成绩所能保障。因之竞争激烈，非局外所能想象。"其未得之也，患得；既得之，患失之；苟患失之，无所不至矣"，也就是竞争愈激烈，愈无所不至，大家愈不择手段，因之政风也就越来越坏。

在世官时代，一切是固定的，一般世卿无论怎样的庸妄，但身分是不容争执的，也就代表着前途的安定，这就成为商朝载祀六百，周朝载祀八百原因中之一。秦汉以后，从世官变为流官，位置越高，越成为天下才智之士之"众矢之的"。汉武帝以前，丞相由功臣子孙担任，竞争还要少些，汉武帝以后，丞相由儒臣担任，竞争也就剧烈起来了。

我们试看一看西汉时期，一郡聪明才智之士，集中于郡府，而郡府对于中央，每年只有一个计吏，每年只有一个孝廉，而一郡的人数少则一二十万，多则百余万。假如不论智愚，不计男女，一并计算在内，那就要做郡中的计吏或孝廉，其机会相当于一个奖券中的特奖。而况计吏和孝廉到京师之后，也只能做到一个郎官，将来还要经过了许多阶梯，还要经过许多淘汰，凑到许多因缘，才能幸而达到一个"二千石"的位置，可以坐五匹马的马车。到了这个位置自然可以耀祖宗，傲乡党，除去原来是一个谦谦君子，原来有"车笠之交"的默契，"贵易交，富易妻"就成为当然的。但是"高明之家，鬼瞰其室"，经过了许多预备队的觊觎随时可以有意外的发生。为着防意外的发生，在高位的也自然要用尽种种的方法。

在一个国家，或则是一个社会，凡是承平日久，文化自然会逐渐提高起来，文化提高本是人类中的好事，但在上述局面之下，文化反而成为一种负担。文化提高，则聪明才智能够表达的人更为增加起来，政府为着使得这些人可以就业，官职也就要增加人数，但无论如何增加，也不能全部容纳这些待职的人，因此文化愈增加，则要求职务的人愈多。要求职务的人愈多，则手段愈卑劣，政风愈败坏。所以任何一个朝代，到了承平达到顶点，大乱就要开始。大乱的原因自然最重要的是由于：

（一）当政的人因为竞争剧烈超过了常度，因此不惜任何手段来巩固地位，例如（甲）结党营私；（乙）排斥后进，不让他们起来；（丙）联络及贿赂宫廷和宦官；（丁）蒙蔽君主，导君主以失政；（戊）引导宫廷中的争夺。

（二）中级以下官吏，为的巩固现有的地位，并且争取较高的地位，也用着许多不正当的手段：（甲）贿赂高级人员（包括送礼）及宦官近臣；（乙）为收集贿赂之资本而加紧贪污；（丙）作事敷衍，有时甚至遍地群盗而不上报；（丁）为政苛虐藉图表现；（戊）对于同辈互相攻击；（己）煽动政争，鼓舞军阀叛变，以便从中渔利。

（三）未曾得志的人，出口便攻击当政的人，毫不体会政府的困难，专求破坏政府之信用，一方面表现自己有能力，另一方面希望改变以达到自己的企图。假如有了机会，更进一步煽动叛变，甚至领导叛变，更甚至于到边疆落后民族去，使他们叛变，然后再乘机猎取功名富贵。

这些事实都是几千年来（不是某一个时候），政治长期不安的原因。也就是各朝代到了一个时期（二百至三百年），就要崩溃了。

因此，我们看一看中国历史，在每一朝代开国的时期，总是可以得到承平，固然由于开国的天子，比较多少知道稼穑之艰难，但也未始不由于朝廷文臣之中，竞争不似末叶的那样激烈，正义更容易在官场存在的原故。但是官吏的候选人数，逐渐增加已成定局，则政治的安定，寄托在这上面，实在太危险了。

再从另外一方面来看，中国的家族组织，也深深的影响到中国的政治。这一个当然有些属于过去封建时代的遗留。在封建时代，大夫为一家之大宗，有恤族的义务，也就成为大夫、成为一家的领袖。至秦汉以来，虽然除去很少的世爵而外，还是以流官为多，但在一家之中仍以大的官员为一家的领袖。并且在社会上的道德习惯，是要家族互助，在财产上要不分彼此的。因此在政治上的地位愈高，在家族中的义务也愈重，这样，所为人盛称的"义门"，是一家之中，群居合座，可以到数百人的，而这数百人的大家族，也就成为这一个家族中能够得到政治地位的人的重大负担。

这样的一个家族组成，也使得有心做好的士大夫，不能独善其身，一人在位，鸡犬升天，成为过去官场中的普通现象。这种现象维持下去，国家的人口增多了，待职的人增多了，倚靠高级官吏的人口也增加了。这些"官亲"们，在一个有希望的士大夫未成功之前，他们是整天在催促鼓励，要他极力取得金钱和权势，既成功之后，又整天催逼，要他极力扩充金钱和权势。这样，只有性情古怪，不尽人情的人才容易做到特立独行，不受任何的影响。但这种人又往往个性过于坚强，不能算做国家最理想的公务员。一个得志的公务员，一方面能够应付家门邻里的敲诈，一方面要能清廉自矢，始终不渝，那真是一个十分困难的技巧，因此这种人也就不多见了。

这种政治虽然不是理想的政治，但也维持了二千余年。这是因为有忠君孝亲的道德观念，有神道设教的宗教观念。再加上国家的政治、社会、经济的一切方式，互相配合成为一个完整的体系。在这一种体系之下，虽然也许谈不上富国强兵，也许不能应付当前世界的危机，更也许本身就有许多不公平之点，但经过了几千年的补充和配合，总可将就算成一个整的体系。在这个体系之下，是可以在一定限度之内，维持安定，政治上的安定，及社会上的安定。纵然这种安定，是属于循环性中的一环，但总算可以得着安定，而安定的时期，较动乱的时总要长些。

但是海外交通的结果，再加上军事上的屡次失败，过去的安定因素，逐渐失效。因甲午战争及庚子之役而引起了辛亥革命，这是过去安定力量的第一次损伤；因"二十一条"而引起五四运动，这是过去安定力量的第二次损伤，于是君主瓦解，旧日的中心思想也瓦解了。此后的北伐成功，此后的对日抗战，无一件事不是有除旧布新的意义在内，至于现在，旧的因素，遂差不多排除净尽。

这种从周代封建社会演变而成的士大夫社会，虽然并不适于理想，虽然到了如今，因为内在和外在的若干因素，注定必须崩溃，但代替这种社会的，也得多少比从前公平些，我们虽然不需要变相的封建社会，但我们也没有需要变相的奴隶社会的理由。至少，在目前的世界看来，为着人权和幸福，不得已而思其次，我们只好欢迎改良的资本主义社会到来。

资本主义是一种经济制度，而这种经济制度的本身，并无若何可以咒诅的地方，只是受了宣传的影响，就变成了一个坏的名辞。为着简单明了起见，在以下举出资本主义的要领，大致如下：

（一）资源及土地归个人、合资及股份公司所私有（按，此项原则与土地国有冲突，与耕者有其田不冲突）。

（二）经营上的竞争以所有者私人的利益为主。

（三）企业上更多的刺激。

（四）新发明的增进。

（五）工业技术的进步。

（六）个人财务的高度特殊化。

（七）生产的迅速扩张。

（八）商业上的世界性开展。

（九）大而有力的合作组织的长成。

（十）政府对私人的轻微控制。

（十一）周期性的恐慌。

（十二）劳工组织的增进以改善劳工生活状况。（以上据《社会学辞典》C.J. 部士涅尔作的"资本主义"条。）

资本主义的思想指导原则为自由意志，表现的主要精神为自由竞争，其对于增加生产减少浪费上说，则因为每个人都可以有为着自己的储蓄而节约。资本主义是重视个人的存在和个人地位的，因此资本主义也当然重视人权，人类中每一个人都有他存在的神圣权力。"人"的存在和价值既然被发现了，再想消灭"人"的存在和价值，是一个开倒车的事。

当然，资本主义也发生过他的弊害，近世以来资本主义的弊害都已经暴露无余，用不着再为掩饰。不过资本主义的弊害，并未成为资本主义的致命伤。反之，越是资本主义高度发达之区，小市民和劳工越和资本主义相依为命，自从反托辣斯法及提高所得税以来，资本主义的弊害，就减轻不少。将来的展望，一定是尝试，错误，修正，一步一步的逐渐取得个人与集体间利益的调和。自然，"圆满"的另外一个意义就是终止，也就是涅槃，这在人类社会中是不必有，而且不应有的事。人类社会诚然得不着圆满，但从逐渐的努力中，得到相对的平衡，这就是所谓"理想的世界"。

过去士大夫的生活，士大夫的观念，士大夫的经济状况，无一能适合于资本主义的社会。倘若这一个国家之中负责任的人，有智识的人，还保持过去的看法，那就这一个国家无以应付四周资本主义国家的侵袭，而日趋于衰败。但从另外一方面来说，一个以农立国的旧式国家，倘若给以长期安定的机会，只要这一个国家资源可供发展，那就也要逐渐发展而成功为一个资本主义的社会。倘若长期的安定无法得到，而内乱和外患相因而至，那就失意的士大夫预备队和失业的农民会互相结合起来而终于成为布尔什维克型的暴动。这一种暴动的势力，假如遇见适当的机会，也就自然可成功了他们的政府。假如一个人不愿接受布尔什维克型的政治控制，那就还是希望将资本主义改良而光大，更为合理些。当然，世界上还有别的主义，别的党派，不过假若还承认私人资本可以存在的，那就可以和资本主义真的共存。

现在又回到本题来，以士大夫为主的国家，士大夫是和国家生产无关的，所以世界之上，古往今来，从来不会有以官立国，或士大夫立国的国家，凡是这种国家，只好勉强自称做"以农立国"，但从别一方面说，凡是"以农立国"的国家也多属于"以官立国"的国家。因为散居乡下的农人，是不易过问国家政务的，假使没有占优势的工商业的市民，也只好托之于士大夫。

假如走向资本主义的路，那就全然不同了。"官"并不成为一种尊荣，而只是一种服务，甚至是一种业余的服务。一个人想寻求更好的生活，一定是去在工商业方面去找幸运，而不是专在政府机关找出路。这样，才智之士的身分，将转化为一般市民，而不再是高超的士大夫。市民的道德当然可能有许多问题。但孝弟忠信、礼义廉耻的道德，还是一样的可以用得着；崇德报功、慎终追远的宗教，也还是一样的可以用得着。工商者的竞争中，也许还有许多奸雄出来，他们也许要使用种种阴谋，但是他们没有武力，不能因竞争而起内战。他们做的事，也许可以不合道德的标准，但绝对不能不合于法律的标准。这样，国家可以得到更多的安定，不会随时提防改朝换代。并且工商业的天地，究竟比政治生活的天地大些，也不会在二百至三百年中，便是天翻地覆的大闹。至于周期性的恐慌，还是在适宜方法之下，可以预防的，也不会像改朝换代一般成为弥天大劫。至于对外战争，那就任何政体都免不掉，比较起来，还是资本主义的国家难得发生战争一些。

中国儒家观念接近于自由民主，这是很清楚的。但是儒家的思想，是以"人"出发，而推到纯理方面，与社会的现实无关，中国的现实政治及社会，最适宜的乃是申韩而非儒家，因为儒家主张不切现实，于是儒家主张乃成为迂腐的高调。在资本主义社会，对于儒家主张虽然还有些距离，却比过去的社会，实现的机会，要接近得多了。

唐君毅先生在《中西社会人文与民主精神》一篇中说："中国此时之政治家，必须一方面求政府之有能。一方自觉的去扶持客观社会之各种人文的——即经济的、宗教的，学术的，教育的，舆论的力量之独立生长。而在野之中国智识分子，则必须一方保存过去儒者，由关心全面社会人文，乃不得之而关心政治，评论政治，并用力于创造社会清议，以转移政风之精神。而同时学西方知识分子在社会立根，……社会之舆论亦须转而特别尊崇各种社会性人物，视一实业家、学者、教育家、慈善家……各种社会事业之人物之地位，与政治上之人同样的重要。"这种远景是非常需要的。但社会人士和政治人士同样重要性的基础，还在经济的基础上。过去社会事业的经济基础在农村上，例如学田、社仓等都是靠着土地，但是土地的收入，第一是分散，第二是太有限制，第三是不易管理，第四是易被豪绅土棍所把持。尤其是土地偏僻乡村，往往天高皇帝远，无理由可说，遇着事端只能凭政治的方式来解决，而不能凭法律的方式来解决。因此无论如何社会的人士非凭借政治势力不可，终于脱离不了政治的漩涡，时常受到政治的影响而不能指导政治。

356

社会终究是要变的，加上人为的指导，只能使将来变得更合理想，而不能倒转东下之江河。过去自清末以来，许多的青年，志在学"法政"，但现在的最多数青年，却志在学经济及外国语文，这种状况，不能归咎于青年们的志量浅薄，而是由于人生是现实的，就最大多数人的人生观来说，任何美丽的理想，抵不过目前冰冷的事实。这一个"变"，就暗示着国家和社会要走的路。换一句话说，将来社会中的中等阶级，不再属于士大夫，而得属于小市民了。……只要我们明了人类的本性都是自私（也就是"贵士""重己"），但希望"无一物不得其所"的善念还是与生俱来，那最适合于人性的趋势也就是将来人类世界所必走的路。世界上不如意事常八九，空想是没有用处，为着人类的幸福，我们还是平心静气多寻觅些上帝之路，而不要专来演绎自己之路。

（刊载于《民主评论》，第 4 卷第 9 期，1953 年 5 月）

汉代知识分子的特质

    我们需要了解我们的民族精神，这是不错的，不过要来讲空洞的民族精神，意义并不大。因为一个时代，有一个时代的特质，我们国家有这样一个深厚的历史，在几千年演进之中，已有不少的变化，我们很难拿这些不同的时代，来做一个概括的观念。诚然各时代之中，也许还有一些共同之点，不过我们假如用断代的方法，指定一个时代来说，那就更为清楚一些。因此在本文之中，我们不妨以两汉来做一个文化上的选样。因为两汉比南北朝更中国化一些，更为正常一些，而较之上古，那就材料更为丰富些，比较不必多加揣测，便可以得到近似的结论。

    我们先谈到当时的思想背景，汉代的思想背景，无疑的是属于儒家。不过儒家的思想，尤其是做人之道，例如忠君，孝亲，友于兄弟，笃于故旧，当诚笃而不当欺诈，当正直而不当诏佞。即在孔子以前，我们去找孔子以前的材料，似乎并无人做过相反的主张，即主张不忠，不孝，不友，不义，专为欺诈，专为诏佞，而以此为道德的标准，因此孔子的贡献实不过是金声玉振，将过去的人生哲学系统化，条理化，而并非将过去的主张，来一个一百八十度的转变，所以儒家之说，多半属于解释上的问题，而非另外树立若干特殊的标准。因此先秦诸子，对于做人的标准，也就对于儒家相差有限。只有韩非想别树一帜，但除去提示了一些政治领袖的权谋以外，对于社会道德之方针，可谓丝毫没有贡献。因此到了尚法术的秦始皇时代，每次刻石所记的社会道德标准，并未曾看出和孔子主张有多大相反之处。所以孔子对于树立社会道德的功绩，也可以说是无从否认的。

    所以汉代的道德标准，当然是属于儒术的，因为儒术以道德标准，也就是汉代初年一般世俗的道德标准。

汉文帝是一个黄老的信徒，对于儒术至多只能说不太反对罢了。但是他即位之后，却发布了若干诏令，元年诏曰"老者非帛不暖，非肉不饱，今岁首不时使人存问长老，又无布帛酒肉之赐，将何以佐天下子孙孝养其亲？今闻吏廪当受鬻者，或以陈粟，岂称养老之意哉？具内令"，十二年又诏曰"孝悌天下之大顺也，力田为生之本也，三老众民之师也，廉吏民之表也。……其遣诣者劳赐三老，孝者帛人五正，悌者力田二正，……及问民所不便安，而以户口率，置三老孝悌力田常员"。这一些诏令更显明的树立社会道德的基础，不必等汉武帝表章儒术，而以孝悌治天下的标准已在此时坚强树立起来。

其次汉代的知识分子，当然也受到了当时社会状况的影响。汉代的社会，当然是一个农业社会，在一个农业社会之下，富力当然要受到一定的限制，并且在农业社会之下，知识分子是要靠农民的生产来生存的，因此全国知识分子的员额，也必需限定在某一个数目之内。所以汉代知识分子的地位诚然相当被人重视，但其生存竞争也是相当剧烈的。《汉书·儒林传》赞曰："自武帝立五经博士，开弟子员，设科射策，劝以官禄，讫于元始，百有余年，传业者浸盛，支叶蕃滋，一经说至百余万言，大师众至千余人，盖利禄之途使然也。"这是说汉代儒生的求学，并非为的是发扬学术，多少还带着利禄上的动机。但是从另外一方面说来，这也是在人情之中。一个为学力、有抱负的人，诚然应当谋道不谋食，但至于贫困，亦非人情所能堪。凡人都希望把生活过的较好些。在这个时期，要想把生活过好些，除过投身政治以外，再无他法，因此不论好人，不论坏人，都只有投身利禄之途之一法。

汉代中兴官吏并不甚多，并且也相当难得找进身之阶。因此汉代一般的知识分子，大都是出仕郡县，甚至于中兴官吏，每以郡吏县吏为进身之阶。我们看一看汉碑，其比较记郡县吏详细的，例如张纳碑、曹全碑，郡和县中的组织，都非常庞大，在郡县吏之中，虽然同以百石为原则（当然尚有较百石为少的），但吏员中位置的重要性，并不相同，就中以督邮及功曹为郡职的极点。文学掾管学校，也属于清选，而各曹中的祭酒，也是留待退休的掾，使居于元老的地位而不负实际的责任。至于任用方式，也至少可分为三种，第一是礼请，是主管去征辟地位高而负人望的人，第二是辟署，是主管人员去找一般有能力的人，第三可以说雇用，是在府中雇用一般低级的吏士。

在这些郡县吏之中，他们的薪俸可以维持小城镇中的中等生活，所以就有不少的人老死在这种平凡生活之中。比较幸运的，就可以有两种出路，第一每年有一次上计吏，这种上计吏就被留在中央去做郎官，成为中央官上进的阶梯。更好一些的，就是被举为孝廉，再为郎官，这种郎官是被当时重视的，因此自西汉晚年一直到东汉，孝廉就成为正途的出路。

然而郡县吏的地位并不太高，所以还有不少端居养望的人，等到望重了之后，其社会地位也就不同。尤其到了东汉时期，有学问、有声望的人，往往不经郡县吏，直辟三府（司徒、太尉、司空），甚至可以由皇帝公车特征。这就成为许多声名之士所歆向，但是许多有声名的人不一定就有财产，所以授徒也就成为处士的职业，所以在东汉时期，有不少的名士授徒到了数千人的。

但是我们也不要完全注意他们的经济关系与政治关系。他们的立身处世，是我们更不应当忽略的。这种立身处世范围，固然也可以说有一部分人为的得名，但还有更多的人为的信仰，他们真正相信一个人应当这样去做，并且只有表里如一，才可以心安理得。所以当时知识分子，认清了应当做的事以后，不仅不计利害，并且还不计生死。这当然就超乎利禄范围之外了。就最著名的而言，例如李固被戮，弟子郭亮负斧锧上书，请收固尸。杜乔被戮，故掾杨匡守护其尸不去。第五种为术相，坐劾宦官单超徙朔方，门下掾孙斌知其往必及祸，乃追及种于途，格杀送吏，与种俱亡。彭城刘平，为郡守孙萌吏，萌为贼所伤，伏萌身上，贼乃不杀，萌渴甚，平自以血饮萌，萌死，护丧至萌本县。太原太守刘瓒，以考杀小黄门赵津下狱而死，郡吏王允送丧归平原本籍，三年乃归。公孙瓒为郡吏，太守刘君坐车徙日南，瓒身送之，具酒肉于北芒先墓曰："旧为人子，今为人臣，当诣日南，日南瘴气，或恐不还，与先人辞于此。"再拜慷慨而起，见者莫不歔欷。这些忠实而诚恳的言行，当然都很感动人，不过仍然还可以说是想得名的原故。但是王俭得罪宦官，出亡以后，到处留止，虽破家而不悔。孔褒孔融兄弟留俭，事觉，家中大小争相请死，吏意坐褒死罪，此又果何为者？假如再以三月二十九日的黄花岗这事例之，那就更可看出，当时确有事出至诚，不见得就是发于私欲。

这些都是处变的例子，让我们再看一看处常的例子。在《后汉书》中的《刘赵淳于江刘周赵列传》，便可以看出不少孝行著闻的人。例如汝南薛苞，父娶后妻，憎苞将他分出。他结庐于外，晨入洒扫，父怒逐出，更于里门外作庐，不废朝夕之礼，一年以后，父及后母后悔，乃召他归还。太山羊续为南阳太守，屡破巨寇，郡中清平，常敝衣，薄食，车马破旧，妻子甚至不能自给。郡丞送生鱼他受了以后悬鱼于庭。后来再送他，他出示干鱼，表示不受。灵帝欲以续为太尉，当时为三公的，都要纳钱，他将破棉袍出示皇帝的使者说："臣之所资，惟此而已。"竟不得拜。陈寔居乡，乡人有争论的，每就寔判正，甚至相互说"宁为刑罚所加，不为陈君所短"。王烈居乡，以义行称，乡里有盗牛的人，牛主将他捉到，盗请罪曰："刑戮是甘，乞不使王彦方知也。"这许多的例证，我相信都是真的，因为在一个尚德教的社会，自然也养出尚德教的习惯，丝毫用不着奇怪。我们所要注意的即知识分子以身作则的领导作用，是要经过了长期的演进，是要经过长期社会的安定。做起来也不是一件太容易的事，不幸经过了三国之乱，使社会道德逆转下去。

在这种正义感之下，当然对于政治方面，是尽量希望政治前途的清明的。就西汉方面来说，西汉晚年君主力量移到外戚之手，不过大致说来，元城王氏，还是人才相继。东汉自光武明章以下，最先是贤君相继。以后的外戚如邓宾各氏还大致过得去，到了梁冀以后，才不成一个样子。接着桓灵之世，君主让宦官包围，就一切更不成话。在这种野清朝浊状况之下，经过了两次不幸党锢之祸，促成了君子小人同归于尽的大悲剧。残余的人才，到了三国，就因种种环境的包围而渐归变质了。这种士大夫兢兢自好的风气，经过了六朝，经过了唐五代，并未曾完全恢复。宋代有些恢复了，不幸又是一个国力衰微的时代。

大致说来，东汉的士风，是值得称赞的。他是以儒术为基础，加上了学问的修养，得到了政府当局的奖励，尤其经过了长时期的安定来渐次培养，才得到了可以值得人感动的成绩。但从另外方面说来，当时社会的生产力量过于薄弱，知识分子就业机会太少，只有寻求受政府雇用一条路，因此不免多少影响到独立人格的发展，又因当时是一个君主世袭的专制政体，无法保证都是贤君。东汉注意教育，光武明章，屡世贤君相继已经很不容易。等到了和殇安顺，已成庸主，到了桓灵之世，就不免是非倒置了。这些都是时代的不幸，决不能让儒生来负政局衰危之责的。

所以汉代儒生社会，实在是走上了一条光明的道路。而其失败，则由于外在的原因，这种外在的原因，假若得到了一个安定时期，就现代历史的经验来说，是可以在相当程度之内，可以避免的，那么，假若使将来的社会走上了一个德教的社会，也许更可维持较长的时候。

（刊载于《民主评论》第 4 卷第 17 期，1953 年 9 月）

论东汉时代的世族

南北朝时代是一个世族把持的时代，世族政治真正形成的时期是在东晋，但凡是政权长期在一群人手中，不论这一群是属于那一种形态或某一个阶级，其表现出世族政治的现象是必然的趋势，只是东晋和南朝世族政治的情况特别显著罢了。

汉代自建国以来，便有若干地方表现着"世卿"的现象。例如武帝以前所有的丞相都是功臣列侯或功臣列侯的子孙。而任子制度亦自汉开国以来便有。在汉代诸名臣之中如爰盎、汲黯、刘向等都是由任子出身，到了西汉晚年则许、史、金、张以及元城王氏俱金貂不绝，并且韦平两家父子宰相相继。

我们知道学术环境是无法普遍的，于是有家法，有师传，学术的授受限制在这一个范围之内，于是有累世经学。例如孔子之后，世习儒术，而伏氏和桓氏亦世传经学。这虽然和学术的传授及世族的继承有关，但要注意的是儒术的传授虽然可以作为世族的形成有关，但要形成一个世族却并不以传经为主要条件。因此我们不必太夸张学术对于世族的重要性。

功臣和贵戚因为近水楼台容易在仕宦上得到显达，恐怕是世族形成的最重要原因了。《后汉书·儒林传序》："明帝即位……复为功臣子孙四姓末属别立校舍，搜选高能，以受其书……本初元年，梁太后诏曰：'大将军下至六百石悉选子就学。……'至是游学增盛，至三万余人，然章句渐疏，浮华相尚，儒者之风益衰矣。"所以功臣子弟虽然就学，但就学只是一个样子，这和学术的发展并无太大的关系。

在学术上的宗师当然是孔子，但孔家屡世相传，至宣帝时大都位不过博士，其高者亦不过侍中、大中大夫、太守。自孔霸以后至霸七世孙昱，卿相牧守五十三人，列侯七人，称为极盛（见《孔昱传》）。但比东汉初年的功臣，则邓禹之后累世宠贵，凡侯者二十九人，公二人。大将军以下十三人，中二千石十四人，列校二十二人，州校即守四十八人，其余侍中、中郎将、大夫、郎、谒者不可胜数（合计卿相校守九十七人）。又《耿弇传》言耿氏有大将军二人，将军九人，卿十三人，尚公主三人，列侯十九人，中郎将、护羌校尉及刺史二千石数十百人亦超过孔氏以上。所以功臣贵戚形成世族比学术的发展还要重要。

在京师服官的途径为权门贵戚所把持，而且外部则由权门的请托和地方势力的发展，汉代通用的察举孝廉的制度，也就不能纯粹的得到公平。此外还有的是门生故吏报府主的恩德，更使选举的事变为结党，因此政治更容易到特殊阶级手中。当然东汉名臣之中有不少的是进德立名，因公平的选举和辟署而致位通显；但贵戚请托亦是常事。明帝中元二年诏，已云选举不实，权门请托。樊备上言，亦谓郡国举孝廉，率取年少能报恩者，耆宿大贤，多见弃废。《种嵩传》言，河南尹田歆谓今当举六孝廉，多得贵戚书命，不宜相达，欲自用一名士，上以报国，下以托子孙，遂举种嵩。应劭《风俗通》言，南阳五世公与司徒长史段辽叔同岁，辽叔大子名旧，小子髡。到谓郡吏曰："太守与辽叔同岁，幸来临郡，当举其子，如得至后岁，贯鱼之次，敬不有违。"主簿柳对曰："旧不如髡。"世公厉声曰："丈夫相临，儿女当欲举之，何谓高下之间。"竟举旧。世公转南阳，与东莱太守蔡伯起同岁，欲举其子。伯起自乞子瓒尚弱，弟琰幸已成人。是岁举琰，明年举瓒。瓒十四未可见众，常称病，到十八始出，治剧春平长，上书臣甫弱冠，未任宰御，乞留宿卫。尚书劾奏增年受选，减年避剧，请免瓒官。所以后汉士大夫间为的竞争选举，在太学中则不事章句，专务游谈；在乡里中，则比周设党，以之取利（汉末朝议设三互法，限婚姻之家及两州之人不得交互为官，见《蔡邕传》）。在这种状况之下，士大夫卒罹党锢之祸，虽云宦官故意加以排斥，但空穴来风，不能不说是其来有自的。

汉代州郡得自辟掾属，故吏与府主之间有君臣之分。所以为掾史者往往周旋于患难生死之间，才算社会道德的一般标准。《后汉书·第五种传》："初种为卫相，以门下掾孙斌贤，善遇之。及当徙斥，斌将侠客晨夜追种，及之于太原，追格杀送吏……途得脱归。"《杜乔传》："死狱中……家属故人莫敢视者。乔故掾陈留杨匡闻之，号泣星行到洛阳……守卫尸丧，驱护蝇虫，积十二日……成礼殡殓，送乔丧还家，葬送行服。"《乐恢传》："仕本郡吏，太守坐法诛，故人莫敢往，恢独奔丧行服，坐以抵罪。"《王允传》："年十九为郡吏，太守刘瓒下狱死，允送丧还平原，终毕三年，然后还家。"《李恂传》："太守颍川李鸿请署功曹，未及到而州辟为从事。会鸿卒，恂不应州命，而送鸿丧还乡里，既葬为起冢坟，持丧三年。"《论衡·齐世篇》："会稽孟章，父英为郡决曹掾，郡将遇杀非辜，英引罪自予，卒代将死。章后复为郡功曹，从役攻贼，兵卒比败，以身引将，卒死不去。"《三国志·公孙瓒传》："（太守）刘将徙日南，瓒具米肉于北芒上，祭其先人，举觞祝曰：'昔为人子，今为人臣，当诣日南，日南瘴气，或恐不还，与先人辞于此。'再拜慷慨而起，时见者莫不歔欷。"所以故吏对于府主可以有共生死之谊，此虽为极端的例子，但一般的关系也可从此而推的。

关于举将和师传，关系也是很深的。《后汉书·桓典传》："举孝廉为郎，无几，会国相王吉以罪被诛，故人亲戚莫敢至者，独典弃官收敛归葬，服丧三年，负土成坟。"《桓鸾传》："年四十余，时太守向苗有名迹，乃举鸾孝廉，选为胶东令，始到官而苗卒，鸾即去职奔丧，三年然后归。"《荀爽传》："党禁解，五府并辟，司空袁逢举有道，不应。及逢卒，爽制服三年，当世往往化以为俗。"《汉书·扬雄传》："巨鹿侯芭常从雄居，受其《太玄》《法言》焉，……雄卒，侯芭为起坟，终之三年。"《后汉书·桓荣传》："少学长安，事博士九江朱普，……朱普卒。荣奔丧九江，负土成坟。"《李郃传》："卒于家，门人上党冯胄，独制服，心丧三年。"《欧阳歙传》："自欧阳生传伏生《尚书》，至歙八世皆为博士……建武五年，迁汝南太守。……视事九岁，征为大司徒，坐在汝南臧罪十余万，发觉下狱。诸生守阙为歙求哀者千余人。至有自髡剔者。"其中关系之深亦可概见。

后汉儒学发达，授徒常至千百人。如欧阳歙、刘淑、魏应、薛汉、周泽、甄宇、李育授徒常数百人，马融、杨伦、杜抚、张玄、颖容、唐扶授徒常千余人。《姜肱传》："远来就学三千余人。"《丁鸿传》："远来至者数千人。"宋登、丁恭、谢该，亦咸有数千人。楼望之诸生，著录九千余人。张兴、牟长之弟子，著录者前后万人。蔡玄弟子常有千余人，著录者万六千人。弟子数目如此之多，当然有若干只是挂名而已。如《郑玄传》云："师事扶风马融，融门徒四百余人（《融传》言常千余人）。升堂进者五十余生，融素骄贵，玄在门下三年不得见，乃使高业弟子传受于玄。玄日夜寻诵，未尝怠倦，会融集诸生考论图纬，闻玄善算，乃召见于楼上，玄因从质诸疑义。问毕辞归，融喟然谓门人曰：'郑生今去，吾道东矣。'"从郑玄这个特例看来，一般的门弟子，多不能如郑玄，也当然不能说传学，其实不过标榜罢了。

这种挂名弟子的作风，应如徐干《中论》所言："有策名于朝而称门生于富贵之家者，比屋有之。为之师而无以教，弟子亦不受业。然其于事也，至于怀丈夫之容而袭婢妾之态，或奉货而行赂，以自固结。求志属托，规图仕进。"照此看来，门生是名义上的弟子而不一定是受业弟子，因此门生和门客都变成了很复杂的关系。赵翼《二十二史札记》言："惟其不为亲受业，但为其学者皆可称门生，于是依势趋利者，并不必以学门相师，而亦称门生。"《陔馀丛考》："其在门下亲侍者，则谓之门生。"又："门生不过如僮仆之类，非受业弟子。"实则门生一辞，所包甚广，受业弟子为门生，而地位较低来相依附者亦是门生。顾炎武《日知录》云："《后汉书·贾逵传》：'皆拜逵所选弟子及门生为千乘王国郎。'即是弟子与门生分为二。欧阳公《孔庙碑阴题名跋》曰：'汉世公卿多自教授，聚徒常数百人，其亲受业者为弟子，转相传授者为门生。'今庙碑残缺，其姓名邑里可见者才六十三人，其称弟子者十人，门生者四十三人，故吏者八人，故民者一人。愚谓汉人以受学为弟子，其依附名势者为门生。《郅寿传》：'大将军窦宪以外戚之宠，威倾天下，宪尝使门生赍书诣寿，有所请托。'《杨彪传》：'黄门令王甫使门生于京兆界辜榷官物七千余万。'宪外戚，甫奄人也，安得有传授之门生乎？"今按外戚、奄人诚不应当有传经之事，但谓仅有依附名势的关系，亦证据不够充分。只有徐干为魏人，所言当有可据，照其说法，则门生之中，大部分名义上为师弟之关系，而事实上则为依附名势。这种情形，和明清两代持门生帖子去拜贵人之风气仍有若干相近的。

但无论如何，门生（包括弟子、举士，及依附名位者）和故吏对于府主的关系是深切的。在后汉儒术作风之下，对于各个人的私德，社会上人士都是看得很重。一经被人品题下劣，便当终身沦废。所以在西汉时代一般权贵及高官中如窦婴、田蚡、郑当时、卫青诸人门客中的炎凉世态，在东汉却不常有。因此，不论门生故吏们内心如何，在社会制裁下，非要共患难不可。这件事在世风上看来，诚然是一个好的现象。但就社会上门阀的长成来看，却也帮助了门阀的长成。

西汉风俗和东汉风俗对于宗族之间也大有不同的。《汉书·贾谊传》言："商君遗礼义，弃仁恩，并心于进取，行之二岁，秦俗日败。故秦人家富子壮则出分，家贫子壮则出赘。借父耰鉏，虑有德色；母取箕帚，立而谇语；抱哺其子，与公并倨；妇姑不相说，则反唇而相稽；其慈子耆利，不同禽兽者亡几耳。"按《史记·商君传》言："民有二男以上，不分异者倍其赋。"家富子壮则出分，家贫子壮则出赘，诚然是商君之教。但《商君传》又言："始秦戎翟之教，父子无别，同室而居，今我更制其教，而为男女之别。"则秦人不知礼义，只是胡化的现象，未必为商君之教使然。其实除秦地之外，一般的风俗也不如东汉敦厚。到东汉时如《后汉书》所称的李充及缪肜对于兄弟的特别敬睦虽为极端的例子，但此种例子在西汉却是没有的。因此，东汉士大夫间当然是要睦于宗族。因而宗族间自然更易于形成一种家族势力。《史通·烦省篇》云："降及东京，学者弥众，至于名邦大都，地富良才，高门甲族，世多髦俊。邑老乡贤，并为别录；家谱宗谱，各成私传。于是笔削所采，闻见益多，中兴之史，所以又广于前汉也。"这就是说东汉宗族的势力要比西汉重要的多。

关于宗族势力的发展，当然由于东汉时代孝义之风比较以前任何时代在社会上占有力量。《后汉书·刘赵淳于江刘周赵列传序》："孔子曰：夫孝莫大于严父，严父莫大于配天，则周公其人也。子路曰：伤哉贫也，生无以养，死无以葬。子曰：啜菽饮水，孝也。……存诚而尽行，孝积而禄厚者，此以义养也。"又《序》曰："安帝时，汝南薛包孟尝，好学笃行，丧母，以至孝闻。及父娶后妻而憎包，分出之。包日夜号泣不能去，至被殴杖。不得已，庐于舍外，旦入而洒扫。父怒，又逐之。乃庐于里门，昏晨不废。积岁余，父母惭而还之。后行六年服，丧过乎哀。既而弟子求分财异居，包不能止。乃中分其财，奴婢引其老者，曰与我共事久，若不能使也；田庐取其荒顿者，曰吾少时所理，意所恋也；器物取朽败者，曰我素所服食，身口所安也。弟子数破产，辄复赈给。"又《韦彪传》："父母卒，哀毁三年，不出庐寝。服竟羸瘠，骨立异形，医疗数年，乃起。"又《周黄徐姜申屠列传序》："太原荀恁，字君大，少亦修清节，资财千万，父越卒，悉数与九族，隐居山泽，以求厥志。"这都是孝和睦的例子，这些行谊都是为人所难能。这都习俗养成如此，而至性更随着滋长，有许多事实决不是故意虚伪做出来的，但是这些个人的行谊再来感化，便成"义门"；而义门的趋势，便自然形成一个伟大而有势力的宗族。

在南朝世族社会之中，我们曾经看见许多光明的方面，更看见更多的阴暗方面，但在一个世族未成为一个大的势力之前，一定有更多的光明部分。我们从知一个世族所以成长，一定也有若干的准备功夫，决不是一个完全偶然的事。在东汉一代史事中，我们可以看见许多在南北朝的望族，在这时是儒素学术之家；而东汉一代的贵戚，到南北朝反而衰落，这种情形，或者不是由于侥幸的。例如：

《后汉书·韦彪传》：扶风平陵人也。高祖贤，宣帝时为丞相。……彪孝行纯至，父母卒，哀毁三年，不出庐寝。服竟羸瘠，骨立异形，医疗数年，乃起。好学洽闻，雅称儒宗。建武末，举孝廉，除郎中，以病免，复归教授，安贫乐道，恬于进趣，三辅诸儒，莫不仰慕之。

《后汉书·羊续传》：太山平阳人也，其先七世二千石卿校……续以忠臣子孙拜郎中，去官后，辟大将军窦武府，及武败，坐堂事禁锢十余年，幽居守静。乃堂禁解，复辟太尉府，四迁庐江太守。时权豪之家，多尚奢丽，侯深疾之，常敝衣薄食，车马羸败。府丞尝献其生鱼，续受而悬之于庭，丞又进之，续乃出前所悬者，以杜其意。续妻后与子秘俱诣郡舍，续闭门不内。妻自将秘行，其资藏唯有布衾、敝袛裯，盐麦数斛而已。愿敕秘曰：吾自奉若此，何以资尔母乎？使与母俱归。六年，灵帝欲以续为太尉，时拜三公者，皆输东园钱千万，令中使督之，名为左骖，其所之往辄迎致礼敬，厚加赠赂。续乃坐使人于单席，举缊袍示之，曰：臣之所资，唯斯而已。左骖白之，帝不悦，以此不登公位而征为太常，未及行，会病卒。

《后汉书·郑兴传》：河南开封人也。少学《公羊春秋》，晚习《左氏传》，遂积精深思，通达其旨，同学皆师事之。……兴好古学，尤明《左氏》《周官》。长于历数，自杜林、桓谭、卫宏之属，莫不斟酌焉。……子众。从父受《左氏春秋》，精力于学，明三统历，作《春秋杂记条例》，兼通《易》《诗》，知名于世。……是时北匈奴遣使求和亲，（永平）八年，显宗遣众持节使匈奴。众至北庭，虏欲令拜，众不为屈，单于大怒，困守闭之，不与水火，欲胁服众，众拔刀自誓，单于恐而止。……建初六年，代邓彪为大司农，……在位以清正称。……众曾孙公业（泰）自有传。

《后汉书·桓荣传》：沛郡龙亢人也。少学长安，习欧阳尚书，事博士九江朱普，贫窭无资，常客佣以自给，精力不倦，十五年不窥家园。至王莽篡位，乃归。会朱普卒，奔丧九江，负土成坟。因留教授，众数百人。莽败，天下乱，荣抱其经书，与弟子逃匿山谷，虽常饥困而讲论不辍，后复客授江淮间。……显宗始立为皇太子……拜为议郎，赐钱十万，入使授太子。……显宗即位，尊以师礼，甚见亲重。……论曰……自荣至典，世宗其道，父子兄子，代作帝师，受其业者，皆为卿相，显乎当世。

《后汉书·周黄徐姜申屠列传》：周燮字彦祖，汝南安成人，决曹燕之后也（注：燕见《独行篇·周嘉传》），……始在髫鬌而知廉让。……有先人草庐结于冈畔，下有陂田，常肆勤以自给。非身所耕渔，则不食也，乡党宗族希得见者。举孝廉，贤良方正，特征，皆以疾辞。……年七十余终（又周磐及周燮俱汝南安成人，各有传）。

369

《后汉书·荀韩钟陈列传》：荀淑字季和，颍川颍阴人，荀卿十一世孙也。少有高行，博学而不为章句。……当世名贤李固、李膺皆师宗之。及梁，太后临朝，有日食地震之变，……淑对策讥刺贵倖，为大将军梁冀所忌，出补朗陵侯相。……有子八人，……时人谓八龙。

《后汉书·崔骃传论》：崔氏世有美才，兼以沉沦典籍，遂为儒家文林。骃瑗虽先尽心于外戚，而能终之以居正，则其归旨，异夫进趣者乎？……寔之《政论》言世治乱，虽晁错之徒不能通也。

《后汉书·卢植传》：字子干，涿郡涿人也，……少与郑玄俱事马融，通古今学，好研精而不守章句。融外戚豪家，多列女倡，歌舞于前。植侍讲积年，未尝转盼，融以是敬之。学终辞归，阖门教授，性刚毅，有大节，常怀济世志。……熹平四年，九江蛮反，四府选植，才兼文武，拜九江太守，蛮寇宾服。以疾去官……中平元年，黄巾贼起，四府举植北中郎将……征之，连战破贼师张角，斩获万余人，角等走保广宗，植筑围凿堑，造作云梯，垂当拔之。帝遣小黄门左丰诣军，观贼形势。或劝植以赂送丰，植不肯。丰还言于帝曰：广宗贼易破耳，卢中郎固垒息军，以待天诛。帝怒，遂槛车征植，减死罪一等。及军骑将军皇甫嵩讨平黄巾，盛称植行师方略，嵩皆资用规谋，济成其功。以其年复为尚书。帝崩，大将军何进谋诛中官，乃召并州牧董卓，以惧太后。植知卓凶悍难制，必生后患，固止之，进不从。及卓至……议欲废立，群僚无敢言，植独抗议不同。卓怒罢会，将诛植，语在《卓传》。植独善蔡邕，……邕时见亲于卓，故往请植事……卓乃止，但免植官而已。……诡道从轘辕出。卓果使人追之，到怀，不及，遂隐于上谷。

《陆康传》：吴郡吴人也，祖父续在《独行传》（《独行传》续为太守尹兴门下掾，兴以楚王事入狱，续受掠考，终无异辞）。康少仕郡，以义烈称，刺史臧旻举为茂才，除高成令，迁武陵太守。……灵帝欲铸铜人，而因用不足，乃诏调民田亩数十钱。……康上疏谏……书奏，内幸以此谮康，援引亡国以譬圣明，大不敬，槛车征诣廷尉。侍御史刘岱典考其事。岱为表陈解释，免归田里。复征拜议郎，……卢江太守。……献帝即位，天下大乱，康蒙险遣孝廉计吏奉贡朝廷，诏书策劳，加忠义将军，秩中二千石。时袁术屯兵寿春，部曲饥饿，遣使求委输兵甲，康以其叛逆，闭门不通。术大怒，遣其将孙策攻康。……受敌二年，城陷，月余，发病卒，年七十。……少子绩，仕吴为郁林太守，博学善政见称。

以上各节，皆可看出魏晋以来各世族的先代，多为清白世守，忠孝相承，为一方人望所归，应无幸致。此外还有琅邪之王氏，据《汉书·王吉传》亦言："自吉至崇，世名清廉，然材器名称，稍不能及父，而禄位弥隆。"至太原王氏，则后汉之王允，忠贞义烈，几乎重造江山，事虽未尽成功，然其风节因可与日月争光。所以东汉时诸世族诚然已经开始据有在政治上比较好的机会，但其颓废、骄奢、不重气节诸风气却来自曹魏中叶以后。

曹魏以后世族依然，而世风却大变了。世风之变与曹操重法术的主张虽不无关系，但世风之变与曹操的关系仍小，与司马氏父子的关系却很大。曹操的建安三令，重才而轻德，但魏代并非绝不以德业名誉举人。而曹操令中禁复仇，禁厚葬，则俱属东汉陋习，早当改革。东汉政刑宽纵，当时如王符《潜夫论》、仲长统《昌言》，以及崔寔《政论》，俱有针对这种状况而发的议论。即刘备、诸葛亮、孙权所为，亦何尝不与曹操相伯仲。到了司马氏起来，对于法术一事并未曾看重，只是因为自己的政权是用不正当的方法得来，因此排斥忠义之徒，必尽去而后快。对于世族中颓废、骄奢等风气，因为和自己政权并不冲突，不惟不管，而司马师便在那儿推波助澜。西晋得国，标榜宽政，所谓宽政，便是纵容姑息。所以晋代时期，世族还是世族，只是世族中清白和节义的风气却被摧残殆尽。这一种反淘汰，不仅是几个世族的风气变质，而是中国民族的精神衰退。不仅西晋覆亡，而南朝的不能恢复，也有极大的关系，只有等隋唐两代，以中国民族的基础，再加上新的胡化成分，才能开新的机运。但是究一般的风气而言，隋唐和两汉已经大不相同了。

（刊载于《学原》，第 3 卷第 3—4 期，1951 年 4 月）

论中国国故学上的分工

　　分工在社会上是重要的，我们既不必读孟子的"许行章"，也不必看严又陵翻译的《原富》。但看百工技艺，各人有各人的祖师，各人有各人的行会，同时也听一听"一工不兼二艺"和"井水不犯河水"，就知道七十二行中分工的重要性。诚然，我们决不是要压制通才，更不是看不起业余艺人的成就，而是说一个人选择工作的范围，尽管有其自由，但各个学术部门，却有其严格的制限，一个人可以涉及两种以上的学术，但两种以上就是两种以上，决不能因为会由某一个人兼治过而认为是一种。譬如达文西是画家而同时也是工程学家，康德是哲学家而同时也是地质学家，邱吉尔是政治家而同时也是画家，我们决不可以说绘画和工程及政治同是一门学问，而哲学与地质也同是一门学问。

　　自十九世纪以来，学术的进展一天比一天更精细，学术的部门也一天比一天的更多。绩学之士各人有各人的特殊田地，对于在这些田地以外的人，只能谴责其涉及和自己相关问题时，不理会自己的结论，而不能强迫别人都同样做自己全部的实验。因此，我们对于过去中国学术所涉及的考据、义理、辞章，也是这样的看法。

　　考据、义理和辞章，只能认为范围上的问题，而不便认为方法上的问题。假如认为方法上的问题，那就任何一个工作，都要包含工作过程、思想方式，及叙述技巧。倘若将工作过程认为考据，思想方式认为义理，叙述技巧认为辞章，而来评判谁的那一项多，那一项少，那就将成为性质不同，不能比较的问题。假如认为考据、义理、辞章，各有所属领域之不同，那才有讨论的价值。

先说义理。义理一辞，在我们国人的观感中，平常是专指宋学而言。宋学当然也是儒学，并非禅，也不是道教。但是宋学的发展，显然利用了禅宗的方法，而且还受到了道教若干的影响。汉儒并非不言义理，但在宋儒看来，汉儒的义理受到了章句的影响，是未成熟的，未经系统化的。到了魏晋以后，义理方面走向老庄，成为清谈，但这种所谓义理，一方面确切和儒家的主要原则走到分歧的路上（纵然玄谈人士仍认为名教与自然是"将毋同"的，而实际仍然不同）；另外玄谈只是一种世族的"谈资"而已，也确实未曾系统化起来。这当然对于儒术不会有多少贡献。虽然，当时所称"南人简约，得其英华；北士繁芜，穷其枝叶"，其所谓简约，也大致是些概念式的简约，未曾做到系统化的笼罩。

南北朝佛教思想的发展确实是中国思想界一件大事，尤其是禅宗的迅速成长使得中国思想界上发生一种异彩。禅宗思想到六祖慧能以后，更加成熟，而般若思想的开展更使思想无拘束的活动起来。演变的结果，所谓禅心的，即是一切都否定以后的新了悟，而所谓禅机的，便是对于对方了悟程度的考验。这种凭禅定的效能，修行的功力，以及长期人生的经验，体会到的真实功夫而生出的觉悟，决不能由于他力，包括经典哲学的分析，所能得到。——后来不论那一宗派的禅，都归本于这条路，而这条路也就成为宋儒的启发者。

朱熹补《大学》云："右传五章，盖释格物致知之义，而今亡矣。闲尝窃取程子之意以补之，曰，所谓致知在格物者，言欲致吾之知，在即物而穷其理也。盖人心之灵，莫不有知，而天下之物，莫不有理。惟于理有未穷，故其知有不尽也。是以大学始教，必使学者即凡天下之物，莫不因其已知之理而益穷之，以求至乎其极。至于用力之久，而一旦豁然贯通焉，则众物之表里精粗无不到，而吾心之全体大用无不明矣，此谓物格，此谓知之至也。"这种用力之久，而一旦豁然贯通之法，就是禅门的方法（陆子静就更采用禅的方法了）。但是宋儒的目的，是"做人"，不是"成佛"，当然还是儒家的最后目的。

"读书之乐乐何如，绿满窗前草不除"是道；"花落家僮未扫，鸟啼山客犹眠"是道；"众鸟欣有托，吾亦爱吾庐"是道；"鸢飞戾天，鱼跃于渊"也是道。宋儒的所谓道，实际是想融会宇宙及人生的秩序，然后"民吾同胞，物吾与也"，从"首出庶物"来看人类的尊严，从"万国咸宁"来看众生的调协。

宋儒认为宇宙中应当本来是和谐的秩序。循着这个秩序，就是至善。至善即是天命，而"天命之谓性，率性之谓道，修道之谓教"正和此是一致的。这也就是言义理之学必归本于孟子，和荀卿之《劝学》仍然是格格不相入的。

义理之学，不论属于程朱，或者属于陆王，都只是方面之不同，各就其法门之方便，并非根本之殊异。鹅湖一会未有成就，实由于大师们自尊心之作祟，他们的最后目的，未尝不殊途而同归。假若原来殊异，互为外道，就不必安排结集式的聚会了。从别一面看宋儒义理之学，实践工夫更远过文字讨论的重要。凡谈论义理而不能做实践工夫的，应当都被认为是假道学，道术之士所当鸣鼓而攻之。"虽然不识一个字，亦可堂堂正正做一个人"，这才是义理之学的真意义。

谈义理的人认为道是"无物不有，无时不然"，只在自己去实践，而无法从身外去觅金针。虽然"师傅引进门"，还是"修行在各人"。自宋元以来，讲义理之书已联篇累牍，实际上一部《通志堂经解》，一部《正谊堂丛书》，也不过只是修省之助。宋儒义理不仅仅只是哲学，同时还带着"为天地立心，为生民立命"的宗教信仰和抱负，也就自然不必纯用学问的眼光来看待。我们过去的习惯，既已用"义理"二字专指宋明理学，而宋明理学并不完全是一个读书的学问，而所谓"义理"，并不和学术思想的研究意义完全一致。

从另外一面来看，宋儒义理当然可以当作学术史的材料来研究。因此宋儒的思想在历史上的来源，各家师承的渊源流别以及思想和方法上的异同，各家所用的辞汇，如"理""气""性""命"诸字，究竟与先秦至汉代的经籍用法有无异同，宋明以来各家相互间有无异同，各家相互之间究竟如何承受，如何更改。这一些解释，究竟对于当时的思想及社会有什么关系，对于后来的思想及社会有什么影响。这都是属于学术史及思想史上的事。做学术史及思想史的人，虽然应当明了其内容，却不必具有任何的信仰，因而义理只是其研究的对象，其方法当然属于一般沿用中义理的范围。

再谈考据。过去一般人沿用考据的意义，也并不像我们想像那样的广。所谓考据，还是专以文字有关的记载为限。音韵训诂属于考据，典章制度属于考据，金石舆地可以属于考据。但天文算法，以及后来的所谓"格致"，并不在一般人所谓"考据"之中。亦即考据与义理、辞章同属于国故或国学范围之内，其非国故或国学之学问，至少并不算考据的主流。在明清以来所以讲考据者，考据并非最后之目的，考据的目的仍在义理，以求圣贤的真面目，除此以外，再在相传礼乐刑政，山川险要之中，求得经世致用之道。我们看一看《日知录》的大致次序，就很可看得出来，先六经，再诸史，再文学，而最后再谈到制度，虽然这个次序显然还未曾做最后的安排，但以经义为首，也就是从宋儒以外别一个方法去研习六经，而要和宋儒争一席之地。

我们看到了方东树的《汉学商兑》，这是汉宋辩论中一部精心之作。他的立场是宋学的立场，但他决不是一般宋学者那样空疏。他曾经引证了重要汉学家攻击宋学之辞，其中如：

> 毛奇龄《西河集》辨道学，其略曰：圣学不明久矣，圣以道为学，而学迹于道，然不名道学。……惟道家者流……以其学私相授受，以阴行其教，谓之道学。逮至北宋，陈抟以华山道士种放、李溉辈张大其学，竞搜道书《无极尊经》，及张角九宫倡太极河洛诸教作道学纲宗。而周敦颐、邵雍、程颢兄弟师事之，遂慕道教于儒书之间，至南宋朱熹直丐史官洪迈为陈抟作一名臣大传，而周程诸子则又倡道学总传于宋史中，使道学变为儒学。其为非圣学，断断如也。
>
> 顾氏亭林论明嘉靖之议诸儒从祀有曰：弃汉儒保残守缺之功，而奖末流论性谈天之学，语录之书，日增月益；五经之义，委之榛芜，自明人之议从祀始也。有王者作，必遵贞观之制乎？

所以汉宋之争，是道统问题，是从祀问题。而方氏之辩驳，亦从道统及从祀两问题入手，因为道统是一个中心问题，所以明末有两部奇书到了中国，一部是《名理探》，一部是《几何原本》，但讲义理的人从不推重《名理探》，讲考据的人也不大推重《几何原本》。这个原因很清楚，即《名理探》及《几何原本》并非由圣学相承下的正统之故。顾亭林家居昆山，距上海不过咫尺，以顾亭林之博雅，决不至于对徐光启及李之藻之工作，一无所闻。但试一翻一翻亭林的遗著，竟然不知中国学术界中，有这样一回的惊天动地的大工作。这是为什么，还不是和后来孙星衍表章杨光先一样，为着学术上树立华夷之辨吗？

在清人看来，义理就是宋学，考据就是汉学，谁是儒宗正统，才是中心问题，其余都是支节。本来治学之道，各有千秋，范围不同之学，原无相争到激烈程度的必要。但到了要争师承的正统，而正统本只有一个，那就只有把对方的优点全然抹掉，而全成为意气之辞了。到了现在，我们当然要尊重先儒之学，但正统二字，实不足以范围后进。我们的学术，要有学术上的分工，而绝大部分就学之士，所学的实在既非汉学，亦非宋学。虽然某一部分和"义理"有类似之处，某一部分和"考据"有类似之处，但"义理"和"考据"两个概念，在三百年以来的传统中，已经用的非常习惯。我们现代的治学方法，和这两个概念并不完全相同。因此我们应用这两个概念时，应当随时注意，不加上现代意义上去，才可避免不必要的争执。

"宋元理学""音韵学""文字学""训诂学""三礼名物"，六经中某经的经解，"昭明文选""唐宋文选""古近体诗"，都是属于大学中文史哲三系选授的课程，尤其是在中国文学系，更为其中的主科。同时，在一个学理、学工、学农、学医的人，倘若在立身处世之中，能够做到宋儒的修省，更属求之不得之事。我们现在的困难是近代学术思想，是具世界性的，支支节节的接受，如同张之洞所说的"中学为体，西学为用"，根本不可能，也未曾有过。显而易见的，数学系物理系中，决用不到《九章算法》，医科中决不应该用到《素问》《难经》《伤寒论》。这是不可遮掩的事实，国故之学已经以文学院的多半功课及法学院中少半的功课为最后防线。这是一个客观事实的推演，而非人力所能挽回。到了现在，争汉宋谁为正统，已是一个不合时宜的事。我们所要求的是我们民族之中，在学术上任何部门都有最高的成就，而在古学不要强分汉宋，今学不要强分中西。宋学是佛学来后禅宗发展以后的新文化，现在中国文化已到了另一阶段，中国文化一定有新的发展出来；只是文化的发展是以世纪为单位的，我们要的是努力，不是速成。希望富于理智的人们，有比较虚心的看法。

[刊载于《学人》，《"中央"日报·文史丛刊（一）》，1957 年]

从制度方面讨论中国文化的展望

中国文化所代表的，是儒家思想。中国前途所要走到的，是现代国家，儒家思想和现代国家之间，有一个很大的距离。如果中国要真正建设成功一个现代国家，所需要维持民族精神的是什么？儒家思想对于中国前途，究竟是有益的，有害的，还是中立的？这里牵涉到十分复杂的问题，差不多每一个就有每一个人的意见。在西方思想家中譬如 Max Weber，他认为德国的工业化得到加尔文新教的助力很大，然而中国的儒家却与中国现代化成为一种阻碍，李约瑟（Joseph Needham）在他的《中国科技史》中也认为中国科技的发展，道家为正面的贡献，而儒家却是一种阻碍。近七八十年以来，凡是主张改革的知识分子，对于儒家以及中国旧的文化多数是反对的，而主张保守的分子，才对于中国文化以及儒家思想是用极端支持的态度。

中西文化的采纳，不属于所谓体和用的问题。"中学为体，西学为用"这种说法，早已成为过去。若像大陆中有些人所说的"西学为体，中学为用"，那只是一个唱反调的口号。中华民族本非西方民族，以西学为体，根本不可能。至于别的配列，就只有中学为本与体用并备，或者说中学体用一无所有，这都是全称肯定或全称否定，也都是在实际上所没有的。所以中西文化的关系，是一种非常复杂的关系，决不可以用体用这种简单的方式来说的。

依 Weber 所说，德国的工业化，是由于新教的环境所构成，而中国的儒家思想，并不适于工业化。日本的追随西方而完成工业化，是属于"模拟"而来，如所共知，"模拟"的效果，是不如原来就有的。但日本最近的发展，是工业效率特别优秀，而美国无法追上。由于日本工厂中的职员及工人都有一个（效忠）工厂，只要进了一个工厂，就认为终身事业，对于工厂的关系，并非只是业务上的关系，而且还具有道义上的关系。这不仅不是模仿西方，而且是西方不能模仿的。追溯它的来源当然不可否认的，是出于儒家的思想。历史是现实的，成则为王，败则为寇。由此说来，东方思想和西方思想，那一种合于现代的实际情形，只能就事论事，根本不可能笼统的轻下一个断语。

这是毫无问题的，中国从秦汉以来，就是世界上人口最众的国家，一个规模大而生命这样长的帝国，在历史上是绝无仅有的例子（Unique example），但这样一个帝国却受到先天及后天的限制，使它僵化而死亡，如其能以复活也不是过去的那个帝国了（世界史罗马帝国比中华帝国规模小的多，亚历山大帝国只是昙花一现，阿育王统一时间也不长，蒙古帝国只算大元帝国一个序幕，而大元帝国又属于中华帝国循环中的一个周期）。

中国文化的进展和中华帝国的成长与世代替换有不可分的关系，也可以肯定下来始终受儒学的领导。这个帝国在文化上有它光荣的贡献，但也受到了无法突破的限制。这些限制就构成了它在成长中的许多缺陷，也就遇见了新的竞争（challenge）时候，变成了难于应付而必然输掉的局面。其中主要限制，计有：

一、空间的限制

中华帝国虽然在地球上已形成了一个庞大单位，但这一个单位是相当孤立的。在西南方面有世界上最高的高山，最高的高原，几乎不可逾越。北方和西北方都是沙漠，沿途艰苦很难作为经常贸易的大道。东方是无际的太平洋，日本不大，去时也不容易。南方经过远程才能到西方文化之区。海上所经，大部分为原始森林地带，对于文化的交流，不是理想的区域。这个封闭的大国贡献非常有限。但是昔日的商船，仍然不避艰险穿过中国海进入印度洋，昔日的骆驼队，仍然不避艰险从河西走廊中穿过丝道。在思想方面虽然从这两条路输入了佛教哲学，使中国在理论进展的路上，有意义上的改观，但对于中国政治组织、经济发展以及社会的性能影响不大。中国的中产阶级，未能因为对外交通的发展来加强他们的地位，而封建式的帝国也就无法不沿循朝代上命定的循环道路继续下去。

二、制度的限制

中华帝国的形成本来是从民族、城邦、领主、王国、帝国，一步一步的转变而来，到了汉代的诸侯王还自命为战国时六国式的王国，而各郡太守亦多少具有王国的规模，各县亦具有春秋时代诸侯的规模，在《后汉书·百官志》中尤其对于各县表现的相当清楚。后来的事物本来多为因袭从前的。在春秋时代看出来氏族时代的传统，到了秦汉时代仍然可以看出封建时代的传统。中国自商周以来，阶级的等次似乎并不复杂，只有贵族和平民两个阶级（奴隶是被用的，不过奴隶人数，似乎一直占的数量不大，而且主要生产，是出于平民之手，非出于奴隶之手）。也就是只有治人者的君子和被治者小人两个阶级，其中并无一个中产阶级活动的余地。春秋战国，商人阶级因为都市的初期发展而逐渐兴起，这一部分人就被统治者所嫉视，有些国家（例如秦）有些学者（例如法家）就推出了贱商的理论。但事实上，这种开倒车的思想，并不能阻止商人的发展（如贾谊、王充等虽属儒家亦含有此种思想），但在客观条件下，商人亦没有途径来参加政府的工作。所以商人的财富虽然可以增加，但对于政治上的影响却仍是一个零。中产阶级的政治因为被传统的封建制度所压制，就不可能在任何一个朝代里出现。

中国不是没有中产阶级的人，只是不曾形成中产阶级的力量，《儒林传》所列的儒生，他们不是每个人都能爬上去的，他们既不能做到真正的统治阶层，又不能服小人的劳役。他们的社会地位，当然属于中产阶级，和商人是属于同一阶级，只是他们不曾自觉。尤其是数千年来一直未能形成一个中产势力的集团，来左右政治。汉代党锢之祸，古今评论，无人不同情儒生，明代东林、阉党之争，也无人不同情东林。但是党锢中的儒生和东林的先进，一直毫无凭藉，受到了统治者的压迫，结果做了一些失败者。这就是由于中产阶级自己毫无政治上势力基础的缘故。

孟子是一个绝顶聪明的人。他的民本主义能够提示出来就是惊人的贡献。尤其是他已经看出这个方向来，他主张用贵族政治来矫正君主个人的独裁，"故国乔木"的观念亏得他能想出来。当然贵族政治并不等于民主政治，贵族集团也不就等于中产阶级集团。但贵族集团的制度能够确实形成，也就是过渡到中产阶级的初步，无奈北方各族还能实行的贵族制度，到了汉民族竟然变成了无影无踪，这也就是成为中华帝国日趋衰败的原因之一。

就中国历代政治演变的趋向看，君主集权、中央集权，是一代比一代更加严重的。中产阶级势力的组成，是在城邦以及领主时代，就当肇始。等到王国兴起，已经太晚。到了帝国出现，中产阶级便只好俯仰由人，没有爬起来的路。直到国家存亡的关头，必须现代化，中产阶级才有稍稍出头的机会。但也只限于采用自由民主条件之下，才有办法。否则任何一种独裁的政府，就只容许两个阶级的存在（统治者和被统治者，也就是只有贵族和平民），中产阶级的力量是无法起来的。

中产阶级力量能够形成，要靠着生命和财产得到充分保障。因此客观而独立的法律，是必要的。中国法律产生很早。晋郑两国的刑罚刑书，表示晋郑两国中产阶级的开始成长，到了魏国李悝《法经》的出现，更显示着中国文化里，法律上的成就（《吕刑》有问题，在此不说）。但由于立法权和司法权都掌握在天子手里，天子需要怎样做就怎样做。法律的效用要打一个很大的折扣，这就不能充分保护中产阶级的利益，使得政治长期的安定。

三、思想上的限制

儒家思想是一种人文思想，它并未命定的向某一个阶级服务。但在中国一直在封建式独裁政府组织之下，也只有切盼圣主贤君执政的一个出路。儒家的人格模范是周公，他公正无私，谦虚笃实，在患难中树立周朝数百年的基础。孔子就在晚周的纷乱中，梦想周公的成就。但周公的政绩，也只是在传统的专制政体的基础上，树立了天下太平的先例，当然不可能凭空突破。在孔子七十二门徒之中，除去了子贡一个天才型的人物，能够创建他的天地以外，其余的几乎都是在公务员范围中讨生活。但是子贡也只能建立他自己的财富，却不能创造一个中产阶级组织为主的道德系统。这是由于中产阶级统治的社会并不曾出现，所有其中的问题也显现不出来，新的道德系统自然也无法建立。

一种社会有一种社会的问题，因此才形成了这一个社会的道德规范。《庄子·盗跖篇》所说的"盗亦有道"虽然是一篇讽刺文章，并非实有，不过在任何一种环境之下，都必须有特殊的道德规范，是不容否定的。道德规范本是一种契约的关系，是双方面，不是单方面的。既然是契约关系，就必然的牵涉到权利和义务，在两方面都必须遵守。但在封建式集权政府之下，所期望的也是可以责成去做到，是被治方面的义务。再说如其被治者都能听话，在统治者方面就能盼望到更安定的局面，为了实际的应用，所以在道德方面，总是强调着臣、子、妇三方面的义务，而对于君、父、夫三方面的义务就规定的少些，形成片面道德的方面。但对于以中产阶级为主的民主政治，在一个平等的原则下权利义务都是对等的。这种片面道德的规范已成为过去。当前主要的需求是把中国建设成一个充分开发的现代国家，在一个现代国家的条件下，必须有适合于现代国家的社会以及适合于一个现代国家的法律，方才能够适应。因而如何去取舍，就成了当前主要的课题。

以上三种限制，空间的限制、制度的限制、思想的限制，使得中国的民主思想以及中产阶级的力量不能发展。就使得在中国的历史，类型相似的朝代，一个一个的循环下去。倘若检讨这些朝代的生命，大致每一个朝代，可分为少年期、中年期和老年期。在过去讨论中国历史的论点，多特别注意君主个人的因素，而忽视官僚制度的成长与膨胀，以及社会经济的发展与失调都是构成朝代循环中兴起与衰老的因素。在这些朝代之中，虽然都是朝代循环，但后期的环节和前期的环节，所含的因素，并不相同。后期环节之中，人口增加、边疆开发、都市发展、对外贸易扩张、货币的使用从铜钱本位变为银本位，这些因素都表现着中产阶级的分量更为重要，但是从政治组织上说，后期环节之中天子权力更为庞大，政权也更为集中，这是很不协调的。这种不协调的情形，就表示这种重复生存的朝代循环，要走向崩溃之路。

思想是要依傍现实制度的，也可以说思想就是现实制度的反映。代表中国思想的儒家思想，是要追溯到商末的《易经》时代，而经春秋晚期的孔子整理而成。当然代表着华夏民族的传统经验而适合春秋晚期的政局融合而成。无疑的，同是儒家，孟子和孔子，就显然有不同的倾向，而荀子和孟子更显然有不同的倾向。其中以荀子最为保守，孟子比较激进，但因为客观条件的限制，也只能停滞到贵族政治为止，尚未能进展到中产阶级政治范围之内。不过以孟子思想进展的方向来看，孟子的思想系统是可以允许引伸到中产阶级政治范围的边沿而不觉得过分冲突的。黄宗羲的《原君》，是中国思想中的一次突破，显然的他是代表中产阶级说话，而他的思想也显然是代表陆王之学和孟学。

中国文化就是中国文化，无论怎样变动仍是中国文化，根本不可能有外来的体用放进去。犹之中国语言，无论怎样借用外国的词汇仍是中国的语言。就语言这一点来说，日本语言的发展很清楚，日文大量借用了中国的词汇，近来又大量借用了英文的词汇，其借用程度，不是用中国语的人所能想像的（这一点我们有些人拒用外来的词汇，认为破坏了中文的系统，这当然是可笑的）。但结果日本话还是日本话，日本话未曾变成中国话更不可能变成英文。同理，我们凭着我们的中产阶级的儒家来修改我们道德的基本观点，还是属于传统的中国文化，所谓"破四旧"之说，完全是对于文化方面说外行话。

在封建集权时代，儒家期望最高的成就，是"内圣外王"。这是一个不可能的期望。个人的才智无论如何是有限的，如其本能做到"内圣"，也就不可能做到"外王"，何况还有许多客观的条件是不可能找到一个"内圣外王"的候选者来补入"内圣外王"的位置。这种空想的政治主张，即使在当时也是不具实际意义的。以这个标准来衡量国家领导人，无怪乎许多思想家完全无视于礼乐、兵刑、食货，就只讲"危、微、精、一"了。中国一直没有固定的宗教，但是中国却不是没有宗教，这是中国真能做到宗教自由的特点，也是西方及中东各国被单一宗教束缚的人所不能想像的。就这一点来说，他们实在不能了解中国文化的特质而给予公平的评价。

但是在中国方面的学人来说，他们都是中产阶级出身，还是有不少的人不能领略哲学并非宗教这一个涵义，汉儒那种拘墟师法的作风是不必采取的。但中国文化中从"忠恕"以次的若干原则，仍然是一个公平的标准（中国文化中的恕，是西方思想所未曾企及的。中国的黄金律是"己所不欲，勿施于人"，而基督教的黄金律则是"己所欲，施于人"。中国的"勿施于人"是尊重别人的自由，而"施于人"则可能强迫他人以徒己。西方帝国主义许多罪恶，都由于强人从己得来，这也是他们所不能了解的）。我们已具有我们的基本价值原则，再配合现代经济的新方向不难整理出我们需要的新制度来。这些新的制度仍是中国民族的，是中国文化下的产物，即使有外来的零件，也不必为了它深讳的。

新儒家的努力确实有相当成绩，只是新儒家并不曾想到迎接新社会。不仅"内圣外王"的想法已成过去，乃至"修齐治平"也是不合实际。当前的走向，已经必须是"男女平等""劳资平等""公务人员与选民平等"。然后用"尽己之心"去做，"推己及人"去想，用这个原则决定的制度或思想方式，才是正确的中国式的新道路。

（刊载于《历史月刊》，第 9 期，1988 年 10 月）

儒家正统司马光

中国儒家传统的经济政策是"藏富于民"，而不是"藏富于国"。王安石新政所以为世诟病，就是剥夺了人民生活上的蓄积，来充实国家，于是成为假托平均贫富之名行聚敛之实，和大学"百乘之家，不畜聚敛之臣，与其有聚敛之臣，宁有盗臣"之遗训，适相违背。在此，我们应当表章正统儒家，服膺孔曾思孟遗教的司马光。

独持正议

司马光是北宋时期陕州夏县人（今山西夏县），从小就很聪慧。曾留下了一些故事。就中击破水瓮救出小儿的故事，最被人传诵，在北宋时代，汴京和洛阳间已经画成了流行的图画了。他在仁宗宝元初年，中进士，任奉礼郎，调苏州判官。

在这个时期，宋人和夏人在西北对峙着。庆历元年，庞籍任陕西经略，司马光随往。因为宋夏之间，并无固定的防线，他向庞籍建议修筑城堡，为着便于据守，不意庞籍的裨将轻进战死，籍因此罢免。司马光上书引咎，不许，后来庞籍死了，他拜籍妻如母，抚籍的儿子如昆弟。

仁宗崩，英宗立。英宗为濮王之子，朝议尊崇濮王，来谄媚英宗。光独持正议，极力说"为人后者为之子，不得顾私亲"，他的意见虽不能实行，但举世佩服他的正议。

神宗即位，司马光为翰林学士，王安石始见任用。当时北方荒旱，国用不足，神宗下诏召诸学士论议。司马光主崇俭约，以为郊祀天帝时，可以不必再赐金帛。王安石以为"只有辞位，却不当辞赏赐。而且国用不足，并非当世急务，所以不足，由于未得到善于理财的人的原故。善于理财的，可以不加赋税，国用自足"。司马光说："天下岂有此理，天地所生的财货，只有此数，不在官则在民。设法夺民之财，其害乃甚于加赋。所谓'不加赋而国用足'，只是桑弘羊欺武帝之言，太史公写上去，以见武帝不明白罢了。"——在此，可以看出司马光的立场是纯儒，王安石却是外孔孟而内申韩。

蓄意修史

自后安石进用，力行新法，充实国家的财源，司马光常处于反对地位。曾一度为枢密副使，鉴于所言不生效用，求外调，为端明殿学士知永兴军，改判西京御史台，从此回到洛阳，不常谈政事。

在这个时期的伟大工作，是《资治通鉴》。原来在仁宗时期，他已蓄意修史，仿荀悦编年之作，成古今通史。英宗治平二年受诏，到神宗元丰七年成书，历时十九年，采用的书，除去正史以外，杂史尚有三百二十二种。并且当时绩学之士如刘攽、刘恕、范祖禹等，都协同工作。上起周威烈王二十三年，下至五代的后周，共十二代，一千三百六十二年，二百九十四卷。别撰目录三十卷，为年表性质。再撰考异三十卷，说明史料的根据和取材的标准。这一部伟大的编年通史，取材之富，决择之精，的确是古今所罕见。清中叶毕沅作《续资治通鉴》，秉笔者如邵晋涵、章学诚等亦皆一时之选。虽较其他《续资治通鉴》为优，但对于司马氏原书还是望尘莫及。

短期当政

司马光住洛阳十五年，天下想望着他的风采，以为只有他是真的宰相。田夫野老，妇人孺子均称为"司马相公"。神宗崩，他赴神宗丧事，所过的地方，老百姓遮着道路，相聚来看"司马相公"，以致车马都走不动。并且大家都说"请不要再回洛阳去了，留着做宰相，救百姓的性命"。哲宗既立，起司马光知陈州，留为门下侍郎，任宰相事。广开言路，罢免新法，不意到元祐元年九月，就病卒了，年六十八，在哲宗朝只当了一年五个月的国政。赠太师温国公，所以后来称他为司马温公。

从不说谎

他平生最可注意的，是从不说谎。教人也以不说谎为第一要事。自言平生并无过人之事，只是平生所为，未尝有不可对人言的事。处弟兄间非常好，兄年将八十，他每回到夏县，必去先看。"奉之如严父，保之如婴儿。"洛中有田三顷，妻死，卖田以葬。未尝有多的积蓄。

司马光死后第九年，到了哲宗绍圣元年，复行新法，旧人多遭贬斥。徽宗既立，改元建中靖国，本拟调和新旧之间，不意向太后崩，徽宗偏向新法，同时新党善于聚敛，更投徽宗所好。就在声色狗马风气之中，奸相蔡京擅了无比的政治上的声势。崇宁元年，立党人碑于端礼门，且命府州都仿照刻石，一个长安石工安民被派往刻字，他说，我们小百姓固然不懂立碑的意思，但司马相公，天下都说他正直，现在说他奸邪，安民不忍刻。府官怒，要加罪，他哭着说，奉役不敢推辞，只请不要刻石工的名字，以免得罪于后世。这种公论，一直到后来还存在着。

宋代的变法问题，是近代史家争论中的一件大事。同情于王安石的还是很多。不过无论如何辩护，新法对于靖康之变，总要负一些责任。这就证明了当时新法本来就有问题，有良心的政治家不肯轻易附和，以致附和新政的都是些昧着良心的政客。变法一事本来可好可坏，万不可以存着任何一种偏见。

（刊载于《中国一周》，第 278 期，1955 年 8 月）

儒道与真常

孔子之学，是中国文化的正统

中国立国数千年来，文化始终一贯相承，未曾中断。其中重要原因，当然倚靠儒术。我们现在所称儒术，并非只是孔子一个人的创作，而是孔子以前千百年来传统的道德标准。孔子自己曾说过："述而不作，信而好古。"孟子也说过孔子是"集大成"。"集大成"亦即是"金声玉振"，也就是把历来传统的做人和治学的各方面，拿来集中，加以系统化，再传给后人。所以孔子之学自然是中国文化的正统，庄子承认，墨子也暗示的承认着，不承认的恐怕只有民国初年的一部分人。

在诸子百家之中，很可以看出来一源的趋向。司马谈的《论六家要旨》："天下一致而百虑，同归而殊途。"正表示各家的一致性。只是各家之中成就有浅深，范围有广狭，立场有纯驳，才从一致之中显出不一致来。但假如将各家和孔子平等看待，那就又犯了不可原谅的错误。

中国古代文化的各方面，好像百川汇海一样，都归到儒家，其他任何一家，无论就质就量来说，都不能和儒家来比拟。这些诸子百家，纵有成就，也只是一方面的，他们纵然在政治上得到一时的地位，也不能把儒家全部掩盖。

自孔子以来，对于人生和宇宙之间，有一个深入的看法，比较其他各家为高超。从另外一个角度看，又是对于社会伦理之间，有一个合理的处置，比较其他各家更为平易近人。诚然，就细节而言，不是没有应当随时改革之处，但其最高原则，却是"天不变，道亦不变"。

人欲是反常的天理，犹之乎癌是反常的细胞一样

正宗的儒家是从性善为出发点，随时在一个"绿满窗前草不除"的心境中，期望扩充为"万物并育而不相害，道并行而不相悖"的宇宙。这一点似乎和生物进化的选择公例不相容。但是生存竞争的现象，只是宇宙中不调协的结果。只能算作宇宙中的变，而不能算作宇宙中的常。假如将这个原则毫无限制的使用到人类社会，作为人类行为的唯一标准，那就更会推衍出来重大的不幸。儒家要调协纷纭的事态，来达到更理想的境界，主张对于过分的发展加以限制，然后使宇宙中的万事万物，都可以走上并育并存、周流无碍的近似极限。

在宇宙中冲和、圆满而无碍的境界称为至善，在人心中的这种境界称为天理。倘若人们的心理现象，失去调协而不能遵守天理的正常轨道，就叫做人欲。人欲是反常的天理，犹之乎癌是反常的细胞一样。因此必需对人欲加以节制。假如我们对于天理的发现和节制的过程加以道德上的术语，那就可以说，纯天理的现象叫做仁，正常的行为标准叫做义，节制的方法叫做礼，达到天理的智慧叫做智。

儒家既以最调协的自然境界为标准（这和道家不同，道家认为自然现象，不必决择，不必批判，只有听任，他们是任自然，而不是止于至善）。所以相当重视宇宙及人类社会中现有的轨道，而不过分的全用理论上成案来矫揉现实。人类是生物，人类基本之爱本为家庭中的爱。倘若忽视了家庭中的爱，一定要损害人类的正常情绪。所以儒家的政教，是以家庭为基础，推己以及人，也就是在社会上树立了一定的轨范：父子有亲，君臣有义，夫妇有别，长幼有序，朋友有信。

由教育的方式，可以使人人成圣贤

儒家深知人类的智慧虽然不齐，却认为各人所受于自然的天理境界，

性，或理，都是完整的。所以凡人都可以由教育的方式，做成圣贤。假如每个人都是圣贤，那就成为大同之世，因此历来儒家最注意的是教育问题。只是教育和富力是相关的。在动力没有现代化之前，提高一般富力及生活标准，非常困难。普及教育，难于推进。此外，在政治制度上，也没有达到禅让的理想。所以儒家设想中的"太平之世"，自商、周、秦、汉以来，并未实现过。至于嬴秦暴政，五胡乱华，在中国历史上，更是些反动时期。但儒生们仍能一步一步的建设中国的中心文化，使得中国的文化，绵延不断，使得在世界历史占重要位置，并且进一步影响到欧洲十八世纪文化，树立了欧洲近代开明思想的基础。现在世界又到了水深火热之中，真能拯救将来世界的，不是继承欧洲十九世纪的思想，而是发扬和推进欧洲十八世纪的思想。

我们要应用真常，开辟坦途

儒家站在平实的立场，不愿多谈心物的问题。因为我们无从认识心，也无从认识物（物好像容易知道，实际不然，只有知道一点科学的人，才敢说他真能认识物，深知了一些，就不敢说了），我们所接触的，只是一些现象，我们所期望的，只有这些现象得到比较的调和。而宇宙中的一切事物，都能够放在他应有的位置，亦即"无一物不得其所"。

儒家承认宇宙中有"变"的现象，但所追求的却是"常"，是"永恒"的道，而不是变。常是经，变是权，常是体，变是用，常是主，变是附。所以《大易》言万物之变，而归本于不变的乾元。儒家的思想方式是以常驭变。孔穿和公孙龙辩论，用的正是形式逻辑的立场，只是没有继续发展罢了。

我们认清了常与变的界限，我们便可体会中国过去历史和社会的更叠。历史和社会的更叠，虽然属于变的范围，而万变之中，自有不变者在。现在当此国脉存亡继绝之际，我们如何应用此不变的真常，来开辟前途的坦道，这是任何一个明白人的责任。我们深知真理是不会磨灭的，我们用不着忧虑，我们用不着疑惑，我们更用不着恐惧，我们只有认清了光明，领导我们的国家，我们的社会，以及全世界的人类，到光明之路。

真理平易近人。毋欲速，毋见小利

真理是平易近人的，我们决不愿采取耸听的危言，我不愿逞一时的意气，我们决不愿站在偏颇而自私的立场。凡是一个躬行实践的人，在危难之时要有以自立，在平时却并不需要过人的奇节。我们国家所需要的是忠厚笃实的平凡人物，我们国家并不希望有夸张、浮诞而偷工减料的人物。立身的第一步是立诚，不诚无物。从前司马温公劝人以不诳语为立身处世之道，这的确是非常有意义的。世界上也许有不虚伪的坏人，但绝无虚伪的好人。我们国家所需要的不是临时表面上的成功，而是永久在世界上的立足。因此必需是真材实料，不许有丝毫诞妄存在其间。所以我们衡量人物的最低条件，也就是看是不是真正诚实去做。以这一点为基础，再逐步的向道德标准求深，逐步的向家庭、社会、国家各方面推广。毋欲速，毋见小利，前途的光明，自然会日渐辉耀起来。

（刊载于《中国一周》，第 101 期，1952 年 3 月）

古代思想与宗教的一个方面

汉代的思想为儒家，然而常有道家的思想潜杂着。其道家思想比较显著的例如：

> 《汲黯传》："黯学黄老，言治官民，好清静，择丞史任之，责大指而已。……然好游侠，任气节，行修洁，其谏犯主之颜色，常慕傅伯爰盎之为人。"

《汉书》以张释之和郑当时同传，因为张郑和汲黯有类似的处所。但郑当时以"行千里，不赍粮治行"见称。而汉代的王吉号为兼通五经的，但其对宣帝所上书也有"百里不同风，千里不同俗，户异政，人殊服，诈伪萌生，刑罚亡极，质朴日消，恩爱浸薄"，颇有道家归真返璞之意。《汉书·王吉传》先言"闭肆下帘而授老子"的严君平，正可见是有一贯的作风的。因此在《王吉传》中也有一条：

> 自吉至崇，世名清廉，然材器名称稍不及父，而禄位弥崇。皆好车马衣服，其自奉养极为鲜明，而亡金银锦绣之物。及迁徙去处，所载不过囊衣，不畜积余财。去位家居，亦布衣疏食。天下服其廉而怪其奢，故俗传王阳能作黄金。

这与郑当时的作风也很相类似。其后人为东晋清谈中的重要家庭，不能说不是相承有自了。至于东汉，光武务从节俭，颇有黄老之风。而明帝为皇太子，谏光武曰："陛下有禹汤之明，而失黄老养性之福。"又显然以黄老为言。东汉马融为一代儒学大师，乃谓其友人曰："古人有言，左手据天下之图，右手刎其喉，愚夫不为，所以然者，生贵于天下也。"其所注书有《孝经》《论语》《诗》《易》《三礼》《尚书》《列女传》《老子》《淮南》。也是儒道相参。传称：

> 融才高博洽，为世通儒。教养诸生，常有千数。善鼓琴，好吹笛，达生任性，不拘儒者之节。居宇器服，常存侈饰。常坐高堂，施绛帐，前授生徒，后列女乐，弟子以次相传，鲜有入其室者。

《后汉书·廖扶传》：

> 习韩诗欧阳尚书，常教授数百人。……父为北地太守，永初中，坐羌没郡，下狱死。……及服终而叹曰：老子有言，名与身孰亲？吾岂为名乎，遂继志世外，专精经典，尤明天文谶纬风角推步之能。

道家出发点正是贵生和清静，如《吕览》的《贵生》《重己》，《庄子》的《让王》，《列子》的《杨朱》，全篇都是解释贵生的命意。所以儒道两家虽各树一帜而不尽相排，在汉武表章儒术之中，道家的伏流随时在潜移默长。所以东汉的气节化为魏晋的清谈正有一贯的原因在。

每一个民族都有他的宗教。平心静气来观察，一神的和多神的，高级的和低级的，在社会学的眼光看来，都是有相类似的作用。中华民族是有他固有的宗教的，然而受政治上的影响却可推到很早。所以若干民族是政教合一的，然而政教合一是教来指导政，中华民族的政教合一却是政来指导教。我们不应当夸张古代祭司的威权，我们不要忽视君主的地位。太史公说文史星历，近于卜祝者流，盖主上所戏弄，倡优所畜，而奴婢之所轻也。这虽然是汉代的事，但春秋时代已经有国君诛戮祝史的事了（左昭平年晏子谏诛祝史）。再推到殷商时代，占卜的方法和历法随着君主的死亡而更动，这已经可以谓明君主的力量可以影响到祭司，尤其君主死亡，史官随着更换，更表示着有用史官殉葬的可能。所以祭司的地位是有的，但决不是超级政治的势力。现存的西南民族中，倮倮是保持着贵族制度的，但他们的巫师，呗髦，并非属于贵族阶级，而属于平民阶级，这不仅不像印度人中婆罗门那样的威权，就连希伯来和希腊的祭司也相差甚远。因此我们从祭司的政治和社会地位看来，便可了然中国古代是有宗教的，然而宗教的力量却不能为一切的支配者的理由了。

中国古代的宗教因为受政治支配，所以在封建的时代，宗教也封建化起来了。中国宗教是多神教，他是从上帝、山川、社稷、祖先一直排下来。上帝是属于天神部分，山川社稷是属于地祇部分，祖先是属于人鬼部分；但照着封建制度中等差之制，天子可以全祭，诸侯只能祭山川社稷和祖先，大夫士以下只能祭成群立的置社和祖先。因此天子和诸侯的祭司不管一般大夫士以下的事。而大夫士以下至于庶人只好请教单独的、没有组织的、自由职业性的巫师。因之中国宗教便不成为一个组织。封建制度破坏了，中国旧的系统化的宗教也瓦解了。

旧的宗教瓦解了，新的信仰随着起来，这就是所谓符应一说。战国的中期邹衍倡终始五德之说，便是敷衍符应之旧说而成的，加上一套怪迂之变。后来海上燕齐方士传着这个说法，便成为秦汉以来思想的主流，而谶纬便从此出来了。

"符应"诸书或作"符命"，或作"符瑞"，或作"瑞应"，或作"应瑞"，或作"瑞命"，或作"嘉应"，或作"福应"，或作"德祥"，或作"祯祥"，或作"祥瑞"，或作"祥异"，其见于儒家书籍中至多，其最明显的例如《中庸》：

> 至诚之道，可以先知。国家将兴，必有祯祥；国家将亡，必有妖孽。见乎蓍龟，动乎四体；祸福将至，善必先知之，不善必先知之，故至诚如神。

又《礼运》：

故天秉阳，垂日星，地秉阴，窍于山川，播五行于四时，和而月生也。故三五而盈，三五而阙；五行之动，迭相竭也；五行，四时，十二月，还相为本也。五声，六律，十二管，还相为宫也。五味，六和，十二食，还相为质也。五色，六章，十二衣，还相为质也。

故人者，天地之心也，五行之端也。食味、别声、被色而生者也。故圣人作则，必以天地为本，以阴阳为端，以四时为柄，以日星为纪，月以为量，鬼神以为徒，五行以为质，礼义以为器，人情以为因，四灵以为畜。以天地为本，故物可举也；以阴阳为端，故情可睹也；以四时为柄，故事可劝也；以日星为纪，故事可列也。月以为量，故功有艺也；鬼神以为徒，故事有守也；五行以为质，故事可复也；礼义以为器，故事能有考也；人情以为田，故人以为奥也；四灵以为畜，故饮食有由也。何谓四灵？麟凤龟龙，谓之四灵。故天不爱其道，地不爱其宝，人不爱其情，故天降膏露，地出醴泉，山出器车，河出马图，凤皇麒麟，皆在郊棷，龟龙在宫沼，其余鸟兽之卵胎，皆可俯而窥也。则是无故，先王能修礼以达义，体信以达顺，此顺之实也。

又：

是故夫礼必本于大一，分而为天地，转而为阴阳，变而为四时，列而为鬼神，其降曰命，其官于天也。

《汉书·董仲舒传》对策曰：

臣闻天之大奉使之王者，必有非人力所能致而自至者，此受命之符也。天下之人同心归之，若归父母。故天瑞应诚而至。《书》曰：白鱼入于王舟，有火复于王屋，流为乌。此盖受命之符也。……皆积善累德之效也。及至后世，淫佚衰微，不能统理原生；诸侯背畔，残贼良民以争坏土，废德教而任刑罚，刑罚不中则生邪气，邪气积于下，怨恶畜于上，上下不和则阴阳缪戾而妖孽生矣，此灾异所缘而起也。

因此当时相信天时和人事是一贯而相通的。所以经学也要一统而取法于大一。[①] 故仲舒对策又曰：

> 春秋大一统者，天地之常经，古今之道谊也。
>
> 注：师古曰：一统者，万物之统皆归于一也。《春秋公羊传·隐公元年》：春，王正月。何言乎王正月？大一统也。此言诸侯皆系天子，不得自专也。

换言之，即诸侯统于天子，天子统于上帝，诸侯之政由天子主断，天子之政则与阴阳节令息息相关。《陈平传》云：

> （好读书，治黄帝老子之术。）上益明国家事，朝而问右丞相勃曰：天下一岁决狱几何？勃谢不知。问天下钱谷一岁出入几何？勃又不知，汗出洽背，愧不能对。上亦问左丞相平，平曰：各有主者。上

---

① 古人相信宇宙是一个整个的整体，这就是太一，也就是天皇上帝。《楚辞》的东皇太一，就是上帝。《秦始皇本纪》说："古者有天皇，有地皇，有泰皇，泰皇最尊。"这也就是说天地是由另一个原始的本体衍出的。（《史记·封禅书》："天神贵者太一，其次曰五帝。"到郑玄更指出五帝的名称来，那就是受了五行家的影响了。）《易·系辞下》："是故易有太极，是生两仪，两仪生四象，四象生八卦，八卦定吉凶，吉凶生大业。是故法象莫大于天地，变通莫大于四时，悬象著明莫大于日月。"太极便是太一，两仪便是天地。宋儒承陈抟之绪，虽有无极而太极的话，成了辨争的问题。但数学中零的观念的发生，是一种数学的进步。不能说和以一为单位的观念无关的。《庄子·齐物论》："天地与我并生，万物与我为一。"《天子篇》："古之所谓道术者，果恶乎在？曰'无乎不在。'神何由降，明何由出？'圣有所生，王有所成，皆原于一。'"以及"至大无外，谓之大一，至小无内，谓之小一"，也都是这个观念。至于至小无内已经是"approach to zero"。只可惜五车之书不传，是不是已经有"approach"这个观念，现在已经不可知，但至少没有人理会这类思想，不然那书就要相次薪传的不止五车了。

曰：主者为谁乎？平曰：陛下即问决狱，责廷尉。问钱谷，责治粟内史。上曰：苟各有主者，而君所主何事也？平谢曰：主臣，陛下不知其驽下，使待罪宰相，宰相者，上佐天子，理阴阳，顺四时，下育万物之宜，外填抚四夷诸侯，内亲附百姓，使卿大夫各得任其职也。上称善。勃大惭，出而让平曰：君独不素教我乎？平笑曰：君居其位，独不知其任耶？且陛下即问长安盗贼数，又欲强对耶？

《丙吉传》：吉本起狱法小吏，后学《诗》《礼》，皆通大义，……尝出，逢清道群斗者，死伤横道，吉过之不问。掾史独怪之。吉前逢人逐牛，牛喘吐舌，吉止驻，使骑吏问：逐牛行几里矣？掾史独谓丞相前后失问，或以讥吉，吉曰：民斗相杀，长安令京兆尹职所当禁备逐捕，岁竟丞相课其殿最，奏行赏罚而已。宰相不亲小事，非所当道路问也。方春少阳用事，未可大热，恐牛行近，用暑故喘，此时气节恐有所伤害也。三公典调和阴阳，职当忧子，是以问之。掾史乃服吉知大体。

《夏侯胜传》，从夏侯始昌受《尚书》及《洪范五行传》。说灾异……会昭帝崩，昌邑王嗣立数出。胜当乘兴前谏曰：天久阴不雨，臣下有谋上者，陛下出欲何之？王怒谓胜为妖言，缚以属吏，吏白大将军霍光，光不举法。是时光与车骑将军张安世谋，欲废昌邑王，光让安世，以为泄语，安世实不言，乃召问胜，胜对言：在《洪范传》曰：皇之不极，厥罚常阴，时则下人有伐上者。恶察察言，故云臣下有谋。光、安世大惊，以此益重经术士。

汉代的言灾异的如眭弘、夏侯始昌、夏侯胜、京房、翼奉、李寻，各见本传。其思想无非天人相合。其诸史《五行志》所说的，主要的根据也便是《洪范五行传》。

灾异的反面便是符瑞，《淮南子·览冥篇》：

昔者黄帝治天下，而力牧、太山稽辅之，以治日月之行律，治阴阳之气，节四时之度，正律历之数，别男女，异雌雄，明上下，等贵贱，使强不掩弱，众不暴寡，人民保命而不夭。岁时熟而不凶，百官正而无私，上下调而无尤。生令明而不暗，辅佐公而不阿，于是日月精明，星辰不失其行，风雨时节，五谷登熟，虎狼不妄噬，惊鸟不妄搏，凤凰翔于庭，麒麟游于郊，青龙进驾，飞黄伏皁。

《白虎通·封禅篇》：

> 天下太平符瑞所以来者，以为王者承天统理，调和阴阳。阴阳和，万物序，休气充塞，故符瑞并臻，皆应德而至。德至天，则斗极明，日月光，甘露降。德至地，则嘉禾生，蓂荚起，秬鬯出，太平感。德至文表，则景星见，五纬顺轨。德至草木，朱草生，木连理。德至鸟兽，则凤凰翔，鸾鸟舞，麒麟臻，白虎到，狐九尾，白雉降，白鹿见，白鸟下。德至山陵，则景云出，芝宝茂，陵出异丹，阜出莲甫，山出器车，泽出神鼎。德至渊泉，黄龙见，礼泉通，河出龙图，洛出龟书，江出大贝，海出明珠。德至八方，则祥风至。

其见于正史的有《宋书·符瑞志》《南齐书·祥瑞志》，其载籍可以考知其事或目录的有三国时魏温室"图以百瑞，綷以藻咏"（见《魏都赋》），吴孙亮作流离屏风，镂为瑞应图凡百二种（见崔豹《古今注·雅注》），《益州文翁学堂图》画古圣贤及礼器瑞物（见北宋郭若虚《图画见闻志》卷一"叙自古规鉴"篇），宋宗炳造画瑞应图，南齐王融复加增定，梁庾元威为盈缩其形制见庾氏自撰论书（《御览》七四八引）。此后所谓瑞应图者，相沿不绝。

按奇禽异兽，自古相珍，周穆王伐狄得四白狼、四白鹿以归，自是荒服者不至，见于《国语》，此亦瑞应一类。《山海经》的作者屡以异物为言，而邹衍特发明此说本于五行。《史记·孟荀列传》：

> 乃深观阴阳消息而作怪迂之变。《终始》《大圣》之篇十余万言。先序今以上至黄帝，因载其禨祥度制，推而远之，至天地未生，窈冥

不可考而原也。先列中国名山大川，通谷禽兽，水土所殖，物类所珍，因而推之及海外，称引天地剖判以来，五德转移，治各有宜而符应若兹。

又《吕氏春秋·应用篇》曰：

> 黄帝之时，天先见大螾大蝼，黄帝曰：土气胜，土气胜故其色尚黄，其事则土。及禹之时，天先见草木秋冬不杀，禹曰：木气胜，木气胜故其色尚青，其事则木。及汤之时，天先见金刃生于水，汤曰：金气胜，金气胜故其色尚白，其事则金。及文王之时，天先见火，赤乌衔丹书集于周社，文王曰：火气胜，故其色尚赤，其事则火。《封禅书》引略同。

这些符应和祥瑞，本来是早已有之，只是邹衍加上五行的色彩，更为规律化了。

古代祭司应当是三种人掌管的。即是巫、祝和史。但依理是统于太史的。巫祝两字并见于甲骨文，巫象在神幄中奉玉之形，祝象在祭桌前跪拜之形，史象钻龟之形。其见于《周官》的有太祝、男巫和女巫。到《国语·楚语下》，更有显明的解释：

> 古者民神不杂，民之精爽不携贰者，而又能齐肃衷正，其智能上下比义，其圣能光达宣朗，其明能光照之，其聪能听澈之。如是则明神降之，在男曰觋，在女曰巫。

但在巫祝之上的，更有太史：

> 春官曰：大祭祀与执事卜日，戒卑宿之日，与群执事读礼书而协事。祭之日，执书以次位常，辨事者称焉，不信者诛之。

《左传·闵二年》，"狄灭卫，囚史华龙滑与礼孔以逐卫人，二人曰我太史也，实掌其祭，不先，国不可得也，乃先之。至则告守曰：不可待也，夜与国人出，狄入卫"。所谓"实掌其祭"，《周易·巽九二》："巽在床下，周史巫，纷若吉。"《楚语》下："夫人作享，家为巫史。"故巫与史为同类之职务也。《周书·金縢》："（周公）植璧秉珪，乃告大王、王季、文王，史乃册祝。"《史记·齐太公世家》："史策祝以告神。"故太史之职又通于祝也。

太史所司的又有占候之职，《左传·哀六年》："楚国有云如众赤乌，夹可以飞三日，楚子使问诸周太史。周太史曰：'其当王身乎，若禜之，可移于令尹司马。'王曰：'除腹心之疾而置诸股肱，何益？遂勿禜。'"又文十四年："有星孛入北斗，周内史服曰，不出七年，宋齐晋之君皆将死乱。"这些都是太史懂得占候的证明。虽然其事未必实有，但至少在战国初年《左氏春秋》成书之时，太史之职仍是如此。但《周礼·春官·眡祲》："掌十辉之法，以观妖祥。"冯相氏"掌十有二岁，十有二月，十有二辰，十日，二十有八星之位，辨其叙事，以会天位，冬夏致日，秋冬致月，以辨四时之叙。"保章氏"掌天星以志星辰日月之变动，以观天下之迁，辨其吉凶"。但眡祲仍然可以看出属于太卜，冯相氏仍然可以看出属于太史的。只是《周官》的太卜、太祝和太史都是下大夫二人，但这里并不能证明自古以来都是如此，因为《周官》是一个"好大喜功"的著作，往往将一种官职分成许多种。但从其排列之处看来，除去职事互相关涉以外，并且排的这样的近，仍然有从一种官职而分开的痕迹。

《史记·太史公自序》云：

> 昔在颛顼，命南正重以司天，北正黎以司地。唐虞之际，绍重黎之后，使复典之。至于夏商，故重黎氏世序天地。其在周，程伯休甫其后也。当周宣王时，失其守而为司马氏，司马氏世典周史。

按《国语·周语》云："少皞之衰，九黎乱德，民神杂糅，不可方物，夫人作享，家为巫史。……乃命重黎，绝地天通。"即自重黎之后，从私巫始改为官巫，此太史公家本为王室之祭司，事甚分明。又《史记·自序》云：

> 谈为太史公，……既掌天官，不治民。《正义》：虞喜《志林》
> 云："古者主天官皆上公，自周至汉其位转卑，然朝曾坐位，犹居公
> 上，尊天之道。其官属仍以旧名称之也。"

司马谈官太史令，所以称公者，因为旧重太史，所以来尊称的。"天官"即《史记·天官书》的"天官"。《史记（天官书）索隐》云："案天文有五官，官者星官也。星座有尊卑，若人之官曹列位，故曰星官。"所以《天官书》都是记载天文的。《后汉书·任文公传》："明晓天官风星秘要。"天官亦指天文而言。因之也可以知道太史令最重要的职守是天文了。《后汉书·严光传》云："引光入论道，旧故相对累日……因共偃卧，光以足加帝腹上。明日，太史奏客星犯帝座甚急。"《魏志·曹操传》注引《九州春秋》曰："会北方有赤气东西竟天，太史上言，当有阴谋，不宜北行。"《后汉书·单飏传》："明天官算术，举孝廉，稍迁太史令侍中。"《魏志·周宣传》："（善占梦）文帝……以宣为中郎属太史。"凡此诸端皆属于天文阴阳术数之类，但均属太史所管。因此太史记事本来是由记占验而来，略可想见了。

（刊载于《学原》，第 1 卷第 10 期，1948 年 2 月）

论宗教的发展与中国的宗教

人，是有人的特质的。从某一个观点来看，人是社会的动物，从另一个观点来看，人是理性的动物，但是再从一个观点来看，人是宗教的动物。

在茫茫大宇之中，人的求知欲望是无尽止的。向着无尽止的发展，结果仍然感觉到空虚。任何一个人，不论智愚贤不肖，他都是要去寻找一个寄托的。这个寄托也就是他精神上的归宿。纵酒、赌博是一种寄托。敛钱是一种寄托，革命也是一种寄托，这一些寄托，不论终极是否空虚。但是在兴奋之时，他曾暂时忘掉了目前的空虚。等到兴奋时期一过，无主的神情不断的袭来，而空虚成为不可抗力。于是种种不合理的精神病状态会发生起来，而贻害于社会也就更为深切。

就各种具体的事物来说，喜恶往往是相对的，但推究其终极，总仍然会感到，善恶仍然有其比较上的标准，而善成为一种绝对的力量。这一种力量，却是补救人类精神上空虚一个最好的方剂。

一件事情的成功与失败，其中因素太多而变化亦太复杂，多半出人意料之外。一个英雄的成功，一少半由于能力，一多半由于幸运。假如层层设计，非成功不可，那就准会成为不如意事常八九。除去自甘失败者以外，若想成功不可，往往苦心焦思，仍常一无所就。只有只管是非不计利害。成固欣然，败亦心安理得。而况宇宙间事，亦颇多专计利害也会失败，但论是非，却得成功的。

因此，一个用心的人，总会意识到，宇宙中总有一种超物质的至善力量。这种力量就成将归依的对象。而使得随时可以求仁得仁，心安理得。

使得不会再有精神上的匮乏，成为空虚之感。这也就成为充塞宇宙无所不在的上帝观念所由出发。

当然就宗教进展而说，上帝观念是先由祖先、部族神渐渐演进而成的。因为人类社会的演进，是先由血缘的家族，扩展而为氏族，才会进一步而扩展成为部落、城邦，以至于国家。上帝观念之成功，也会循着人类社会的进展而渐次进展。在甲骨文中，我们还不敢说所说到的"帝"一定是超物质而不属于部族祖先的上帝。但是我们从《书经》，从《诗经》，从《左传》上所看到之帝或上帝，那就显然是超人类祖先之上帝，而为宇宙万物的支配者。但是这一种观念，在中国古代人心中，却是若断若续。

中国古人是有宗教观念的，但其宗教观念与宗教组织都受到了封建制度的支配，凡是在政治的主人，也就成为教主，而且是以政掌教，非以教掌政。天下祭天地，诸侯祭山川，大夫以下只能祭社。此其意义，是天子代表的宗教范围是宇宙，诸侯只限到他国家的地区，大夫以下更只限到一个社会，以及他家中的井灶和中霤，在这种限制之下，一般人便只有一个非常窄狭的天地，他们虽然会想到宇宙中至善的力量，但却无法来表现他和这个力量的相互关系。虽然儒家有时谈到"祷"，但我们却不知道是否上帝，而且也是无组织的，形成不了公众的认识。

战国至汉，由许多复杂的因素，形成了道教的创立，其中主要的是求长生不死的方士，这就成功为后来的丹鼎派。另外是下神的巫师，这也和后来的符箓派有关。而况汉代皇室，自汉武帝除去不惟采用了梁宋齐秦之巫，并且远及胡越，始于贵胄，播及民间，而信仰更为繁杂。但是社稷的祠祀，仍为国家主祀的一部分，而民间社祀虽是抱残守缺，却受到道教的影响，并不重大。

因为道教的发展，就是出于个人的修炼，而不是出于个人或集体的归依；道教原来的目的，是求生命的延长，而不是求精神的归宿，所以一开始便误入歧途，后来佛教输入中国，虽然硬采取了许多佛教成分，但丹鼎和符箓，以及更下流的迷信，始终难于改变。丹鼎符箓占星以及其他迷信是不能树立高尚宗教的。虽然崔浩及李德裕之流，以民族主义的立场来助道排佛，而佛教仍然旋排旋起。

至善的力量虽然可以为归依之对象，但宗教之需要，还是一种群众的而非个人的。宗教需要定型，宗教更需要组织。宗教必需有教会，有经典，有僧侣，始可满足群众之要求。道教生活，就中国正统学术，儒家的立场看来，实为异端，为外道。而佛家生活以及许多看法，和中国人却不尽相符。所以在许多儒家人士之中，不免陷于彷徨无主，而况只以道义修养，评衡一切，也只能少数有修养的人做到，甚至若干有修养的人，还是表面上做到，儒家人士，并非苦行僧，不能离群独立，他们要有家庭有朋友，他们不能不在儒家理论以外，再找宗教上的安慰。例如柳宗元、白居易、苏轼的信佛，他们原来的立场，还是属于儒家的。他们因为儒家早已在周代因为受到了封建的限制，而抛弃了宗教的那一段，只有经典，没有教会，也没有僧侣，因此也就没有群众的集体信仰以及庄严的宗教形式，遂不得不在儒家以外的宗教中求得满足。这一种以儒家为主要立场，而向外面求宗教的满足，也因为金元时代，道教中全真教派的改革而更加具体化。

本来从唐代起，三教并行之说，已因皇室的并容政策而抬头，到了明代，再因儒家的需要与道教的改革而更加成熟。于是明季袁黄遂作《立命篇》而大倡三教合一之说。以至于清代，很少儒家不承认佛道两家的存在。除去少数的人还自认为正统儒生以外，社会风气，实在都是以儒家宗旨为主，而参以佛道之宗教，成为实际的并容主义者，也可以说中国已经产生了一种新的宗教，非佛亦非道，而和日本的"神道教"，成为一种并行的宗教，我们但看惠栋的《太上感应篇注》，以及赵翼《二十二史札记》处处表现的因果史观，就可以看出消息来。

至于明末徐光启、李之藻的相信天主教，也还是由于儒家的宗旨有若干地方和天主教较为接近，这一点可以解释利玛窦为什么允许崇拜祖先，而康熙为什么与教廷冲突，以及天主教后来在中国之兴废与恩怨。至于洪秀全的上帝教，也并非基督教的一种，而是以巫术及帮会为主的集团，利用基督教为缘饰的一教新宗教，所以我们决不能说中国人是一个非宗教的民族，而是因为种种因素，使中国人向另外一个方向去发展。

自十九世纪以还，因为自然科学的发展，物质的崇拜，盛极一时，宗教被认为非科学的，几乎被唯物主义所毁灭，但是科学更进一步，"物"的存在，更遭到了严重的疑问。我们更从"人类征服宇宙"一个观念，回到宇宙不可征服的观念，我们对于宇宙的事物越多知道，越会感觉我们可知的事物实在太少，在我们渺小知识之中，我们实不必妄自矜夸而破坏我们人生的轨道，因此到了二十世纪中叶，欧美的青年们又有再回到宗教的趋向。回到宗教的理由，并非现在的人又相信宗教的神迹，而是精神的空虚，只有"归依"至善的心理才可以补救的。

（刊载于《民主评论》，第 7 卷第 10 期，1956 年 5 月）

未来世界最适应的宗教：佛教

　　宗教到了现阶段的世界，面临着最严肃的考验。当十九世纪时期，法国的奥格斯特·孔德（August Comte 1798－1857），曾经指出人类文化的三个段落：宗教时期、哲学时期和（实证）科学时期，这是长时期以来被学者所引用和接受的。他的话当然值得警惕；不过他的话包括的范围和应用的范围，究竟到什么程度，还值得详细的分析和考虑。是否到了科学时期，宗教就渐次归于消失？还是到了科学时期，科学成了一个重要的尺度，而其他不属于科学范围的，如哲学、宗教等等，将会受到科学的影响，而逐渐调整其幅度和方向，结合成为社会结构的新因素？这就成为文化史上的重要课题。

　　近代大社会学家德国的马克斯·韦伯（Max Weber 1864－1920），对于社会学贡献极大。他拿社会的效果来观察宗教，他分析近代基督新教与资本主义发展的因果关系，而指出了加尔文派的入世态度，促进了德国近世产业的发展。这种用社会学的观点来处理宗教功能的方法，确实开一个对于宗教问题处理的新路线。他是六十五年前逝世的，在近六十五年社会上发生的新问题，他未曾接触到。不过，宗教的功能对于社会结构的重要性，是不容忽略的。所要更加注意的是近六十五年来，科学的新发展给予宗教的摇撼性，更会移动对于宗教前途的展望。

　　文艺复兴的意义是人们发现，是对人类的重新认识。文艺复兴所代表的，是表明了人类的存在并非上帝的工具，现世的意义，并非天国的附庸，而是人格的自觉。这种尊重人格自觉的设想，和儒家天地人三才并重的理想相符合，也和佛理不相违背。

在欧洲，从中世纪以来，科学一直是和宗教冲突的。在人类知识发展的当中，哥白尼首先树立了以太阳为中心的理论，达尔文开辟了生物的生成是由于演化的结果，以至于近代逻辑实证论的推演，更树立了坚固不拔的基础，使过去许多哲学派别黯然失色。科学是一个整体，其中任何部分对于邻近的科学部门，彼此皆有呼应。在科学的领域里，不论其为大的问题或者是一个极小的问题，都是经过了严密的搜集、比较、实验、审核、批判的种种程序，已经到了无懈可击的程度，然后才可以算做临时的定论。所以科学的成为科学，一点神秘性也没有，而是成千成万的人把成千成万的问题，用客观的证据，一点一滴的累积起来，才构成科学的新领域。这当然不是根据旧有的传统和信念所能推翻的。

上文说科学实验的成果，一般是算做临时的定论，其中的意思是这样的：因为人类的知识是会一天一天增进的，后出的理论是以往时已有的理论为基础而推得更远的。因为推进不已，所以一种理论是不会停留在现存的阶段的。其中哥白尼的太阳中心说是一个最明显的例子。当哥白尼用科学的方法测得"地动"的原则，首先是给世人以惊奇，最后成为真理。但后来的发展，在近世以来，首先发现太阳不过在银河系以亿计恒星中的一个恒星而已。然后再发现太阳在银河系中，不过旋转性银河中一臂的边缘（银河系的中心可能就是目前成问题的"黑洞"）。再进一步，除去我们这个银河系以外，在宇宙中还有以亿计的银河系。至于各银河间的关系究竟怎样？有没有相关的组织？我们一点也不知道。只是从我们的银河为基点来观察，发现遥远的各银河系，都以同等的高速度离这个银河而远去，这就是我们所在的宇宙！所在的大千世界！

在这个超天文数字的大千世界之中，一切生物的发生，以及一切生物的演变，也只有凭着科学方法，寻求合理的答案。其中达尔文无疑的是生物学中的巨人、先知。达尔文（Charles Darwin 1809－1882）虽然他所处的时代较早，是在十九世纪，但二十世纪以来，不论天文学、生物学以及地质学上的新发现，没有一件不是支持达尔文理论的，而却没有一件和达尔文的演化论原则冲突的。尤其现代遗传"基因"理论的发展，推进了人与其他动物的关联性，更证明达尔文学说的正确性。所以，从宇宙的起源和开展，以及生物中的关联和演变，凡是任何虚心而没有成见的人，一定只有凭着科学方法，认为是由种种的"机缘"（或因缘）凑合而成的。而绝不可能相信有一个体形和人体相似并且具有人格性的上帝，创造这个大千世界和地球上一切的生物。

这种世界创造说的由来，只能溯源于古代的神话。在古代时期，人类对于许多无法解释的事物，都会设法去作某种解释，其中当然不只是创造宇宙以及创造人类这一部分。只是创造宇宙说为某些民族的宗教所接受，就保留在某些民族的经典里。古代宗教中的先知们却无从预料后来科学的发展，证明了完全不是那一回事，因而形成了宗教与科学所不能解决的矛盾。因为西方科学和西方宗教有了这种无法解决的矛盾，所以孔德才会预料：到了科学时代，宗教会归于消失。

但是这种"创造说"的内容和强度，随着各民族的民族性和历史因素而有极大的差异。以色列民族是极端的、坚决的、明显的提出了唯一的神。这个神是在未有宇宙以前先已有神，由神来创造宇宙、创造人类。并且以这个唯一的、完全"人格化"的神的信仰，作为基础，来演绎出所有的教条、经典及生活方式。这种执一驭万的办法，就宗教上的应用来说，效率是非常高的。可惜没有回旋的余地，如其和科学冲突时，就只好排斥科学来处理，这和佛教的教理有基本上的歧异。

至于中国的民族传统，根本就没有这个以具有人格神为主来创造宇宙的这种假设。虽然有"天生万物"的成语，但这个"天"就等于"自然"，对于"宇宙"未生成以前，只有一个"理在物先"这种观念。这个"理"是抽象的原则，如同几何学上所谓"公理"一样，其背后绝对没有一个神在里头，《周易·系辞传》有"天地絪缊，万物化醇"，疏："絪缊相附着之义，言天地无心，自然得一，唯二气絪缊，共相和合，万物感之，变化而精醇也。"这里面最可注意的是"天地无心"一语的明确含义，既然"天地无心"，天地就不会具有人格性，也就是并没有一个神祇有意的创造宇宙。在中国神话之中如同第一个人"盘古"就是自然生成的，而不是另外有一神创造的；至于抟土为人的女娲，她是造人的，却没有一个神造女娲。在中国传说中最高的神虽然有帝、上帝、天帝、天皇泰一等等不同的名称，实际上只是管理宇宙的神而不是创造宇宙的神，这和道教中的玉皇大帝，及佛教中的帝释，并没有什么分别。翻遍中国经籍，实在找不出"神造宇宙""神造万物"这种想法的痕迹。

因为"创世"这种设想并非每一个民族的传统一定具有的，所以科学和宗教冲突的一个最重要因素，也不是每一个民族、每一个宗教，都具有这种冲突的死结。只因以色列系统下的宗教在世界许多地方流行，才会引起这种问题。其宗教和科学的冲突到了表面化的，当以美国南方有几处禁止教进化论，甚至在教科书中涉及进化论的部分都在删除之列。这件事最为显著，但是这种封闭办法，不见得长期有效，只能算是冲突中的一个小插曲。

耶稣基督是一个伟大的宗教改革家，他具有"守死善道"的坚强人格，的确可以使贪廉懦立。犹太传统中的上帝还有些地方是相当不讲理的，但耶稣传达下的上帝，就讲理的多了，譬如《旧约·撒母耳记上》，撒母耳传达耶和华的命令给以色列王扫罗，要把亚玛力不的人民和牲畜完全毁灭，不可怜惜他们，扫罗留了一部分，没有照耶和华的意思，因此就触怒了耶和华，这种鸡犬不留的办法，实在和越战时著名的米来故事一样，这就和《新约》中耶稣要宽宥敌人就不相同了。他更指示"爱人如己"的真义，和我们先圣意旨相符，更是一个了不得的贡献。只是本来出于犹太教，自然而然的需要保存犹太民族的神话，这些神话又都是和教理相结合，根本无法剔除。对于学习科学、相信科学的西方人，就根本是一个精神上的负担。在这种双重信仰的标准之下，就免不了会引起人们的人格分裂。对于我们具有五千年文化负担的中国人，我们在道义上有尊重祖先、尊重自己民族文化的传统，遇见了充分富有"排他性"的犹太传统，再遇见了不容不信的科学事实，就变成了精神上的三重压迫，如其是一个"有心人"，那是绝对无法忍受的。"君子创业垂统，为可继也。"为了要对未来的世界负责任，就不能不认为是一个严重的问题。

不管怎样说，宗教对于人生的旅途上，还是十分需要的。只是要怎样才能保持民族文化的联续性，而不受外力的伤害；又如何才能保持科学人格的完整性，不让它趋于分裂。在这种夹攻之中，我只能想到诺贝尔物理奖金得主汤川茂树的名言，他认为他能够在物理学上的成功，是由于佛教教理的启发。在这里我们对于汤川在佛学上的成就有多大，还不敢说，不过佛教可以和科学调和以至互为补助，是一个不容否定的事实。

佛教和其他宗教有一些最大不同之点，其他任何宗教都是靠"他力"，而佛教则是靠"自力"；不少其他宗教采用"原罪"说，佛教却采用"宿业"说；别的宗教最后的目的是"长生""永生"等等希求最后能到"天堂"去享福，佛教却认为"长生"及"永生"还都是暂时性的。佛教并不否认"天堂"，但仍强调"天堂"的无常性，除非求真正的解脱才算到达最后的究竟。这些佛教的论点都是更深一层的论点。即使一个凡夫，只要他能够好学深思，也一定会领会这些论点的（至于对此进一步的解释，不是本篇所能尽，只好就说到此为止）。

惟其佛教的教理能够深入，所以只有佛教才能做到圆融；惟其佛教的教理能够达到圆融，所以对于科学才不至于互相冲突。至于佛教和中国思想以及中国礼俗根本是没有什么冲突的，尤其在禅宗把佛教用中国形式简化以后，更和中国思想及礼俗融为一体，儒家诚然有排斥佛教的人（但也有不排拂的人），其立场并非在理论和佛理绝不相容，而是出于狭隘的民族主义，凡是外来的成分，不论好坏，一律排斥。在宋明理学之中，大家都采取禅理，只有多少的不同，并无基本的歧异。偶而也有人辟佛，只是面子上的事。这和对于"原罪说"在基本上不是一回事，就完全不一样了。已故的方东美先生谈儒而不讳言佛，这个态度是真诚而坦白的。

在现代西方，基督教在社会中供给了维持道德的功效，这是事实。但不幸基督教在西方，走向退潮的路，也是事实。三十年以前在美国各城市中，在星期日不论买任何东西都买不到，即使想吃一顿中饭也不容易，现在那就不一样，各超级市场、各药店、各饭馆没有一个不开门的，只有美国南部教会势力太大，不许各超级市场售卖食品以外的杂货。但这是非常勉强的，能维持多久就很难说，这还是社会上的走向。至于在美国领导重学术的几个著名大学，其中的教授和学生，绝大多数是自由主义者。在这些自由主义者之中，除去少数归依佛教以外，仍然是无神论者占大多数，新旧基督教徒也只能做到抱残守缺罢了。这个趋势以人类进化史的经验来衡量，是很难加以改变的，为了补充这个思想的大空挡，佛教的信徒有此责任，即使在万分困难中，也应当加以填补的，这是毫无疑问的，这个填补工作持续到一千年以后，一万年以后，也必然的达到全部成功的路。（听众鼓掌）

"海阔从鱼跃，天空〈高〉任鸟飞"，这是自由，这也是儒家和佛教徒的胸襟；"万物并育而不相害，道并行而不相悖"，这是协调，这也是儒家和佛教徒的度量。佛菩萨慈悲为本，怜悯为怀，悲悯六道，凡对于苍生之属，无不等量齐观，既无仇恨，亦无怨尤。在佛教的教理中，外道修行也可以达到"天人"的境界，其中理智高超、修行纯正的最高的成就，还可以走到诸天中的"无色界"。只是"天人"道还是由"因缘"得来，到了"因缘"尽时，仍回到六道轮回之内。当然再入尘寰，还有相当地位，不过生生死死、死死生生，是否沉沦，仍然会有多番冒险，只有悟成正觉，方可免堕轮回，但佛菩萨只能指示迷津，升沉离合，其决定还在宿缘。这和外道认为顺我者生，逆我者死；顺我者超升、逆我者入罪，其中"容忍性"的差距是相当大的。古往今来，由于时代不同，古代可容许一教专横，现代应当容许信仰自由。对于中世纪宗教的权威主义，至今想来仍然觉得十分可怕。虽然，十字军之役和三十年战争都已成为过去，但目前的黎巴嫩战事，爱尔兰冲突，锡克教的扰乱，以至于柯梅尼的野心，仍然是世界上纷乱的渊源。为了将来世界的长期和平，只有向今日全世界的人，着重推荐和平与自由的佛教。

在许多宗教的经典中，是具有浓厚的排他性的，这是因为过分的强调一元论，把善恶看的过于分明。对人类将来的处理，只有天堂和地狱两个极端的路，其间并无中道。推演下去，就可能只有自己是对的，别人都是错的；自己是真的，别人都是假的了。实际上社会上的行为，个体的智慧，以及各个人的人格都是属于常态曲线。在常态曲线表达之下，人的智慧只有极少数才是天才，也只有极少数才是白痴，最大多数都是常人；同理，人的品德只有极少数勉强算得上圣贤，也只有极少数勉强算得上穷凶极恶，绝大多数都是不好不坏的常人。旧的文艺作品，其中的人物往往只有好人与坏人两种，这只能在童话中这样做，对于真的社会情形，是不切实际的。自从巴尔札克以后就已经改变，看出了人类行为的矛盾性。在人类社会之中，不可能找出一个纯洁无疵的好人，也不可能找出十恶不赦的坏人。在这种情形之下，倘若认为只有天堂地狱两种区分，是非常不公平的。除非依照佛教的看法，处理这种问题才可以，这是只有极少数自然的生天，只有极少数归入地狱和饿鬼，其余的最大多数仍然依其宿业浮沉上下于人兽之间。这些继续浮沉的人们，当然是非常痛苦的。所以诸佛菩萨设立净土渡济劝导这些凡夫到净土去学习；而所有净土世界中，以弥陀的西方净土，最为庄严、方便与善巧。净土和天堂不同，天堂是享乐，福报既尽，仍可能堕落到恶道。而净土应当认为是超型的度人宝筏，当其未上宝筏要靠现世的信愿和念佛的诚心，既上宝筏度到彼岸，在佛菩萨的教诲下，就易于修持和妙悟。澈悟后仍回人间度化众生，这种极富人情味，极切合于客观的社会事实，正是佛法始终超过外道的地方。我们中国人按说还算一个佛教国家的国民，为了尊重祖先的传统，应当不必外骛，厌故喜新，要专心于佛教的宏扬和佛教的净化。就以我们民俗而论，当有不少不合于佛教教理之处（如同七月十五日的拜拜，不用素餐，反而大量的吃肉等），每一个受过教育的人都还是应当纠正的。

此外，外道的缺点，由于他们的道是用演绎法，把最后基础放在已证明不真的假设上，因而无法起信，但在社会功能方面，还是卓有成就的。这是他们还是对入世具有热忱的原故。我们佛教徒还是需要不仅度己，更需要度人，我们应发愿把苍生之属，都能脱离众苦，而不以最后的解脱为满足。尤其是人类，更是济度的中心，我们既然生而为人，对于人类社会的贡献，绝对不可逊于外道。外道是一面镜子，勇往向前，对人类社会的服务与贡献，在各方面超过外道，才是佛教徒真正的走向。

（刊载于《慧炬》，第 257 期，1985 年 11 月）

从文化传统及文化将来讨论大乘佛教在中国及世界的前途

不论政治或者社会，其中分歧点以及演进的趋向，都可以从文化这一个根源，来进行讨论。中华民族是一个伟大的民族，并且具备了深厚的历史传统。所不幸的是从十九世纪开始就进入了民族的厄运。在列强庞大压力之下，使得民族生存的条件，一步一步的走入困境。清朝政府虽然因为丧权辱国以致终于瓦解，但接替清朝的民国政府仍然因为建立现代国家的经验不够，许多年不能抬起头来。等到第一次欧战开始，欧美列强不能顾及东方，中国受日本的压迫，更为严重。而中国又因为不平等条约的束缚及甲午庚子两次赔款的剥削，使得中央政府无法振作，以致地方割据，民不聊生。有志的人士就不得不从和平建国的道路，走向激烈摧毁文化的道路想去。文化的因素非常复杂，各人的看法也就不尽相同。其最到极端的是大陆的"文化大革命"，希望把整个旧文化，彻底废弃。只是"文化大革命"本来期望造出来一点也不自私的人，但"大革命"的结果，只能造出来，一切都没有，只有极端自私的人。倚靠来维持秩序的，还是有赖残余的文化传统。

我们期望的主要目的，还是要把中国建设成为一个现代国家，然后对于全世界的文化上及和平基础上有所贡献。最近数十年以来，很多人埋怨传统文化，是因为许多复杂的政治因素，把中国带到灾难的道路上。实际这许多复杂的政治因素，并非每一件都和传统文化有关。而中国传统文化诚然有些不适合于建设和发展一个现代国家，却也有比西方文化更适合于建设和发展一个现代国家的成分。凭着近数十年世界政治和社会发展的新经验，我们有充分证据确信凡是接受过中国文化及以佛教为主的东方各民族，如其采用民主政治，并且经过了工业革命，那就工作上成就超过了西方以他们的宗教为主的各民族是毫无疑问的。

这种大乘佛教和儒家思想，融合无间而成的新佛教，实在是全世界四分之一以上人口的共同信仰。这种宗教的特长，而为其他宗教所未能具有的是：（1）和科学真理最为接近。（2）不妨害各个民族自己的历史。（3）最能尊重家族关系，使家庭和睦子孙孝敬。当大乘佛教初来中国的时期，甚至到了唐宋，还不免遇到一些阻力，但这些阻力越来越小。并且宋儒已经毫无例外的采取佛教哲学，明清以后的学者只有少数的人在表面上虚晃一下，来表示自己还是"纯儒"。至于在一般社会之中，拜佛已成为普遍信仰（虽然可能多少道教信仰，及民间通俗仪式，但以佛教为主，却无甚疑问），不会再有例外的。也就是大乘佛教在中国以及大东方，完全容纳了儒家哲学，并且容纳了许多民俗的细节，有效的树立了中国文化（以及日韩越等文化）的新传统。这是摩尼、祆教、伊斯兰、基督其他宗教未曾做到的，也是很少有可能做到的。

这里所说的互相容纳，是指如其做一个纯正的佛教信徒还可以接受儒家思想及儒家生活方式；如其做一个儒释的儒生，也同样的可以接受佛教，彼此完全不相妨害。慎终追远，尊祖奉先，是中国文化发扬光大的一个基本来源。佛教宽容博大，从不偏狭偏私，对于我们民族文化的孝思，从来就未曾干涉过。只有梁武帝避免杀牲，把宗庙牺牲用素食代替，曾被人批评为不使祖宗血食。其实祭祀只为慎终追远，牺牲毛血，只是原始时代的遗留，梁武帝的七代祖先早已不茹毛饮血，只要表达孝忱，原不必斤斤于此，批评的人就不免苛刻了，反之，如陈寅恪所考刘复愚（唐代的刘蜕）的"不祀祖问题"证明了刘蜕祖先本为西域人，他的不祀祖先是出于外道中的禁忌，这是很正确的。在中国历史中，出一两个刘蜕，关系很小，但若刘蜕型的作风，广为散布，那就对于中国文化的妨害甚大，当然用不着说了。差幸天主教经过几百年国人奋斗的结果总算有一些妥协，只是实质上还差的很远。而且其他教派的被称"基本主义"分子，还是不曾让步的。维持中国优良文化的责任，便落在佛教徒的肩头上，这是佛教的荣誉，也是只有佛教徒有此荣誉。

二十世纪初年，西方文化的成就，确然正如日中天。但不幸经过两次世界大战，俄国革命及殖民地纷纷独立的冲击，就不免发生许多漏洞。本来西方的资本主义政治，就不是十全十美的，只因别无更好的政治方式可以实用（社会主义一样的有许多毛病，也许更不实际），也只好勉强的维持下去。这个冲击，首先受影响的是宗教信仰。欧美宗教的社会功能，是兼有超物质信仰和人生价值的双重意义，不像我们中国，超物质信仰主要的寄托在佛教上，人生价值的基础还要靠儒家的实质应用。也就我们可以有双重保证，而欧美只有一重。如其这一重出了问题，可以使许多人无所措手足。再加二十世纪自然科学的新发展，几乎件件是和宗教对立，决不是强调"七天创世""失乐园""诺亚方舟""人子赎罪"种种教条所能挽救世道人心于万一。如其世道人心的堤防一经崩溃，那就社会的安全便不堪收拾。直到最近因为一切投票的人们都对于社会安全的保障有了切身的关系，因而保守派（基本基督教徒也是保守派的中坚分子）稍稍抬头。这并不表示对于西方宗教的前途，可以抱乐观的看法，而只是一般民众感到社会秩序的重要。

睁开眼睛来四望，欧美大部人的心灵中都是无助的。当然，晚近的存在哲学，认为现有的世界，不过是一条绝望的旅途。这种脆弱的思想是无可取的。我们实在应该有普渡众生的抱负，来力挽这个无助世界的狂澜。我们深知这件事情重大，不是短期所能成就，甚至短期还看不出消息来。不过儒佛的结合来创造将来世界的新希望，这是唯一可以盼到的曙光，这也是唯一可以期待的讯息。对于我们自己来说也只有一方面每人做到每人的坚定，每人做到每人的精进。总之，大方向是没有什么大问题的，只是不要夸张，不要气馁，虚心来找我们自己的缺点来补救，总会有一天带到成功的路上的。台北《慧炬》杂志创刊已届廿五周年，它正在引导不少青年们朝向这条路上走。

（刊载于《慧炬》，第 270 期，1986 年 12 月）

佛教的异化与佛教前途

　　就目前来说，是一个宗教大危机的时候，为了拯救世界上的宗教，以免全世界的社会价值观念，陷于沉沦，我们不仅只是自了，而是要凭着伟大的悲悯胸怀，来担负人类前途的重任。科学与宗教的冲突，诚然是无可避免的。环顾宇内，一方面能够化解宗教的冲突，另一方面却要担当复兴宗教的重任，除去尽力佛教的实行与广布以外，别无选择。佛教是平等的，是自由的，是和平的，是博爱的。佛教也规律自己，佛教也尊重别人。佛教只求化度众生，佛教决无"信我者生，逆我者死，如不跟我来，就已定罪"这种观点。凭这种宽容大度，普天之下，具有佛教这种胸襟的，确实不多。

　　在这里还要稍稍的解释一下，不错，在佛教教义中，谤佛之罪仍是相当大的。不过佛教从未说过只有归依佛教才是通天堂的道路，也没说过不信佛教的不论如何道德高尚，行善积极，也完全要沉沦。依照佛教的原则，外道中人如其道行卓绝，并非佛教信士，只要行善积极，一样的可以进入天堂（上到诸天），并非如流俗外道所说："有人念我《太阳经》，阖家大小免灾星，无人念我《太阳经》，眼前就是地狱门。"（民间流行的《太阳经》）那样的胸襟褊狭。佛教认为天堂仍在六道轮回之内。所有福报，俱赖因缘。福报因缘，俱有穷尽，不仅百年富贵，宛如朝露；即使千年仙箓，也是转眼成空。佛教是承认外道所有的天国是可能的。只是在这大千世界里面，凡属一切存在的事物，也就是所谓万有，都具有"成、住、坏、空"，也包括"天堂"在内，并非永恒不坏的。佛陀要指示众生大千万有的究竟，决不想欺骗众生。佛陀知道从无到有，从有到无，都是无常的。只有打开了有和无的界限，才能达到真正自由的世界；只有放弃所有的执着，才能抹去众苦的循环。无疑的，这里需要知行合一的觉悟，而且这种觉悟是以社会为主体的，而非以个人为主体的。

为了准备完成全人类的复兴宗教和整饰宗教的伟大使命，第一步就先要树立一个壮大、积极、坚强、团结的佛教，才能发生力量，现今佛教虽然已有复兴的迹象，但检讨目前处境，仍然尚在"危急存亡之秋"。我们所耽心的，是一些外道，方在努力的蚕食佛教，同时佛教本身的异质化，也会混浊了佛教的纯洁。对于当前佛教徒的责任，一方面是要悉心坚守，另一方面还要奋力进攻。一定要把坚强壮大的佛教推行到全世界每一个民族之中，凡是一个虔诚的佛教徒，一定要发愿使全人类从释迦正法之中得救，一定要把佛教的大旗树立在世界每一个角落，使每一个城市、每一个村庄，都成为佛教的堡垒，人类的前路方长，只有这样，才能对得起全人类。在科学与宗教冲突而彷徨之中，只有佛教才能启发人类的心灵，给予人类实在的光明、真理和道路。

在《"中央"日报》"玫瑰园"中所登记的青年男女中，从各期综合来看，大致是无宗教的约占百分之五十，佛教约占百分之三十，基督、天主、道教以及其他约占百分之二十。从这个数字来看，使人一则以喜，一则以惧。可喜的是台湾还有一个相当数量的佛教徒；可惧的是这些号称为佛教徒之中，还有若干并非纯正的佛教徒，所以确实数量可能还须打些折扣，尤其是无宗教人类的比例太大，而基督教、天主教的信徒中，在晚近期间，因为受到当政者倾向的关系，许多人是侵蚀旧有佛教信徒而来。这些意外的成分，佛教信徒不能不加以警惕，使许多诚实的朋友将来在来生中受到背弃正信的责难。这是我们内心非常不安的。

在郑振煌先生《从印度佛教的灭亡，看台湾佛教的兴盛》（《慧炬》三二六、三二七期）一文中看出印度佛教的衰亡，除去僧侣被回教徒残杀以外，所有信徒仍然生存下去，只是因为佛教异化的结果，佛教和婆罗门教混合不分。普通信众只是祈祷神明，不谙佛理，就转入婆罗门信仰中，成为现今的印度教，也就是"佛教吠陀化"。其中一个重要因素，还是印度的阶级制度。对于佛教平等的理念比较易于接受。但是巫术和萨满，在中国和印度，是同样的在社会流行着。当然，佛教中的真言，在纯正佛教经典中也保存着。为了真言一项是具有高度的神秘性，对于一般信徒具有起信的功能，是不容忽视的（基督教有时也要利用"说方言"，认为是"神的话"，为的是同样的具有神秘性，在心理的功能上，是有用的）。只是过分的偏重真言，也会发生流弊，而使正宗的佛教异化。其中最显著的是"乩童"问题，这是三宝以外的外道，对于纯正的佛教徒，当然是要画清界线。

现存佛教宗派之中，仍以禅净两支为主要宗派。禅门趋向不外（一）简化繁复思想，（二）严守戒律。有禅就必需有戒。如不遵戒，便是野禅。这是佛教存废的根源，一点也不能轻加废弃的，流俗所传道济故事，曲解夸张。虽然也算对于佛教一种宣传，但利弊参半。从佛教徒的立场来说，宁可减少这种宣传，不要歪曲禅门的形象。

禅净两宗也可以认为是一体的两面。而戒律精严却是两宗的共同要求。禅决非放纵，净也不是执着，不论任何宗派，其共同要求还是基于悲悯的胸襟，来达到度济六道的大愿。在这个原则之下，保卫正法还是重于一切。佛教教理有宏大的空间，有足够的弹性。有鉴于印度佛教的衰亡，和目前台湾佛教的发展还不够理想（未能广布在当政阶层，也未能伸张到山地）。只要是一个佛教徒，为了向世尊负责，一定要用尽所有的方法，来把正教推行，使得百尺竿头，更进一步，也就是把消极转为积极，把守势转为攻势。闭户清修，山中闭关的时代已经过去了。勇敢的佛教徒们，应当勇敢的走向街头，走入大众，拿出朝山进香的心情，拿出西行求法的魄力，把纯正的佛教推行到全台湾，推行到全亚洲，推行到全世界。

就民族经验来说，印度北方有一个喜马拉耶山作为屏障，只有西方一部分是略为开放，也有山川作为防御。所以印度一般说来，受外力侵犯的次数远比中国少。除去几次被征服以外，印度人也大致可享和平之福。从另外一方面说，中国人为了抵制外患，非武装自己不可，印度人却是不需要这样紧张。这也就是少林寺能在中国出现，而印度不会出现（当年印度若有许多少林寺联合起来，不仅许多僧侣的生命可以保住，而且印度的佛教也可以保住了）。这只是"异化"的一个例子，虽然异化，却也是必要的异化。

佛教到了中国，承受了儒家若干影响，也可以说是一种"异化"。不过这也却是一个奇迹。佛教和儒家融会贯通，不仅对于佛教和儒家都没有损失。而且赋予了两方的新生命。儒学本来不是一种宗教，其中宗教理论、宗教组织以及宗教仪式都是不完全的。汉代封建制度瓦解，佛教乘时赶来，正好彼此结合，树立了中国式的佛教社会。佛教在印度时，适合当地社会，不如在中国社会的积极，到了中国，变成更为"入世"，这就将成为将来中国、日本、韩国、越南等处的复兴根源。为了配合中华民族的复兴与发展，我们要认清儒佛结合的未来方向，这不是保守的，而是进取的。循这条正路一定可以成功，而且一定可以作成人类和平与合作的新指示。当然，瞻望将来，完成世界人类上新而合理宗教的建立，我们中华民族也责无旁贷的，要多少尽一臂之力。目前即使距离达到目的还远，但发愿还是必要的。

（刊载于《慧炬》，第 334 期，1992 年 4 月）

道教中外丹与内丹的发展

　　道教的创立，虽然要算到东汉以后，但道教的根源，却要远溯到更早的时期。大致说来，可分做两方面。第一，符箓及祭祀方面，这是从古代民间信仰和萨满活动，推演而成的；第二，丹鼎方面，这是从医药长生术，以及对于朱沙及其他有色矿物质的迷信转换而成的。符箓和丹鼎是相辅相成的，并非属于两个不同的派别；丹鼎中的外丹和内丹，也是相辅相成的，也不是属于两个不同的派别。只是著书和实行的人，各有所偏重，而各时代也有所偏重。

　　"外丹"是源于对于丹沙（或朱沙）的重视，可能追溯到很早，在新石器时代已有痕迹，到商周以后更广泛的使用着。这也许丹的红色代表了生气，也就神秘的普遍用在药剂之内。所谓"炼丹"的丹也就是指朱沙。所谓丹鼎一项，当然也是以服食为主，运气为辅。汉代著名的丹药书《周易参同契》就是本来是"外丹"的书，后来才用内丹来解释（也就是用静坐运气等方法，来比附"铅"和"汞"）。

　　从汉代以来，经过北魏，经过唐，许多皇帝服丹药中毒而死，宋代就转而倾向到内丹（运气），以及祭祀，来求长生登仙。但是炼丹一事，并未停止。直到明清两代小说中仍偶然涉及金石仙丹的事，但已经不如唐代以前那样的被人真的相信了。

　　中国古代科技的发展，毫无问题的牵涉到中国古代方士的活动以及后来道教的推动。方士是道教来源之一，但道教的成立，还有社会上、政治上种种因素，决不是简单的以古代方士为唯一的根源。但方士的信念及方法是道教中一个主流，也就对于此处应当作为研究范围的一个重点。其中一个中心问题，就是有关于"丹"这个观念的问题，以及从丹的进展，再演变而成内丹及外丹的问题。

对于"丹"的基本认识，是需要从字源学来推定的。依照丹字字形的结构，中间一点是代表朱沙，而四周包围的部分是代表包围朱沙的矿石。这个丹字是一个非常古老的字，因为从丹字衍变而下去的字是青字（青字上面是"生"字，这是从丹字加上去的声符或义符），青是指孔雀石，也就是石青。青字从"丹"，为的是石青具有和朱沙类似的用处，朱沙是红色染料，石青是蓝色染料。所以古人还认为是同类的。其次从青字衍化而出的，又还有许多常用的字。其中如从人旁的倩，从水旁的清，从心旁的情，从米旁的精，这些都是极为常用的字，用青字来注音，而青字又从丹字出来，足征在丹字造字的时期是非常早的。

在中国，从新石器时代的墓葬，经过了殷墟时期，再转到春秋战国，从考古的发现，证明了朱沙被采用的普遍情形，至于石青，虽然也和朱沙同样的属于矿物，但石青的应用，就远不如朱沙被应用的广泛。这当然由于色彩上的关系，朱沙这种朱红色彩，被古人特别欣赏，但也不能完全说是对于色彩嗜好的问题，当然也有对朱红设想上的神秘成分。

《神农本草经》是现有中国药书的最早一部。这个书的书名虽然不见于《汉书·艺文志》，但是有许多书的书名和现有的书名并不一致。因为古代的书的标名，往往是并不确定的。尤其是许多书只有篇名而无书名，在编目时就不免多所歧异。或者是拿编名作为书名，或者是随时加上一个新名，这就不免同是一部书就被记上不同的书名。在《汉书·艺文志》中是有《神农食禁》这部书的，而《神农本草》就是记的是"食禁"，所以不能因为书的标名，就断定书的时代。

因为秦始皇焚书，对于医药的书是在所不禁的。战国时代的医药典籍，完整的保有到西汉时代是不成问题的。《神农本草经》是现在所知的一部最古的药书，应当是战国时期遗留下来的。其中最成问题的，是其中包括了一些西汉时代的地名，所以很像一部西汉时期的作品。不过这种情形并不希奇，譬如《山海经》就是一部战国的书，到西汉时尚有增添，就加上了汉代地名。《神农本草经》也是一样，尤其是战国的药书必然的保存到汉代，汉代的医药不是前无所承，突然而起的，那么汉代常用药书，绝大部分沿用战国时的旧籍，也是自所当然的。所以《神农本草经》这部书可以代表战国晚期思想应当是没有问题的。

这部《神农本草经》有两件可以特殊注意的现象，第一，是认为许多药物都可以"轻身延年"，第二是这部药书，在性质上是以草药为主，但特别被提出来的，却不是一般草药，而是属于非草药而属于矿石的"丹沙"。对于这两项，还应当有相当的解释。

在《神农本草》所列的草药中，有不少是注明"轻身"和"延年"的，例如：

> 昌蒲　久服轻身，不忘不迷，或延年。
> 菊华　久服利血气，轻身，耐老延年。
> 人参　久服轻身延年。
> 地黄　久服轻身不老。
> 术　　久服轻身延年。
> 石斛　久服厚肠胃，轻身延年。
> 柏实　久服……轻身延年。
> 胡麻　久服轻身不老。[①]（据《丛书集成》本 11—53）

这是几个例子，其他药名下标注的还有不少。"轻身延年"是成仙的基本条件。对于"轻身"这个问题，是由于汉代人对于仙人的设想，认为是很清瘦的，这才可以飞升。在汉镜中的仙人像也都是十分瘦削，而且具有羽翼的。《汉书》五十七《司马相如传》下：

> 相如以为列仙之儒，居山泽间，形容甚臞，此非帝王之仙意也。

---

① 胡麻即芝麻，是外来的植物，时代当在汉武帝以后。此外，书中尚有葡萄，更显然在汉武帝以后，这些后来引进的植物，自属于后来增入的，非战国以来原来所应有。

（《艺文》本页 1205）

葛洪《抱朴子·黄白篇》：

> 语云，无有肥仙人，富道士也。（《四部丛刊》缩印本，第 87 页）

至少在汉晋时代的人想到的仙人是清瘦的，轻身就是清瘦的情况。

至于第二项有关朱沙的情形，这亦分为两点来说。第一，这部药典的名称为《本草》，但并不十分切合。这部书虽然草药的数量占最大多数，但也有一些矿石药材列在前面。所以用《本草》这一个书名是不够概括的。从另一方面说，用《神农食忌》这个书名，虽然可以概括，但"食忌"的范围是指"服食"来说。"服食"和"导引"本是仙术中的两大支，但服食就社会应用去看，实不如医药更为重要。所以有人宁可把书名改为《本草》，而矿物药品也就算附入草药之中。自从《神农本草》这样的命名，后来中国人的药典著作也就不论药品的内容是否以草药为限，都一直题名为"本草"了。第二，此书虽列入若干矿物药品，但还是以丹沙领头，也就证明了丹沙在矿物药品中是高居首位的，甚至在全部药物之中，也是高居首位的，这种重视丹沙的特殊性，也是不容忽略的。

取得仙药的途径，只有两条路可走，一条路是"求"，另外一条路是"炼"。求取仙药，求到的便可成仙，但向什么地方去求呢？虽然海外仙山，是一般人仰望中的地方，却只有人去求的，却无人因求而得到。那就除去诱惑相信的帝王，使他出资来帮助求仙而外，就只有自行制炼一条路了。但是即使自行制炼，也需要很大的人力和物力，这也就是从来的方士们必然依靠权贵，因为方士们多数还是自己相信仙术的。为的是他们自己没有这个财力，他们也想借着权贵的财力，来完成自己的目的。却依然没有一个成功的，那就最后也只依赖种种作伪，来把一些尴尬的局面拖下去。演变至此，可以说这是中国社会和政治上的悲剧，而这个悲剧的起源，却可以推到古代特别重视丹沙的传统，丹沙是高贵的，是神秘的，是药物中之王，在服食方术中占有领导的地位。[①]

在这种情况之下，仙药的构成是以丹沙为主，所以仙药也可以叫做仙丹，因而后来丹字转换为仙药的意义，而丹沙在一般应用上，只叫做朱沙，不再使用丹字。

葛洪《抱朴子·黄白篇》说：

> 《仙经》曰……朱砂为金，服之升仙者，上士也；茹芝导引，咽气长生者，中士也；飧食草木，千岁以还者，下士也。（《四部丛刊》缩印本，《抱朴子》，第87页）

这里所引的《仙经》未曾说明其时代，不过加以估量，总在葛洪以前，应当属于汉魏时期的著作。这一段显示着，第一等的成就是从丹砂制炼黄金，服食以后，可以飞越尘世，上达仙府。第二等的成就，是服食仙芝，再加导引，虽不一定能自日飞升，仍可长生不死。第三等的成就，是服食寻常草药，调剂得宜，仍可延长寿命，以至千岁。在这里显示着成就的不同，是由于服食材料的不同。其中仍以调服丹砂制剂为最高，所以虽还有别的方法，可是一般修习仙术的人们，还是觉着丹砂是仙丹的最高原料。

据《晋书》七十二《葛洪传》：

> 究览典籍，尤为神仙导引之法，从祖玄，吴时学道得仙，号为葛仙公，以其炼丹秘术，授弟子郑隐，洪就隐学，悉得其法，……以年老欲炼丹以祈遐寿，闻交阯出丹，求为句漏令……至广州，刺史邓岳留不听去，洪乃止罗浮山炼丹。（开明《二十五史》本1271—1272页）

后来葛洪以高年病卒，他的炼丹术未曾发生什么作用。

现存仙术最早的文献是汉代魏伯阳的《周易参同契》。由五代时彭晓加以注释。这部书收入《道藏》及《四库全书》，而《图书集成》中却也

---

① 丹沙除服食以外，也用在炼金银的"黄白之术"，而"黄白之术"又是和神仙修炼有关，别的草药不曾用到，所以也更加增丹沙的神秘性。

收了进去。书中全是口诀式的辞句，不易明了，而彭晓注却说的很清晰，分明以丹砂为主药去推进，而领导服食和导引的进行。彭晓是后蜀道士，他当然是相信丹术的人。不过他在书中最后所做的完结辞却也说：

> 草木非同类，金石皆弃捐。……清静得真修，殷勤薪自然，上圣宝金经，积功善结缘，炁炼元元始，太上命精延。刀利高嵯峨，[①] 育帝摄上元，泥丸耀神辉，赫赤覆八寰。（《图书集成》《神异典》294，中华本 513 册 7 页）

就彭晓所致力的来说，无疑的属于炼丹术这一个范围，可是就他的结论来说，又显然的有放弃炼丹术而归于积功度世这个趋向。这和当年的葛洪，聚精会神的主张以全力炼取丹药（见《晋书》本传及《抱朴子》），完全走的不同的路。

这一个趋势，到了朱熹注的《周易参同契》，就完全否定了炼丹这一个目的，把此书全部认为只在导引方法。这当然是极端的看法，翻案的文字，不足为据。但他却从彭晓注的启示出来的，朱熹注的底本出于彭晓本，在《四库全书总目提要》中已有说明。

自从寒食散流行于两晋南朝士大夫间，对于健康迄无寸效，以至北魏时期道武帝和太武帝都由于服食丹药致死，因为还是区域性的，宣传未广。到了唐代，唐太宗之死，就可能与丹药有关，而宪宗、穆宗、武宗时代没有隔的太久，而大唐天子相继以金石制剂致死。这当然使天下人士触目惊心，一般修炼的人当然受到警告，而使炼丹药的仙术，转了方向。彭晓五代时人，正当要转向的时期，其所注释的《周易参同契》，在最后结论时不像葛洪的那样肯定和积极，自有他的时代背景的。

宋代以后偏重于内丹。内丹是属于导引方面而不属于制炼方面的，不过用丹来比拟导引，却是来源很早。《隶释》三，边韶《老子铭》说：

---

① 此处的"刀利"指佛教的忉利天。表明道教深深的受到佛教的影响。

　　出入丹庐，上下黄庭。(《四部丛刊》三编第二册 3 页)

这里的黄庭当然就是《黄庭经》所说的黄庭，[①] 指两眉间一直伸到头部的中心。也就是后来所谓"上丹田"。这一处材料相当的早，到了东汉时期。也就意识到古代的人重视丹沙，把丹沙看成万灵圣药，不仅求到的仙药亦被叫做丹，即使导引运气的关键部分，也被叫做藏丹的仓库或庐舍。这只是一个引申的意义，并非说导引仙术的实行者，可以从自身生出仙药来。但是这种字义也会随时代而变动的。

　　到了晋代，《抱朴子·地真篇》说：

　　　　《仙经》曰，守一当明，思一至饥，一与之粮；思一至渴，一与之浆。一有姓字服色，男长九分，女长六分。或在脐下二寸四分，下丹田中，或在心下绛宫金阙，中丹田也；或在人两眉间，却行一寸为明堂，二寸为洞房，三寸为上丹田也。(《四部丛刊》本，《内藏》第十八，107 页)

这种所谓"三丹田"在《黄庭内景经》中也提到：

　　　　琴心三叠称胎仙(注：琴，和也。三叠，三丹田，谓与诸宫重叠也。胎仙即胎灵大神，亦曰胎真，居明堂中，所谓三老君，为黄庭之主)。(《四部丛刊》本，《云笈七签》，第 65 页)

　　　　回紫抱黄入丹田(注：丹田，上丹田，在两眉间却入三寸之宫，即上元真一所在也，紫黄者三元灵气也)。(同上，66 页)

　　　　中池内神服赤珠(注：胆为中池)。……横津三寸神所居(注：内指本也，脐在胞上，故曰横津。脐下三寸为丹田，仙人赤子所居也)。(同上，68 页)泥丸百节皆有神……脑神精根字泥丸(注：丹田之宫，黄庭之舍，洞房之主，阴阳之根，泥丸脑之象也)。……泥丸

―――――――――――

　　① 这一点王明先生的《黄庭经考》就早指出来，参看《中央研究院历史语言研究所集刊》，第二十本上，这篇是讨论《黄庭经》的一篇重要文献。

九真皆有房，方圆一寸处此中。（同上，69页）

脾部之官属戊己，中有明童黄裳里（注：明童谓魂停，黄裳土之色）。……坐在金台城九重，方圆一寸命门中（注，即黄庭之中，丹田所在也）。

将"丹田"分为三处这是《黄庭内景经》和《抱朴子》一致的认定，而《黄庭内景经》的重要处是将三个丹田的轻重指出来，认上丹田即泥丸居丹田中的领导地位。"泥丸"是表示"关键"的意思，《后汉书》十三《隗嚣传》，嚣将王元说嚣"元请以一丸泥东封函谷关"（《艺文》集解本198页），就是说函谷关以西，可以"传檄而定"。因为"一丸泥"是指封泥。在汉代，不论公私信件在封信缄时，均在木牍的上面用绳封固，再用封泥胶上，盖上印章。封泥所盖的印章，就成为主要证据。所以泥丸所代表的是关键性的部位。因而道家就是泥丸宫来指全身的领导地位或关键地位。再追溯这部道经名为"黄庭"，黄庭、泥丸和上丹田本来就是一回事。所以在"三丹田"之中，上丹田实居于领导地位，这是不容疑惑的。在《云笈七签》卷四十二至四十三，存思，存《大洞真经》三十九真法（《四部丛刊》缩印本第二九〇至三〇九页）讲到道家存思运气的方法，其中存思的重点是泥丸亦即上丹田，而不是一般所说脐下的下丹田，这是正宗道家的修炼方法，因为采用上丹田是纯净的，不涉及"性"的方面，而专致力于"思"的方面。

但其他另外两个丹田区还是被重视的，尤其是下丹田格外被人重视，甚至超越了上丹田的领导地位，以致被人认为下丹田是唯一的丹田。要说起来，道家把下丹田作为"导引"的据点，是在他们看法中是必要的，却不是一定在某一点上才能有效。其实在左右两半身间正中这一条线上，任何一点都可以算作中心据点的。即如下丹田的位置，在各家的说法中，在脐下二寸、三寸，或三寸半，就言人人殊，就表示其位置并不能绝对肯定。这当然和下丹田根本就找不到中心点的事实有关。

《辞海》在"丹田"条下说：

　　道家谓人身脐下三寸曰丹田，是男子精囊及女子子宫所在，可为
修内丹之地。

这个解释是不错的，本来道家方术不讳言"性"。《魏书·释老志》：

　　太上老君谓谦之（寇谦之）曰……授汝天师之位，赐汝《云中音
诵新科之诫》二十卷……汝宣吾新科，清整教条，除去三张伪法及男
女合气之术，大道清虚岂有斯事，专以礼教为首，而加之以服食闭
炼。（《魏书》114 开明本第 2197 页第三栏）

但是"性"的涉想根深蒂固，不是几个有心人所能完全消除掉。尤其道教
有时还要依赖达官贵戚来支持，而达官贵戚的生活又往往是糜烂的，结果
上丹田的重要性反而被下丹田的重要性所掩盖了。当然后来以下丹田为主
去做导引的，很多的与"性"的要求，毫无关系，但追溯其来源，却是显
然的不容否定的。

　　寇谦之是道教进展史中的一个伟大的改革家，他的改革确有一个划时
代的影响。他的改革至少可分为两项，即除去"三张伪法"，和另外一项，
除去男女合气之术。三张伪法现在不甚清楚，大致是三张是政治性的道教
团体，其中组织往往含着"秘密社会"性的，寇谦之是要纯化道教，作为
一个纯宗教性的团体，同时三张之法可能和符箓有关，而寇谦之所留下服
食闭炼，就只限于"丹鼎派"所做的工作，而这一项又可分为两项，即
"服食"和"闭炼"。闭炼是属于清修和导引部分，而服食则属于采用两种
药材，第一是属于草药部分，第二属于制炼金石部分。因此寇谦之改革道
教并未排除"铅汞之术"。只是"铅汞"和"导引"并行不悖，这和后世
的道教，还是有不小的差别。因为寇谦之改革后的道教只是道教中的一
支。还有别的支派一直存在下去。其中尤其显著的，是龙虎山的张天师
派，就属于三张道教的一支，并不属于寇谦之这一派的道教。

　　关于炼丹和运气在修炼的人看来，其中是有高下等次的分别的，《抱

朴子·黄白篇》：

> 《仙经》曰……朱砂为金，服之升仙者上士也；茹芝导引，咽气
> 长生者，中士也；餐食草木，千岁以还者，下士也。（《四部丛刊》本
> 87页）

所以在葛洪时代，认为白昼飞升这件事，是服金石丹药，属于第一等；导
引兼服灵芝，属于第二等；至于用草木延年，是不能飞升的，就属于第三
等了。所以葛洪本人，也是希望制炼丹砂，一直后来就死在岭南。

当然，制炼金丹也是条件很多，十分费事的。并非使几种矿石分解化
合就算了事。所以制炼金丹虽然注定失败，但每次失败都可以有别的解
释，还是可以再重作下去的。这种炼丹时的"仪节"就这样被重视下去，
葛洪《抱朴子·黄白篇》：

> 黄白术亦如合神丹，皆须斋洁百日以上，又当得闲解方书，意合
> 者乃得为之。非秽浊之人及不聪明人希涉术数者所辨作也。其中或有
> 须口诀者，皆宜师授，又且宜入深山之中，清洁之地，不可令凡俗愚
> 人知之。而刘向止宫中作之，使宫人供给其事，必非斋戒者，又不能
> 断绝人事，使不往来也，如此安可得成哉？（《四部丛刊》本86页）

这是指刘向作黄金不成的事，但也指明炼丹也要环境上的条件和各种有师
承的"口诀"。其实制炼丹药只是纯粹一种化学程序，根本没有任何神秘
性。但在方士迷信的设想中，要有许多神秘及魔术的程序，这才可得炼出
真正的金丹。唐人小说《杜子春传》描述方士制炼金丹由杜子春守炉而终
于失败的经过，其中屡起高潮。这当然根据唐人方士炼丹的背景，而加以
小说式的处理。杜子春这一个假设人物的失败，也就代表唐代炼丹术的
失败。

唐代中晚期是丹术由盛而衰的关键时代，唐朝李氏本来是佛教世家，
太宗以后也只是对于道教加以羁縻，从大臣贵胄一直到一般社会中，还是

以佛教为主。尤其在武后时代，武后以尼姑还俗，后来仍信佛教，一直到唐玄宗时才把道教抬出来，并尊奉老子为玄元皇帝。这当然对于道教具有推广的作用，而服食制炼也当然会增加了其流行性。在这个期间，一代名臣李泌也是一个著名的仙术爱好者，虽然其中也许因为环境上的应付，拿仙术做政治烟幕，但他自己迷信神仙，却不必完全排除的。

从"古诗十九首"中的"服食求神仙，多为药所误"可证汉魏时期，仙药的弊害已经显示出来。只是还有不少人想试一试，在魏晋以后寒食散一度在世家贵胄中流行，但也只能限于有资力，有空暇的世家贵胄，等到时代变了，这种没有实际效用的风气，也停止了。在北朝、北魏的两个著名君主，魏道武帝和魏太武帝，都是因为服食仙药，发狂致死。究竟还是地方性的，并且这种风气在北朝也没有伸延下去。唐代是一个大一统的时期，到了晚唐，受到了社会上仙术流行的影响，其中三个皇帝，唐宪宗、唐穆宗和唐武宗，前后都因服丹药中毒致死。

其中尤其是唐武宗之死（西元八四六年），是震撼全国的一件大事，也是中国宗教史上的一件大事。其中的影响，可能的是（1）佛教的重振，（2）道教的转变。

佛教的重振一事差不多是必然的，唐武宗虽然以他自己的看法，压抑佛教，但佛教的势力在群众基础上业已根深蒂固，到了宣宗开始就一切恢复起来。[①] 只有道教却暗中走到另外一个方向，就是制炼矿物的"仙术"，经过唐代三个皇帝的死亡，即使迷信最深的道教徒，也从此不敢轻于尝试。所谓道教中的"丹鼎派"，实际上已经脱离了这个"丹鼎"的中心，而成为真正的"导引派"。在丹鼎方面，当然不能废弃，还要保持一个可望而不可即的形式，但在实质方面，却有一些非常重要的转变。在方药方面，已经不再拘于铅汞等方药的配制，而是除铅汞以外还用其他制炼时比较固定而无毒的矿物，例如云母，就是其中重要的药剂（见《云笈七签》

[①] 唐宣宗就是倾向于佛教的，武宗时代毁掉的庙宇，到宣宗时重新恢复，中国境内现存最古的佛寺（五台山佛光寺）就是宣宗时代的建筑。至于敦煌塑像和壁画，因为武宗时敦煌尚陷于吐蕃手中，未被破坏。但就中国大部分来说，武宗时，势力较小的景教、摩尼教，却被武宗的政策压制掉。

卷七十四 530 页灵飞散方及活云母法，及卷七十五 531 页神仙炼服云母秘诀序，552 页炼云母法，533 页至 539 页众仙服云母法）。主要的是以云母为主，再加上其他草药，实际上云母是不变的，如其对身体有效，就是草药的效用，但对于服食的人，心理上的作用还是非常的大。

最后，现在接触到主题，内丹和外丹。这里从《云笈七签》中可以看出前后的变化。《云笈七签》卷六十五金丹诀：

> 夫阳丹可以上升，阴丹可以驻寿，阳丹者，还丹也；阴丹者，还精之术也。（《四部丛刊》本 452 页）
>
> 王屋真人口授《阴丹秘诀》二十五篇。（同上）

《云笈七签》卷七十三阴丹慎守诀：

> 道者气也，气者身之主，主者精也，精者命之根，故受根重气然后知几乎迷矣。《黄庭经》曰，方寸之中谨盖藏，三神还精老后壮。（《四部丛刊》本第 520 页）

这些在本文中认为是"阴丹"部分，但在《云笈七签》七十二和七十三两卷的总题却题上了"内丹"二字。所以阴丹即是内丹而阳丹即是外丹。这也说明了内丹二字是后起的。从《云笈七签》把内丹才正式题上一点来看，内丹的命名，似乎不能比唐末或五代更早。这也证明了从开元天宝以后直到唐室的末了，制炼金石由盛而衰的结果。到了宋代宋真宗及宋徽宗都是道教的信徒，但对于制炼金石，却未发生唐代几个帝王服食发狂的症状。这也证明了方士们鉴于前朝方士的失败而对于制炼金石更加小心。我们看了《周易参同契》彭晓的前言，再参对朱熹注《周易参同契》，把铅汞一律解释为体内运气的方术。就知道这个趋势的转变，[①] 后来方士的实

---

① 宫下三郎：《红铅——明代的长生不老药》（据《中国科技史探索》561—563 页译文），明代的方士已经走入歧途，拿妇人月信当铅，李时珍《本草纲目》曾有驳议。但是还用"铅"这个名称，可见还受到古代制炼金石以铅汞为主的影响。

行，偏重内丹的方向，也就格外清楚了。

附　记

道教中丹沙的使用，出于中国古老的传统。中国传统上重视丹沙的原因，是由于丹沙的红色代表生气，就这一个基本出发点，来寻求生命的延长和继续。所以丹沙一方面在药剂中广泛使用着，另外一方面在长生的希望上，尽量去采用丹沙。这在我那篇《中国丹沙之应用及其推演》（《史语集刊》第五本第二分），[①]曾经指明两点：（一）中国古代的炼丹术是从炼制丹沙的方法为中心而渐次推广的；（二）古代对于丹沙的重视，是由丹沙鲜红的色彩，而这种色彩代表一种生存的希望。

从丹沙的重视，再就色彩方面推广，就形成了对于其他无机原料的重视，第一步的推广，是青色（蓝色）的染料孔雀石（曾青），然后再推到黄色的雄黄，黑色的磁石，以及白色的铅粉。就中对于铅粉的认识并不早。但铅粉对于炼丹人的重要性却有后来居上之势。后来炼丹术中常以铅汞并称，甚至于以铅汞来配龙虎。为什么这样？在我的《丹沙应用》那篇论文中，也对铅的色彩变化加以申述，并且征引了《周易参同契》一段（《周易参同契》的时代应在东汉晚期）：

> 故铅外黑，内怀金华。……望之类白，造之则朱，炼为表术，白里贞居。

这是表示铅白和铅丹可以互相变化的。这一点后来的葛洪《抱朴子》也说到过。而且更显示注意的焦点是从色彩的观察出发的。但是为什么突然的铅的重要性被提示出来？这就不能不讨论铅粉在中国开始使用的时期。中国西汉以前文献上不曾提到铅粉（只有《计然书》中提到，应认为西汉以后窜入）。铅粉不是中国发明的，铅粉应当是起源于罗马，到张骞通西域后才间接传到中国的，此篇中来不及详为讨论。但古代中国炼丹术只是以

---

① 此处原文疑有误，应为《中央研究院历史语言研究所集刊》第七本第四分。——编者注

汞为主，而不提到铅，铅汞并称是后来的事，这是不会有太大的问题的。

（刊载于《"中央研究院"历史语言研究所集刊》，第 59 本第 4 分，1988 年 12 月）

论炼丹术中用铅的开始

　　铅汞两种金属原质是中国炼丹术中的重要成分，只用"铅汞"这两个字就可以代表中国的炼丹术。但是依照中国炼丹术的发展来说，在中国的早期却只有汞而没有铅。铅用在中国炼丹术中是一种稍后时期添加上去的。但是什么时候才添加上去，以及为什么要添加上去，这在中国科技史上，还是一个不曾被人注意过的课题。

　　从来没有人怀疑过，认为用铅不是属于早期的发展。在李约瑟的《中国科技史》中也不曾怀疑到铅对炼丹术的应用，可能比较时间要晚后一点。但是从许多实事比较之下，铅的应用和汞的应用，无论如何，不是同时开始的，这就形成了一个不寻常的同题，因而必需加以讨论。

　　我过去在《中国丹沙之应用及其推演》（《中央研究院史语集刊》第七本五一九—五三一页）曾推溯到中国上古时期应用丹沙的资料，我的看法是由于丹沙（即朱沙）原来是一种从很久以来就用为红色的涂料。这种涂料被人相信有一种神秘的活力。因而用到多项不同的方面上。丹沙是汞的化合物，虽然丹沙和汞的关系，也许早期还未发现。但是从丹沙的被重视到汞的被重视，却是在一系列的社会习俗上面。

　　从另一个方面看，铅或者铅的化合物，在中国的早期就不是这样和汞一样的常见了。就文献的记载来说，在秦汉以前，提到铅的只有《尚书·禹贡》，青州的贡品，有"铅松怪石"。据孔颖达《正义》说"铅，锡也"（据艺文影印《十三经注疏》本八一页）。这是不错的，孔氏当根据《尚书旧义》来注释的。因为纯铅在上古并无其他用处，只有在做青铜器时和锡来混用。也就是并不认为铅是一种单独的金属，而是认为铅是锡的别种，只是别一种锡。《史记·货殖传》"江南出柑、梓、姜、桂、金、锡、连、丹沙"。《集解》：徐广曰"连，铅之未炼者"（艺文影殿本，一三三六页）。实际上连就是铅，铅的溶解度很低，根本没有什么炼或未炼。未炼的铅是方铅矿，在汉代不见得对于方铅矿有某种用处。在上古到汉代，铅的唯一用处，还是把铅当锡来用，作为青铜中锡的成本，也就是说，就当时青铜的合金成分说，铅和锡是不加分别的。依照《考工记》所述，在青铜中含锡的比例，依照用途不同，而其比例随着加减。就现今对于青铜成分的分析来看，铜与锡的比例，虽然不像《考工记》所说的那么标准化，但在青铜器中，铜和锡的比例还是有规律的。锡和铅的比例，却毫无规律，这就表示着上古对于铅的认识并不够，当时只觉得铅只另外一种锡，把铅搀和在锡的中间来使用。到了西汉初年，贾谊赋中称"铅刀为铦"（《史记》艺文影殿本一〇〇八页），似乎当时对于铅的硬度已有认识，只是对于铅的化学变化，并没有什么认识。据《史记》司马贞《索隐》也说"铅者锡也"，这也表示古来铅锡不分。这一种概念，和《尚书》孔颖达《正义》认为铅即是锡的解释是一样的。

从这里来看，铅不过是锡的一个附庸，铅的化合物更是不能和汞的化合物（丹沙）相为比附的。但是到了丹方的重要经典，《周易参同契》的纂述时期（可能为东汉晚期），铅的地位突然提高了，和汞并称（《古今图书集成》二百九十四《周易参同契》彭晓注）。这应当是两汉间突然兴起的演变，不是从中国固有的古代传统因袭下来的。

有关铅的化合物最重要的一条是：

> 黑铅之错，化成黄丹，丹再成水粉。（《太平御览》八一二引《范子计然》）

在这里的"错"，是"处置"或"处理"的意思，"错"与"措"通用，在各经籍中"举错"就是"举措"，"错置"也就是"措置"。《论语·为政篇》"举直错诸枉，能使枉者直"，举和错相应，仍和《礼记》的《乐论》和《易经·系辞上》的"举而错之"，同样的可以把错当措字用。也就是黑铅经过了一番处理可以变为黄丹，黄丹再经过一番处理可以变成水粉。其中经过的程序是相当复杂的，决不是铅锡两种金属还不能明白分辨的时期所能办到。

有关《范子计然》这部书的佚文，在马国翰的《玉函山房辑佚书》中搜集的相当完备。在马国翰的《范子计然》辑佚《序》说：

> 书于物之出（处），皆用郡县，后人羼入者为之。

按辑佚的《范子计然》大致分为两部分，前部分出于《越绝书》（此书亦是汉代人所作）引到的完全是一种理论和见解。后一部分是各种的物产。铅丹和铅粉就是属于物产这一部分（见文海影印本，《玉函山房辑佚书》二五五四—二五六二页）。在物产各条中，曾大量的用汉代乡县地名。尤其是其中的武都、弘农、天水、玄菟、乐浪，都是汉武中叶所增置的地名。这就表示着《范子计然》的物产部分，作成时代当在武帝以后；再看所有物产的区域，集中在三辅的附近，又显然是西汉时代的作品。说《范子计然》物产部整个的情形还可证明这一条黄丹及水粉的制作方法是西汉晚期出现的，这个方法是不可以认为战国时期已有，却也不会晚到东汉。

这种复杂的化学变化，突然在西汉晚期被人应用，当然不是一个寻常的事（依据考古成绩，西汉初期以前遗址，也未发现黄丹、铅白等化合物过）。其中比较上最合理的解释，还是张骞的通西域以后，把西方制作铅粉的方法传播到中国，这就使得在中国从来不十分被人注意的铅，突然把地位提高起来，在炼丹术中专以汞为基础的变成为铅汞两异的炼丹术。铅粉在东汉时期也叫做"胡粉"，和"胡荽""胡麻""胡饼""胡瓜""胡豆""胡桃"等等一切外来的产物，同样的加上一个"胡"字，就代表着"铅粉"也是外来的，非中国所本有。只要看一看罗马人制造铅粉有明确的记载，而中国对于铅粉的发展来源又却蒙昧不明，更证明了这一个事实，表示铅粉输入到中国，是已经做法相当成熟了。

这也就明确的表示，中国炼丹术从单独采用汞（或丹沙）变成了铅汞两元，是由于外来的影响。这件重要的事实，却被历来谈论中国文化史或科技史的人所忽略。

但是在这里还有一个争论，就是刘熙《释名·释首饰》章所说："胡粉，胡糊也，脂和以涂面也。"把胡粉的"胡"解释为"糊"的一个异说。不过《释名》此书，其价值只是时代是东汉的，保存了一些资料。而其作者刘熙却是见识固陋，方法不精的一个人，不能轻易作为根据的。《四库全书总目提要》说："推论称名辨物之意，中间颇伤于穿凿。"（商务排印本八三七页）这是应当特别注意的。因为汉朝人一般积习，往往望文生义，随便牵强附会，在方法上欠缺实证，颇不谨严，而此书尤甚。此书处处都是模糊影响之谈，不能算作证据。而况清代的人已经发现有问题了。如今要做一种科学的论文，更是不能作为依据的。这样说来，"胡粉"这两字的原义，和别的外来物品称"胡"的，并无分别，是没有问题的了。

中国古代科技在世界上领先，没有问题。不过也不是能够孤立发展的，其中尤其是铅化合物的应用。拿时间来安排，所受到的外来影响，应无疑问。炼铅的结果，就所谓"铅汞炉鼎"的本身来说，虽然是条荒谬的路，但黄铜这种合金的发观，却又和铅有关（黄铜发现应在唐初，曾被叫做"黄银"）。黄铜中主要成分的锌，在中国认是铅的一种，叫做"倭铅"（这或者在宋元以后，日本因为产铜，也炼制黄铜，其产量超过中国并转入中国）。中国人知道锌直接加热会迅速氧化而爆炸，就用炉甘石（碳酸锌）和纯铜一同制炼，然后成为黄铜。在工业上黄铜是广泛应用的。而中国人对锌的发现，也为世上所公认。锌被称为 zinc 也是从秦人的"秦"转来的。

在写成此文前，对于铅粉问题曾和爱达荷大学化学系魏建谟教授讨论过，并此志感。

（刊载于《大陆杂志》，第 80 卷第 3 期，1990 年 3 月）